P9-CQD-904

JOSÉ SARAMAGO

EN SUS PALABRAS

JOSÉ SARAMAGO

EN SUS PALABRAS

Edición y selección de
FERNANDO GÓMEZ AGUILERA

ALFAGUARA

ALFAGUARA

© 1978-2009, José Saramago
Con autorización de Literarische Agentur Mertin Inh. Nicole Witt e. K.,
Frankfurt am Main, Germany
© De la edición, selección y prólogo: Fernando Gómez
Aguilera
© De la traducción de textos en portugués: Roser Vilagrassa;
en inglés y francés: José Luis López Muñoz; en italiano:
Carlos Gumpert
© De esta edición:
D. R. © Santillana Ediciones Generales, S.A. de C.V., 2010
Av. Universidad 767, Col. del Valle
México, 03100, D.F. Teléfono 5420 7530
www.alfaguara.com.mx

Primera edición: Agosto de 2010
ISBN: 978-607-11-0677-3

© Diseño de cubierta:
Rui Garrido

Impreso en México

Índice

A José, in memoriam, *razón de vida.*
Y a Pilar, abrazando el porvenir.

A Marga, Carla y Alonso, que han respirado
este libro y son la respiración de los días.

Yo soy una persona pacífica, sin demagogia ni estrategia. Digo exactamente lo que pienso. Y lo hago en forma sencilla, sin retórica. La gente que se reúne para escucharme sabe que, con independencia de si coincide o no con lo que pienso, soy honesto, que no trato de captar ni de convencer a nadie. Parece que la honestidad no se usa mucho en los tiempos actuales. Ellos vienen, escuchan y se van contentos como quien tiene necesidad de un vaso de agua fresca y la encuentra allí. Yo no tengo ninguna idea de lo que voy a decir cuando estoy frente a la gente. Pero siempre digo lo que pienso. Nadie podrá decir nunca que le he engañado. La gente tiene necesidad de que le hablen con honestidad.

JOSÉ SARAMAGO, 2003

Sé lo que es, sé lo que digo, sé por qué lo digo y preveo, normalmente, las consecuencias de aquello que digo. Pero no lo hago por un deseo gratuito de provocar a la gente o a las instituciones. Puede que se sientan provocadas, pero en ese caso el problema es suyo. Mi pregunta es: por qué tengo que callar cuando sucede algo que merecería un comentario más o menos ácido o más o menos violento. Si fuéramos por ahí diciendo exactamente lo que pensamos —cuando mereciera la pena—, viviríamos de otra manera. Existe una apatía que parece haberse vuelto congénita y me siento obligado a decir lo que pienso sobre aquello que me parece importante.

JOSÉ SARAMAGO, 2008

Me dicen que las entrevistas han valido la pena. Yo, como de costumbre, lo dudo, tal vez porque estoy cansado de oírme. Lo que para otros todavía puede ser novedad, para mí se ha convertido, con el paso del tiempo, en comida recalentada. O algo peor, me amarga la boca la certeza de que unas cuantas cosas sensatas que he podido decir durante la vida no habrán tenido, a fin de cuentas, ninguna importancia. Y ¿por qué habrían de tenerla? ¿Qué significado tiene el zumbido de las abejas en el interior de la colmena? ¿Les sirve para comunicarse unas con las otras?

JOSÉ SARAMAGO, 2008

Creo que me han hecho todas las preguntas posibles. Si yo mismo fuera periodista no sabría qué preguntarme. Lo malo son las innumerables entrevistas que he dado. En todo caso, procuro responder seriamente a lo que se me pregunta, lo cual me da derecho a protestar contra la frivolidad de determinados periodistas a quienes sólo interesa el escándalo o la polémica gratuita.

JOSÉ SARAMAGO, 2009

Prefacio

Crónica del escritor en la calle

La intervención en la esfera pública constituye uno de los rasgos centrales del perfil intelectual de José Saramago, un escritor en permanente elusión de cualquier torre de marfil, alejado del ensimismamiento. *A donde va el escritor, va el ciudadano* solía reiterar con convicción, despejando cualquier eventual duda sobre su compromiso civil, asumido como imperativo cívico, emanado tanto de sus convicciones políticas cuanto de la impregnación humanista —*nihil humanum puto alienum mihi*— que se filtra con brío por el tejido de su estructura cultural y de su musculatura de incombustible y vigoroso polemista. Como sucediera con Albert Camus, no cabe la posibilidad de disgregar la escritura de sus principios frente a las circunstancias de la realidad, se deriven las consecuencias que se deriven de este hecho. El autor concentra, sin fisuras, en la persona que es, el haz de obligaciones desprendido de sus actos, ya sean los específicos de la literatura, los propios del ejercicio de la ciudadanía o los concernientes a la simple vida, porque, para Saramago, *la obra es el novelista* y el novelista resulta de la proyección de la persona que lo anima. De este modo, la responsabilidad —también su variante consanguínea, concretada en un arraigado sentido del deber— afirma una de las categorías que definen su carácter, marcando el conjunto de valores que orientan su conducta ética, pero también su quehacer creativo y reflexivo.

A partir de su eclosión como narrador, a comienzos de los ochenta, desarrollaría una creciente e intensa tarea de vertido de ideas, valoraciones y denuncias en foros y medios de comunicación internacionales, hasta convertir su voz en una referencia global, particularmente identificada con el pensamiento crítico, la defensa de los excluidos y la reivindicación de los derechos humanos. La concesión del Premio Nobel de Literatura en 1998, antes que modular su discurso enfático, contribuyó a subrayarlo, a estimular su conducta y a acrecentar el alcance de sus palabras. Apenas podría entenderse hoy adecuadamente la figura del escritor sin tomar en consideración su faceta pública, que, vista en perspectiva, adquiere la forma de una suerte de sostenido comportamiento activista, aprovechando la plataforma ofrecida por prensa y tribunas para difundir sus ideas y combatir las desviaciones que, a su juicio, perturbaban el orden del mundo y el bienestar de la humanidad. Mediante declaraciones, entrevistas y rotundos titulares, Saramago compartía consideraciones sobre su propia creación o trataba abiertamente cuestiones palpitantes de nuestro tiempo, elaborando un rico sistema de pensamiento de raíz radical, pero también forjándose un rostro social que forma parte sustantiva de su robusta figura. Y lo practicó de tal modo, que, mientras contribuía a crear opinión y a dibujar su silueta del mundo, iba construyendo su visibilidad pública como intelectual comprometido, más allá del rotundo espacio ocupado por el hombre de letras, de quien Harold Bloom comentaría en 2001: «Saramago es extraordinario, casi un Shakespeare entre los novelistas. No hay ningún autor de narrativa vivo en Estados Unidos, en Sudamérica o en Europa que tenga su versatilidad. Diría que es tan divertido como punzante. Sé que es marxista, pero no escribe como un comisario y se opone a los impostores de la Iglesia católica. Su trabajo está por encima de todo eso».

Controvertido y racionalista, sentencioso e imaginativo, original y provocador, político y combativo, articulaba y desplegaba una refinada autoconciencia sobre su trabajo, de manera que, a través de sus manifestaciones, puede rastrearse una fina percepción analítica de las claves de su obra, cuyos juicios e informaciones contribuyen a esclarecerla y a comprenderla. Además de plantearse el papel del escritor, piensa en voz alta sobre la motivación de sus libros, se vincula a su específico árbol genealógico literario, dilucida las relaciones y diferencias entre Historia y ficción o entre literatura y compromiso, aclara su concepción simultaneísta de la temporalidad, desmitifica la creación y desentraña su proceso de formalización textual, la singularidad de su estilo o las reservas con que se aproxima a los géneros, en tanto que apuesta por innovaciones o por desarrollos fronterizos.

Pero su capacidad de ponderación y de penetración en el sentido oculto de las cosas supo desplazarse de la escritura para ponerse al servicio de la indagación en las zonas oscuras de la Historia, del ser humano y de los mecanismos de poder, de control ideológico y de injusticia que condicionan nuestro entorno determinando el sentido de nuestras vidas. Resistiéndose a las ideas recibidas, afila su bisturí, iluminado por una pertinaz conciencia insatisfecha instalada en la interrogación permanente, en una confesada desconfianza y pesimismo volterianos que arrojan una mirada disgustada, irónica y melancólica sobre lo real. Extiende sus testimonios, diversificados en cuanto a sus intereses —no sólo profesionales, sino, con frecuencia, sociales y políticos—, al terreno de los valores éticos y la quiebra de los derechos humanos. Censura el fracaso de la razón como modulador de nuestro comportamiento individual y colectivo, denuncia el vaciamiento ceremonial de la democracia —cuyo paradigma contemporáneo cuestiona— y la hegemonía global del poder económico a instancias de un mercado gobernado por códigos autoritarios y amorales, en un mundo que, crecientemente, se hace inhumano. No resultan ajenos a sus preocupaciones el tratamiento de sus difíciles relaciones con Portugal, la defensa del iberismo transcontinental, la reprobación de la Iglesia, el análisis severo del papel desempeñado por los canales de información, el reconocimiento de los errores del marxismo y la reivindicación, desde su condición de militante comunista, de un nuevo pensamiento de izquierda, construido en tensión con los desafíos contemporáneos y superador de las obsoletas fórmulas del pasado. En definitiva, en las observaciones vertidas en la prensa, comparte fatigas filosóficas y políticas con la literatura —a la que, como hizo Sartre, tampoco priva de esos contenidos—, al tiempo que muestra su vocación para hablar y dialogar franca y polémicamente con su presente.

La prodigalidad con que el autor de *Ensayo sobre la ceguera* se relacionó con los medios de comunicación, sin atender a límites geográficos, le sirvió para trasladar ampliamente ideas y apreciaciones, apoyado en una solvente capacidad de comunicación, un notorio didactismo y la inclinación a difundir y compartir sus impresiones, como si se tratara de un estricto acto de militancia o, más bien, de pleno ejercicio de su libertad y responsabilidad social. El propio escritor fue muy consciente de la frecuencia y amplitud con que se distribuía su pensamiento: «Mis ideas son conocidísimas, nunca las he disfrazado ni las he ocultado. Mi vida es tan pública, que se conoce todo cuanto he pensado sobre cada acontecimiento». Sin duda, un mecanismo engrasado que, por su colosal volumen y su resonancia, sustenta una efusiva relación de atracción con el público. José Saramago sabe trabajar los registros comunicativos manejando ideas fuertes que problematizan las convenciones, favorecidas por un lenguaje accesible, directo, sin aparente elaboración —sin embargo, digerido siempre intelectualmente—, filtrado por las reglas del periodismo y sostenido sobre grandes metáforas y sugerentes imágenes. Además de sus inquietudes morales, sociopolíticas y literarias, en unos y otros periódicos y revistas, en radios y televisiones, en encuentros y conferencias, dejó pormenorizada constancia de su biografía, sus convicciones y su talante personal.

En esta compilación que ahora ocupa al lector, se ofrece un amplio repertorio de palabras suyas extraídas exclusivamente de periódicos, revistas y libros de entrevistas —cinco publicaciones de referencia para conocer al escritor, que recogen sus conversaciones con Armando Baptista-Bastos, Juan Arias, Carlos Reis, Jorge Halperín y João Céu e Silva, además de una monografía de Andrés Sorel—, en un abanico cronológico que abarca desde la segunda mitad de los años setenta hasta marzo de 2009. Los extractos seleccionados se han obtenido a partir de la consulta de un amplio corpus de declaraciones publicadas en países muy diversos: Portugal, España, Brasil, Italia, Inglaterra, Estados Unidos, Argentina, Cuba, Colombia, Perú... Naturalmente, el paisaje resultante no pretende ni podría ser completo, pero sí resulta exhaustivo y suficientemente significativo del equipaje de actitudes y pensamiento con que el Premio Nobel portugués ejerció su fecunda responsabilidad cívica a través de los medios, en permanente vigilia a la hora de meditar y dialogar con su tiempo, construyendo un auténtico espacio de resistencia con capacidad de resonar globalmente. Su vertiente de creador de opinión pública queda bien patente en las páginas que siguen, sólo una metonimia en relación con el inabarcable caudal de materiales periodísticos que generó a lo largo y ancho del mundo.

Siempre en guardia a la hora de interactuar con la Historia y con el contexto, dispuesto a subvertir los grandes relatos y a manifestarse públicamente con la posibilidad de acceder a amplias capas de la sociedad, compareció ante la prensa sin fatiga y con infrecuente generosidad, movido por la necesidad imperiosa de expresar abiertamente lo que tenía que decir, sin artificios, inhibiciones o dobles lenguajes. Y esa amplia red de comunicación que tejió le serviría, a su vez, de estímulo y pretexto para reflexionar cumplida y minuciosamente, también con continuidad, tanto sobre su producción como sobre la deriva de su época. Saramago no sentía preferencia por el diagnóstico bucólico ni ha de rastrearse su pensamiento en el espacio acomodado del consenso. Por lo general, procura el desasosiego, porque entiende las funciones creativas y de conocimiento como instrumentos al servicio de un proyecto cívico y humanizador, cuya fase previa exige el desenmascaramiento y la hostilidad crítica que combata el desvío, el error. Al igual que la escritura exige la perturbación del idioma cosificado y de la realidad establecida mediante la aportación de nuevas formas lingüísticas y configuraciones mentales no codificadas hasta el momento de su aparición, pensar significa desestabilizarse interiormente y desestabilizar el discurso consolidado.

En este sentido, el reiterado pesimismo que le caracteriza —provocado por el malestar con que reaccionaba ante la situación del mundo y la deriva de los seres humanos— debe entenderse no como una claudicación, sino como una energía que pone en cuestión el orden convencional, que penetra y hace tambalearse la fachada de la apariencia y el statu quo para modificar la perspectiva e incorporar otros ángulos, lecturas y protagonistas. Anticipa, pues, una sacudida que desencadena nuevas reconfiguraciones, con las que se persigue avanzar, mejorar, a pesar del escepticismo que envuelve su visión del mundo, pero sin atenazarla ni estrangularla. Como en su momento apuntara Gramsci, se trata de hacer compatible el pesimismo de la razón con el optimismo de la voluntad. Sólidamente anclado en una arquitectura racional ilustrada, en la coherencia moral ejercitada a lo largo de su vida y en la reinterpretación de las ideas políticas comunistas —matizadas por una cierta heterodoxia—, supo alojar su obra y sus reflexiones en el lugar del cuestionamiento y la deconstrucción del cliché.

Es éste, en fin, un libro de los muchos posibles que podrían plantearse bajo la orientación que lo anima y es, asimismo, una obra abierta, que no se agota en la literalidad que aquí adopta, con la voluntad, no obstante, de esbozar una arquitectura ideológico-social saramaguiana suficiente, de conformar una identidad congruente. Los textos se presentan organizados cronológicamente a partir de etiquetas o núcleos temáticos que, en sí mismos, constituyen conceptos recurrentes sobre los que el escritor se ha pronunciado y ha dotado de sentido. Poseen, por lo tanto, la virtualidad de actuar a modo de articulaciones en torno a las cuales se desenvuelve su personalidad cultural, anotando algunos de los nódulos inconcusos de su mapa literario, intelectual y vital. A su vez, esas etiquetas conceptuales se presentan agrupadas en tres grandes epígrafes que ahondan en la identidad de José Saramago como persona, como escritor y como ciudadano comprometido. Naturalmente, los compartimentos no son estancos, ni en lo que concierne a la clasificación de las citas ni en lo referido a la ubicación de las entradas. El lector quizá se inclinara por otra ordenación, pero a buen seguro que el orden de los factores no alteraría el producto final: la imagen fiel que arrojan del personaje.

Valoradas con el horizonte que ofrece el trascurso de los años, estas declaraciones fragmentarias constituyen hoy un valioso caudal de información y de presentación de ideas y valores éticos, así como una estimulante práctica de disidencia y de contestación pública. En ellas está Saramago, el testimonio de un librepensador en el que resuenan formidablemente las tensiones, anhelos y fracasos de nuestro tiempo. Pero la taracea ofrecida en este libro aporta asimismo un compendio de sabiduría. Cada esquirla supone una ráfaga de iluminación y de sentido, configurando la imagen de una personalidad brillante y compleja, capaz de radiografiar al ser humano y a su circunstancia, de diagnosticar sus males y de sugerir antídotos o de confirmar decepciones y frustraciones. Saramago observa, analiza y saca conclusiones poderosas formuladas mediante frases robustas y sugerentes. Esta colección de agudezas, unas veces cargadas de materia informativa y otras, por su fondo sentencioso —como corresponde a la actitud grave e irónica con que el autor de *Ensayo sobre la ceguera* se enfrentaba a la vida—, construidas como apotegmas y máximas propias de la literatura paremiológica y las colecciones gnómicas, tiene el propósito de ofrecer una especie de levantamiento topográfico del pensamiento y la visión del mundo del autor, expresado a través de sus palabras tal y como fueron recogidas y publicadas por los *mass media,* con la inmediatez, espontaneidad y expresividad características de ese modo de comunicación escrita. Si se prefiere, el lector puede también tomar el florilegio como un autorretrato sobre cuyo trazo es posible advertir las facciones mayores de su rostro en tanto que novelista, persona y ciudadano: una crónica de su imaginario profesional y vital. Del conjunto, se desprende un tejido compacto y denso, hilvanado por una invariable voluntad de inteligencia, de comprensión y de musculoso diálogo con la realidad, entre cuyas hebras no será difícil reunir una buena representación de perdurables *dicta memorabilia,* nacidos de la facultad de aforista del Premio Nobel portugués. Chéjov, que rehuyó trabajar con héroes y no cesó en su afán de desacralizar la literatura y la labor del escritor —rasgos compartidos por Saramago—, lo dejó dicho: «La originalidad de un autor estriba no sólo en su estilo, sino también en su manera de pensar».

FERNANDO GÓMEZ AGUILERA

Quien se llama José Saramago

A través de sus frecuentes intervenciones en los medios de comunicación, Saramago abordó las cuestiones más diversas, proporcionando juicios e informaciones sobre su concepción del mundo y su propia trayectoria vital, sobre sus ideas y sus sentimientos. Explorando esos materiales en la perspectiva del tiempo, tesela a tesela podrían recomponerse los rasgos mayores del mosaico de su propia etopeya, de su autorretrato moral, pero también de las circunstancias más sobresalientes de su vida. Sin duda, se trata de una actitud coherente en un escritor que no dudó en reivindicarse a sí mismo, en cuanto persona, como materia de su escritura y que practicó un alto grado de exposición pública.

En las innumerables entrevistas que concedió, así como en los reportajes que se le dedicaron, se encuentran comentarios sobre el peso de la infancia en su imaginario y en su conformación individual, sobre los avatares de su formación autodidacta, sobre su decurso personal o sobre sus vínculos irreductibles pero complejos con Portugal. Saramago compartió públicamente con sus admiradores sus convicciones y valores, desde las razones de su célebre pesimismo a sus impresiones con respecto a la muerte o al papel que le atribuye a la ética y a la razón en el ámbito de la convivencia y las relaciones sociales y políticas.

Aquí y allá, en unos periódicos u otros, se leen reflexiones y observaciones suyas sobre los rasgos definitorios de su carácter: melancólico y reservado, solidario y relativista, orgulloso e irónico, siempre propenso a la indignación. Habla de su familia y de su laicismo, de su concepción de la felicidad como armonía, de la importancia que concede a la bondad, de su materialismo, de la enfermedad o de su inclinación a interrogarse por todo cuanto le rodea. La visión de conjunto es la de un escritor permanentemente abierto a practicar la introspección y a compartir su pensamiento con los lectores o, si se prefiere, con la opinión pública: dispuesto a decir quién es José Saramago.

Azinhaga

La aldea por excelencia: el imaginario del origen y de la identidad. Aunque su familia se trasladaría a Lisboa cuando Saramago apenas tenía año y medio de edad, el niño y el joven Zé no dejarían de regresar cada año, en los periodos de vacaciones, a su pueblo de nacimiento, al Casalinho de sus abuelos maternos, Josefa y Jerónimo, dos referencias fundamentales en su vida. Azinhaga: lugar de árboles resonantes como océanos, animales resplandecientes y porquerizas atendidas por un hombre alto, silencioso y enjuto, que compartía con el nieto estrellas y relatos bajo una higuera en las noches de un tiempo sin apenas nada, bendecido, sin embargo, por la plenitud del reino de las pequeñas cosas.

La aldea representa el lugar de la pobreza y de la dignidad rigurosa, la negación del artificio, la despensa de la mejor memoria, el espacio emocional y físico devorado por el calendario y sus laceraciones. El niño Zé rebuscando mazorcas en los maizales, el saco de tela colgado al cuello, donde guardar el ínfimo tesoro de la necesidad. Zé hurtando sabrosas sandías y melones. Zé trepando a las higueras más dulces del mundo. Zé ayudando al abuelo Jerónimo a alimentar a los cochinos en las pocilgas o a cultivar habas en el huerto... Azinhaga: el contacto desnudo con la naturaleza, correrías con los primos, amores preliminares, légamo en los pies descalzos y soledades melancólicas, la libertad de caminar sin rumbo, desde el amanecer, por los olivares plateados, por las lagunas de Paul do Boquilo-

bo o junto a las aguas purificadoras del Almonda, arriba y abajo de su orilla fabulosa o dentro de su caudal, pescando o re-
mando a bordo de la pequeña barca —el río que humedece la
fábula adolescente del escritor, pero también sus versos iniciá-
ticos—... Una plétora, en fin, de emociones y vivencias que se
recuperarán como mimbres luminosos de algunas de sus mejores crónicas recogidas en *El equipaje del viajero* o en *De este
mundo y del otro.* Y como materiales de *Las pequeñas memorias,*
el libro en que Saramago, espigando recuerdos de infancia y
adolescencia, levanta acta y da fe de su genoma humano y moral: donde articula literariamente su propia mitología fundacional convirtiéndola ya para siempre en una mitología literaria.

Hasta los veintitantos años, pasé todas las vacaciones en la aldea. Hasta los treinta y tantos, volvía a Azinhaga al menos una vez al año. En Azinhaga se conservan mis sensaciones esenciales. Cuando llegaba a la aldea, lo primero que hacía era quitarme los zapatos. Y la última cosa que hacía, antes de regresar a Lisboa, era calzármelos. Los zapatos, y prescindir de ellos, se convirtieron en un símbolo muy fuerte. En la aldea todos iban descalzos, menos los hombres, que usaban sus botas de trabajo.

O Estado de S. Paulo, São Paulo, 21 de septiembre de 1996

[Durante las estancias en Azinhaga, de niño] salía de casa por la mañana y daba largas caminatas. Andaba y andaba sin parar. No fui de esos genios que a los cuatro años de edad escriben historias. Sólo miraba las cosas del mundo y me gustaba mirarlas. Nunca fui un niño de grandes imaginaciones. No me interesaba por las fantasías, sino por lo que ocurría. Si me encontraba un sapo, me quedaba quieto mirándolo, observándolo atentamente como si fuera el mayor tesoro del mundo. Conviví mucho con animales: bueyes, cerdos, carneros, cabras. Conviví con sus olores y con esa especie de vida nada sofisticada que llevan los animales. Me gustaba estar con la naturaleza sin abstraer nada de ella salvo lo que es en sí misma. No era un niño muy imaginativo.

O Estado de S. Paulo, São Paulo, 21 de septiembre de 1996

31

Mi aldea estaba rodeada de olivares, con olivos antiguos de troncos enormes. Desaparecieron. Me sentí como si me hubieran robado la infancia. Hectáreas y hectáreas de olivos desaparecieron para dar lugar a cultivos más lucrativos. La aldea no ha cambiado tanto, lo que cambió fue el paisaje. Y ese cambio radical del paisaje fue para mí una especie de golpe en el corazón.

O Estado de S. Paulo, São Paulo, 21 de septiembre de 1996

Regresar a Azinhaga ahora es regresar a otro lugar que ya no es mío. Las personas, en realidad, habitamos la memoria. La aldea en que nací sólo existe en mi memoria.

O Estado de S. Paulo, São Paulo, 21 de septiembre de 1996

No me gusta mucho la retórica, pero hay que decirlo de alguna forma: a las temporadas en el pueblo las llamo mi formación espiritual. En ese sentido, recuerdo que, de niño, hasta los catorce o quince años, lo que me gustaba eran los paseos por el campo, solo, por el río, en las colinas de allí, solo.

Juan Arias, *José Saramago: El amor posible,* Planeta, Barcelona, 1998

A mí, lo que me gustaba era eso, la soledad, y pararme a ver algo, un lagarto que estaba allí, o un pájaro, o nada, estar sentado en la orilla del río, matar unas cuantas ranas. Esas pequeñísimas cosas me gustaban, la sensación del lodo en los pies descalzos, de la que hablo en un cuento, que es una sensación que siento aún ahora: los pies en aquel lodo del río, la tierra empapada. Es curioso cómo se me quedó grabada de aquel tiempo una cosa tan banal como es la sensación del lodo entre los dedos de los pies. Pero así es como lo recuerdo, igual que las pequeñísimas fuentes que estaban en la orilla del río y el agua que subía de la fuente, que removía la arena con su impulso, todas esas pequeñísimas cosas. A mis abuelos, mi comportamiento no les preocupaba nada. Si hubiesen sido gente de ciudad, quizá hubiesen estado preocupadísimos, pero ellos sabían que salía de casa por la mañana o por la tarde y podía estar horas y horas fuera. Luego volvía con la cabeza llena de cosas, pero no con una especie de intuición de la naturaleza, del misterio de la vida y de la muerte... No, no, yo era más bien como un pequeño animal que se sentía a gusto en aquel sitio.

Juan Arias, *José Saramago: El amor posible,* Planeta, Barcelona, 1998

En la aldea, en el río que pasaba y pasa —aunque ya no es lo mismo: ahora es un estercolero, eso les ocurre a casi todos los ríos en el mundo—, yo andaba descalzo y el lodo se insinuaba, subía. Puedo haber olvidado cantidad de otras cosas, pero las más sencillas han quedado: la hoguera en casa de mis abuelos, los paseos en el campo, el baño en los ríos, los cerdos, todo eso, todo, todo, todo.

Magna Terra, Guatemala, n.º 8, marzo-abril de 2001

Hay imágenes que están ahí. Y la imagen de las cosas tiene mucho que ver con la persona que somos, con la mirada que tenemos, con la sensibilidad que transportamos dentro. Cuando yo me encontré con la naturaleza en mi aldea de Azinhaga, era un niño. Era un niño sencillo y pobre, ni siquiera precoz. Eso sí, sensible y serio. Y un niño serio es un bicho un poco raro. Estaba lleno de melancolía, a veces de tristeza. Me gustaba la soledad. Los largos recorridos por los campos de olivos, bajo la luna. Solo. Esa imagen de la naturaleza intervenida por el cultivo del hombre era mi imagen del mundo. Cuando me fui a Lisboa, con dos años, me pasaba los días soñando el momento en que podría volver a la aldea, que era donde yo descubría las cosas pequeñas. ¡El subir a un árbol por primera vez! Yo creo que la sensación fue idéntica a la del señor Hillary cuando llegó al Everest y se quedó ahí, en el techo del mundo. Yo me agarré fuerte al tronco, con miedo porque el árbol se movía, pero el mundo era aquello y no otra cosa.

Elle, Madrid, n.º 246, marzo de 2007

[En Azinhaga] donde había miles de olivares hay, hoy, miles de hectáreas de maíz. Me parece perfecto, ya que la gente necesita maíz; pero yo necesitaba mis olivares. No digo que me cause dolor, pero me disgusta. Sencillamente, aquélla no es mi tierra. A un lado están los ríos (el Almonda y el Tajo) y la Lezíria, pero al otro, todo ha desaparecido.

Visão, Lisboa, 9 de noviembre de 2007

Vivimos en un lugar determinado, pero habitamos otros lugares. Yo vivo aquí, en Lisboa, cuando estoy aquí, y vivo en Lanzarote cuando estoy allí. Pero habitar, habitar, habito en aquello que sería —o es— la aldea. No se trata, sin embargo, de esta aldea, sino de la aldea de mi recuerdo.

Visão, Lisboa, 9 de noviembre de 2007

Nosotros somos mucho más la tierra donde hemos nacido [y donde hemos sido criados] de lo que imaginamos.

La Provincia, Las Palmas de Gran Canaria, 28 de marzo de 2009

Autorretrato

Un escritor contra la indiferencia, que no deja indiferentes ni a sus lectores ni a sus audiencias. Literato de éxito y voz propia tardíos —a partir de 1980, cuando contaba ya cincuenta y ocho años—, Saramago se reconoce, sin embargo, en una vida de trabajo tenaz, determinada tanto por sus orígenes humildes cuanto por su formación azarosa y autodidacta. Escritura e implicación, autor, persona y ciudadano hallan continuidad y se funden en un solo gesto de afinidad y coherencia. La literatura, la militancia política comunista o la asociación de la palabra pública con el rol de intelectual incómodo interesado por el signo de su tiempo conviven sin fricciones, favoreciendo sinergias.

Conciencia insatisfecha, directo en la expresión de sus juicios, fustigador del poder, del autoritarismo económico-financiero y de la Iglesia, defiende la bondad como el mayor argumento para una revolución. Se le oiría una y otra vez apelar a la razón, reivindicar el sentido común y la prevalencia de la ética en cuanto código regulador de las conductas y de las relaciones sociales e interpersonales. Desafecto con la envidia, seguro de sí mismo y protagonista de una experiencia vital intensa, viajera, prestigiosa e influyente en el mundo, confesaba que con la vejez había radicalizado sus posiciones y acentuado la libertad de su expresión pública.

En una crónica difundida a comienzos de los años setenta, recogida en *El equipaje del viajero* con el título «Sin un brazo en el infierno», el autor subraya su afición a la ironía, un rasgo destacado de su identidad, que se esforzaba en dosificar y empleaba como contrapunto del disgusto que le suscitaba la realidad: «Esta expresión meditabunda y seca que paseo por las calles engaña a todo el mundo. En el fondo, soy un buen hombre, con una sola y confesada flaqueza de mala vecindad: la ironía. Aun así procuro ponerle freno, para que la vida no se me complique demasiado. Pero he de confesar que esta ironía me sirve como receta de buen médico cuando la otra puerta de salida tendría que ser la indignación. A veces, el impudor es tanto, tan maltratada se ve la verdad, tan ridiculizada la justicia, que si no lo tomo a broma estallo en justísimo furor».

Así era José Saramago: disciplinado, tenaz, ateo, cosmopolita, austero, melancólico, reservado, militante, coherente, firme en sus convicciones, serio, severo, solitario por temperamento, racionalista, áspero, escéptico, tímido, tierno, anti-pedante, implacable, pesimista, polémico, seco, leal, sincero, generoso, duro por fuera y frágil por dentro, elegante, frugal, compasivo, inconformista, trabajador, independiente, distante, ético, imaginativo, comunista, solidario, reflexivo, poseedor de un acentuado sentido de la dignidad, irónico, adusto, beligerante, meticuloso, relativista, portugués, orgulloso, brillante, sobrio, sensible, honesto, incómodo, sarcástico, individualista... Un hombre poseído, desde la juventud, por una insaciable curiosidad cartográfica, que defendía con firmeza sus opiniones sin calcular las consecuencias, acostumbrado a decir lo que pensaba y a meditar lo que decía, dispuesto a forjar su perfil público en los medios de comunicación de aquí y de allá, una tarea que asumió como una obligación más de su compromiso, hasta tomar la apariencia de una suerte de labor misional laica.

Si hay algo de lo que me defienda —y con celo extremo— es de aquello a lo que llamamos demagogia. Tengo un horror visceral a la demagogia, me horroriza todo lo que tenga que ver con eso.

Tempo, Lisboa, 7 de enero de 1982

Nunca me ha preocupado mucho ser algo distinto de lo que soy.

Tempo, Lisboa, 7 de enero de 1982

Para mí, el mundo es una suerte de enigma que se renueva constantemente. Cada vez que lo miro, siempre veo las cosas por primera vez. El mundo tiene mucho más que decirme de lo que soy capaz de entender. De ahí que tenga que abrirme a un entendimiento sin límites, de forma que todo quepa en él.

O Jornal, Lisboa, 28 de enero de 1983

Soy una persona con dos defectos graves: soy melancólico y sarcástico. Son dos defectos muy vulgares para ir unidos.

NT, Lisboa, 23 de mayo de 1984

La última cosa que haría en este mundo es psicoanalizarme.

NT, Lisboa, 23 de mayo de 1984

Soy un campesino que disimula lo bastante bien como para poder vivir en la ciudad sin que me miren demasiado.

Tempo, Lisboa, 7 de diciembre de 1984

La felicidad es sólo una invención para hacer la vida más soportable.

La Vanguardia, Barcelona, 25 de febrero de 1986

Soy un ateo con una actitud religiosa y vivo muy en paz.

Expresso, Lisboa, 8 de noviembre de 1986

Suele decirse que la soledad es enriquecedora, pero eso depende directamente de la posibilidad de dejar de estar solo.

Jornal de Letras, Artes e Ideias, Lisboa, n.º 227,
10-16 de noviembre de 1986

Parafraseando a Pessoa, yo diría que el nombre no significa nada y a la vez lo es todo.

Jornal de Letras, Artes e Ideias, Lisboa, n.º 227,
10-16 de noviembre de 1986

Nuestra vida está hecha de lo que hacemos por ella, y de lo que tenemos que aceptar de los demás.

Jornal de Letras, Artes e Ideias, Lisboa, n.º 227,
10-16 de noviembre de 1986

Le damos vueltas y vueltas, pero, en realidad, sólo hay dos cosas: o escoges la vida o te apartas de ella.

El Independiente, Madrid, 29 de agosto de 1987

Yo la defino, a la ironía, como una máscara de dolor. Es una defensa que arrastramos quienes somos gente frágil.

El Independiente, Madrid, 29 de agosto de 1987

Tengo un defecto pésimo, y es una gran dificultad para decir que no, porque creo que decir que no es demostrar cierta ingratitud.

Jornal de Letras, Artes e Ideias, Lisboa, n.º 354, 18 de abril de 1989

Siempre he dudado que la humanidad fuera a realizar sus sueños durante el tiempo que yo viviera. No cultivo el optimismo histórico, soy un escéptico. Me gustaría no serlo, pero a cada momento el mundo me da razones para serlo y para serlo de manera más acentuada con los años.

Expresso, Lisboa, 22 de abril de 1989

Mi postura es la de interrogarme constantemente.

Expresso, Lisboa, 22 de abril de 1989

Quizá yo tenga una idea un poco enfermiza del sentido de la responsabilidad, como si fuera mía una responsabilidad que es colectiva. Es decir, tú tienes una responsabilidad contigo mismo, pero tienes otra que no puedes identificar. Es más una sensación de responsabilidad yo diría que ontológica, como si fueras una ola de la mar que está en la mar, que se acerca a la playa y que es como tu vida. Y detrás de ti hay una masa de agua que te empuja y tú no eres nada sin esa masa. Si te separaran de ella, la ola que tú eres no significaría nada, porque te faltaría la [tensión] de la mar, el movimiento de la marea que te empuja. Entonces, ese sentimiento de la marea que te empuja tiene que ver un poco con el sentido colectivo de la cultura y de la Historia.

El País Semanal, Madrid, 23 de abril de 1989

Yo pienso que para ser un ateo coherente hace falta un alto grado de religiosidad. El ateísmo no es incompatible con una postura religiosa. Ni es sustituir a Dios por la humanidad. Es más un sentimiento de una grandeza inmensa que tiene que ver con el universo. Y esto es suficiente, porque aunque en ese universo yo no ponga a Dios, mi postura es lo que llamamos trascendente, una palabra que suele usarse pensando en Dios y que yo utilizo en otra dirección. Lo que me trasciende es la materia, la tierra, toda ella, con sus mares y sus multitudes. Y mi religiosidad empieza, si quieres, en mi relación con mi país.

El País Semanal, Madrid, 23 de abril de 1989

Mi dedicación a la política [la candidatura a diputado del Parlamento Europeo en 1989] es más aparente que real, dado que mi posición en la lista excluye toda posibilidad de que me elijan. Por otro lado, fue algo deliberado aunque no hubiera otros motivos, ya que, de hecho, no soy ni quiero ser político, porque mi actividad es otra. No nací para ser político, aunque siempre he tenido una actividad ligada a esas cuestiones.

Pero en este caso, la invitación que se me hizo tiene más que ver con el hecho de que mi nombre es relativamente conocido y de que tenía que haber una lista de candidatos al Parlamento Europeo, que, en parte, es una campaña al margen de las preocupaciones inmediatas de nuestro pueblo.

Vida Mundial, Lisboa, 7-14 de junio de 1989

Creo saber que el amor nada tiene que ver con la edad, como sucede con cualquier otro sentimiento. Cuando se habla de una época en la que se descubre el amor, pienso que es una manera simplista de entender las relaciones entre las personas. Lo que ocurre es que hay toda una historia, no siempre feliz, en torno al amor que hace que se entienda que el amor a cierta edad es natural, y que a una edad avanzada puede ser ridículo. Esta idea ofende la capacidad que tiene cualquier persona de entregarse a otra, que es en lo que consiste el amor.

Y no lo digo por la edad que tengo y la relación de amor que tengo. He aprendido que la intensidad del amor no depende de la edad. El amor es la posibilidad de una vida entera y, si surge, hay que recibirlo. Normalmente, quienes no piensan de esta manera y tienden a menospreciar el amor como factor de realización personal absoluta son aquellos que no han tenido el privilegio de vivirlo, aquellos a los que no ha sucedido ese misterio.

Máxima, Lisboa, octubre de 1990

En mi opinión, la biografía de una persona no es algo interesante. ¿Qué tiene de interesante que me haya casado una vez y que me haya divorciado? Al hablar de nuestra vida personal, hablamos inevitablemente de la vida de otras personas. Yo creo que en esto debe haber cierto recato. Si yo digo que estuve casado y que me divorcié, no hablo sólo de mí, hablo de alguien a quien no se ha dado la posibilidad de considerar esas cuestiones.

Máxima, Lisboa, octubre de 1990

Por ahí corre el rumor de que soy vanidoso. Pero creo que la vanidad es la cosa mejor distribuida de este mundo. Vanidosos somos todos. La cuestión es saber si hay alguna razón para serlo o si se es vanidoso sin ninguna razón.

O Jornal, Lisboa, 8 de enero de 1991

Tal vez yo sea un poco orgulloso, seco, frío en el trato con los demás, pero también es verdad que soy extremadamente sensible con mis allegados: la familia y los amigos.

O Jornal, Lisboa, 8 de enero de 1991

Soy un espíritu profundamente religioso. Y le diré, con un poco de mi ironía habitual, que hace falta tener un altísimo grado de religiosidad para ser un ateo como yo. En el sentido etimológico de religión, entendida como aquello que liga, que une, siento esa gran unión con todo, con aquello que está aquí, a mano, que somos nosotros, aquello que nos rodea, esta tierra pequeña que es nuestra tierra, y la otra más grande, el continente, el globo.

Público, Lisboa, 2 de noviembre de 1991

Hay dos palabras que no se pueden usar: una es siempre, la otra es nunca.

Público, Lisboa, 2 de noviembre de 1991

Y si es verdad que tengo una conciencia muy clara de que soy —para emplear la misma expresión que acabamos de usar— muy amado en esta tierra [Portugal] —y me consta que así es—, también es verdad que soy muy odiado. Y ese odio, o aversión, o antipatía, envenena la atmósfera con sus manifestaciones o con sus causas, que son la envidia, los celos, varias cosas... En momentos críticos eso es lo que siento, y entonces me siento mal. Me siento mal porque no comprendo, sobre todo porque no comprendo.

Setembro, Lisboa, n.º 1, enero-marzo de 1993

Decir, como ha aparecido en determinada prensa que pone poco celo en plasmar la verdad, que soy o que me considero un «exiliado político» es sencillamente una estupidez de la que no soy responsable. Compararme con Salman Rushdie, como se ha hecho también, es otra estupidez aún mayor. Las palabras deben respetarse tanto como la verdad de las situaciones.

Jornal de Letras, Artes e Ideias, Lisboa, n.º 613, 13 de abril de 1994

El único valor que considero revolucionario es la bondad, que es lo único que cuenta.

Baleares, Palma de Mallorca, 20 de abril de 1994

En mi opinión, la gran sabiduría reside en ser capaz de relativizarlo todo. No dramatizar nada.

Revista Diário, Madeira, 19 de junio de 1994

No creo en Dios y nunca tuve crisis religiosa. Pero no puedo ignorar que, aunque no soy creyente, mi mentalidad es cristiana.

Diario de Mallorca, Palma de Mallorca, 28 de octubre de 1994

Nunca esperé nada de la vida, por eso lo tengo todo.

Faro de Vigo, Vigo, 20 de noviembre de 1994

Me gusta mucho subir a las montañas. No así la playa, sino lo alto, el esfuerzo.

El Mercurio, Santiago de Chile, 20 de noviembre de 1994

No, yo no soy solitario. A mí me gusta decir a veces que lo soy. Pero me doy cuenta de que no aguanto muy bien la soledad.

El Mercurio, Santiago de Chile, 20 de noviembre de 1994

Yo creo que el lugar de la trascendencia de todas las cosas es el cerebro humano. Ahí está todo, aunque no sepamos bien cómo funciona.

El Mercurio, Santiago de Chile, 20 de noviembre de 1994

Sí, es la primera vez que España trata como algo suyo a un escritor portugués y que nunca renunciaría a su nacionalidad. Voy por la Península Ibérica como si fuera mi casa. Eso da mucha alegría. Hace pocos meses, en Vigo, estaba en una librería y apareció un portugués que se dirigió a mí con cara de pocos amigos diciendo: «Ellos ya le llevaron, pero no se olvide que continúa siendo nuestro».

Cambio 16, Madrid, n.º 1229, 12 de junio de 1995

No hago ningún esfuerzo para ser cristiano, aunque, al contrario que otras personas, tampoco digo que la impronta del cristianismo haya desaparecido de mi mente. No obvio mi formación, como demuestra *El Evangelio según Jesucristo.* Allí el cristianismo está presente en su vertiente católica. Puedo estar fuera de la Iglesia, pero no del mundo que la Iglesia creó.

O Estado de S. Paulo, São Paulo, 18 de octubre de 1995

Primero soy portugués, segundo soy ibérico, y sólo en tercer lugar, y cuando me da la gana, soy europeo.

La Nación, Buenos Aires, 21 de enero de 1996

Es cierto que siempre hago prevalecer la razón. Pero soy una persona muy sensible a los sentimientos, a las emociones, aunque pueda no parecerlo. Sé que, cuando me miran, ven una cara algo severa. Pero puedo asegurar que existen muchas cosas encubiertas tras ella.

O Estado de S. Paulo, São Paulo, 21 de septiembre de 1996

La tristeza que usted ve en mí se debe al irracionalismo, a los fanatismos que se diseminan por el mundo. Pero también es compasión. En el fondo somos todos unos pobres diablos. No obstante, hay una compasión que nos hace preguntarnos: ¿por qué no podemos ser de otra manera?, ¿por qué no conseguimos mejorar?, ¿por qué no conseguimos ser buenos?

O Estado de S. Paulo, São Paulo, 21 de septiembre de 1996

Es verdad que el neorrealismo era, en realidad, puritano —pienso que la palabra no es excesiva—, pero no creo que el pudor me haya llegado por esa vía. Procede más bien de una reserva natural propia, de un modo de ser, no diré reservado, porque soy también bastante expansivo, pero la verdad es que esa misma expansividad siempre tiene una *retenue,* incluso en la alegría. Soy incapaz de mostrar una alegría profunda —como sería lo natural—, pero eso tampoco significa que esté exento de espontaneidad. Es como si retuviera todos mis sentimientos y, sobre todo, esos últimos sentimientos, la expresión de la alegría o de la pena, aquello que llevaría a la carcajada o al llanto.

Armando Baptista-Bastos, *José Saramago. Aproximação a um Retrato,* Publicações Dom Quixote, Lisboa, 1996

Es justamente esa melancolía, eso que sentía de pequeño cuando me ponía triste en las fiestas mientras todos los demás se divertían en la aldea o donde fuera. Los cohetes, la música en directo, los muchachos y las mocitas —como se decía antes; ahora ya no hay mocitas, claro, es una subespecie femenina que se ha extinguido—..., todo el mundo estaba contentísimo... y a mí me entraba una tristeza muy grande, muy grande.

Recuerdo que, siendo adolescente, un día me inventé un dolor en la rodilla para no ir a un baile. Es —o era, porque ahora ya no me ocurre tanto— una especie de dificultad para comunicar, o para comunicarme, o probablemente para recibir aquello que alguien tuviera que darme, una especie de aislamiento involuntario. Creo que esto tenía mucho que ver —y lo que queda de aquello probablemente aún conserva esa raíz— con una dificultad lingüística que tengo para articular sonidos, ciertas sílabas o consonantes que me salen mal, a las que tengo que buscarles la vuelta para encontrar la forma de pronunciarlas.

Armando Baptista-Bastos, *José Saramago. Aproximação a um Retrato*,
Publicações Dom Quixote, Lisboa, 1996

Es difícil decirte qué es para mí Pilar [del Río]. No es mi secretaria; me ayuda en lo que necesito y en lo que puede, pero eso no la convierte en mi secretaria. Y tampoco me gustaría que mi mujer fuera mi secretaria. Yo diría que he vivido todo lo que he vivido para llegar a ella. Pilar me dio todo aquello que ya no esperaba tener. La conocí en 1986 y ya vamos de camino a siete años de auténtica felicidad. Cuando vuelvo la vista a lo que viví antes, veo todo aquello como una larga preparación para llegar a ella. Por tanto, decirte que es mi mujer, mi amante, mi compañera, mi amiga, todo eso son sólo intentos de decir lo que es, y nada más. Nuestra relación es otra cosa, no cabe en esas categorías.

Armando Baptista-Bastos, *José Saramago. Aproximação a um Retrato*,
Publicações Dom Quixote, Lisboa, 1996

A veces, el tener destruye el ser.

La Vanguardia, Barcelona, 1 de septiembre de 1997

El otro es una complementariedad que nos hace a nosotros más grandes, más enteros, más auténticos. Ésa es mi propia vivencia.

La Vanguardia, Barcelona, 1 de septiembre de 1997

La vida, que parece una línea recta, no lo es. Construimos nuestra vida sólo en un cinco por ciento, el resto lo hacen los otros, porque vivimos con los otros y a veces contra los otros. Pero ese pequeño porcentaje, ese cinco por ciento, es el resultado de la sinceridad con uno mismo.

La Vanguardia, Barcelona, 1 de septiembre de 1997

Yo sigo diciendo, a esta edad de setenta y cinco años, que sigo siendo el nieto de mis abuelos.

Lancelot, Lanzarote, n.º 752, 19 de diciembre de 1997

[Mi apellido, Saramago, viene] del apodo de la familia de mi padre. Cuando él fue a inscribirme, el funcionario le preguntó: «¿Cómo se llama el hijo?». Y mi padre contestó: «Como el padre», que, según la ley, era José de Sousa. Pero el funcionario, por su cuenta, añadió el apodo que conocía. No lo supimos hasta que entré en la escuela y mi padre pidió en la conservaduría una partida de nacimiento. Se le cayó el alma a los pies, tanto que a él le gustaba el Sousa, más fino. Así que tuvo que emprender un proceso burocrático complicado para que se reconociera que él también se llamaba Saramago y que aquel niño era su hijo. Debe de ser un caso casi único en que el hijo le ha dado el nombre al padre.

La Revista de El Mundo, Madrid, 25 de enero de 1998

A mí no me gusta hablar de felicidad, sino de armonía: vivir en armonía con nuestra propia conciencia, con nuestro entorno, con la persona que se quiere, con los amigos. La armonía es compatible con la indignación y la lucha; la felicidad no, la felicidad es egoísta.

La Jornada Semanal, México D. F., 8 de marzo de 1998

Tuve un sueño a los siete u ocho años, que puedo recordar como el sueño más hermoso de toda mi vida. Era un riachuelo, una corriente de agua, muy transparente, muy límpida; en el fondo, unas piedrecitas pequeñas, muy blancas; a un lado, en una orilla, un campo, un campo de hierba; al otro lado, otro campo de hierba; y, al fondo, bosques. Yo, desnudo, dentro del agua, corría en dirección a la fuente. Era un viaje hermoso. Me gustaría volver a soñarlo, aunque ya no sería lo mismo. No sería inocente, sino el sueño de alguien mayor.

Uno, Mendoza, 13 de septiembre de 1998

Prefiero la noche y prefiero el día. Prefiero la noche para dormir, pero soy un animal muy diurno. No tengo ni tuve una vida nocturna. Siempre dije que la noche está hecha para irse a la cama y dormir tranquilo. El día es para hacer todo lo que hay: trabajar, mirar. No invento las cosas, no hago de la noche el día, pero sí puedo decir que la noche me gusta, porque me voy a dormir, no porque me sienta más activo.

Uno, Mendoza, 13 de septiembre de 1998

Mis ideas son conocidísimas, nunca las he disfrazado ni las he ocultado. Mi vida es tan pública, que se conoce todo cuanto he pensado sobre cada acontecimiento.

ABC, Madrid, 9 de octubre de 1998

Si no nos movemos hacia donde está el dolor y la indignación, si no nos movemos hacia donde está la propuesta, no estamos vivos, estamos muertos.

La Jornada, México D. F., 9 de octubre de 1998

Soy portugués, y solamente portugués, pero por mi matrimonio, por mis amistades y por mi trabajo, mi patria se ha ampliado y ahora se extiende a España y a muchos países de Iberoamérica.

Jornal do Brasil, Río de Janeiro, 10 de octubre de 1998

No sé qué decir, sólo que he hecho todo lo que he hecho con plena conciencia de que me estaba expresando como un ser humano que busca describir su identidad. Necesito averiguar qué diablos hago aquí, en la vida, en la sociedad y en la Historia.

Jornal do Brasil, Río de Janeiro, 10 de octubre de 1998

El cristianismo intentó convencernos de que debíamos amarnos los unos a los otros. Yo diré una cosa muy clara: no tengo la obligación de amar a todo el mundo, pero sí de respetarlo.

Reforma, México D. F., 10 de octubre de 1998

Quiero recuperar, saber, reinventar al niño que fui. Puede parecer una cosa un poco tonta: un señor que a su edad piensa en el niño que fue. Pero creo que el padre de esa persona que soy es el niño que fui. Tenemos un padre biológico y una madre biológica, pero yo diría que el padre espiritual del hombre que soy es el niño que fui.

Público, Lisboa, 14 de octubre de 1998

Creo que la sabiduría consiste en saber renunciar y tener conciencia de eso, de que es imposible conocer tu propio nombre.

La Provincia, Las Palmas de Gran Canaria, 15 de octubre de 1998

Siempre me ha interesado más lo que está cerca que lo que está lejos. Lo que está cerca es una piedra o la lagartija. Lo que está lejos es la montaña; la veo, pero no puedo tocarla. No quiero decir que no me guste mirar volcanes, pero me importa sentir lo que puedo recoger o mirar de cerca. Por eso está aquí el jardín. Yo tengo que mirar, tengo que darme cuenta de que esta pequeña hierba ayer no estaba y hoy está.

La Provincia, Las Palmas de Gran Canaria, 15 de octubre de 1998

Yo entiendo la felicidad como una relación de armonía, como una relación estrecha de la persona con la sociedad, con los que tiene próximos y con el medio ambiente.

La Tribuna, Tegucigalpa, 7 de noviembre de 1998

Toda mi vida he sido más bien una persona melancólica.

El País Semanal, Madrid, 29 de noviembre de 1998

Puedo decir que mi recuerdo más intenso, ese que, cuando me pongo a recordar, siempre llega en primer lugar, es el de mi pueblo.

El País Semanal, Madrid, 29 de noviembre de 1998

Si tengo algún motivo de vanidad, es que siempre he dicho lo que pienso en cualquier sitio.

El País Semanal, Madrid, 29 de noviembre de 1998

Mi vida está ligada a cuatro puntos cardinales: Azinhaga do Ribatejo, donde nací; Lisboa, donde viví; Lavre, donde me encontré realmente como escritor y donde empecé a conquistar el Nobel; y Lanzarote, la isla en la que actualmente resido.

Folha de Montemor, Montemor-o-Novo, noviembre de 1998

Ser viejo es sólo tener más años, haber vivido más, tener más cosas para decir porque se tienen más cosas para recordar. Creo que si uno llega a la edad en la que se puede decir que se es viejo, lo mínimo que se puede esperar de las personas es que se respete el trabajo, la conciencia y el derecho a vivir con dignidad en esa vejez [...] no quiero con esto decir que hay que respetar y escuchar con mucha atención a los mayores por el hecho de que son mayores, no. Hay mayores que no son nada respetables. Por tanto, si yo pienso que es un error hacer de la juventud un valor, tampoco quisiera que se pensara que estoy queriendo decir que la vejez es un valor, porque no lo es. Valores lo son, cuando lo son, los seres humanos, con independencia de la edad que tengan.

La Jornada, México D. F., 3 de diciembre de 1998

Todo es tan relativo... ¿Qué es la fama?, ¿qué es el éxito?, ¿qué es el triunfo? Parece que sí, que todo eso es algo, pero si tomamos en cuenta que tenemos una pequeña vida, que, incluso cuando es larga, siempre es pequeña, todo resulta nada. Si consideramos que la eternidad no existe y que menos existe la eternidad de las cosas que hacemos, que todo es precario, que lo que hoy es mañana no será, si tomamos en cuenta todo eso, creo que la fama es nada.

La Jornada, México D. F., 3 de diciembre de 1998

Al igual que a veces digo que, en lugar de felicidad, yo creo en la armonía, pienso que el amor es el encuentro de la armonía con el otro.

La Jornada, México D. F., 3 de diciembre de 1998

Con todas mis debilidades, soy una persona muy coherente. En ningún momento de mi vida, me apunté a eso que antes [en la entrevista] llamaba el triunfo, en el periodismo o en lo que fuera. Ni siquiera cuando yo empezaba a escribir. Nunca, nunca, nunca. Yo he hecho cada día lo que tenía que hacer. No pensaba: «Yo ahora hago esto porque quiero llegar a aquello y, cuando llegue a aquello, quiero hacer algo más para llegar más allá». Una estrategia, una línea, una táctica, no, jamás.

Desde mis setenta y seis años hasta donde puedan llegar mi memoria y mis recuedos, lo que yo veo es esto: una persona que ha vivido. Vivir, vivir de forma sencilla, haciendo lo que tenía que hacer, nada más. Sin ninguna idea de llegar a triunfar en lo que fuera. Quizá porque yo no he querido nunca nada, lo tengo todo. Y cuando digo que no he querido nunca nada quiero decir que no tuve nunca ninguna ambición, he sido una persona sin ambición.

El Mundo, Madrid, 6 de diciembre de 1998

Tener como objetivo vital el triunfo personal tiene consecuencias. Más pronto que tarde, te haces más egoísta, más concentrado en ti mismo, insolidario.

El Mundo, Madrid, 6 de diciembre de 1998

Yo hablo de otro triunfo, el triunfo que significa que puedes decirte: no te has traicionado nunca y tampoco has traicionado a nadie. Y esto es lo mejor que hay, mejor que el Premio Nobel. Puedes mirarte cuando te afeitas por la mañana y decir: me gusta este señor.

El Mundo, Madrid, 6 de diciembre de 1998

A mí, me resulta indiferente el concepto de felicidad, para mí tiene más importancia lo que llamo serenidad y armonía [...] La serenidad tiene mucho de aceptación, pero también algo de autorreconocimiento de tus límites. Vivir en armonía no significa que no tengas conflictos sino que puedas convivir con ellos con serenidad.

Juan Arias, *José Saramago: El amor posible,* Planeta, Barcelona, 1998

Mi modesta y sencilla opinión es que hay que dejar a la gente que sea como es. Viviendo en sus diferencias y desde sus propios presupuestos culturales.

Juan Arias, *José Saramago: El amor posible,* Planeta, Barcelona, 1998

Comprender no es perdonar. Desde mi punto de vista, hay cosas que pueden comprenderse, pero eso no significa que por una especie de necesidad, casi una especie de automatismo, si comprendo, perdono.

Juan Arias, *José Saramago: El amor posible,* Planeta, Barcelona, 1998

Cuando en los *Cuadernos de Lanzarote* me pregunto dónde acaban mis perros y dónde comienzo yo, o dónde acabo yo y dónde comienzan ellos, en el fondo tiene, no sé, mucho que ver con una especie de sentimiento panteísta del que no hemos hablado. Yo cojo del suelo una piedra y la miro como algo que necesitaría entender y a veces digo: bueno, entre la piedra que tengo aquí y la montaña que está en el horizonte, quiero la piedra. ¿Por qué tengo la casa llena de piedras? Hay mucha imaginación y fantasía en todo esto. Cuando hablo así de una piedra es una ilusión mía, porque es una cosa inerte, insensible. Pero si la cojo, si la tengo en mi mano, ya es algo que pertenece a mi misma familia, porque no es una piedra de Marte, es una piedra de la Tierra, que es el lugar donde yo estoy.

Juan Arias, *José Saramago: El amor posible,* Planeta, Barcelona, 1998

Mis alegrías son siempre sobrias.

Juan Arias, *José Saramago: El amor posible,* Planeta, Barcelona, 1998

[Mi timidez viene] de la infancia. Tiene raíces antiguas. Una de ellas era mi tartamudeo.

Jornal de Letras, Artes e Ideias, Lisboa, n.º 761, 1 de diciembre de 1999

La gran victoria de mi vida es sentir que, en el fondo, lo más importante de todo es ser buena persona. Si pudiera inaugurar una nueva Internacional, sería la Internacional de la Bondad.

Jornal de Letras, Artes e Ideias, Lisboa, n.º 761, 1 de diciembre de 1999

Tengo un problema de timidez que se resuelve con la multitud. Estoy más a gusto hablando delante de tres mil personas que delante de tres. Aquello que paralizaría a cualquier persona tímida, a mí... Incluso suelo decir que Jesucristo resucitó al tercer día, y yo, a la tercera palabra. De modo que, cuando digo que no tengo ningún talento para las relaciones públicas, digo la verdad. En primer lugar, porque soy tímido. Puede que no lo parezca, pero lo soy. Y esa timidez es tanto más evidente cuanto menor es el número de personas para las que esté hablando.

Jornal de Letras, Artes e Ideias, Lisboa, n.º 761, 1 de diciembre de 1999

El cuerpo es una condición del espíritu. No sé qué es el espíritu. En qué momento entró el espíritu en el cuerpo, eso yo no lo sé. La sabiduría no sólo viene de la experiencia o con los conocimientos que uno acumula. Tiene que ver con una armonía, que no es pasividad. Es pertenecer al mundo, tener la conciencia de pertenecer a la vida y de ser parte del Universo. Y, en el fondo, intentar ser bueno.

La Nación, Buenos Aires, 13 de diciembre de 2000

Vivimos para intentar decir quiénes somos. Recuerdo la frase de Albert Camus: «Si quieres ser reconocido, no tienes más que decir quién eres». Creo que no sabemos quiénes somos. Lo que uno hace, en el fondo, es mucho más importante que lo que uno sabe sobre sí mismo.

La Nación, Buenos Aires, 13 de diciembre de 2000

Hay dos cosas en la vida que cada día no puedo soportar. Una es vivir sin saber dónde estamos. Sí, estamos en la Tierra, en el sistema solar, en la galaxia, pero realmente dónde estamos. La otra es tener el sentimiento de no haber podido hacer algo para que el mundo cambiara.

Alphalibros, Mendoza, 2000

Cuanto más viejo me veo, más libre me siento y más radicalmente me expreso.

El Semanal de *ABC*, Madrid, 7-13 de enero de 2001

Las palabras que con más frecuencia me digo a mí mismo son
éstas: «No te permitas nunca ser menos de lo que eres».

El Semanal de *ABC*, Madrid, 7-13 de enero de 2001

Aparentemente sí, estoy entero [a pesar de conocer las heridas
del mundo]. Pero quien me conoce bien sabe que sangro por
dentro. Todos los días a todas las horas. Soy, en carne y en espíritu, un grito de dolor e indignación.

El Semanal de *ABC*, Madrid, 7-13 de enero de 2001

Si nos paramos a pensar en las pequeñas cosas, llegaremos a
entender las grandes.

Época, Madrid, 21 de enero de 2001

¿Que qué soy? ¿Pesimista, indignado, escéptico, inconformista? Son cuatro maneras de decir lo mismo. Digamos que soy
un cuarto de cada y el total, lo que ves.

Planeta Humano, Madrid, n.º 35, enero de 2001

Cuando yo me muera... si se pusiera una lápida en el lugar
donde yo me quedaré, podría ser algo así: «Aquí yace, indignado, fulano de tal». Indignado, claro, por dos razones: la primera, por no estar ya vivo, que es un motivo bastante fuerte
para indignarse; y la segunda, más seria, indignado por haber
entrado en un mundo injusto y haber salido de un mundo

injusto. Pero hay que seguir, hay que seguir andando, hay que seguir.

Magna Terra, Guatemala, n.º 8, marzo-abril de 2001

Yo creo en el respeto a las creencias de todo el mundo, pero me gustaría que las creencias de todo el mundo fueran capaces de respetar a las creencias de todo el mundo.

Magna Terra, Guatemala, n.º 8, marzo-abril de 2001

Las evocaciones primigenias, las primeras percepciones de la vida, de su riesgo, de sus desprendimientos, son determinantes porque producen imágenes que dejan tatuajes y afloran sin darnos cuenta en todo proceso artístico.

Revista Universidad de Antioquia, Medellín, n.º 265, julio-septiembre de 2001

Si no me intereso por el mundo, éste llamará a mi puerta pidiéndome cuentas.

ABC, Madrid, 22 de septiembre de 2001

Yo soy ateo, pero siempre me he sentido atraído por el fenómeno religioso. Me interesa la religión como institución de poder que se ejerce sobre las almas y los cuerpos.

Turia, Teruel, n.º 57, 2001

Yo tengo una tesis nada científica sobre el pensamiento. Hay un pensamiento activo, es decir, yo estoy pensando en algo y, por lo tanto, puedo, dentro de cinco minutos, más o menos, reproducir lo que estoy pensando; pero hay otro pensamiento subterráneo que trabaja por su cuenta, es decir, que tiene muy poco que ver con lo que está pasando. Hay un pensamiento que yo llevo cuando estoy conduciendo un coche, por ejemplo, y ese pensamiento es llegar a la ciudad, por lo tanto, sigo una carretera; y hay otro pensamiento, por debajo, que de vez en cuando sube a la superficie del otro. Eso que nosotros llamamos intuición, a mi entender, no es más que el resultado de ese trabajo subterráneo que a veces sube y aparece. A eso llamamos intuición, a algo que no nos pasaba por la cabeza y no sabemos por qué aparece de improviso. Pero no es cierto que no nos pasara por la cabeza, pues sólo por ahí podría pasar. Lo que sucede es que no lo percibimos, no es lo que yo llamo el pensamiento activo, ese que yo llevo como llevo un coche. La imaginación, tal vez, tenga algo que ver con esto.

Veintitrés, Buenos Aires, 7 de febrero de 2002

Busca tu propia verdad, y si crees haberla encontrado, sigue sus dictados.

Jornal da Madeira, Madeira, 15 de mayo de 2002

Sólo el amor nos permite conocernos.

El Periódico de Aragón, Zaragoza, 15 de enero de 2003

No estamos hechos de una pieza. Yo soy por naturaleza una persona melancólica, contemplativa y tímida, que tuvo que vencer su timidez y hacer frente a determinadas situaciones. Y soy, a la vez, activo en la militancia, sin perder esas características.

Visão, Lisboa, 16 de enero de 2003

Somos materia y nada más. Una parte de esa materia ha sido capaz de crear conciencia. Pero todo lo que somos es cerebro. Ahí está todo.

La Nación, Buenos Aires, 11 de mayo de 2003

Yo me considero como el náufrago de un barco que se hunde. Uno está a punto de ahogarse, pero hay una tabla a la que se aferra. Es la tabla de los principios. Todo lo demás puede desmoronarse, pero, aferrado a ella, el náufrago llegará a una playa. Y después, con esa tabla, podrá construir otro barco, evitando cometer los errores de antes. Con ese barco intentará llegar a otro puerto.

La Nación, Buenos Aires, 11 de mayo de 2003

La sabiduría consiste, en el fondo, en tener una relación pacífica con lo que está fuera de nosotros, con la naturaleza. Para mi abuelo, era suficiente con saber el nombre de los árboles, de los animales y tener una idea aproximada del tiempo. Con cuatrocientas o quinientas palabras se vivía. Puede que tengamos que reconocer que la sabiduría se contiene en esas pocas palabras y que, cuando empezamos a entrar en los matices, todo se diversifica. A veces, las palabras hacen que nos detengamos en ellas.

La Nación, Buenos Aires, 11 de mayo de 2003

El mundo del socialismo puede derrumbarse, pero uno sigue manteniendo sus principios, yo no puedo desprenderme de ellos.

El Universal, México D. F., 16 de mayo de 2003

Todo en mi vida sucedió tarde, pero, como tuve y sigo teniendo la suerte de una vida larga, me ha permitido vivir lo que en circunstancias distintas no habría sido posible.

Rebelión, Cuba, 12 de octubre de 2003

No soy nihilista, soy simplemente relativista. André Comte-Sponville, en su *Diccionario filosófico,* coloca las cosas en su sitio: el nihilismo es la filosofía de la pereza o de la nada, el relativismo es la filosofía del deseo y de la acción. Los que dicen que soy un nihilista no saben leer o, si lo saben, no entienden lo que leen.

Vistazo, Guayaquil, 19 de febrero de 2004

Recuperando el tema del paraíso, sólo consideraría un paraíso aceptable si incluyera a los animales y, en concreto, a los perros.

Jornal de Letras, Artes e Ideias, Lisboa, n.º 873, 17 de marzo de 2004

Cuando tenía dieciocho años, recuerdo haber dicho algo absolutamente impensable en un chico con esa edad, y fue: «Lo que tenga que venir, a mis manos llegará». Y creo que ésa ha sido de una manera inconsciente la regla de oro de mi vida.

El País, Madrid, 26 de abril de 2004

Soy una persona feliz, que no ha buscado la felicidad, pero que, a lo mejor, mi sabiduría o mi ciencia infusa ha hecho que estuviera en el momento y en el lugar donde algo podría ocurrir.

El País, Madrid, 26 de abril de 2004

Si mis críticas no sirven porque están contaminadas por el pasado, mejor no perdamos el tiempo con ellas.

La Prensa Literaria, Managua, 1 de mayo de 2004

Ni las derrotas ni las victorias son definitivas. Eso les da una esperanza a los derrotados, y debería darles una lección de humildad a los victoriosos.

La Voz del Interior On line, Córdoba, Argentina, noviembre de 2004

Me resulta completamente imposible leer en una pantalla de ordenador. Lo lamento. Soy del tiempo del libro, del papel. Uno puede dejar caer una lágrima sobre la página. Es más difícil dejar caer una lágrima sobre un ordenador. Creo que el libro todavía va a durar.

El País, Edición Andalucía, 13 de mayo de 2006

Me gusta la música y escucho música constantemente. Los clásicos, claro, pero también cantautores como Jacques Brel —escuche *Les Vieux* o *J'Arrive*— o Leonard Cohen, y muchísimos otros [...] Me gusta la buena música brasileña y portuguesa, y tengo una buena colección de discos de ambas.

Época, São Paulo, 29 de mayo de 2006

Yo siempre estoy preocupado aquí [en el jardín de la casa de Lanzarote] por que los pájaros tengan agua. Son cosas tontas, pero alguien tiene que encargarse, porque si no tienen agua aquí pues la encuentran en otro lugar; pero no, yo quiero que los pájaros tomen agua aquí y les pongo agua limpia y el agua está ahí. Por eso yo creo que tengo un vínculo natural, espontáneo, con el sentir del paisaje, el cielo, las nubes. Yo he vivido una relación con la naturaleza que se dio naturalmente: un canto, un árbol, el río. Cosas que son el mundo mismo. No es la naturaleza abstracta: es la culebra, el sapo... No tiene ninguna importancia... Serpientes, lagartos..., qué importancia tienen. Para muchos, a lo mejor, ninguna. Pero, para mí, la tienen toda.

Clarín, Buenos Aires, 14 de octubre de 2006

Entre esos que yo he sido y este que soy, la diferencia, en el fondo, es que he vivido experiencias, conocimiento, quizá sabiduría, me he enamorado, me he desenamorado, todo lo que nos ocurre a cada uno de nosotros; pero lo que es cierto es que no hubo una ruptura de aquí se acabó el niño y comenzó el adolescente y aquí el adulto. Es cierto que he ido cambiando como todos cambiamos, pero es una línea constante, no hay interrupciones. Yo soy aquél y aquél soy yo.

Soy alguien que ha trabajado, que no ha tenido nunca ambiciones —aunque esto puede sonar falso—. Nunca he tenido ambiciones, nunca he dicho voy a hacer esto para llegar a aquello, y cuando lo obtenga voy a dar un paso más para llegar a un final. No, yo he vivido mis días con lo que tenía que hacer. Creo que he tenido suerte, porque la gente me ha descubierto cuando yo ya había hecho algo que merecía la pena, pero podría haber ocurrido que yo hubiera hecho eso y que la gente no lo hubiera visto.

La Jornada, México D. F., 27 de noviembre de 2006

En mi caso, no olvidar ha sido algo natural en mí. No he querido ni recordar ni olvidar. El pasado es pasado, pero se mantuvo intacto en mi cabeza, en mi memoria.

La Jornada, México D. F., 27 de noviembre de 2006

He intentado no hacer nada en la vida que pudiera avergonzar al niño que fui.

Agencia EFE, Madrid, enero de 2007

La educación sí que me preocupa muchísimo, sobre todo porque es un problema muy evidente, claro y transparente y nadie hace nada al respecto. Se ha confundido la instrucción con la educación durante muchos años y ahora estamos pagando las consecuencias. Instruir es transmitir datos y conocimientos. Educar es otra cosa, es inculcar valores [...] Hace décadas, lo que había era un Ministerio de Instrucción Pública, no de Educación. La educación era otra cosa. Si para ser educado hubiera que haber sido instruido previamente, yo sería una de las criaturas más ignorantes del mundo. Mis familiares eran analfabetos, ¿cómo me iban a instruir? Es imposible. Pero sí que me educaron, sí que me inculcaron unos valores básicos y fundamentales. Vivía en una casa paupérrima y salí de allí educado. ¡Milagro! No, no hay ningún milagro. Aprendí la vida y la lección de los mayores cuando ni ellos mismos sabían que me estaban dando lecciones.

Canarias 7, Las Palmas de Gran Canaria, 4 de febrero de 2007

Vivimos con nuestra memoria. Mejor dicho, somos nuestra propia memoria. Sólo disponemos de verdad de lo que tenemos en la cabeza.

Canarias 7, Las Palmas de Gran Canaria, 4 de febrero de 2007

Si tú me preguntas qué certezas he traído después de escribir mis memorias, te diré que me he traído una: que, si pudiera, lo viviría todo otra vez, exactamente como lo viví. Y mira que no ha sido una infancia feliz. Pero yo querría repetirlo todo. Todo, todo, todo... Aunque, claro, con los mismos: con la abuela, con el abuelo, con los tíos, con los primos, con mi amigo José Dinis..., peleándome con sus celos interminables. ¡Se ponía furioso con eso de las chicas! Sí. Ésa es la única certeza. Lo viviría todo otra vez. Pondría los pies en los mismos lugares donde los he puesto. Volvería a caer como los niños caen. Volvería a encontrar el primer sapo. A bañarme en el río Almonda de mi aldea, y eso que, al ser río de planicie, nunca tuvo las aguas del todo límpidas, ¡pero cuánto me gustaba!

Elle, Madrid, n.º 246, marzo de 2007

Bueno, hablar de Pilar [del Río] es a la vez fácil y difícil. Ella nació en 1950, yo en el 22. Me siento un poco raro cuando pienso que hubo un tiempo en que yo ya estaba y ella no. Es extraño para mí entender que tuvieron que pasar veintiocho años desde mi nacimiento para que llegase la persona que sería imprescindible en mi vida... Ella es, y quienes la conocen lo saben, una mujer extraordinaria, además de muy guapa. Ella nació para servir a los demás, y los demás son todo el mundo, la madre, los catorce hermanos, las amigas, los amigos... Ella siempre está disponible. Ella nunca dice no a una llamada y da toda la atención a la persona con la que está hablando, que en esos momentos es la más importante del mundo. Y bueno... Cuando la conocí, yo tenía sesenta y tres años, era un hombre ya mayor. Ella tenía treinta y seis. Los amigos me decían: «¡Esto es una locura, un disparate! ¡Con esa diferencia de edad...!». Y yo lo sabía, pero no me inquietaba. Ahora ya no puedo imaginar mi vida sin ella, no puedo concebir nada si Pilar no existiera... Cuando no está, la casa se apaga. Y cuando vuelve, se reactiva.

Elle, Madrid, n.º 246, marzo de 2007

Acostumbro a decir que entre la montaña que veo en la lejanía y la piedra que tengo en la mano, prefiero la piedra. Para mí, eso significa que la naturaleza no es un simple paisaje que se presenta ante mis ojos, sino una suerte de comunión con todo lo mineral, lo vegetal y lo animal que me rodea. Una comunión que pasa por todos mis sentidos, hasta el extremo de que tengo a menudo la conciencia de hallarme no en el exterior, sino en el interior. Mientras observo la naturaleza, siento que ella me observa a mí.

La Repubblica, Roma, 23 de junio de 2007

Todo puede ser «extraordinario» si es «extraordinaria» nuestra forma de ver o de sentir. Los girasoles de Van Gogh no eran «extraordinarios» (no hay nada más parecido a un girasol que otro girasol), pero lo eran los ojos y la sensibilidad del artista. Caminar descalzo en la orilla cenagosa de un río no tiene nada de «extraordinario», pero evocar cómo se me introducía el fango entre los dedos de los pies, exactamente como me parece sentirlo en este instante, es señal de que cualquier pequeño acontecimiento, hasta el más común e insignificante, puede convertirse en «extraordinario» para toda una vida.

La Repubblica, Roma, 23 de junio de 2007

Uno tiene convicciones y vive con ellas. Si las abandona, ¿qué queda? Nada. Aunque las cosas no sean tan puras como las imaginé, sigo siendo lo que he sido. Al menos, puedo decirme a mí mismo que no me he dejado contaminar.

El Tiempo, Bogotá, 9 de julio de 2007

Los sueños sueños son, y, en los sueños, no hay firmeza, decía mi abuela Josefa.

Contrapunto de América Latina, Buenos Aires,
n.º 9, julio-septiembre de 2007

Vivimos en lo relativo, no en lo absoluto.

Contrapunto de América Latina, Buenos Aires,
n.º 9, julio-septiembre de 2007

Yo soy un escéptico profesional. Vivimos en un mundo de mentiras sistemáticas.

Andrés Sorel, *José Saramago. Una mirada triste y lúcida,*
Algaba Ediciones, Madrid, 2007

De arrogante no tengo nada. Rigurosamente nada. Si quieren que les dé unos cuantos ejemplos de escritores arrogantes que hay en el mundo, y también en Portugal, se los daré. Mi forma de ser no se corresponde con el arquetipo. ¿Austero? La austeridad de carácter no es un defecto, al contrario. ¿Duro? ¡Pero si soy un sentimental! ¿Cómo pueden decir que soy duro? En realidad soy duro, seco, tan objetivo como puedo, cuando se trata de discutir ideas, opiniones. Pero que esto forme en conjunto una imagen tan negativa que lleve a despertar la antipatía ajena... ¿Qué voy a hacer? No se puede gustar a todo el mundo [...] No molesto a nadie deliberadamente. Lo que creo es que mi propia existencia molesta a unas cuantas personas. Y si a la existencia se suman los libros, imagínense.

Tabu, Lisboa, n.º 84, 19 de abril de 2008

No soy una persona fácil.

Tabu, Lisboa, n.º 84, 19 de abril de 2008

A aquellos a los que amamos, los amamos tal como son. No amamos sus huesos, sus cenizas ni su espíritu —suponiendo que una cosa llamada espíritu exista—. Para mí, fueron importantes mis abuelos maternos y murieron. Simplemente murieron. Como escribo, les di una segunda vida. No había nadie que fuera a hablar de mi abuelo Jerónimo y de mi abuela Josefa; debía ser yo. Y la verdad es que eso me llena de una gran alegría.

Tabu, Lisboa, n.º 84, 19 de abril de 2008

Soy materialista... [...] No creo en esas supuestas espiritualidades que sitúan los ideales de vida o la satisfacción de los deseos personales a distancias inalcanzables.

Ler, Lisboa, n.º 70, junio de 2008

Cada vez sabemos más. Pero a la vez conocemos cada vez mejor la importancia de aquello que desconocemos.

Ler, Lisboa, n.º 70, junio de 2008

Existe un territorio más o menos desconocido, es decir, no es que sea desconocido, evidentemente, pero es de una complejidad tal, que habrá de pasar mucho tiempo antes de averiguar lo necesario para saber cómo funciona: me refiero al cerebro.

Ler, Lisboa, n.º 70, junio de 2008

Digamos que la vida nos propone cosas. A veces, nos sentimos en condiciones de aceptar la propuesta y emprendemos una labor. Otras veces, no. La vida no es una obra de teatro. En una obra de teatro, todo está en su sitio, cada elemento tiene una función. La articulación de todos los elementos para conseguir crear unos efectos dramáticos está muy bien pensada. La vida no piensa. Vivimos en el caos. Lo que ocurre es que vivimos en un espacio limitado dentro de otro espacio que escapa a nuestra capacidad de comprensión.

Ler, Lisboa, n.º 70, junio de 2008

Eso a lo que llamamos misterio es, sencillamente, aquello que no conocemos. A partir del momento en que hay una explicación científica, o simplemente lógica, deja de ser un misterio.

Ler, Lisboa, n.º 70, junio de 2008

Cuando se ridiculiza la bondad, en el fondo, se está justificando la delincuencia. Y no me refiero a la delincuencia explícita, activa, sino a determinada actitud delictiva que se justifica con la indiferencia, y también con la incapacidad de actuar.

Única, Expresso, Lisboa, 11 de octubre de 2008

Durante un tiempo [en el hospital, a finales de 2007 y principios de 2008], tal vez durante unas horas, o durante uno o dos días, se me apareció, por ejemplo, una imagen con un fondo negro y cuatro puntos blancos que formaban un cuadrilátero irregular. Eran brillantes, como cuerpos celestes en el espacio. Estaba convencido de que yo era esos cuatro puntos [...] No había rasgos fisonómicos, sólo la conciencia de que podía estar reducido a esos puntos que ni siquiera eran regulares... Es una especie de despersonalización absoluta. Había dejado de ser quien creía que era, a la vez que me reconocía en esos cuatro puntos. Ahora bien, no me pregunten cómo sucedió aquello.

Jornal de Letras, Artes e Ideias, Lisboa, n.º 994, 5-18 de noviembre de 2008

El sentido común es muy necesario. Puede ser provocativo, o aburrido. Pero también puede presentarse como algo inoportuno, como un aguafiestas. O, como dicen los franceses, el *empê-cher de danser* [...] El sentido común no es un arma, es un modo de relacionarse, es una relación que aspira a cierto equilibrio, un reconocimiento tácito de ciertas verdades elementales. En fin, es una de esas cosas que, en el fondo, posibilitan una especie de consenso que a muchos nos permite dialogar con los demás, partiendo de bases compartidas, y que permite un discurso que no tiene por qué llevar a la concordia. Pero un desacuerdo del que se habla ya es algo más que un simple desacuerdo.

Visão, Lisboa, 6 de noviembre de 2008

No me siento cómodo [con la imagen de aguafiestas, de denunciador]. Pero si me preguntaran si me gusta ese papel, diría que sí. Es una expresión de mi manera de ser. No soporto los engaños. Cuando era muchacho, iba al [Teatro Nacional de] São Carlos, no porque tuviera dinero para pagar la entrada: mi padre, que era policía de seguridad pública, conocía a los porteros. Me sentaba arriba del todo, en el gallinero. Allí se dio una alegoría que me quedó grabada para toda la vida. Quienes ocupaban los palcos veían simplemente una corona sobre la tribuna real. Pero nosotros, que nos sentábamos detrás de ella, veíamos otras cosas: primero, que la corona no estaba completa; segundo, que tenía polvo y telas de araña en su interior, y una colilla republicana puesta allí como protesta. Aquello se me quedó grabado para siempre: es el otro lado de las cosas. El otro lado de la palabra, de todo lo que nos conduce en una dirección determinada y que es necesario iluminar para tener, al menos, conciencia de que existe, si es que no podemos oponer resistencia a seguir esa dirección. Que no nos lleven a engaño, como dice una expresión muy portuguesa.

Visão, Lisboa, 6 de noviembre de 2008

Si miro hacia atrás, independientemente de los triunfos, de las glorias, lo que más me gusta es encontrar un sujeto consciente, coherente. Coherente. Nunca cedí a las tentaciones del poder, nunca me puse a la venta.

Visão, Lisboa, 6 de noviembre de 2008

Es como si dentro de mí hubiera una parte intacta. Allí no entra nada. Y que se traduce en cierta serenidad, que se acentuó con la enfermedad [sufrida en 2007-2008]. Si algo pude aprovechar de ello fue ese sentimiento de extrema serenidad. He pasado por los buenos y los malos momentos que tiene cualquier vida, pero nunca perdí esa... no quisiera decir esa seguridad en mí mismo... Es algo así como el ojo del huracán: alrededor todo es muerte y destrucción, pero dentro el viento no sopla.

Ípsilon, Lisboa, 7 de noviembre de 2008

No tengo que reconocer la autoridad a alguien que no se la merece, pero el no respeto a la autoridad por principio me parece un error. Entre la libertad y la licencia hay una gran diferencia.

Público, Madrid, 20 de noviembre de 2008

Yo he sido, desde muy niño, callado, reservado, melancólico. Nunca he tenido la risa fácil. Incluso la sonrisa, para mí, es algo que me cuesta trabajo. Y las alegrías o las tristezas en mí son interiores, no las manifiesto. Ya de niño era así.

El País Semanal, Madrid, 23 de noviembre de 2008

Para nada soy cínico. Lo que digo es que soy por definición muy escéptico. No es bueno, ya lo sé. Me gustaría entusiasmarme, pero no lo consigo [...] El escepticismo no es resignación. Yo nunca me resignaré. Cada vez me siento más como un comunista libertario. Hay tres preguntas que no podemos dejar de hacernos en la vida: ¿por qué?, ¿para qué?, ¿para quién?

El País Semanal, Madrid, 23 de noviembre de 2008

Siempre me he caracterizado por ser una persona tranquila. No me gusta dramatizar las cosas ni perder la perspectiva.

Canarias 7, Las Palmas de Gran Canaria, 21 de diciembre de 2008

La felicidad consiste en dar pasos hacia uno mismo y mirar lo que se es.

www.lavanguardia.es, Barcelona, 26 de diciembre de 2008

La felicidad es sólo estar en paz con uno mismo, mirarnos y recordar que no hemos hecho demasiado daño a los demás.

Granada Hoy, Granada, 27 de diciembre de 2008

Más vale equivocarse que mostrar indiferencia.

La Opinión de Granada, Granada, 27 de diciembre de 2008

La peor ceguera es la mental, que hace que no reconozcamos lo que tenemos delante.

Agencia Europa Press, Madrid, 3 de marzo de 2009

Esta gran admiración personal [por Jorge de Sena] se debe a que es un tipo de persona que aprecio: es directo. A veces resulta incluso violento en la expresión. Basta recordar el célebre discurso que dio en Guarda, en el que arrojó un jarro de agua fría sobre las exaltaciones patrióticas [de la Revolución de Abril] que se esperaban y que realmente se dieron. En ese discurso de conmemoración, dijo: «Estáis conmemorando un país que no existe y yo he venido aquí para deciros qué país tenemos, por lo menos en mi opinión».

João Céu e Silva, *Uma Longa Viagem com José Saramago*,
Porto Editor, Oporto, 2009

Relativizo bastante las cosas, excepto aquellas, algunas, que considero que no deben ser relativizadas, porque tienen un carácter que se aproxima mucho a lo que consideramos un absoluto o un absoluto relativo. En fin, estas dos palabras se contradicen, pero sabemos que hay cosas que tienen más importancia que otras.

João Céu e Silva, *Uma Longa Viagem com José Saramago*,
Porto Editor, Oporto, 2009

Tenemos que convencernos de una cosa: que lo más importante del mundo, desde una perspectiva negativa, y lo que más perjudica las relaciones humanas y las vuelve difíciles y complicadas, es la envidia.

João Céu e Silva, *Uma Longa Viagem com José Saramago*,
Porto Editor, Oporto, 2009

Cada uno de nosotros es lo que es. Yo no soy un héroe, simplemente no sé vivir de otra manera. Por eso puedo decir que ni la fama, ni el Premio Nobel, ni nada me ha cambiado [...] Y ahora, con la fama —signifique esto lo que signifique—, no voy a moderar mis posiciones ni a ser precavido en mis declaraciones. No, eso no va conmigo.

João Céu e Silva, *Uma Longa Viagem com José Saramago*,
Porto Editor, Oporto, 2009

Nunca me he excedido en manifestaciones de alegría y júbilo. Siempre tengo un pie atrás y no es por prudencia, como quien se defiende: es porque conozco suficientemente la historia de mis semejantes para saber que nada es definitivo y que algo que hoy es motivo de risa mañana puede ser motivo de lágrimas.

João Céu e Silva, *Uma Longa Viagem com José Saramago*,
Porto Editor, Oporto, 2009

Lisboa

En la primavera de 1924, cuando José apenas contaba un año y medio de edad, su familia se trasladó desde Azinhaga (Golegã) a Lisboa, donde el cabeza de familia había comenzado a trabajar como policía municipal. Durante largo tiempo, vivirían en distintas estancias compartidas, moviéndose de una calle a otra, desplazados por las dificultades económicas —Quinta do Perna-de-Pau (Picheleira), Rua E, Rua Sabino de Sousa (Alto do Pina), Rua Carrilho Videira, Rua dos Cavaleiros, Rua Fernão Lopes, Rua dos Heróis de Quionga, Rua Padre Sena Freitas...—, hasta que, en 1937, pudieron alquilar un piso individual en la Rua Carlos Ribeiro (Penha de França). Las peripecias de su infancia en la capital portuguesa y en la aldea serían recordadas por Saramago en *Las pequeñas memorias,* publicadas en 2006.

En Lisboa, asistirá a la escuela primaria, aprendiendo sus primeras letras, y allí completará su formación, primero, en el Liceo Camões —dos años—, y, luego, realizando estudios técnicos en la Escuela Industrial de Afonso Domingues (1935-1940), cuya biblioteca frecuentaría, junto a la del Palacio de las Galveias, adentrándose en el mundo de la lectura. A mediados de los cuarenta, escribió sus primeros poemas y, en 1947, imprimió su novela iniciática *Terra do Pecado,* mientras comenzaba a publicar cuentos y continuaba elaborando novelas inconclusas —excepto la inédita *Clarabóia*— y obras de teatro. Ya en el ecuador de la siguiente década, se inicia en los ambientes literarios —durante un corto periodo de tiempo, se

deja ver por el Café Chiado—, inaugura su labor como traductor y se introduce en el trabajo editorial —en Estúdios
Cor— a finales de los cincuenta. Los años anteriores a la Revolución del 25 de Abril, se forjaría como columnista y editorialista en las páginas de la prensa —*A Capital, Jornal do Fundão,
Diário de Lisboa*—, al tiempo que consolida su militancia política en el seno del Partido Comunista Portugués. En la *ciudad
blanca,* pues, Saramago toma forma, se modela como ser humano y como escritor. Tras los sucesos del 25 de Noviembre
(1975), que le apartan de sus responsabilidades de director adjunto en *Diário de Notícias* y fracturan su vida dejándole de-
sempleado, toma la decisión de dedicarse profesionalmente a la
literatura, que continuará desarrollando en Lisboa hasta 1993,
fecha en que se traslada a Lanzarote.

Si es cierto que contrae vínculos literarios y políticos con la
capital de su país —a cuyo signo fluvial aprecia unido su destino—, no lo es menos que, emocionalmente, identifica su
espacio de referencia con la aldea natal, Azinhaga. Las transformaciones que sufre la ciudad atlántica le distancian progresi-
vamente, también las envidias e intrigas del ambiente cultural,
de modo que, tanto en su narrativa como en su percepción
personal, Lisboa se recluye en la cartografía de la memoria, en
las impresiones de la infancia y la juventud, que serán los materiales que traslade a sus páginas, pero también el cordón umbilical que reconozca, con melancolía, como rasgo de su identidad propia.

Su militancia comunista le conducirá a hacer campaña en
las elecciones municipales de Lisboa del 17 de diciembre de
1989 —ganadas por Jorge Sampaio—, saliendo elegido presidente de la Asamblea Municipal en representación del PCP,
cargo que desempeña sólo unos meses.

A pesar de rechazar la etiqueta de novelista urbano, es indudable la contribución de su literatura a dilatar el imaginario
lisboeta, en particular con títulos como *El año de la muerte de*

Ricardo Reis e *Historia del cerco de Lisboa,* e incluso con *El viaje del elefante.* Cuando, en 1993, se instale en la isla canaria de Lanzarote, no dejará de viajar con frecuencia a Lisboa. Allí mantiene su piso de la Rua dos Ferréiros (Estrela), 32, hasta finales de la década. Luego, durante sus estancias temporales en la capital del Tajo, vivirá en la Rua Afonso Lopes Vieira, hasta que, en 2005, adquiere una casa en el barrio de Arco do Cego.

Tras su muerte, el 18 de junio de 2010, en Lanzarote, sus restos mortales fueron desplazados a Lisboa, en cuyo Ayuntamiento se instaló la capilla ardiente. Las cenizas del escritor encontrarían su destino final bajo un olivo centenario de los campos de Azinhaga, plantado en un jardín público, a orillas del Tajo, frente a la Casa de los Bicos, sede de la Fundación que lleva su nombre.

En concordancia con su carácter, Saramago mantuvo una relación tan tensa como intensa con la ciudad de su vida, sin la que ni su literatura ni su peripecia vital podrían entenderse cabalmente. Quizá tampoco Lisboa pueda ya prescindir de Saramago sin dejarse una facción de su ser contemporáneo perdida en el camino.

Lisboa es en mi obra un pequeño universo por el que voy circulando.

La Vanguardia, Barcelona, 13 de octubre de 1987

Lisboa ha nacido por el Tajo, sin el Tajo no habría Lisboa, y, hasta el siglo pasado, Lisboa siempre estuvo junto al río. La ciudad y el río, y del río al mar, fue el camino de los descubrimientos.

La Vanguardia, Barcelona, 13 de octubre de 1987

Hoy en día Lisboa tiene muchos cercos. Diría que Lisboa está cercada por dentro, en el sentido de que, sin que exista (como sucede) una idea de lo que debería ser Lisboa, o de lo que debería conservarse para que siga siendo Lisboa, estamos asistiendo a una suerte de cerco, a una suerte de lento terremoto. Es un cerco creado a partir de voluntades, fuerzas, poderes y dinero basados en unos criterios distintos, ciertamente, a aquellos que nos tenía acostumbrados una cierta manera de vivir en Lisboa.

O Jornal Ilustrado, Lisboa, n.º 739, 21-27 de abril de 1989

No nací en Lisboa, y tal vez la dificultad de aceptar Lisboa como ciudad propia tenga que ver con las dificultades que pasé durante la infancia y la adolescencia, dificultades económicas, que me impedían expandir mi territorio. Mi barrio era Alto do Pina, Penha de França/Morais Soares. Estaba cerrado, salía de allí para ir a la Baixa. La Lisboa que aparece en *Manual de pintura y caligrafía* y en *El año de la muerte de Ricardo Reis* es la de la memoria. Tengo una pequeña Lisboa dentro de la ciudad, y en ella vivo.

No voy a centros comerciales, no frecuento cafés, no frecuento bares. Frecuenté cafés en una época en que me servían para formar parte de mi memoria de Lisboa.

Expresso, Lisboa, 22 de abril de 1989

A pesar de no haber nacido en Lisboa es de esta ciudad de la que puedo hablar. El mar es más imaginario, literario, pictórico, mítico, en contraposición a la tierra.

Mi vínculo con Lisboa empezó por la vida literaria. Con *El año de la muerte de Ricardo Reis* empecé a darme cuenta de que estaba más unido a Lisboa de lo que creía. Fue una especie de imposición de la propia ciudad. Lisboa vuelve a aparecer en *La balsa de piedra* y, ahora, en la *Historia del cerco de Lisboa*. Sin haberlo decidido, he acabado convirtiéndose en una suerte de autor de Lisboa, algo que incluso a mí me sorprende.

Vida Mundial, Lisboa, 7-14 de junio de 1989

A mí me convirtieron en un novelista urbano con *El año de la muerte de Ricardo Reis,* pero en realidad yo nací en el campo, si bien es cierto que viví casi toda mi vida en la capital. No obstante, mi Lisboa ya no existe. Existe sólo la Lisboa de mi memoria, la que yo amé. La Lisboa actual ni me gusta ni la conozco, porque es una ciudad que no comunica, ruidosa, llena de polución, agresiva, con un tráfico infernal. Por mucho que uno quiera a una ciudad —a veces por motivos oscuros, por una sombra, una calle, una fuente, esa ciudad dentro de la ciudad—, llega un momento en que los cambios son tan repentinos y bruscos, que no te dejan tiempo para acostumbrarte.

El País (Suplemento cultural), Montevideo, 24 de junio de 1994

No. ¡Yo no soy un escritor de Lisboa! El rótulo me lo dio la escritura de esa novela *[El año de la muerte de Ricardo Reis]*, que es la que a mí más me gusta, pero sin que yo hiciera nada para que eso ocurriera. Mi tema no es Lisboa. Y, además, la ciudad que aparece en *Ricardo Reis* no es la Lisboa real, sino la de la memoria. El año 36 yo tenía catorce años y me había criado en el campo, en una familia donde casi todos eran analfabetos.

El Mercurio, Santiago de Chile, 20 de noviembre de 1994

Sin advertirlo, y desde entonces hasta hoy, la tribu literaria todavía no se ha repuesto de la conmoción. Si yo hubiera quedado ahí con *Levantado del suelo* o incluso con *Memorial del convento*, pero es que luego llega *El año de la muerte de Ricardo Reis* y después *La balsa de piedra*, y *El cerco de Lisboa* y *El Evangelio según Jesucristo* y, ahora, finalmente el *Ensayo sobre la ceguera*. Y lo que hace que resulte esto insoportable es que soy un señor viejo y que todo esto se produce en poco más de diez años... Ésta es la pura verdad de mis relaciones con Lisboa aunque no me resulte fácil decirlo. Aquí está el origen del malestar, y, si soy sincero, debo decir que me encuentro cercado por envidias y rencores.

El Semanal de *ABC,* Madrid, 30 de junio de 1996

La ciudad [Lisboa] quedó parada después de la Revolución, entró en una especie de terremoto lento, se estaba convirtiendo en un lugar imposible. Y, hace cinco años, empezó a cambiar, no siempre de una forma afortunada, desfigurándose a veces, con esos edificios de espejos, un nuevorriquismo exhibicionista. [...] Entonces llega la Expo 98, un esfuerzo excepcional para cambiar la ciudad no sólo de pintura, sino de estructura, que permita una vida más fácil y le devuelva su forma natural.

La Revista de *El Mundo,* Madrid, 25 de enero de 1998

Nosotros vivimos en un lugar como puede ser el pueblo donde nací, pero, en el fondo, habitamos en una memoria. Por tanto, incluso cuando yo estaba en Lisboa, antes de venirme aquí [Lanzarote], Lisboa ya no era mi ciudad. La ciudad donde yo habitaba era otra, era la ciudad de la memoria, estaba viviendo en otra ciudad que ya no era mía. Era mi ciudad porque estaba viviendo allí, pero la imagen de la ciudad, la relación con una ciudad es algo que tiene que ver, sobre todo, con la memoria que de ella tienes. Tú cambias, el lugar cambia y parece que, lógicamente, la imagen que tienes debería ir cambiando porque tú vas cambiando y porque tienes una relación más o menos pacífica con los cambios que van ocurriendo, pero te das cuenta, si piensas en ello, de que mantienes una imagen, como una foto, que se te quedó dentro, y que todas las imágenes que vienen después no alcanzan a borrar ese tiempo, que puede ser el de tu infancia, el de tu adolescencia, o puede ser el de tu madre.

Juan Arias, *José Saramago: El amor posible,* Planeta, Barcelona, 1998

La Lisboa que veo como algo mío no tiene nada que ver con la de ahora. El espacio que ocupa la misma ciudad tampoco tiene que ver con «mi ciudad»: es ancha, ha crecido, es otra. Por tanto, la Lisboa que llevo dentro es la Lisboa de los años treinta; y el pueblo que llevo dentro no tiene nada que ver con el pueblo que está ahí.

Rebelión, Cuba, 12 de octubre de 2003

Vida

La de Saramago es una vida de resplandor imprevisto y maduración lenta, forjada en la tenacidad, el talento y el propósito
de coherencia. Nada auguraba el desenlace: origen en una familia humilde de campesinos emigrados a Lisboa, estudios básicos y formación industrial, bibliotecas públicas, desempeño
de oficios mecánicos y empleos de oficina, labor editorial ruti-
naria, colaboraciones en la prensa, primer libro de poesía desapercibido, militancia comunista, la Revolución de los Claveles,
el 25 de Noviembre, traducciones para sobrevivir con estre-
checes, la profesionalización como escritor a finales de 1975,
cuando tenía cincuenta y tres años... Y el éxito tardío, abrien-
do un ciclo vital de extraordinario brillo que en nada iba a pa-
recerse al anterior.

Una vida, en efecto, renovada, reinventada, desde que,
en 1980, publicara *Levantado del suelo,* al que, dos años más
tarde, seguiría *Memorial del convento* y luego, en 1984, *El
año de la muerte de Ricardo Reis,* novelas que desajustaron el
panorama literario de su país y sirvieron para proyectar a Saramago, como escritor, hacia el mundo a través de decenas
de traducciones. A partir de entonces, sobrevino ya la presencia de un autor de poderoso carácter y un intelectual beligerante, comprometido con el dolor del mundo y el desvelamiento de los mecanismos de dominio y exclusión, capaz de
configurar una conciencia contemporánea de referencia
mundial.

Un camino, en fin, dispar, recorrido con trabajosa dedicación, entreverado, durante buena parte de su vida, de dificultades y, finalmente, pleno de esplendor, hasta culminar en el Premio Nobel de Literatura en 1998, gracias a un conjunto de novelas imprescindibles para la lengua portuguesa y, más allá del ámbito nacional, para la literatura universal.

Desde el 25 de noviembre, fecha en que el Consejo de la Revolución me declaró contrarrevolucionario, vivo de traducir. Pronto hará tres años. Ya he comido y cenado miles de páginas, no pocas veces con gran provecho intelectual. Me gusta el oficio.

Extra, Lisboa, 1978

[Desde diciembre de 1975 hasta la fecha (1980), José Saramago ha traducido cerca de diez mil páginas.] Me sirvieron de comida y de cena. Quien quiera vivir de lo que escribe debe tener una disciplina férrea. El trabajo de traductor desgasta, causa frustración. La capacidad para realizarlo, a la par que una obra propia, depende de la disciplina y la salud. La traducción, en cuanto forma de supervivencia del escritor profesional, es como trabajar de taxista.

O Diário, Lisboa, 25 de mayo de 1980

El ferrocarril ocupó un lugar relevante en mis sueños infantiles. Recuerdo que lo que más me fascinaba era la figura del maquinista, la tremenda responsabilidad de transportar a cientos de personas en una máquina tan compleja como el tren, a lo largo de cientos de kilómetros a través de montañas y llanuras. En vez de verme en la figura de San Jorge matando al dragón para liberar a la doncella, sentía gran fascinación por la figura del maquinista, uno de los héroes de mi infancia, por el alto nivel de la responsabilidad que su profesión exige.

O Ferroviário, Lisboa, 1982

Cuando me movía [por los periódicos], incluso antes de trabajar en las redacciones, ya manifestaba las ideas que expreso hoy en día. De una manera general, la literatura que hago ahora sigue estando ligada a ese tipo de textos. Confieso que a veces añoro los periódicos... No soy el único. Creo que cualquiera que haya pasado por ellos debe de recordarlo hasta el final, debe de sentir esa especie de llamada, esa voz que te reclama desde la lejanía, esa sensación de estar en el meollo de las cosas, que la literatura en general no te da.

Jornal de Letras, Artes e Ideias, Lisboa, n.º 50, 18 de enero de 1983

Cuando tenía dieciséis años, recuerdo que dije a unos amigos durante una conversación de adolescentes que aún tenía que ser escritor. Y quería cumplir esa promesa de verdad. Tanto sería así, que seis años después estaba escribiendo un libro que luego se publicaría.

Tempo, Lisboa, 7 de diciembre de 1984

En la adolescencia, me preparé para ser profesional de algo que luego nunca fui. Vengo de una familia de campesinos del Ribatejo, de Azinhaga, una aldea del municipio de la Golagã. Quién sabe si hoy no continuaría viviendo de igual modo si mi padre no hubiese venido a Lisboa. Como no soy un hombre muy fuerte, quizás hubiera trabajado de camarero, mancebo, o tocaría el cornetín en la banda... Sólo pude estudiar dos años en la escuela secundaria, y después hice un curso de mecánica industrial en la Escuela de Afonso Domingues. Incluso llegué a ejercer la profesión. Luego fui diseñador técnico; luego entré en la burocracia del Estado; luego trabajé durante doce años en la editorial Estúdios Cor, donde, durante los últimos años, ejercí simultáneamente de director de producción y director literario. Luego llegaron los periódicos...

Jornal de Letras, Artes e Ideias, Lisboa, n.º 227, 10-16 de noviembre de 1986

Solía frecuentar las bibliotecas públicas, sobre todo la del Palacio de las Galveias. Me gustan mucho los libros de Historia. Lo que siempre me ha irritado son las novelas históricas...

Jornal de Letras, Artes e Ideias, Lisboa, n.º 227, 10-16 de noviembre de 1986

Muchas veces me pregunto qué habría sido de mi vida si no hubiera existido el 25 de Noviembre. Cierto que para entonces ya había escrito algunos libros, pero, con esa obra, no ocuparía ningún lugar en los manuales de literatura. Tampoco sé muy bien qué lugar ocuparé con estos de ahora... Hubo un momento decisivo, y fue la situación en que de repente me hallé, sin empleo ni esperanza de conseguirlo. El verano caliente de 1975 me agotó por completo. Entonces tomé la gran decisión, que no fue una decisión dramática: «O escribes ahora, o decides que ya nunca serás escritor». De tal forma que, en marzo de 1976, iba camino del Alentejo, donde pasé dos meses recopilando material para *Levantado del suelo.* Ahora, finalmente, tengo el privilegio de ser sólo escritor las veinticuatro horas al día.

Jornal de Letras, Artes e Ideias, Lisboa, n.º 227, 10-16 de noviembre de 1986

Algo que no podemos hacer es forzar el tiempo interior. Cada cosa tiene su momento de maduración, y apresurarla significaría quebrantarla, una fatal distorsión. En un segmento de tu tiempo, tienes un conjunto de cosas que están desorganizadas, y súbitamente se introduce ahí un elemento que lo organiza todo. Algo así me ocurrió de una manera muy intensa [a mediados de los sesenta]. Una vivencia sentimental que tuve, muy fuerte, se puso de pronto a requerirme una expresión, una manifestación que fuera más allá de la expresión directa de ese mismo sentimiento. Sentí que tenía algo que decir. Así de elemental empezó todo. [Se refiere a la publicación de *Los poemas posibles*, en 1966, y a la recuperación, con ese libro, de la escritura tras un largo paréntesis.]

El Independiente, Madrid, 29 de agosto de 1987

Soy candidato al Parlamento Europeo porque mi partido me ha invitado a serlo. Ésa es la única razón. No tengo ninguna aspiración política, ni me veo como eurodiputado: ése no es mi trabajo. Mi posición en la lista descarta cualquier posibilidad de ir a Bruselas y Estrasburgo, pero, si pudiera hacer alguna contribución útil a mi partido o a mi país, la haría. De entrada, puedo garantizar (porque es una decisión propia) que no seré eurodiputado. Mientras José Saramago, el escritor, pueda escribir, eso hará.

O Jornal Ilustrado, Lisboa, n.º 739, 21-27 de abril de 1989

No esperaba que, después del 25 de Abril, se repitieran comportamientos de ese tipo, que estuvieran tan institucionalizados. Ahora bien, la exclusión de mi novela *El Evangelio según Jesucristo* [al Premio Literario Europeo] también fue un hecho de carácter institucional porque no se trató de una medida extemporánea. Fue una decisión tomada por una instancia del Gobierno, y se tomó ejerciendo una autoridad gubernamental. En cuanto a cómo me siento: estoy triste e indignado. También estoy estupefacto: los primeros días, después de la decisión gubernamental, me preguntaba si aquello estaba sucediendo de verdad.

Pero el Gobierno, el secretario de Cultura y el subsecretario de Cultura obtuvieron la respuesta que merecían: el repudio. No por ello disminuyó mi indignación, impregnada de un sentimiento de profunda tristeza. Pero una vez ocurrido esto, ¿cómo es posible que el primer ministro, el secretario de Estado y el partido del Gobierno intenten pasar por alto un hecho así, tratando de encontrar una solución para algo que no tiene solución? Es un hecho brutal al que no se puede restar importancia, sean cuales fueran los artificios de retórica o de baja dialéctica política, o de fanfarronería demagógica.

Público, Lisboa, 10 de mayo de 1992

Fui un lector entusiasta. En mi casa no había libros, pero leía mucho en las bibliotecas públicas, sobre todo de noche. Leía de manera indiscriminada. Recuerdo haber leído *El paraíso perdido* de Milton, en traducción, hacia los dieciséis años. No tenía a nadie que me aconsejara sobre qué leer a continuación. De manera que mi educación literaria fue anárquica, llena de lagunas, pero con el tiempo logré organizar cierta visión coherente de la literatura, sobre todo de la francesa.

The Independent, Londres, 31 de julio de 1993

Cabe que tenga un sentimiento fatalista de la vida. Incluso, cuando era joven, me decía que lo que estaba destinado a ser mío acabaría por llegar a mis manos. No tengo que ir a buscarlo, tan sólo estar atento. Si hay algo en mi vida parecido a la sabiduría, es saber cómo esperar.

The Independent, Londres, 31 de julio de 1993

[De las Islas Canarias], yo sólo conocía Tenerife y Gran Canaria. Y Gran Canaria, muy mal; no conocía y no conozco más que Las Palmas. En 1991, vine unos días [a Lanzarote] porque aquí viven la hermana de mi mujer y su marido. Y vinimos sólo dos días para visitarlos y estar con ellos. Meses después, en Navidades, regresamos por dos o tres semanas, y nos encantó la isla. Aun así, no era motivo para cambiar de residencia. Pero, en abril de 1992, ocurrió algo que no me esperaba, una decisión del Gobierno de mi país, debida a la imbecilidad política y cultural de un subsecretario de Cultura [António Sousa Lara] que, abusando de un poder que no le correspondía, prohibió que una novela mía, *El Evangelio según Jesucristo,* fuera presentada a un premio literario europeo. De modo que ese señor hizo algo que no debía haber hecho. De ello se ha hablado mucho en Portugal y fuera de Portugal. Después, el Gobierno [con Aníbal Cavaco Silva de primer ministro] dio marcha atrás, tratando de efectuar una corrección que yo no acepté, porque lo que estaba hecho estaba hecho y no se puede borrar. Entonces, esto me indignó muchísimo y coincidió con otras circunstancias, como el hecho de haber estado aquí, así que, en un momento determinado, nos planteamos venir a vivir a Lanzarote como una hipótesis. Lo que, a primera vista, es un poco raro, porque toda mi vida yo la viví en Lisboa y, a esta edad [setenta y un años], lo normal es que pasara allí el resto de ella. Pero, como a mí me gusta cambiar y no me siento, a pesar de todo, tan mayor para sentarme y quedarme esperando no se sabe qué, o se sabe demasiado qué, entonces comenzamos a preguntar y en pocos meses se hizo todo lo necesario, y estamos aquí. Es decir, si no fuera por la decisión del Gobierno de mi país... Yo he vivido toda mi vida bajo el fascismo, podría seguir allí, pero no aguanté. Sobre todo, porque esto se puede hacer en una dictadura, y en dictaduras se hace y se ha hecho de todo. Pero en una democracia, que un Gobierno crea tener el poder y la autoridad para prohibir que una obra literaria se presente a un premio, y además a un premio de la Comunidad Europea, es inaceptable. Y sobre todo el argumento que se dio. Se dijo que mi novela ataca la religión católica y que, como el pueblo portugués es mayoritariamente católico, yo estaba ofendiendo a las creencias religiosas de los portugueses, por lo tanto, mi novela no representaba a un país. Es algo que yo no puedo soportar, por consiguiente, aquí estoy. Esto no es un exilio, cuando necesito algo me voy a Portugal, a Lisboa, donde tengo amigos y donde está mi editor. Esto no es una ruptura, yo no he vuelto la espalda a Portugal. Pero que estaba, estoy y sigo estando muy cabreado, eso es una verdad.

Canarias 7, Las Palmas de Gran Canaria, 20 de febrero de 1994

Un bisabuelo beréber, otro abuelo abandonado en el hospicio —hijo oculto de una duquesa, ¿quién sabe?—, una abuela maravillosamente bella, unos padres graves y hermosos, una flor en un retrato, ¿qué otra genealogía podría importarme? ¿A qué mejor árbol podría arrimarme?

La Nación, Buenos Aires, 21 de enero de 1996

Todo ha sido muy rápido y muy desconcertante. Mi primera novela, *Manual de pintura y caligrafía,* salió en el 77. Tuvo una crítica aceptable, pero pasó inadvertida porque, en aquellos tiempos de la Revolución, la gente apenas se interesaba por la literatura. En el 80, publiqué *Levantado del suelo,* que ya era algo nuevo, algo distinto de lo que se estaba haciendo en la narrativa portuguesa; pero la aparición, en el 82, de *Memorial del convento* resultó muy difícil de encajar. El panorama literario portugués estaba perfectamente organizado, cada uno ocupaba su sitio correspondiente, los más jóvenes y los menos jóvenes, todo funcionaba sin sorpresas hasta que, de repente, llega un señor...

El Semanal de *ABC,* Madrid, 30 de junio de 1996

Según el registro civil, yo habría nacido el día 18 de noviembre, cuando en realidad nací el día 16. Pero ocurrió que el día que vine al mundo, mi padre no estaba en la aldea. Y había una ley según la cual el registro debía hacerse, a lo sumo, hasta treinta días después del nacimiento. Como mi padre regresó dos días después del plazo, para no pagar la multa declaró que yo había nacido el día 18. Lo cierto es que mi vida empieza con cosas que son y no parecen, y otras que parecen, pero no son.

O Estado de S. Paulo, São Paulo, 21 de septiembre de 1996

Muchas cosas me parecen enigmáticas. Las dificultades empiezan con la historia de mi nombre. El apellido de mi padre era Sousa y no Saramago. Él se llamaba José de Sousa. Sucede que, en Azinhaga, la aldea donde nací, las familias no se conocían por el apellido, sino por los apodos. El apodo de mi familia era Saramago, que es el nombre de una planta silvestre que da una florecilla de cuatro pétalos y que crece en los rincones, casi siempre olvidada.

O Estado de S. Paulo, São Paulo, 21 de septiembre de 1996

Cuando nací, mi padre se dirigió al registro para inscribirme y se limitó a decir: «Se llamará José, como su padre». El empleado del registro civil, por su cuenta y riesgo, añadió al apellido verdadero, Sousa, el apodo de Saramago. Y así me convertí en José de Sousa Saramago. Mi padre descubrió el error cuando ya tenía siete años. Para matricularme en la escuela primaria, tuvo que presentar el certificado de nacimiento, ¡y entonces supo que me llamaba José Saramago! Lo más grave es que a él no le gustaba nada ese apodo.

O Estado de S. Paulo, São Paulo, 21 de septiembre de 1996

A los seis años aproximadamente, entré en una etapa muy difícil, porque me convertí en un niño miedoso. El miedo aumentaba por las noches. La oscuridad me provocaba una ansiedad y una angustia tremendas. Tenía la sensación de que la noche estaba llena de cosas monstruosas. No duró mucho, pero fue una etapa muy difícil. Coincidió con la época en que vivimos en la Rua dos Cavaleiros, en Lisboa.

O Estado de S. Paulo, São Paulo, 21 de septiembre de 1996

En 1975, era el director adjunto del *Diário de Notícias,* un periódico que apoyaba la revolución. En noviembre de aquel año, en Portugal hubo un contragolpe de la derecha no fascista, una especie de normalización política. Y con ese viraje repentino me acabaron despidiendo. A partir de ese momento, quedé marginado o [como se dice en portugués] *queimado,* liquidado. Hice frente a ese episodio sin dramatizar. Me dije a mí mismo: la vida es lo que es, tiene cosas buenas y cosas malas y debemos hacer frente a todas ellas.

O Estado de S. Paulo, São Paulo, 21 de septiembre de 1996

Nunca fui un verdadero periodista. Nunca escribí una noticia, nunca hice una entrevista, nunca hice un reportaje. Como digo a veces, entré en los periódicos por la puerta de la administración pese a trabajar en la redacción. En el *Diário de Lisboa,* ejercía de editorialista; nunca hice otra cosa, aparte de coordinar, durante unos meses en 1972, el suplemento literario al marcharse Vítor da Silva Tavares, con quien al parecer trabajaba Nelson de Matos. Y, en el *Diário de Notícias,* entré para ser director adjunto. Fuera como fuere, trabajé en los periódicos, tuve ocasión de respirar aquella atmósfera que hoy ya es electrónica...

Jornal de Letras, Artes e Ideias, Lisboa, n.º 690, 26 de marzo de 1997

Esa idea del exiliado es una simplificación de los medios de comunicación. Se me llegó a llamar el Salman Rushdie portugués, lo cual me parece ofensivo para él. Lo que ocurrió me indignó y me entristeció y las circunstancias me llevaron a vivir aquí en Lanzarote. Nunca hubo ruptura con mi país: voy a Lisboa todos los meses. De exiliado nada. Me dolió aquella cuestión, me duele aún su recuerdo, sin más.

La Revista de *El Mundo*, Madrid, 25 de enero de 1998

[Mi formación] ni siquiera fue errática... Más bien diría que estaba condicionada por mi situación material. Después de la instrucción primaria, entré en la escuela secundaria, donde sólo estuve dos años. Mi familia no podía permitirse que yo acabara los estudios. A continuación me matriculé en una escuela industrial e hice el curso de mecánica industrial. Y a los diecisiete, dieciocho años, entré a trabajar en un taller de coches, donde estuve dos años. Desmontaba y arreglaba motores. Ahora bien, lo importante de esa época quizá sea que en ese curso industrial había una asignatura de Literatura (lo cual era un poco extraño), que me abrió el mundo de la literatura.

Playboy, Edición Brasil, São Paulo, octubre de 1998

Si supiéramos con seguridad que vamos a tener una vida larga, tal vez valdría la pena guardar para el final aquello que realmente tenemos que hacer. La circunstancia en la que nos hallamos es lo que nos obliga a decidir, y en mi vida hay dos momentos importantísimos. Uno es la aparición de Pilar. Con ella se abrió ante mí un mundo nuevo. El otro fue en 1975, cuando era director adjunto del *Diário de Notícias* y, debido a un movimiento que podría llamarse contragolpe [político], me pusieron en la calle. El día 25 de noviembre de 1975 hubo una intervención, por parte de un sector de los militares, que interrumpió el curso de la revolución [la llamada Revolución de los Claveles, que el 25 de abril de 1974 puso fin a cuarenta y ocho años de dictadura salazarista] tal como se estaba desarrollando y que frenó el movimiento popular que estaba prosperando. Fue el primer signo de que Portugal iba a entrar en la «normalidad». El periódico pertenecía al Estado, y entonces los responsables de éste despidieron a la redacción y la administración. A raíz de esto tomé la decisión de no buscar trabajo. Tenía muchos enemigos y no era fácil encontrar ocupación. Pero ni siquiera lo intenté.

Playboy, Edición Brasil, São Paulo, octubre de 1998

Empezar a leer fue para mí como entrar en un bosque por primera vez y encontrarme de pronto con todos los árboles, todas las flores, todos los pájaros. Cuando haces eso, lo que te deslumbra es el conjunto. No dices: me gusta este árbol más que los demás. No, cada libro en que yo entraba lo tomaba como algo único.

El País Semanal, Madrid, 29 de noviembre de 1998

Ahora, cuando uno quiere entrar en un partido, se acerca a la sede y pide el ingreso, y entra. En aquel tiempo, en la clandestinidad de la dictadura [en Portugal], uno era invitado a entrar en el partido. El partido decidía quiénes, de los que estaban por allí, entraban. Yo había colaborado de una forma u otra, pero nunca tuve una responsabilidad directiva. Fui siempre un militante de base. Entré formalmente en el partido, con invitación, en 1969. Tenía cuarenta y siete años. Había escrito poquísimo hasta entonces. Esa colección de poemas que mencionaba [*Los Poemas Posibles,* 1966]. No tenía ganas de escribir. Estaba trabajando en una editora de libros [Editorial Estúdios

Cor], estaba todo el día rodeado de los libros de otros, pero escribir no me tentaba nada.

El País Semanal, Madrid, 29 de noviembre de 1998

Mis padres me querían muchísimo, no es nada nuevo, pero hay algunas cosas que, a lo mejor, me han condicionado después. La relación con mi padre fue siempre una relación que no era mala, pero, en algunas cosas, es como si no hubiera llegado a conocerle nunca. Tengo sobre esto una sensación particular: que nosotros vivimos con nuestros padres un día y otro y, de repente, se van y nos damos cuenta de que no los habíamos llegado a conocer. Por lo menos, es lo que a mí me ocurrió. Es como si el hecho de ser padre y madre ya lo explicara todo y se da todo por entendido. Luego, cuando descubrimos esa idea, nos damos cuenta de que ya no podemos saber nada más, porque han muerto. Al final, no hemos podido saber quiénes eran.

Juan Arias, *José Saramago: El amor posible*, Planeta, Barcelona, 1998

Mis abuelos —y cuando hablo de mis abuelos me refiero siempre a los padres de mi madre, porque a los de mi padre casi no los conocí— tampoco es que estuvieran todo el tiempo abrazados a mí. Mi abuela no me besaba con locura y mi abuelo era un hombre muy callado, tan callado que, cada vez que hablaba, toda la gente se quedaba expectante porque el abuelo iba a hablar. Pero son ellos, si hablo de los faros de mi infancia, son ellos, mucho más que mi padre y que mi madre, quienes influyeron en mí. Los recuerdos de mi niñez son mucho más los recuerdos del pueblo. Las sensaciones que tienes marcadas profundamente son, en mi caso, las del pueblo más que las de Lisboa con mis padres.

Juan Arias, *José Saramago: El amor posible*, Planeta, Barcelona, 1998

Yo no tuve un libro mío hasta los dieciocho y, aun así, los libros que tuve, los que compré, lo hice con el dinero que un colega mayor que yo me prestó. Creo que fueron unos trescientos escudos, lo que equivaldría a unas doscientas cincuenta pesetas [un euro y cincuenta céntimos]. Con eso pude comprar algunos libros. Antes, ya había leído muchísimo en las bibliotecas públicas, leía por la noche. Después de cenar iba caminando, a pesar de que estaba lejos de mi casa, a la biblioteca del Palacio de las Galveias, y hasta la hora de cerrar leía todo lo que podía, sin ninguna orientación, sin nadie que me dijera si aquello era demasiado o poco para mí. Leía todo lo que me parecía interesante. Los autores nuestros los conocía por las clases, pero todo lo que tenía que ver con autores de otros países, nada, no tenía ni idea, aunque luego te vas dando cuenta de que existe un señor que se llamaba Balzac y otro Cervantes, etcétera. Poco a poco iba entrando por ese bosque y encontraba frutos que luego fui asimilando, cada uno a su manera.

Juan Arias, *José Saramago: El amor posible,* Planeta, Barcelona, 1998

Tengo ahí una foto de mis abuelos maternos. Ese hombre alto y flaco que está en la foto es mi abuelo Jerónimo, el padre de mi madre, y ella es mi abuela, que se llamaba Josefa. Mi abuelo era pastor, ni siquiera tenía una piara de cerdos, tenía unas ocho o diez cerdas que después parían cerditos que criaban y vendían y de eso vivían él y ella. Al lado de la casa estaban las pocilgas [...] En invierno, podía ocurrir, y ocurrió alguna vez, que algunos cerditos, los más débiles, porque las pocilgas estaban fuera, podían morirse de frío. Entonces, los dos se llevaban a esos cerditos a su cama, y allí dormían los dos viejos con dos o tres cerditos pequeños, bajo sus mismas sábanas, para calentarlos con su propio calor humano. Éste es un episodio auténtico.

Otro episodio. A este abuelo mío, cuando estaba muy enfermo y muy mal, lo llevaron a Lisboa a un hospital, donde después murió. Antes de saberlo, a sus setenta y dos años, aquella figura que no olvidaré nunca se dirigió al huerto donde había algunos árboles frutales y, abrazándolos uno por uno, se despidió de ellos llorando y agradeciéndoles los frutos que le habían dado. Mi abuelo era un analfabeto total. No se estaba despidiendo de la única riqueza que tenía, porque aquello no era riqueza, se estaba despidiendo de la vida que ellos eran y que no compartiría más. Y lloraba abrazado a ellos porque intuía que no volvería a verlos. Estas dos historias son más que suficiente para explicarlo todo. A partir de ahí, sobran las palabras.

Juan Arias, *José Saramago: El amor posible*, Planeta, Barcelona, 1998

La historia del *Diário de Notícias* es una de las muchas historias mal contadas en este país. De modo que voy a contarla a fin de intentar que esté bien contada de una vez por todas, aunque sin mucha esperanza de que así sea. Estamos en 1975, soy el director adjunto. El director, Luís de Barros, está de vacaciones, de modo que yo dirijo el periódico. Hay que decir que a esas alturas ya habían despedido a algunos periodistas, curiosamente sin intervención alguna del director adjunto. Una tarde entraron en mi despacho tres o cuatro periodistas (no recuerdo quiénes). Traían un papel firmado por la mano de periodistas —y no sólo de periodistas— en el cual se discrepaba de la orientación del periódico. A modo de denuncia y protesta, se exigía la publicación de ese papel en la edición del día siguiente. Les dije que no estaba de acuerdo y que no creía que tuvieran razón: «Vivimos en la época en que vivimos; el periódico está al lado de la Revolución». Y añadí: «Yo no os diré que esto no va a publicarse; os recuerdo que en esta casa hay una entidad que está por encima de la dirección y, en cierto modo, también por encima de la administración, y que re-

cibe el nombre de Consejo General de Trabajadores/CGT»
(en aquella época todavía existían estas cosas). «Por lo tanto,
voy a llamar a los responsables del CGT para que el consejo se
reúna hoy, y si consideran que esto debe publicarse, se publicará.» Se marcharon, llamé a los responsables del CGT, les
conté lo que había pasado y les pedí que convocaran a todos
hacia la medianoche. A esa hora me llamaron de arriba para
decir que ya habían llegado todos; acudí a la reunión con el
papel, lo leí, dije lo que pensaba —como era lógico— y bajé a
mi despacho para esperar las conclusiones del debate, en el
que no participé. Terminado el debate, los responsables del
CGT bajaron a comunicarme en persona que se había decidido suspender a los treinta (o más bien a los veintitrés que que-
daban) y que se había recomendado a la administración que
les abrieran procesos disciplinares. Éste fue el delito que cometió el director adjunto del *Diário de Notícias,* José Saramago.

Jornal de Letras, Artes e Ideias, Lisboa, n.º 761, 1 de diciembre de 1999

De no haber perdido mi empleo como periodista en los setenta, hoy seguramente no tendría el Premio Nobel. Fui periodista poco más de dos años. Un periodista muy sui géneris que
jamás firmó un reportaje, una entrevista o una simple información. Fui editorialista y subdirector en dos diarios [*Diário
de Lisboa* y *Diário de Notícias*]. Pasó la Revolución de los
Claveles, corrió el tiempo y cambiaron los usos y las sensibili-
dades. Los periódicos dejaron de serlo para convertirse en
grandes empresas y fui desencajado del sistema. Con cincuenta y tres años, me vi en la calle. Allí nació el escritor cuando
decidí no buscar otro empelo y ver qué podía escribir. Y aquí
estoy, con una gran deuda con el periodismo. Me enseñó a escribir noventa y nueve palabras cuando eran necesarias noventa y nueve palabras.

Turia, Teruel, n.º 57, 2001

Con sesenta y tres años, cuando ya no se espera nada, encontré lo que faltaba para tenerlo todo [a Pilar del Río].

Visão, Lisboa, 16 de enero de 2003

[Las 16.00] es la hora en que Pilar y yo nos dimos cita por primera vez. Pilar es el centro de mi vida desde que la conocí hace diecisiete años. Fue idea mía parar los relojes de esta casa a las cuatro de la tarde. Eso no significa que el tiempo se haya quedado ahí, sino que es como si el reloj marcara la hora en la que el mundo empezó.

Rebelión, Cuba, 12 de octubre de 2003

Cuando era mucho más joven, empecé a estudiar música en la Academia dos Amadores de Música con la idea de tocar el violoncelo. Nunca le puse las manos encima, pero siempre me quedé con las ganas por ser el instrumento cuyo sonido más se aproxima a la voz humana.

Diário de Notícias, Lisboa, 9 de noviembre de 2005

Yo no tenía ninguna pasión por los perros. Cuando era pequeño, en la aldea, tuve dos o tres experiencias muy violentas. No fui capaz de superar cierto miedo a los perros hasta hace pocos años. Fueron verdaderos sustos que no quiero ni recordar. El día 11 de agosto de 1993, en Lanzarote, apareció en la puerta de casa un perro, que murió hace dos meses... No sabía que pudiera llorarse tanto por un perro como lloré. Él entró en mi vida para decirme que estaba equivocado. Luego llegó otro perro, y luego otro. Este primero, al que llamamos *Pepe*, apareció en la puerta de la cocina mientras comíamos; era simpático y tenía las patas extendidas hacia delante. Más tarde, Pilar fue a darle de comer. Cuando volví a mirarlo, había avanzado dos centímetros, entrando en casa. Y luego lo adoptamos. Y después apareció una perra Yorkshire Terrier, de esas pequeñas con un temperamento endiablado. Y el año que me dieron el Premio Camões apareció un perro de agua. *Pepe* era un caniche mezclado con otra cosa. La Terrier era pura. Y a *Camões* lo llamé así porque llegó el mismo día que me habían anunciado que iban a darme el premio.

Sábado, Lisboa, 25 de noviembre de 2005

Soy autodidacta. Mi familia no tenía medios. Ejercí de cerrajero mecánico durante cerca de dos años, con el clásico mono azul, y muchos otros oficios. Mi educación literaria se ha hecho en las bibliotecas públicas, porque en mi casa no tenían un solo libro, mi madre era analfabeta. Nada apuntaba a que yo pudiera tener la trayectoria que he tenido. Escribí una novela a los veinticinco y, luego, nada más hasta que, pasados los cincuenta años, perdí mi trabajo de periodista en el *Diário de Notícias* y decidí que era el momento de consagrarme a la escritura. Cuando me preguntan por qué pasé tantos años sin escribir, respondo sinceramene que no tenía nada que decir.

Revista dominical *Magazine,* Barcelona, 8 de enero de 2006

Si hay algo en mi vida que se quedó como un referente, es el hecho de que [mis abuelos Jerónimo y Josefa] me transmitieron unos valores. Fueron mis mejores maestros por su austeridad y rigor moral.

El País, Edición Andalucía, 13 de mayo de 2006

Uno cree que muchas cosas quedaron olvidadas para siempre. Y empezamos a recordar cosas que creíamos olvidadas: personas, situaciones, olores de la tierra y de los animales... Tengo

ochenta y tres años. ¿Dónde está mi niñez? Mi infancia se de-
sarrollaba en medio de una pobreza total. Y, aun así, soy consciente de haber sido muy feliz.

El País, Edición Andalucía, 13 de mayo de 2006

Escribí mi primera novela en los años cuarenta y la publiqué
en el 47 *[Terra do pecado]*. Luego me di cuenta de que no tenía
muchas cosas para decir que valieran la pena. Bueno, yo no
quiero ahora estar martirizando con el doloroso aprendizaje en
mi adolescencia, o con lo que tiene que ver con el conocimiento literario sin libros en casa, leyendo en las bibliotecas públicas por la noche. Me doy cuenta de que, aunque la novela no
estaba tan mal escrita —porque era una novela de juventud—,
de alguna forma se puede decir que es una novela sedimenta-
ria, que cuando uno la lee y la lee, va encontrando sedimentos.
Cuando uno se pone a escribir en circunstancias como ésa,
con veintitrés o veinticuatro años, y, sobre todo, si se tienen en
1945, que es la prehistoria, ¿qué es lo que se tiene para decir?
No se tiene mucho, no se ha vivido, no se ha andado por la calle escuchando lo que dicen las personas para llevarlo a la novela. Después estuve prácticamente veinte años sin publicar, no
volví a la literatura hasta 1966, y seguía entonces sin nada que
decir. Uno llega a un momento en que cree que tiene quizá lo
más importante de todo: voz propia, una forma de narrar que,
aunque se alimente de todo lo que ha sido escrito antes, hace
que el escritor ahora sea sencillamente aquello que viene después. Los que escribimos aprendemos de lo que está escrito.
No hay otra forma. Si uno se da cuenta de que tiene esa voz
propia, entonces quizá pueda, cuando se mire a sí mismo al
espejo, decir: «Soy un escritor».

El Universal, México D. F., 2 de diciembre de 2006

[Mi hermano] murió cuando yo tenía dos años. Mi madre decía que era un niño guapo, que tenía los mofletes coloreados, que era vitalista. Cuando me contaban esto, me dolía porque yo he sido siempre pálido. Sentía como si mi madre me estuviese comparando con él. Quizás eso explique su sequedad en el trato y esa actitud extraña que siempre tenía conmigo, algo que durante mucho tiempo no entendí... Porque yo, como todos los niños, le pedía un beso. «Dame un beso», le decía. Pero nada. Ella no me lo daba... Ella-no-me-lo-daba. Y yo insistía. Insistía. Y, al final, acababa por darme el beso seco. Y eso a mí me dolía mucho. Con el tiempo, pensé que ella había perdido un hijo y se estaba defendiendo como podía de la posibilidad de perder a otro. Al menos, yo lo racionalicé así.

Elle, Madrid, n.º 246, marzo de 2007

Hoy creo que mis abuelos representaban, para mí, la tierra misma, el humus, los olores primordiales (acerco la nariz a la manga de la camisa de mi abuelo y siento su olor), la lluvia y la aridez, el calor y el frío. En cierto modo, fueron ellos los intermediarios entre el mundo y yo.

La Repubblica, Roma, 23 de junio de 2007

Amarcord es probablemente la película que me llevaría a una isla desierta. No basta con decir que la obra de Fellini me gusta. Es más correcto decir que me apasiona. Por desgracia para todos nosotros, no habrá otro Fellini.

La Repubblica, Roma, 23 de junio de 2007

Dentro de sus funciones [de la Fundación José Saramago] está el cuidado de mi obra. Pero, junto con mi esposa, Pilar del Río, quien la preside, queremos que la fundación intervenga en la vida. Será una pequeña voz, lo sé. No podrá cambiar nada, también lo sé. Pero queremos que funcione como si hubiese nacido para cambiarlo todo.

El Tiempo, Bogotá, 9 de julio de 2007

Lo que realmente cambió algo en mi vida fue mi transformación en lector. [...] Debo mi afición a la lectura a dos cosas. Los dos años que asistí al liceo, en la asignatura de Portugués tenía un libro muy poco atractivo (de hecho, nada atractivo): la selecta. Esa antología literaria era la biblioteca de quien no tenía otra. Allí aparecían poemas, cuentos, fragmentos de novelas... En el fondo era una biblioteca en un solo libro. Después, cuando entré en la Escuela Industrial de Afonso Domingues, donde sólo esperaba encontrar asignaturas técnicas y científicas, también tuve Portugués y Francés. Y yo pregunto: en los programas de enseñanza técnica de hoy en día, ¿se da Literatura? Es posible que no [...] Y sólo entonces fui en busca de la gran biblioteca, la de las Galveias, que en realidad no era tan grande, pero para mí era el mundo... Antes de esto, sin embargo, todavía hubo otro momento: cuando tenía diecinueve años y ya no trabajaba en los talleres de los hospitales, un compañero mayor que yo me prestó trescientos escudos para comprarme una serie de libros de aquella colección de divulgación literaria publicada por la editorial Inquérito. Todavía los conservo todos: son como una especie de reliquia.

Visão, Lisboa, 9 de noviembre de 2007

Tengo la impresión de que he tenido la mejor vida posible porque no he planificado nada y he acabado teniéndolo todo. ¿Quién iba a creer que el muchacho que nació en aquella aldea —como nacen y han nacido tantos—, luego, después de llevar una vida nada fácil fuera de la aldea, en un momento de su vida iba a estar sentado en su biblioteca hablando de los libros que ha escrito, sin que esto sea el resultado de un plan arduamente ejecutado? Todo cuanto hay aquí, ya sea la casa al otro lado de la pared, ya sea esta parte [la biblioteca], todo está construido con libros, y no con ladrillos ni nada de eso. ¿Quién se lo iba a imaginar?

Tabu, Lisboa, n.º 84, 19 de abril de 2008

Durante todo este tiempo [que duró la hospitalización, entre finales de 2007 y comienzos de 2008], yo no era uno sino dos. Uno que padecía una enfermedad, y otro que asistía a todo lo que le sucedía a ese enfermo. Yo estaba a la vez viviendo una pesadilla y asistiendo a ella.

El País, Madrid, 24 de abril de 2008

La verdad es que, como cualquiera de nosotros, me acostumbré al nombre que tengo. Debo decir que estoy muy agradecido a ese oficial del registro civil que decidió a conciencia —y no porque estuviera borracho, como decía mi padre— mi nombre. Mi padre tenía todo el derecho a que el nombre le gustara o no. Efectivamente, no le gustaba mucho el apodo de su familia, mi familia paterna. Tanto era así que, llamándose únicamente José de Sousa, quiso que yo también me llamara José de Sousa. Pero no lo expresó con suficiente claridad. Eso llevó al señor Silvino, pues así se llamaba el oficial, a añadir por su cuenta y riesgo el apodo de la familia. Y yo se lo agradezco mucho. Porque, si tuviera que ser escritor, debo decir que no usaría, como tal, el nombre de José de Sousa.

Ler, Lisboa, n.º 70, junio de 2008

[Con la hospitalización sufrida a finales de 2007 y comienzos de 2008] creo [...] que me relativicé a mí mismo. Aquello que estaba sucediendo era algo que no podía evitar, cuyas consecuencias finales no podía conocer, aunque era factible que no resistiese, pero lo curioso es que eso no me suscitó ninguna preocupación. No me preocupaba que aquella enfermedad provocara mi muerte. Incluso pensaba en la posibilidad de la muerte en el contexto de la propia enfermedad y, por tanto, algo que podía ser inevitable. Frente a lo inevitable, de algo estaba seguro: que no podía hacer nada. Las únicas personas que podían hacer algo por mí eran, evidentemente, el personal del hospital, los médicos, tú misma [Pilar]. Lo que pasa es que estaba muy seguro, aunque nunca lo hubiese pensado así, con esta simplicidad, de que estaban haciendo todo lo que estaba en sus manos para resolver la gravísima situación en que me hallaba. Pero tú misma recordarás que nunca tuve manifestaciones de angustia, de miedo, ya no digo del llamado miedo a la muerte.

Única, Expresso, Lisboa, 11 de octubre de 2008

Y todo eso [de la enfermedad], que podía ser en cierto modo conflictivo, dramático, no sé... envuelto en esa enorme serenidad que habita en mi interior. Enorme, enorme, enorme... En el fondo, es como si ya lo supiera todo. Y no es así, claro que no. Pero hay una forma de sabiduría que, sin querer, evidentemente, creo haber alcanzado y que se mantiene tal cual desde que tomé conciencia de ello hasta hoy, y que espero que se mantenga, porque me da mucha fuerza. No es la energía recuperada, no son los dieciséis kilos que he ganado con respecto a lo que pesaba al salir del hospital, es otra cosa, como si pudiera decirme a mí mismo que estoy en el lugar correcto, haciendo lo que debo. Bueno, pero en fin, la palabra clave es ésta: serenidad. Y cuando hace poco hablábamos de la necesidad filosófica... la filosofía, por lo poco que sé de ella, puede conducir exactamente a eso, a esa serenidad. Leer a Montaigne, por ejemplo, es una lección, una lección que no se da en términos de relación maestro-discípulo. Es simplemente un modo de sentir la vida, de vivir la vida, y que culmina, cuando sucede, en esto que, vuelvo a decir (y ya me estoy repitiendo demasiado), es la serenidad.

Única, Expresso, Lisboa, 11 de octubre de 2008

[Pilar] fue, ha sido y espero que siga siendo mi pilar. Aparte de ser mi Pilar en la intimidad, es también mi pilar.

Ípsilon, Lisboa, 7 de noviembre de 2008

Si hubiera muerto a los sesenta y tres años, antes de conocer a Pilar, me habría muerto mucho más viejo de lo que seré cuando me llegue la hora.

TAM Nas Nuvens, São Paulo, n.º 11, noviembre de 2008

Las circunstancias quisieron que fuera mecánico industrial en los talleres de los Servicios Industriales del Hospital de San José. Y así fue durante un año y unos meses hasta que un conocido que sabía que trabajaba allí me llamó para un puesto en los servicios administrativos, donde entré con una categoría que existía en esa época, llamada escribiente. Trabajé allí durante uno o dos años y, después, con la creación de la Caixa de Abono de Família do Pessoal da Indústria Cerâmica, una señora que era amiga de mi madre y que tenía influencia en esa entidad me dijo: «Vas a trabajar ahí, donde conozco a una persona importante». Y yo me limité a responder: «De acuerdo». Entonces entré como jefe de los servicios de la Caixa y, aunque no sabía nada de esa materia (aunque tampoco era tan complicado), allí trabajé veintisiete años. Hasta que hubo una campaña electoral. Aquello era un nido de amiguitos, de alguien que había enchufado en aquel trabajo a éste y a aquél, de influencias políticas, de lo que hasta cierto punto yo también me beneficié, a pesar de que todos sabían que yo era de la oposición.

João Céu e Silva, *Uma Longa Viagem com José Saramago,*
Porto Editor, Oporto, 2009

En esa época [los años 1949-1950], me acordé de que en la compañía de seguros Previdente, con sede en Conde Barão, había un antiguo profesor de Mecánica y Matemáticas de la Escuela de Afonso Domingues [Jorge O'Neill], un hombre que me apreciaba mucho y al que escribí una carta exponiéndole mi situación y preguntándole si tenía algún trabajo que yo pudiera hacer. Me dijo que pasara por allí; hablamos largo y tendido sobre el pasado y lo que me había sucedido, y le conté con toda franqueza lo que ya se había confirmado. Él tenía información sobre mí y me dijo: «Yo te daré un empleo, pero con una condición: que no hagas propaganda dentro de la compañía». Y yo le respondí: «Esté usted tranquilo, que yo estoy aquí para ganarme la vida». Y así fue. Trabajé allí durante diez años, y sólo a partir de ese tiempo empecé a colaborar con la editorial Estúdios Cor, con mi gran amigo Nataniel Costa, hasta que un día él entró en la carrera diplomática (le dieron un puesto en el extranjero) y le hizo falta alguien para llevar la parte literaria y editorial de la empresa en su ausencia. Nos encontramos en el viejo Café Chiado y me dijo: «Saramago, me gustaría hablar contigo». Luego me cansé de la Companhia Previdente porque salía de allí a las 18.00 para ir después a la editorial en el Bairro.

João Céu e Silva, *Uma Longa Viagem com José Saramago,*
Porto Editor, Oporto, 2009

Creo que lo que me llevó a escribir en tan poco tiempo —desde 1980, o 1977 si queremos incluir el *Manual de pintura y caligrafía,* o sea, treinta años— aquello a lo que llamé, entre comillas, «mi obra» fue esa dedicación. No llamo obra solamente a lo que escribí sino también a la cantidad de libros que traduje. No sé cuántos, pero fueron unas cuantas decenas, porque a aquella altura un libro, aun cuando yo lo publicara y me entusiasmara con ello, no me daba para vivir. En realidad vivía de las traducciones, y fueron diez años durante los que trabajé muchísimo. A veces me gustaba [lo que traducía] y a veces no. Había libros que, efectivamente, eran interesantes, como la *Historia de la estética* de Bayer..., el *Panorama de las artes plásticas contemporáneas* de Jean Cassou, que me escribió una carta muy simpática [...], y varias obras más. El de André Bonnard sobre Grecia, que de hecho es una obra admirable; otros como, por ejemplo, de Colette, cuyo estilo es de los más perfectos y pulidos que ha tenido nunca Francia. En fin, había muchos buenos, mientras que otros eran simplemente comestibles, nada más.

João Céu e Silva, *Uma Longa Viagem com José Saramago,*
Oporto Editor, Porto, 2009

Portugal

Saramago: un escritor y un ciudadano ocupado y preocupado por Portugal, por la Historia, el presente y el futuro de su país. La compleja relación que el autor de *Viaje a Portugal* mantuvo con su patria se materializó en una literatura que, hasta finales de los ochenta, le sirvió para profundizar en la comprensión del pasado nacional para una mejor interpretación de la actualidad, pero también a través de una actitud de reflexión crítica expresada sin dobleces y sin rehuir la polémica. El Premio Nobel se percibía y entendía a sí mismo como un escritor portugués, sin que el desencuentro con determinada clase dirigente conservadora —que, por decisión personal, le llevó a trasladarse a Lanzarote en 1993— pudiera enturbiar su sentimiento de arraigo ni afectar a los lazos emocionales que le unían a su propio pueblo.

La lengua, la Historia portuguesa y su memoria personal de Azinhaga y Lisboa constituyen un apartado central de la identidad literaria e individual saramaguiana, que se enriqueció explorando el marco del pasado compartido. Pero su raíz nacional no le impidió en ningún momento dar a conocer, sin tregua ni desfallecimiento, sus opiniones, denuncias y disensiones, notoriamente incómodas, en un escenario de relaciones conflictivas, de encuentros y diferencias, que no sorprenden en quien, al manifestarse, no perseguía ni el consentimiento ni el aplauso, sino la paz con su conciencia y la coherencia con sus ideas y principios. Así, además de mostrarse explícitamente antieuropeo —sobre todo, en los ochenta y primeros noventa— y expresar sus temores por la desnaturalización que sufriría su país, el escritor insistió en desaprobar la apatía de la sociedad y en reprobar la ausencia de sentido autocrítico, certificando lo que, en su opinión, constituía un lento proceso de conformismo y declive.

Sus convicciones iberistas, reforzadas por la fraternal relación que mantuvo con España, le merecieron descalificaciones, acentuadas por la firmeza y rotundidad de sus declaraciones. El autor de *La balsa de piedra* confesaba haber perdido el sentimiento idealizador de la patria, pero se declaraba orgulloso de ser portugués y de lo que su país hizo de él. Si hasta 1989 su obra literaria se había centrado en explorar la Historia lusitana, leída desde perspectivas inéditas —*Levantado del suelo, Memorial del convento, Historia del cerco de Lisboa*—, a partir de *Ensayo sobre la ceguera*, residiendo ya en Lanzarote, abandonaría las referencias locales, para regresar, de nuevo, a Portugal, con *Las pequeñas memorias* y *El viaje del elefante*. Entre medio, no había dejado de pronunciarse sobre cuestiones nacionales y de espolear las conciencias, ejerciendo la labor propia de un intelectual exigente, provocador y libre, más dispuesto a verter vinagre y sal en la herida que a colocar emplastos y extender pomadas. Quizá fuera tan preciso afirmar que Portugal le dolía a Saramago, como dejar constancia de que Saramago, a su vez, le dolía a Portugal, un eje de simetrías del que nacen fértiles vínculos y esclarecedoras tensiones proyectadas en ambas direcciones.

Si el 25 de Abril trajo la libertad al pueblo, también es verdad que trajo la liberación del escritor dentro de la propia escritura. No faltarán escritores que afirmen que siempre se sintieron libres en su interior y con lo que escribieron. Pero también es verdad que, antes del 25 de Abril, la narrativa en Portugal giraba en torno a tres o cuatro temas, materias que no permitían arremeter contra nada. Puede que entonces nosotros mismos no fuéramos suficientemente libres para abordar determinados asuntos. Una vez transcurridos esos años, los temas hervían. Las posibilidades de creación en la novela se ampliaron tremendamente. Y me parece importante que los escritores más viejos, los de mi generación, estén dispuestos a renovarse.

O Diário, Lisboa, 21 de noviembre de 1982

Creo que mis libros, en el momento en que aparecen, han respondido —claro está, de la forma indirecta en que la literatura responde a las cuestiones— a la pregunta «Qué es ser portugués»...

Nova Gente, Lisboa, n.º 437, 30 de enero de 1985

Hay en la obra de Pessoa un retrato bastante claro y completo del hombre portugués, con sus contradicciones, el misticismo un tanto mórbido, propio de nuestro pueblo, esa capacidad de esperar, que no es más que un deseo de aplazar. La esperanza es una actitud activa, pero para los portugueses es una forma cómoda de proyectar a un futuro cada vez más distante lo que deberíamos hacer ahora.

Visão, Lisboa, 9 de octubre de 1998
(Tomado de *El País*, Madrid, septiembre de 1985)

Me complace que mis historias sean de aquí. Las hago de aquí porque quiero que hablen de aquí, y por eso —y parece que es lo que está pasando, y quizá el país gane algo con esto— los extranjeros leen unos libros en que se habla de personas concretas, que somos nosotros.

En el fondo, lo que quiero ser, lo que quiero seguir siendo, es un escritor portugués en el sentido exacto de la palabra. No porque mis libros se acaben conociendo fuera estoy menos ligado a aquello que hago y a aquello que soy en Portugal. Me gusta lo que este país [Portugal] ha hecho de mí: tal vez sea eso lo que, en el fondo, está en mis novelas.

Jornal de Letras, Artes e Ideias, Lisboa, n.º 354, 18-24 de abril de 1989

Nosotros, los portugueses, no sabemos por qué pensamos determinadas cosas que creemos que pensamos.

Ler, Lisboa, n.º 6, primavera de 1989

No me gusta la expresión Revolución de los Claveles, porque las revoluciones no se hacen con claveles. Yo digo siempre: pero, por favor, si la idea que tienen de lo que ha ocurrido en Portugal se concentra en esa expresión, me siento ridículo. Porque la verdad es que, si esta revolución, luego, hubiera sido, no la llamarían Revolución de los Claveles, la llamarían sim-

111

plemente revolución portuguesa. Pero todo se quedó un poco en lo folclórico. Yo no diré que esta revolución haya sido folclórica, porque la gente que luchó por un cambio nunca lo ha visto desde un punto de vista divertido, y a mí, quizá por eso, no me gusta esa expresión.

El País Semanal, Madrid, 23 de abril de 1989

[Mis libros] tienen un sentido ideológico y político, es verdad. Pero hay también una especie de sentido biológico, porque yo me siento como si perteneciera a un cuerpo. Hay una relación carnal con tu historia y tu país, tu cultura y todo eso.

El País Semanal, Madrid, 23 de abril de 1989

No sé hasta qué punto este país [Portugal] me necesita, pero sé hasta qué punto lo necesito yo. Este país me gusta hasta en lo que no es bueno. Hay una relación mucho más importante que eso que se llama patriotismo; es una relación carnal, de raíces. La tengo. Sobre todo, intento saber quién soy, pero no como un ser individual: como alguien que está en esto que es un pueblo y una historia.

El País Semanal, Madrid, 23 de abril de 1989

Mis libros están escritos para portugueses, sobre portugueses; enfocan cuestiones relacionadas con Portugal. No se trata de nacionalismo. Me limito a mostrar a este señor que soy: un escritor que intenta dar a conocer a unas personas que están aquí.

Lo interesante es que precisamente un escritor tan portugués de Portugal, tan limitadamente portugués en los temas que trata, al final sea conocido, traducido, leído y discutido. El nacionalismo, entre comillas, compensa. Nosotros somos quienes somos y yo no tengo ningún interés en convertirme en europeo, no me apetece.

Vida Mundial, Lisboa, 7-14 de junio de 1989

Nunca puedo separarme de la idea de que soy un portugués de Portugal. Existe un vínculo muy profundo, una raíz en todo lo que está relacionado con ello.

Público, Lisboa, 9 de mayo de 1991

Soy capaz de entender un libro de un autor brasileño con su grafía, modos y sintaxis propios. Y sé que los brasileños también comprenden lo que está escrito a la manera de Portugal. Si aceptara el cambio [ortográfico], estaría negando la identidad de la lengua portuguesa.

Folha de S. Paulo, São Paulo, 12 de enero de 1994

Un país como Portugal, y no es el único en esta situación, que no tiene una idea propia de futuro para toda la colectividad, vive en una situación de total dependencia. No tenemos más ideas que las que nos dicen que debemos tener. La Unión Europea nos dicta lo que debemos hacer en todos los órdenes de la vida. Nos encaminamos hacia la peor de las muertes: la muerte por falta de voluntad, por abdicación. Esta renuncia es también la muerte de la cultura. Por eso creo que un país muerto, como Portugal, no puede hacer una cultura viva.

La Verdad, Murcia, 15 de marzo de 1994

En el interior de cada país está su destino.

ABC, Madrid, 13 de mayo de 1995

No pretendo que en Portugal se sigan haciendo casas de piedra, porque cuestan mucho, pero tampoco es permisible que los emigrantes, que no tienen culpa de nada, sigan levantando casas basadas en los castillos del Loira, modelos que no están ligados a la vida difícil que tenían, sino al desarrollo de países como Francia, Suiza o Bélgica... Hay una pérdida del gusto natural, una invasión de formas que no tienen nada que ver con el ambiente. Lanzarote tuvo, por ejemplo, la suerte de tener un hombre como César Manrique, que metió en la cabeza de todos sus habitantes el respeto por el ambiente.

Cambio 16, Madrid, n.º 1229, 12 de junio de 1995

Nosotros los portugueses caemos fácilmente en la sentimentalidad. Tenemos sentimientos con demasiada facilidad, lo cual no significa que seamos capaces de grandes sentimientos. Y los grandes sentimientos, y no los sentimentalismos, son lo que nos exalta, lo que nos hace creer.

Visão, Lisboa, 9 de octubre de 1998
(Tomado de *Folha de S. Paulo,* São Paulo, septiembre de 1996)

En Portugal, nunca nada es demasiado grande. Todo se queda siempre en la medianía, en la pequeñez. Nunca hay grandes sentimientos ni grandes pasiones.

La Maga, Buenos Aires, 16 de septiembre de 1998

Olvidarme de mi patria y de mi tierra sería un disparate. Sería olvidarme de mi propia sangre, y esto no podrá ocurrir.

La Provincia, Las Palmas de Gran Canaria, 15 de octubre de 1998

Me gusta mi tierra, pero he dejado de idealizarla. Y aunque no queramos, con la educación que hemos tenido, más la que hemos recibido en la escuela, más el «adiestramiento» de la comunicación social, sea éste del tipo que sea, sobre los supuestos valores y méritos que nos distinguen, todo eso, sea cual sea el país, acaba introduciendo una idea (sin entrar en la discusión de si somos mejores que los demás), la idea de que fuimos realmente buenos. Porque se nos dice que fuimos buenos misioneros, que fuimos buenos soldados... Todo esto se nos presenta como una lección de autoridad de la Historia que nos impone una especie de idealización de la patria. Y de hecho, eso es lo que yo he perdido.

Carlos Reis, *Diálogos com José Saramago*, Caminho, Lisboa, 1998

Es que no se trata de si quiero o no quiero: soy sencillamente portugués y no otra cosa. No puedo ser ni español ni canario. En primer lugar, porque he nacido allí, pero además porque soy en todo portugués, en todo, en la cultura, en la formación, en mis costumbres. Y no es que todos los portugueses sean como yo, no es eso, pero hay características que me hacen reconocerme como portugués. Creo que eso tiene mucho más que ver con la cultura, con las tradiciones, con la forma de ser, de relacionarse con los otros.

Juan Arias, *José Saramago: El amor posible*, Planeta, Barcelona, 1998

Este país [Portugal] me preocupa, este país me duele. Y me afligen la apatía y la indiferencia, me aflige el profundo egoísmo en que vive esta sociedad. De vez en cuando, como somos un pueblo de fuegos de paja, ardemos mucho, pero nos quemamos deprisa...

Jornal de Letras, Artes e Ideias, Lisboa, n.º 761, 1 de diciembre de 1999

La realidad es que no tenemos un proyecto de país. Vivimos a la buena de Dios, a merced de la dirección del viento. Las personas ya no piensan sólo en el día a día, piensan en el minuto a minuto. Estamos endeudados hasta las cejas y llevamos una falsa vida de prosperidad. Es sólo apariencia, apariencia, apariencia... y nada detrás. ¿Dónde están las ideas? ¿Dónde está la idea de futuro para Portugal? ¿Cómo viviremos cuando se acabe el dinero de Europa? Todos los gobiernos navegan sin perder la costa de vista y parece que nadie quiere pensar en esto, que nadie se atreve a ir más allá.

Visão, Lisboa, 16 de enero de 2003

Nuestro país necesita dar un buen giro.

Jornal de Notícias, Oporto, 27 de octubre de 2003

En nuestras cabezas, tiene que haber más espacio para pensar en más cosas. ¿Qué país queremos tener dentro de diez, quince o veinte años? Para conseguir ese país tenemos que empezar a prepararlo ahora y no vivir en esta especie de apatía e indiferencia.

Jornal de Notícias, Oporto, 27 de octubre de 2003

El mal de amores que José Saramago tiene por su patria es conocido. Pago todos los impuestos en Portugal y voto en Portugal. Si no vivo en Portugal, es porque fui maltratado, públicamente ofendido por el Gobierno de Cavaco Silva, del que Santana Lopes era secretario de Cultura, y Sousa Lara subsecretario. Y en el Gobierno, al que pertenecía Durão Barroso, no se alzó ni una sola voz para decir «¡Esto es un disparate, eso no se hace!». El otro día, alguien mencionó el caso al primer ministro, que dijo que quería arreglar el asunto: que vendría a España y tendría mucho gusto en comer conmigo. Así, durante la comida, probablemente entre la fruta y el queso, él diría: «Echemos tierra sobre el asunto, no se hable más de eso»; y yo diría: «Sí señor, echemos tierra». Pero conmigo las cosas no son así. Una ofensa pública merece una disculpa pública.

Visão, Lisboa, 25 de marzo de 2005

Guerra Junqueiro escribió aquel libro... *Finis Patriae*. Tengo la sensación de que [en Portugal] se vive un proceso de decadencia con algunos sobresaltos. La proclamación de la República fue uno de ellos, el 25 de Abril fue otro. Parece que se pone de relieve nuestra incapacidad para mantener alta nuestra tensión de vivir. Fervor pasajero, súbitas manifestaciones de entusiasmo (de aquello a lo que llamamos entusiasmo) popular..., todo esto se convierte con mayor o menor rapidez en cenizas. Y ahora estamos en una época de cenizas. No veo que haya un debate de ideas. Digamos que la política se discute en términos de mera cocina gastronómica. Faltan figuras, faltan personas. En algunas épocas, podíamos citar nombres de grandes figuras nacionales. Hoy, es muy difícil. Tampoco quiero caer en la tentación de decir que necesitamos líderes, hombres ejemplares. No es eso. Cuando se publicó *El año de la muerte de Ricardo Reis* [1984] manifesté que era un intento de comprender la enfermedad portuguesa. Citando una vez más al autor épico, no son gratuitas aquellas palabras de «apagada y civil tristeza». En nuestra mentalidad, sigue habiendo algo de esto. En una época de desconcierto, de rapidísimo cambio de valores, perdemos pie, no sabemos hacia dónde vamos. No tenemos la seguridad de que dentro de cincuenta años este país seguirá existiendo.

Público, Lisboa, 11 de noviembre de 2005

Hay que tomar la vida intensamente, es necesario hacer todo lo que se pueda. Portugal debe salir de su apatía.

L'Unità, Roma, 15 de noviembre de 2005

En efecto [mi postura es la crítica]. Lo que falta en Portugal es precisamente eso: sentido crítico. Estamos muy aborregados. Ya no somos ni capaces de balar. ¡Beee...! Ni siquiera eso. Pensamos que la crítica, la autocrítica, la contracrítica es cosa de ellos, de los políticos, de los periodistas. La verdad es que no soy capaz de dejar pasar cosas que van (no contra mi manera de ser, que en este caso no tiene nada que ver), a veces, contra el propio sentido común.

Tabu, Lisboa, n.º 84, 19 de abril de 2008

[La inauguración en mi país de la exposición *José Saramago. La consistencia de los sueños* me hace sentir] muy contento, muy feliz. No es que este viaje sea una especie de reconciliación con mi pueblo, pues no he estado nunca de espaldas al país donde nací. Siempre he vuelto. Después de la enfermedad y de todo eso, se dice que hay un reencuentro... Para un reencuentro se necesitan, por lo menos, dos, la patria y la persona. Sin embargo, la patria es una abstracción, no se me presentó, ni ahora ni nunca, vestida no me imagino cómo, diciendo «yo soy la patria»; pero uno pertenece a un lugar, a una historia, a un idioma, y yo creo que eso es la patria.

El País, Madrid, 24 de abril de 2008

Soy muy crítico con la situación social y política en Portugal. Pienso que el ánimo de la gente está decaído, parece haber renunciado al futuro... Estamos muy aborregados, pero éste es mi país, y punto. No es el más hermoso ni el más inteligente ni el más inventivo, pero es mi país. Hace años, me preguntaron por las relaciones con mi tierra. Y yo contesté: «Me gusta lo que este país ha hecho de mí». Porque tú puedes protestar contra esto y aquello, pero lo que no puedes negar es que lo bueno y lo malo es lo que te ha hecho a ti. Y luego decides si te gusta o no [...] En el fondo, la cosa es muy sencilla: yo puedo criticar a Portugal, pero hay una pregunta: ¿y quién sería yo si no hubiera nacido en este lugar del mundo?

El País, Madrid, 24 de abril de 2008

El fascismo fomentó la imagen de esplendor de Portugal a partir de un falso sentimiento patriótico. Tan falso, que fue capaz de negar la siempre discutible verdad histórica, manipulándola sin pudor. Los himnos que pusieron en circulación a partir de 1936, el de la Juventud portuguesa [Mocidade Portuguesa], el de la Legión [Legião Portuguesa], eran auténticos manuales en los que se introducía un lenguaje específico, un modo de pensar determinado, una forma degenerada de imaginar lo que sería el Quinto Imperio, que nació con el padre António Vieira, y que Fernando Pessoa alimentó en tiempos más recientes. La Historia de Portugal, que tanto se ha enaltecido como una identidad capaz de resistirlo todo, no tiene nada que ver con ese esplendor.

Única, Expresso, Lisboa, 11 de octubre de 2008

En la cabeza de mucha gente existió, y todavía existe, esa idea de que ser portugués es algo diferente. Recuerdo la importancia que tuvo la nostalgia, al amparo de la cual se definieron filosofías, modos de entender la Historia del país y la Historia universal... Todo eso es bastante falso.

Única, Expresso, Lisboa, 11 de octubre de 2008

Cuando se vive de ilusiones, es porque algo no funciona. La imagen más constante que proyectamos es la de una persona que está parada en la acera a la espera de que la ayuden a cruzar al otro lado.

Única, Expresso, Lisboa, 11 de octubre de 2008

Cuando estoy allá [en Lanzarote], también estoy aquí [en Lisboa]. Nunca me he ido. Expresé mi protesta a un Gobierno conservador por la actitud censora que tuvo con *El Evangelio según Jesucristo.* Y he criticado otras cosas de Portugal. Y de España también. Y de este mundo, que para tantos tiene la forma del infierno. Pero ¿qué sería de un escritor sin la libertad de palabra?

El País Semanal, Madrid, 23 de noviembre de 2008

Al principio, no me parecía necesario [el acuerdo ortográfico de la lengua portuguesa de 1990, adoptado por los países lusófonos en 2008, que entró en vigor al año siguiente]. De todas formas, nos habríamos seguido entendiendo. Lo que me hizo cambiar de opinión fue la idea de que, si el portugués quiere ganar influencia en el mundo, tiene que adoptar una única grafía. Si Portugal tuviera 140 millones de habitantes, probablemente habríamos impuesto a Brasil nuestra grafía. Pero resulta que esos 140 millones están en Brasil, y Brasil tiene más presencia internacional. Cuando se eliminó el *ph,* en Portugal no hubo ninguna revolución. Perderíamos mucho si creyéramos que el portugués nos pertenece sólo a nosotros: acabaría como el húngaro, que nadie entiende nada.

Folha de S. Paulo, São Paulo, 29 de noviembre de 2008

Corren por ahí conjeturas erróneas sobre mi relación con mi país. Nos fuimos de Lisboa [a Lanzarote] a consecuencia de una actitud del Gobierno, no del país ni de la población. Sino del Gobierno, que no permitió que mi libro *[El Evangelio según Jesucristo]* se inscribiera en un premio de la Unión Europea. Nunca tuve problemas con mi país, sino con el Gobierno, que después no fue capaz de disculparse [...] Me cambié de barrio porque el vecino me molestaba. Y el vecino era el Gobierno portugués.

Folha de S. Paulo, São Paulo, 29 de noviembre de 2008

No siento nostalgia de la revolución. Ésta fue lo que fue, con sus errores y disparates, pero también con sus grandes conquistas y, principalmente, sus grandes ilusiones —enormes ilusiones— que alimentaron a una parte sustancial de los portugueses. Eso forma parte del pasado. Tanto es así, que yo ya no conmemoro el 25 de Abril. Me sentiría un irresponsable celebrando algo de lo que ya no veo ningún vestigio, porque todo lo que me trajo el 25 de Abril ha desaparecido. Y no me digan que es porque ahora tenemos una democracia.

João Céu e Silva, *Uma Longa Viagem com José Saramago,*
Porto Editor, Oporto, 2009

Hace tiempo dije que Portugal estaba culturalmente muerto. Tal vez lo dijera en determinado momento, pero hoy también lo diría, porque Portugal no tiene ideas de futuro, ninguna idea del futuro portugués, ni una idea propia, y navega a merced de la corriente. La cultura, a pesar de todo, ha sobrevivido y es aquello que puede dar al país una imagen abierta y positiva en todos los aspectos, ya sea en el cine, en la literatura o en el arte... Tenemos grandes pintores esparcidos por el mundo. Pero Almeida Garrett nos definió de una vez para siempre y debe reconocerse que su definición es una radiografía de cuerpo entero: «El país es pequeño y la gente que vive en él tampoco es grande». Esta definición es tremenda, pero si tuviéramos ocasión de comprobarlo, desde la época de Almeida Garrett (e incluso más atrás), efectivamente, el país es pequeño [...], no obstante la cuestión no es el tamaño físico del país, sino la dimensión espiritual y mental de sus habitantes.

João Céu e Silva, *Uma Longa Viagem com José Saramago*,
Porto Editor, Oporto, 2009

No, la patria no está por encima de todo.

João Céu e Silva, *Uma Longa Viagem com José Saramago*,
Porto Editor, Oporto, 2009

Ética

El pensamiento político y social de Saramago se apoya en una fuerte carga ética. Es habitual que tanto los medios de comunicación como sus lectores y los exégetas de su obra literaria aludan al autor como *referencia ética* y *autoridad moral* o se subraye la pujanza de sus principios. En efecto, su universo de valores se sustenta en una moral robusta sobre la que, en gran medida, se organiza su intervención pública y se sostiene su visión del mundo.

En torno a una ética de la responsabilidad y del respeto, el escritor construyó su sistema de convicciones y reivindicaciones, reclamando códigos de buena conducta que iluminasen el comportamiento personal y moderasen las relaciones, el poder y la economía. El propósito último se cifraba en humanizar la vida, un fin al que contribuiría sustantivamente la regla mayor a la que Saramago reducía su patrón moral, con intencionada elementalidad comunicativa: no comportarse con los demás como no quisiéramos que los demás se comportaran con nosotros, esto es, evitar la agresión, el dolor, el daño al otro.

Racionalista declarado, no dudaba, sin embargo, en defender la primacía de la ética sobre la razón porque, como escribiera en los *Cuadernos de Lanzarote*: «Si la ética no gobierna a la razón, la razón despreciará a la ética». Una actitud pertinente en quien aseguraba que la revolución pendiente es la de la bondad, la virtud que más le conmovía; pero acorde también con el fondo moralista que caracteriza sus reflexiones, denuncias y demandas. Saramago rechazaba la primacía, en la práctica, del interés partidario y del individualismo sobre las visiones y acciones solidarias, así como sobre los deberes públicos de equidad, fomento de la tolerancia y rechazo de la corrupción y los abusos de poder... Y, además de sugerir el reforzamiento democrático de las instituciones y el perfeccionamiento de la administración de justicia, de modo que propiciasen un desarrollo social armónico, instaba a mejorar la salud moral de la sociedad. Invitaba, por ello, a una *insurrección ética* o al *regreso a la ética,* en un contexto regresivo que, a su juicio, estimulaba la pasividad y la decadencia de los grandes valores, reemplazados por nuevas prioridades egoístas y materiales, inducidas por la sociedad de consumo. Un riesgo contemporáneo, en fin, que, reclamaría, según su criterio, un exigente rearme moral que contribuyese a desarrollar la condición humana, a cualificar las conductas de los gobernantes y a orientar el buen gobierno en la dirección del bien colectivo.

Cuando hablamos del bien o del mal... hay una serie de pequeños satélites de esos grandes planetas, que son la pequeña bondad, la pequeña maldad, la pequeña envidia, la pequeña dedicación... En el fondo, de eso está hecha la vida de las personas, es decir, de flaquezas, de debilidades... Por otro lado, para las personas a las que les importa esta cuestión, es importante tener como regla fundamental en la vida no hacer daño a los demás. A partir del momento en que nos preocupe respetar esta simple regla de convivencia humana, no vale la pena complicarnos con grandes filosofías sobre el bien y el mal. «No hagas a los demás lo que no quieras que te hagan a ti» parece un punto de vista egoísta, pero es el único de esta clase por el cual se llega no al egoísmo, sino a la relación humana.

Revista Diário, Madeira, 19 de junio de 1994

En esta época de conmemoraciones, planteo que, cuando descubrimos al otro, en ese mismo instante nos descubrimos a nosotros mismos, unas veces en lo mejor y otras en lo peor, cuando intentamos dominarlo. Si llegamos a una relación con el otro en que la condición principal sea respetar sus diferencias y no tratar de aplastarlas para hacerlo como uno, entonces aparecerá en nosotros lo positivo. Todos tienen derecho a un lugar en la Tierra, no hay motivo para que yo, por el hecho de ser blanco, católico, rubio, indio, negro, amarillo, sea superior.

No podemos darnos el lujo de ignorar que el respeto humano es la primera condición de «convivialidad».

El Mercurio, Santiago de Chile, 26 de junio de 1994

Cada vez veo más claro que la ética debe dominar la razón.

O Estado de S. Paulo, São Paulo, 18 de octubre de 1995

A mi parecer, la gran revolución, y de eso habla el libro *[Ensayo sobre la ceguera],* sería la revolución de la bondad. Si de un día para otro descubriéramos que somos buenos, los problemas del mundo se resolverían. Claro que esto no sólo es una utopía, sino un disparate. Pero la conciencia de que eso no sucederá no debe impedir a cada individuo que haga todo lo que pueda para regirse por principios éticos. Por lo menos su paso por el mundo no habrá sido inútil y, aunque no sea sumamente útil, no habrá sido pernicioso. Cuando vemos el estado en que se encuentra el mundo, nos damos cuenta de que hay miles y miles de seres humanos que hicieron de su vida una acción perniciosa sistemática contra el resto de la humanidad. Ni siquiera hace falta dar nombres.

Folha de S. Paulo, São Paulo, 18 de octubre de 1995

El ser humano no es intrínsecamente bueno ni malo. Lo que afirmo es que la bondad es más difícil de alcanzar y de ejercer. Y el bien y el mal son conceptos demasiado amplios. Es más fácil ser malo, malo en sus formas menores, malo en todo aquello que nos aparta del otro, de lo que es ser bueno.

Expresso, Lisboa, 28 de octubre de 1995

Si decidiéramos aplicar una antigua frase de la sabiduría popular, probablemente resolveríamos todas las cuestiones del mundo: «No hagas a los demás lo que no quieras que te hagan a ti». Algo que puede expresarse de manera más positiva: «Haz a los demás lo que querrías que te hicieran a ti».

Creo que todas las éticas del mundo, todos los tratados de moral y códigos de comportamiento están contenidos en estas frases.

A Capital, Lisboa, 4 de noviembre de 1995

Ni el arte ni la literatura tienen que darnos lecciones de moral. Somos nosotros los que tenemos que salvarnos, y sólo es posible con una postura ciudadana ética, aunque pueda sonar a antiguo y anacrónico.

El Mundo, Madrid, 22 de mayo de 1996

Me he dado cuenta, en estos últimos años, de que estoy buscando una formulación de la ética: quiero expresar, a través de mis libros, un sentimiento ético de la existencia, y quiero expresarlo literariamente.

ABC Literario, Madrid, 9 de agosto de 1996

Cada vez me interesa menos hablar de literatura y cada vez más de cuestiones como la ética, ya sea personal o colectiva.

A Capital, Lisboa, 5 de noviembre de 1997

No sé [si habrá algo después de esta travesía del desierto], pero hay una condición esencial: el respeto del otro. En ello se contiene todo, porque impide hacer daño.

La Revista de *El Mundo,* Madrid, 25 de enero de 1998

Lo que hace falta es una *insurrección ética*. No una insurrección de las armas, sino ética, que ponga bien en claro que esto no puede seguir. No se puede vivir como estamos viviendo, condenando tres cuartas partes de la humanidad a la miseria, el hambre, la enfermedad, con un desprecio total por la dignidad humana. ¿Todo para qué? Para servir a la ambición de unos cuantos. Yo no soy ni predicador, ni profeta, ni mesías, aunque he escrito *El Evangelio según Jesucristo*... Sólo hablo de evidencias, de cosas que están a la vista de todos. Y sé que tengo razón.

El Cronista, Buenos Aires, 11 de septiembre de 1998

En nombre de la ética, y mucho más de la ética revolucionaria, se han hecho cosas poco éticas. Yo no llamaría a una revolución ética. Alguna vez he dicho que estamos necesitados de una *insurrección ética*. Pero vamos a matizar un poco. Yo creo que todo esto sería menos conflictivo si nosotros pensáramos en una especie de sentido ético de la existencia. Sin revolución. Tener para cada uno de nosotros un sentido ético de la existencia, en el silencio de nuestra conciencia. Claro, la conciencia no es nada silenciosa, al contrario. La conciencia habla.

El Interpretador. Literatura, arte y pensamiento,
Buenos Aires, n.º 12, marzo de 2005
(Charla con Noél Jitrik y Jorge Glusberg, 21 de agosto de 1999)

La ética de la que yo hablo es una pequeña cosa laica, para uso en la relación con los demás. Pasa por esa cosa tan sencilla como el respeto, nada más. Por lo tanto, si más tarde, por las circunstancias, la revolución finalmente es necesaria, entonces la daríamos. Pero dejemos la revolución para más tarde y empecemos por las pequeñas cosas que podemos hacer sin revolución. Esas cosas pequeñas pueden tener consecuencias fuertes e intensas como las revoluciones, que no duran.

El Interpretador. Literatura, arte y pensamiento,
Buenos Aires, n.º 12, marzo de 2005
(Charla con Noél Jitrik y Jorge Glusberg, 21 de agosto de 1999)

La ética es la mujer más guapa del universo.

Alphalibros, Mendoza, 2000

El mundo necesita una forma distinta de entender las relaciones humanas y eso es lo que llamo la *insurrección ética.* Uno tiene que plantearse: ¿qué estoy haciendo yo en este mundo? La idea del respeto al otro como parte de la propia conciencia podría cambiar algo en el mundo.

La Nación, Buenos Aires, 13 de diciembre de 2000

El amor no resuelve nada. El amor es una cosa personal, y se alimenta del respeto mutuo. Pero esto no trasciende al colectivo. Llevamos ya dos mil años diciéndonos eso de amarnos los unos a los otros. ¿Y ha servido de algo? Podríamos cambiarlo por respetarnos los unos a los otros, a ver si así tiene mayor eficacia. Porque el amor no es suficiente.

Turia, Teruel, n.º 57, 2001

Desde luego que a muchas personas les da risa hablar hoy de ética. Pero yo creo que hay que volver a ella. Y no a la ética represiva. No tiene nada que ver con la moral utilitaria, práctica, la moral como instrumento de dominio. No. Es algo más serio que eso: el respeto por el otro. Y eso es una postura ética. Fuera de ahí yo no creo que tengamos alguna salvación.

Jorge Halperín, *Conversaciones con Saramago.*
Reflexiones desde Lanzarote, Icaria, Barcelona, 2002

Hemos tenido la libertad para torturar, para matar, para asesinar, y hemos tenido la libertad para luchar, para ir adelante, para intentar mantener la dignidad. Es aterrador el uso que se puede hacer de una palabra. Lo importante es que haya presencia de un sentido de responsabilidad cívica, de dignidad personal, de respeto colectivo; si se mantiene, si se construye, si no se acepta caer en la resignación, en la apatía, en la indiferencia, eso puede ser una simple semilla para que algo cambie. Pero yo soy muy consciente de que esto a su vez no significa mucho.

Revista Número, Bogotá, n.º 44, marzo-mayo de 2005

Existe un problema ético que no parece que vaya a resolverse: después de la Segunda Guerra Mundial, se discutía en Europa sobre el progreso tecnológico y el progreso moral, sobre si podían avanzar a la par. Pero no fue así, al contrario: el progreso tecnológico alcanzó un desarrollo inconcebible, y el llamado progreso moral dejó de ser, pura y llanamente, progreso y entró en un proceso de regresión.

Única, Expresso, Lisboa, 11 de octubre de 2008

Dios

Sería difícil entender no sólo la literatura de Saramago, sino su sistema de pensamiento sin valorar adecuadamente el papel que, desde una proyección crítica, desempeña el hecho religioso. Sin duda, constituye un nódulo central en quien, albergando una concepción atea de la existencia, reconocía, sin ambages, que, en buena medida, él mismo era un producto de la civilización cristiana, cuyos patrones marcan el carácter de los individuos y las sociedades occidentales. Envuelto en su materialismo marxista y en el racionalismo volteriano característico de su personalidad analítica, identificaba en la creencia divina y sus implicaciones una variable mayor en lo que respecta a la configuración de las mentalidades. De ahí que, sin encallar en el debate sobre la existencia o inexistencia de lo sobrenatural —evidentemente resuelto en su caso—, plantease una constatación antropológica: la incidencia, en el mundo y en nuestras vidas, del *factor Dios,* entendido como un hecho cultural moldeador de las conciencias y las comunidades.

A partir de aquí, se dedicó activamente a combatir, con los mecanismos de la razón y el laicismo, esa dimensión tan enraizada en el ser humano, así como sus estructuras de gobierno y de poder institucional. Saramago insistía en subrayar su incomprensión hacia una religión como la cristiana basada en el sacrificio y el sufrimiento, mientras que, en el caso del islamismo, reprobaba el ejercicio de la violencia en nombre de Alá —como también ocurrió con el cristianismo en el pasado—.

Defensor de un pacto de no agresión entre las distintas confesiones —más que de un *pacto de civilizaciones*—, sostuvo que las confesiones separan y enfrentan al ser humano como consecuencia del fundamento excluyente de sus idearios, al tiempo que ponía de manifiesto su perplejidad por la intransigencia que muestran los creyentes en la defensa del perfil específico de sus dioses. Rechazaba el fundamentalismo y la intolerancia, la voluntad de imponer los dogmas propios como códigos de conducta general, así como la intromisión que la Iglesia practica en la vida civil e incluso política, actuando como un auténtico poder terreno. Contraponiéndose a las concepciones ontológicas de Dios, defendía que el fenómeno divino es producto de la imaginación —todo está en el cerebro, aseguraba—, en tanto que atribuía a nuestra naturaleza mortal la fruición con que ha sido construida la necesidad de trascendencia. Muerte y Dios se alimentarían, pues, mutuamente.

Escéptico y próximo al proyecto ilustrado, el escritor portugués dedicó sobrada energía a confrontarse con mitos y creencias, lo que le condujo a un antagonismo público y permanente con la jerarquía de la Iglesia y sus satélites. Un desencuentro que quedó bien patente, y alcanzó su punto álgido, con la publicación de *El Evangelio según Jesucristo,* novela en la que, provocadoramente, humanizaba a Jesucristo, al tiempo que vapuleaba a Dios explorando las contradicciones racionales del relato bíblico. La obra le enfrentó a la curia y también al Gobierno conservador de su país, que, en 1992, no dudó en impedir que *El Evangelio* representara a Portugal en el Premio Literario Europeo. Cuando le fue concedido el Premio Nobel en 1998, *L'Osservatore Romano,* diario oficial del Vaticano, no se privó de manifestar su desaprobación aludiendo al escritor como un «comunista recalcitrante, con visión sustancialmente antirreligiosa del mundo», una actitud de censura que reiteraría con motivo del fallecimiento del escritor. En 2009, la aparición de *Caín* reavivó la polémica y el desencuentro. En su última *nouvelle,* resucitó la querella religiosa encauzando literariamente su vena antirreligiosa y su ateísmo militante de cara a combatir el yugo de las creencias, a partir de la reescritura de una decena de episodios del Antiguo Testamento que, a su juicio, tenían como característica común la violencia y el absurdo sobre el que se sustentan.

La problematización de Dios caracteriza una vertiente singular del imaginario literario e ideológico saramaguiano, hasta el punto de que el propio autor reconocía, paradójica y humorísticamente, que, sin Dios, su literatura perdería sentido.

Sería más cómodo creer en Dios, pero escogí el lugar de la incomodidad.

Expresso, Lisboa, 2 de noviembre de 1991

Si el hombre fuera inmortal, no necesitaría a Dios.

Expresso, Lisboa, 2 de noviembre de 1991

Dios es una creación humana y, como muchas otras creaciones humanas, en determinado momento se descontrola y empieza a condicionar a los seres que crearon esa idea.

Expresso, Lisboa, 2 de noviembre de 1991

Los Evangelios dicen que Dios envió a un ángel para avisar a José de la llegada de los soldados de Herodes. [En *El Evangelio según Jesucristo*] yo digo que José era carpintero en el Templo y oyó sin querer la conversación. Sea como fuere, es increíble que nadie hasta hoy haya cuestionado a José por haber cogido a su hijo y a María, y huir sin avisar a ningún vecino. José permitió la matanza de los inocentes y a todo el mundo eso le pareció muy natural. José es un criminal por omisión, y sufrirá toda su vida por eso, hasta la muerte. Y esa muerte sólo se recoge en los evangelios apócrifos. Para mí, eso es lo principal.

Jornal do Brasil, Río de Janeiro, 2 de noviembre de 1991

Es evidente que el milagro es una ilusión óptica absurda e inútil. Cristo expulsaba los demonios del cuerpo de un pobre hombre, y éstos entraban en el de los cerdos, que luego morían endemoniados en el agua, y después liberaban de nuevo a los demonios para que entraran en otro cuerpo. Ya sabe usted que el diablo no muere.

Jornal do Brasil, Río de Janeiro, 2 de noviembre de 1991

Aparte de todo lo que el cristianismo aportó —y aportó cosas bellísimas, como la *Pasión según San Mateo* de J. S. Bach, que tengo ahí mismo—, produjo un arte que alcanzó las más excelsas alturas en la pintura, la música, la poesía, la arquitectura, la escultura... Produjo tipos humanos admirables, como San Francisco de Assís. Pero existe el otro lado de la balanza: la sangre, el sufrimiento, la angustia, la renuncia, el pecado... Es una religión en la que la alegría está ausente o, en todo caso, hay cierta forma de alegría que no pasa por lo humano, por el cuerpo.

Público, Lisboa, 2 de noviembre de 1991

Las religiones, como las revoluciones, devoran a sus hijos. Hay en las religiones un proceso constante de «deglución» en el que Dios es como un Moloch que exige el sacrificio humano. Suponiendo que Dios exista —y no le concedo el beneficio de la duda—, Dios no puede, por pura lógica, crear seres para destruirlos.

Expresso, Lisboa, 2 de noviembre de 1991

Esta religión [el cristianismo] se fundó sobre la sangre, el sufrimiento, la renuncia, el sacrificio y el martirio. Es una religión caracterizada por el horror. [En *El Evangelio según Jesucristo*] mi demonio incluso dice: «Hay que ser Dios para complacerse en tanta sangre», lo cual suena como un puñetazo en el estómago. El mismo demonio le dice a Jesús cuando éste sacrifica la oveja por orden de Dios: «No has aprendido nada», es decir, no has aprendido a respetar la vida.

Jornal do Brasil, Río de Janeiro, 2 de noviembre de 1991

Si saliéramos al mundo y viéramos lo que existe en materia de religiones, veríamos lo absurdo que es. La relación entre los creyentes, entre los fieles, y Dios ha pasado y sigue pasando por el sufrimiento. Esto es algo que no me entra en la cabeza, que no concibo. Porque, fíjese: Dios no tiene derecho a crear seres vivos salvo para que sean felices.

Jornal de Letras, Artes e Ideias, Lisboa, n.º 487, 5 de noviembre de 1991

Si Dios no existe, Jesús no puede ser su hijo. Toda su civilización, la llamada judeocristiana, se asienta sobre la nada.

Jornal de Letras, Artes e Ideias, Lisboa, n.º 487, 5 de noviembre de 1991

En muchos momentos de su existencia, la Iglesia católica no ha hecho otra cosa que ofender a los demás.

Brasil Agora, São Paulo, 15-28 de junio de 1992

En cuanto a mentalidad, todos somos cristianos, vivimos dentro de una civilización judeocristiana que se formó a partir de una ética determinada, de una red ideológica que tiene su origen en el cristianismo. Por lo tanto, es perfectamente natural que cualquier ciudadano —ya sea comunista, socialista, liberal o lo que sea— se interese en determinado momento de su vida por ese aspecto de la realidad. Algunos representantes de la Iglesia católica han dicho que, por el hecho de ser ateo, comunista y marxista, no tengo derecho a escribir un libro como éste *[El Evangelio según Jesucristo]*. Y supongo que tengo todo el derecho del mundo a escribir sobre lo que me parezca.

Brasil Agora, São Paulo, 15-28 de junio de 1992

Si hablamos de ofensas, creo que ahora que estamos conmemorando los descubrimientos, sería bueno recordar que, cuando las carabelas españolas y portuguesas encontraban o descubrían otros pueblos, pueblos que tenían sus propias religiones, sus propias creencias, siempre sucedía lo siguiente: en cada carabela iba un fraile, que lo primero que hacía al encontrarse a esa gente era decirles: «Vuestro Dios es falso y yo os traigo el Dios verdadero». Esto también es una ofensa, nadie tiene derecho a ponerse delante de una persona y decirle que su Dios es falso. ¿En nombre de qué? ¿De la verdad?

Brasil Agora, São Paulo, 15-28 de junio de 1992

Soy un ateo producto del cristianismo.

Jornal do Fundão, Fundão, 1992

No creo en la existencia de Dios, pero creo en la existencia de la Iglesia. Ella es la que está presente y formuló todos esos dogmas. Dios no fue quien envió una lista de dogmas, preceptos, prescripciones y pecados. No quiero ser desagradable, pero, en mi opinión, decir que esos dogmas llegaron a través del Espíritu

Santo es un cuento. Dios fue inventado en la cabeza de los hombres, y ahí es donde está. Una de las causas de los conflictos humanos es que se meta a Dios de por medio para que un ser humano pueda llegar a otro. A partir de ahí, las cosas se complican inmediatamente. El camino más corto entre las personas es el que lleva de la una a la otra; si hay que pasar por Dios, todo se vuelve más difícil. Hay protestantes y católicos que, en nombre del mismo Dios, entran en conflicto. Se matan los unos a los otros debido a maneras diferentes de entender el mismo Dios. Es un absurdo, es el comportamiento más irracional que existe. Para mí, Dios no existe. Pero si existiera sería uno solo. Todas las maneras de adoración, veneración y respeto son equivalentes. Nadie tiene derecho a decir que el Dios del otro es falso y mentiroso.

O Globo, Río de Janeiro, 27 de junio de 1993

Siempre he vivido muy en paz con mi ateísmo y con mi ausencia, con el hecho de estar fuera de cualquier relación trascendental. Pero hay una cosa que tengo muy clara: aunque es verdad que estoy fuera de la Iglesia, no estoy fuera del mundo cultural que ésta ha creado.

O Globo, Río de Janeiro, 27 de junio de 1993

Si tenemos en cuenta las condiciones indignas en que viven millones de personas —si es que a eso se le puede llamar vivir—, si el hombre es un gran producto de la imaginación creadora de un Dios, entonces dan ganas de decir que más valdría que se echara a dormir, que precisamente será lo que está haciendo ahora mismo.

O Estado de S. Paulo, São Paulo, 12 de abril de 1994

El Vaticano, como ya no cree en la existencia del alma, se ocupa de la represión de los cuerpos.

Diario de Mallorca, Palma de Mallorca, 28 de octubre de 1994

Los problemas de Dios no me preocupan. Me preocupan los problemas de los hombres que inventaron un Dios que no hace más que darnos ratos malísimos. Quizá Dios exista —yo no lo creo—, pero no tiene sentido que nos matemos en nombre de Dios.

El Mundo, Madrid, 2 de noviembre de 1994

El Vaticano se escandaliza muy fácilmente, sobre todo con personas ajenas a sus cuadros. Deberían concentrarse en sus oraciones y dejar a la gente en paz.

Jornal do Brasil, Río de Janeiro, 10 de octubre de 1998

El mensaje del cristianismo es que debemos amarnos los unos a los otros. No tengo la obligación de amar a todos, pero sí de respetar a todos.

Jornal do Brasil, Río de Janeiro, 10 de octubre de 1998

La Iglesia católica, que tanto critica los «fundamentalismos» de otras religiones, en verdad está dando muestras de una ceguera sin límites, lo que era de esperar de estos campeones de la intolerancia.

Reforma, México D. F., 10 de octubre de 1998

A los creyentes los respeto muchísimo, pero por la institución que los representa no tengo ningún respeto. Respeto a la creencia, a la fe, pero a la administración de la creencia, de la fe, no la respeto.

La Jornada, México D. F., 10 de octubre de 1998

Conocí gente del pueblo engañada por una Iglesia tan cómplice como beneficiaria del poder del Estado y de los terratenientes latifundistas, gente permanentemente vigilada por la policía, gente que durante innumerables veces fue víctima inocente de las arbitrariedades de una justicia falsa.

Reforma, México D. F., 8 de diciembre de 1998

Las religiones nunca han servido para acercar a los seres humanos. Las religiones siempre han servido para dividirlos. La historia de una religión es siempre una historia del sufrimiento que se inflige, que se autoinflige o que se inflige a los seguidores de cualquier otra religión. Y esto me parece tan absurdo, que incluso creo que el lugar del absurdo por excelencia es la religión.

Carlos Reis, *Diálogos com José Saramago,* Caminho, Lisboa, 1998

Ahora bien, lo que más me molesta es que, al amparo de ese Dios —que desde mi punto de vista no existe—, se haya levantado un poder que ha condicionado y sigue condicionando (pese a todos los cambios) nuestra manera de ser hasta el punto de que no podemos imaginarnos sino en el contexto que definió el cristianismo. Incluso al negar la existencia de Dios, e incluso al insultar a la Iglesia, y al insultar al Papa, todo sucede dentro de ese ámbito en el que nos encontramos.

Carlos Reis, *Diálogos com José Saramago,* Caminho, Lisboa, 1998

No ha sido la economía portuguesa a lo largo de los siglos la que mentalmente hizo de mí lo que soy; ha sido esa idea de Dios, de un Dios particular que creó la Tierra y los cielos, el ser humano, Adán y Eva, después Jesús, la Iglesia, los ángeles, los santos y después la Inquisición.

Juan Arias, *José Saramago: El amor posible,* Planeta, Barcelona, 1998

Tengo que decir que a mí me encantaría que existiera Dios porque tendría todo más o menos explicado y, sobre todo, tendría a quién pedir cuentas por las mañanas. Pedirlas y también darlas. Pero no tengo a quién pedirlas. Hay en mí una especie de rechazo visceral, como si todo mi ser se rebelara contra la idea de un Dios, pero sigo hablando de él y seguramente seguiré haciéndolo.

Juan Arias, *José Saramago: El amor posible,* Planeta, Barcelona, 1998

Hay quien sigue buscando un Dios porque aún no hemos borrado del todo el miedo, ni hemos eliminado la muerte.

Juan Arias, *José Saramago: El amor posible,* Planeta, Barcelona, 1998

Hay algo claro a tener en cuenta, y es que yo no puedo decir en conciencia que soy ateo, nadie puede decirlo, porque el ateo auténtico sería alguien que viviera en una sociedad donde nunca hubiera existido una idea de Dios, una idea de trascendencia y, por tanto, ni siquiera la palabra ateo existiría en ese idioma. Sin Dios, no podría existir la palabra ateo ni la palabra ateísmo. Por eso digo que, en conciencia, no puedo decir eso. Pero Dios está ahí, por tanto hablo de él, no como una obsesión.

Juan Arias, *José Saramago: El amor posible,* Planeta, Barcelona, 1998

Yo escribí hace años una frase, que hay que entenderla como yo la entiendo, porque si no, la conclusión sería exactamente lo contrario de lo que es. Yo escribí esto: «Dios es el silencio del universo, y el hombre es el grito que da sentido a ese silencio». Si este planeta estuviera habitado sólo por animales, y podría ocurrir —cuando los dinosaurios existían, el hombre no estaba aquí—, entonces no habría nadie para decir: «Dios existe». Llegó un momento en que alguien dijo: «Existe Dios», por eso de que tenemos que morir, por esa esperanza de que algo más pueda ocurrir, de que algo que llamamos o que pasamos a llamar espíritu o alma pueda sobrevivir. Y, a partir de ahí, se puede armar toda la construcción teológica.

Biblioteca Nacional de Argentina-Sala virtual de lectura,
Buenos Aires, 12 de diciembre de 2000

Todas las guerras son absurdas, pero las guerras de religiones son las más absurdas de todas, porque se hacen en nombre de no se sabe qué. La capacidad de autoengaño del ser humano no tiene límites. Inventa algo y acaba por creer que eso que inventó es definitivo en su vida. Todo pasa dentro de él, fuera, nada. ¿Qué idea es esa de que un Dios poderosísimo e imponente iba a crear seres a su imagen y semejanza para ponerlos en una pequeñísima galaxia, en un sistema solar insignificante, en un minúsculo planeta con todo el universo a su alrededor? ¿Ha creado todo el universo para esto?

Veintitrés, Buenos Aires, 7 de febrero de 2002

Puede que Dios no exista, al menos desde mi punto de vista no existe, pero el *factor Dios*, eso sí existe. Es contra el *factor Dios* [contra lo] que yo escribí. Contra Dios es una guerra que no tiene sentido. Yo no sé dónde está, y no voy a desarrollar una guerra contra un enemigo —suponiendo que sea un enemigo— que no sé dónde hallarlo. Pero el *factor Dios* sí sé dónde está: está aquí [en la cabeza].

Veintitrés, Buenos Aires, 7 de febrero de 2002

Sin Dios mi obra quedaría incompleta.

Veintitrés, Buenos Aires, 7 de febrero de 2002

Para mí, el *factor Dios* ya no tiene nada que ver con Dios. Es usar la idea del Supremo para cosas que no tienen nada que ver con la religión.

Jorge Halperín, *Conversaciones con Saramago.*
Reflexiones desde Lanzarote, Icaria, Barcelona, 2002

Se ha matado, efectivamente, en nombre de Dios. Yo creo que se ha matado mucho más en nombre de Dios que en nombre de cualquier otra cosa. Es decir, las religiones, todas ellas, no han hecho nunca nada para acercar a los seres humanos. Al contrario, una religión es motivo de división.

Jorge Halperín, *Conversaciones con Saramago.*
Reflexiones desde Lanzarote, Icaria, Barcelona, 2002

Al diablo y a Dios los llevamos dentro: ahí nacieron y ahí siguen viviendo. El bien y el mal son obra humana. No puedo creer en un Dios que no existe o que nunca se presentó. Yo no necesito a Dios. Nunca he tenido ninguna crisis religiosa. He vivido mi ateísmo en una tranquilidad total. Y me digo a mí mismo: has nacido, estás viviendo, morirás, y se acabó.

El Universal, México D. F., 16 de mayo de 2003

Personalmente, considero la religión como una aberración total. Si hay un Dios, será uno y no dos, ni tres, ni cuatro. Es una gran estupidez que los seres humanos se enfrenten por motivos religiosos. Es algo que me deja atónito.

El Correo, Bilbao, 27 de abril de 2004

Pero tal vez no se llegaría tan lejos si no existiera la muerte. De ahí que en el libro *[Las intermitencias de la muerte]* se diga que Dios y la muerte son las dos caras de la misma moneda. El uno no puede pasar sin el otro. Sin muerte no habría Dios, porque no se hubiera inventado. Pero sin Dios no habría muerte, porque Dios tendría que hacer la vida infinita.

Mil Folhas, Lisboa, 12 de noviembre de 2005

Hay una pregunta que, en mi opinión, debe ser formulada y para la que no creo que haya respuesta: ¿qué motivo tendría Dios para hacer el universo? ¿Sólo para que en un planeta pequeñísimo de una galaxia pudiera nacer determinado animal que tendría un proceso evolutivo que llegaría a esto?

Mil Folhas, Lisboa, 12 de noviembre de 2005

El problema de la Iglesia es que necesita la muerte para vivir. Sin muerte no podría haber Iglesia porque no habría resurrección. Las religiones cristianas se alimentan de la muerte. La piedra angular sobre la que se asienta el edificio administrativo, teológico, ideológico y represor de la Iglesia se desmoronaría si la muerte dejara de existir. Por eso los obispos en la novela *[Las intermitencias de la muerte]* convocan a una campaña de oración para que vuelva la muerte. Parece cruel, pero sin la muerte y la resurrección, la religión no podría seguir diciendo que nos portemos bien para vivir la vida eterna en el más allá. Si la vida eterna estuviera acá...

El País, Madrid, 12 de noviembre de 2005

Quien mata en nombre de Dios convierte a éste en un asesino.

Público, Lisboa, 29 de septiembre de 2006

Los ateos somos las personas más tolerantes del mundo. Un creyente fácilmente pasa a la intolerancia. En ningún momento de la Historia, en ningún lugar del planeta, las religiones han servido para que los seres humanos se acerquen los unos a los otros. Por el contrario, sólo han servido para separar, para quemar, para torturar. No creo en Dios, no lo necesito. Y además soy buena persona. El integrismo no es sólo islámico [...] Hoy mismo, sin llegar a los crímenes que manchan su pasado, la Iglesia católica continúa ejerciendo una presión abusiva sobre las conciencias [...] Mientras seamos incapaces de reconocer la igualdad profunda de todos los seres humanos, no saldremos de la desastrosa situación en que nos encontramos.

Andrés Sorel, *José Saramago. Una mirada triste y lúcida*, Algaba Ediciones, Madrid, 2007

La Iglesia conformó a su manera la vida de cada uno de nosotros, sobre todo de los creyentes —yo no lo soy ni lo he sido nunca, pero aun así vivo en este mundo y no en otro—, y su obsesión es moldear.

Diário de Notícias, Lisboa, 5 de noviembre de 2008

La Iglesia trató de encontrar una explicación para la creación del mundo, y llevan defendiendo esa idea desde entonces...

con violencia. Se trata de una intolerancia asesina, como la de la Inquisición, que quemaba a las personas por verlas como diferentes. El nuevo Papa [Joseph Ratzinger, Benedicto XVI] quiere que se respete un dogma rígido y que nada se ponga en duda. Estoy en contra de eso. No podemos aceptar la verdad impuesta por otros. Siempre debemos tener la posibilidad de poner en tela de juicio esas verdades.

The Guardian, Londres, 22 de noviembre de 2008

El mundo sería mucho más pacífico si todos fuéramos ateos.

Ñ, Clarín, Buenos Aires, 22 de noviembre de 2008

Yo tengo unas cuentas pendientes con Dios, porque hay cosas que no le perdono, como que supuestamente exista. No soporto la maldad y la hipocresía que han crecido a la sombra no sólo del cristianismo, sino de las religiones en general, que nunca han servido para unir a los hombres.

La Provincia, Las Palmas de Gran Canaria, 28 de marzo de 2009

La Iglesia católica se ha confundido muchas veces —demasiadas veces— con una asociación de criminales. Inventó la Inquisición para vigilar el grado de fidelidad de las creencias cristianas, sobre todo en su versión católica, y para organizar a partir de ahí un sistema represivo implacable, de una crueldad absolutamente diabólica que niega cualquier derecho que la Iglesia crea tener para interferir en la vida de cada individuo. Y es que en el fondo es lo que la Iglesia quiere. No está preocupada por mi alma o por la suya —ella misma tiene muchas dudas sobre la cuestión de si hay o no hay alma— porque lo que quiere controlar es mi cuerpo y su cuerpo, para purificarse y, de este modo, a lo largo de estos dos mil años, ha acumulado un interminable pasivo de muertos por distintas causas.

João Céu e Silva, *Uma Longa Viagem com José Saramago*,
Porto Editor, Oporto, 2009

El único fundamento que tiene la Iglesia católica para mantenerse en pie y seguir adelante es defender con uñas y dientes, con buenos y malos argumentos, o de cualquier manera posible, la resurrección. Porque sin resurrección no hay Iglesia.

João Céu e Silva, *Uma Longa Viagem com José Saramago*,
Porto Editor, Oporto, 2009

Razón

El humanismo y el pensamiento ilustrado constituyen dos de los pilares fundamentales de la concepción saramaguiana del mundo. Racionalista impenitente y materialista militante, elaboró un verdadero programa de pedagogía social con el propósito de mostrar los estragos derivados de la irracionalidad. Para el escritor, «todo está en la cabeza». A la actividad cerebral, atribuía la esencia y los accidentes de la condición humana. Sobre el fracaso de la razón, su uso invertido —dirigido contra la vida— y sus efectos devastadores en los individuos y la colectividad, construiría, en su novela *Ensayo sobre la ceguera,* la gran alegoría de una ciudad asolada por una insólita ceguera blanca que despierta la indignidad y la sevicia en los comportamientos de las personas, provocando el caos general.

Saramago desplegó un auténtico ecumenismo en defensa del raciocinio como facultad capaz de modular las relaciones y de organizar la convivencia. Propugnaba una racionalidad tutelada por la ética —como garantía frente a prácticas desviadas— además de fertilizada por la sensibilidad, apartándose así de cualquier mecanicismo descarnado. Cartesiano en los desarrollos deductivos y analíticos característicos de su novelística —solía aludir a una imaginación, en su caso, moldeada por el intelecto—, pero también en el funcionamiento de su pensamiento discursivo, el autor de *Todos los nombres* consideraba que la instalación del hombre en el error, la agresión y la injusticia tenía su raíz en la *arracionalidad.* De ahí su percepción del mundo como resultado de la barbarie, o lo que es lo mismo, del empleo perverso de la facultad de entendimiento, agitada contra los otros para violentarlos o sacar ventaja sin reparar en el daño que ocasiona.

Ante tal estado de cosas, aunque asentado en su peculiar escepticismo, Saramago no apreciaba otra alternativa que abogar tanto por la defensa de los derechos humanos —entendidos como marco de un eventual proyecto de regeneración política, social y humana—, cuanto por el reforzamiento garantista de la racionalidad. La confianza en la razón activaba su maquinaria de lectura personal del mundo, a partir de la cual se sustanció, en buena medida, su obra literaria y su pensamiento sociopolítico.

Mi racionalismo tiene una raíz «voltaireana». El escepticismo, la ironía y esa suerte de compasión por la locura de los seres humanos proceden de ahí.

Expresso, Lisboa, 2 de noviembre de 1991

El mundo de ciegos que se describe en el libro *[Ensayo sobre la ceguera]* es una metáfora del mundo, donde la razón no se usa racionalmente. Es el mismo mundo en el que vivimos, con mayor o menor énfasis según las épocas.

O Globo, Río de Janeiro, 18 de octubre de 1995

Tampoco diré que el hecho de haber corrido el riesgo de quedar con la visión bastante disminuida no influyera [en el *Ensayo sobre la ceguera*]. Pero el tema de la ceguera tiene mucho más que ver con una convicción propia: que, en lo relativo, a la razón estamos ciegos. Nosotros mismos decidimos que somos los únicos seres racionales sobre la faz de la Tierra, cosa que fue una determinación propia, porque nadie ha venido de fuera, de otro planeta o de otro sistema, a decirnos que somos racionales. A mi entender, no usamos racionalmente la razón. En parte, es como si yo dijera que somos ciegos de la razón. Y esa evidencia es la que me llevó a imaginar, metafóricamente, un tipo de ceguera que, en el fondo, existe: voy a crear un mundo de ciegos porque, efectivamente, vivimos en un mundo de ciegos. Estamos todos ciegos. Ciegos de la razón. La razón no se comporta racionalmente, lo cual es una forma de ceguera.

Folha de S. Paulo, São Paulo, 18 de octubre de 1995

Existe un morir de ceguera, que es el morir de quien no usa la razón para vivir.

Expresso, Lisboa, 28 de octubre de 1995

No comprendo el mundo. Descubrí que existe la palabra moral, que existe la palabra inmoral y la palabra amoral. Existe la palabra racional y la palabra irracional, pero parece que no existe la palabra a-racional. Nosotros somos seres a-racionales.

Expresso, Lisboa, 28 de octubre de 1995

Usamos la razón para destruir, matar, segar vidas. Y ese comportamiento indecente en el ser humano, movido por la explotación del otro, por el ánimo de lucro, por la ambición de poder, conduce a la indiferencia y la alienación, al desprecio del otro. Cuando la ética no gobierna la razón, la razón pierde toda importancia.

Expresso, Lisboa, 28 de octubre de 1995

La imaginación... ¿Qué decir al respecto? Ahí están mis libros para demostrar que la tengo. Pero es una imaginación que siempre está al servicio de la razón. O, mejor dicho: que acepta la prevalencia de la razón. Mis libros están escritos con gran imaginación, pero usada siempre de forma racional. Es decir, la imaginación es el punto de partida de los libros, pero a partir de ahí el camino pertenece a la razón.

O Estado de S. Paulo, São Paulo, 21 de septiembre de 1996

Somos nosotros quienes nos declaramos, por oposición al comportamiento de los animales, seres racionales; por eso no puedo aceptar (y esto ya es una cuestión ética) que se utilice la razón para atacar a la razón. En este sentido, cuando existe una razón que no tiende a conservar la vida, que no defiende la vida, una razón que (trasladando la cuestión a un terreno más práctico, más llano, más inmediato) no tiende a dignificar la vida humana para respetarla, para algo tan sencillo como alimentar el cuerpo, para protegerlo de la enfermedad, para protegerlo de cuanto hay de negativo que nos acecha —y que por desgracia también es producto de la razón—, es que se hace un mal uso de esa razón. Si el hombre es un ser racional y utiliza la razón contra sí mismo —y con esto quiero decir contra sus semejantes—, ¿para qué sirve entonces la razón?

Carlos Reis, *Diálogos com José Saramago*, Caminho, Lisboa, 1998

Si la razón no sirve a la ética, se convierte en un arma destructiva.

Jorge Halperín, *Conversaciones con Saramago.*
Reflexiones desde Lanzarote, Icaria, Barcelona, 2002

La razón no es enemiga de las ilusiones, de los sueños, de la esperanza, de todas esas cosas que tienen que ver con los sentimientos... Porque la razón no es algo frío, no es algo mecánico. La razón es lo que es, con todo lo que uno es de sentimientos, de deseos, de ilusiones, de todo eso.

Jorge Halperín, *Conversaciones con Saramago.*
Reflexiones desde Lanzarote, Icaria, Barcelona, 2002

Todo lo que existe, toda la percepción que tenemos de lo que existe está en nuestra cabeza. Es decir, a veces yo digo que el lugar de la trascendencia es la más inmanente de todas las cosas, que es el cerebro humano: aquí es donde está Dios, aquí es donde está el diablo, donde está el mal, el bien, la justicia, la injusticia. Todo está dentro de la cabeza. Entonces, quizá lo que esté ocurriendo con nosotros sea una caminata lenta, muy lenta, llena de contradicciones, en dirección a la razón. Pero no creo que hayamos llegado todavía.

Jorge Halperín, *Conversaciones con Saramago.*
Reflexiones desde Lanzarote, Icaria, Barcelona, 2002

Es evidente: la maldad, la crueldad son inventos de la razón humana, de su capacidad para mentir, para destruir.

Clarín, Buenos Aires, 12 de abril de 2004

O la razón, en el hombre, no hace sino dormir y engendrar monstruos, o el hombre, siendo indudablemente un animal entre los animales, es, también indudablemente, el más irracional de todos ellos. Me voy inclinando cada vez más hacia la segunda hipótesis, no por ser yo morbosamente propenso a filósofos pesimistas, sino porque el espectáculo del mundo es, en mi débil opinión, y desde todos los puntos de vista, una demostración explícita y evidente de lo que llamo la irracionalidad humana.

Andrés Sorel, *José Saramago. Una mirada triste y lúcida*,
Algaba Ediciones, Madrid, 2007

Creo que concedemos poca atención a aquello que precisamente lo decide todo en nuestra vida, al órgano que tenemos en la cabeza: el cerebro. Todo lo que estamos diciendo ahora mismo es producto del poder, de la capacidad del cerebro: el lenguaje; un vocabulario más o menos extenso, más o menos rico, más o menos expresivo; las creencias; los amores; los odios; Dios y el diablo... Todo está en nuestra cabeza. Fuera de nuestra cabeza no hay nada. O, más bien, hay algo que nuestros órganos pueden haber creado como imagen.

Tabu, Lisboa, n.º 84, 19 de abril de 2008

El sentido común se convierte en el instrumento más revolucionario en este mundo de locos que es el de la violencia.

El Espectador, Bogotá, 21 de febrero de 2009

Pesimismo

Es bien conocido el carácter pesimista del autor de *Ensayo sobre la ceguera,* un rasgo marcado de su personalidad que no se molestó en ocultar. Pero el pesimismo de Saramago no debe confundirse con el nihilismo. Si, por un lado, se originaba en la percepción y el juicio negativos del escritor sobre el mundo y el ser humano, fruto de su análisis racional, no es menos cierto que, por otro, le sirvió de impulso para activar su resistencia crítica y elaborar propuestas con las que contribuir a superar el paisaje estragado que su percepción y elaboración intelectual dibujaban. Desde la militancia política a su continuada intervención civil como persona concernida por las cuestiones contemporáneas o la componente de rebeldía que incluye en su literatura, le alejaron de cualquier posición pasiva o de entrega melancólica.

Saramago certificaba que la humanidad no había alcanzado grandes progresos en términos de bondad y respeto a la dignidad de la vida; pero su pesimismo actuaba como un reactivo, se convertía en la energía motriz de su imaginación y de sus prácticas de disenso. De ahí que, en alguna ocasión, aludiese a sí mismo como un «escéptico optimista». Su consciencia de «la gravedad del estado en que se encuentra el mundo», sus reprobaciones públicas y la vinculación al comunismo pueden interpretarse como actitudes que alimentaban la posibilidad de una esperanza no confesada.

Instalado en la insatisfacción y la exigencia, José Saramago no cesó de sumarse —como un excepcional agente, por la repercusión de sus opiniones— a un eventual proyecto global de transformación del mundo. Mientras tanto, responsabilizaba de su concepción desencantada a la propia realidad, que, con sus desviaciones, se ofusca en confirmar el diagnóstico de la perseverancia colectiva en el mal y en el error. No deja de resultar paradójico que uno de los referentes mundiales para los movimientos alternativos y para el pensamiento progresista reconociese una de las grandes tensiones de su organismo moral y cultural en un sombrío pesimismo existencial, si bien resuelto con extraordinaria pujanza y dinamismo intelectual y cívico.

Ya no cambiaré de opinión, ni me queda tiempo en la vida para cambiarla: el ser humano no tiene remedio.

Setembro, Lisboa, n.º 1, enero-marzo de 1993

¿Acaso importa pensar en después de la muerte? ¿Escoger el lugar donde a uno lo entierren? Cuando el rey dice «aquí», acepta que el lugar de la muerte sea el mismo lugar donde vivió. Es decir, parezco pesimista, pero podría ser un lujo que me permito por ser tan optimista.

Jornal do Brasil, Río de Janeiro, 27 de enero de 1994

Yo soy un pesimista. Creo que nací en una hora mala, porque se puede decir que soy pesimista desde siempre. No recuerdo cómo me comportaba en pañales, pero creo que ya era así. Lo que no entiendo y busco entender es cómo la humanidad ha llegado a un punto de desarrollo científico y tecnológico tal, que a un lego le parece que lo tenemos todo para resolver cantidad de problemas de la humanidad. Y la verdad es que lo tenemos. ¿Tiene algún sentido un mundo en que se muere de hambre literalmente en una parte, mientras, en otra parte, se matan cuatrocientas mil vacas porque están produciendo demasiada leche?

Canarias 7, Las Palmas de Gran Canaria, 20 de febrero de 1994

Yo quizá soy doblemente pesimista: por la inteligencia y el temperamento... Y además me cuesta mucho trabajo ser voluntariamente optimista.

La Verdad, Murcia, 15 de marzo de 1994

El mal y el remedio están en nosotros. La misma especie humana que ahora nos indigna se indignó antes y se indignará mañana. Ahora vivimos un tiempo en que el egoísmo personal tapa todos los horizontes. Se ha perdido el sentido de la solidaridad, el sentido cívico, que no debe confundirse nunca con la caridad. Es un tiempo oscuro, pero llegará, seguro, otra generación más auténtica. Quizá el hombre no tenga remedio, no hemos progresado mucho en bondad en miles y miles de años sobre la Tierra. Quizá estemos recorriendo un largo e interminable camino que nos lleva al ser humano. Quizá, no sé dónde ni cuándo, lleguemos a ser aquello que tenemos que ser. Cuando la mitad del mundo se muere de hambre y la otra mitad no hace nada... algo no funciona. ¡Quizá un día!

La Verdad, Murcia, 15 de marzo de 1994

El retrato fiel de lo que soy lo dejó escrito Gramsci: «Pesimista por la razón, optimista por la voluntad». Eso lo dice todo.

Faro de Vigo, Vigo, 20 de noviembre de 1994

Yo soy muy pesimista. Más aún, lo que yo soy es pesimista. Soy de los que dicen «este vaso está medio vacío», y no «este vaso está lleno hasta la mitad». Uno tiene que vivir y encontrar en lo más hondo de ese pesimismo una fuerza que nos mantenga vivos y en pie.

El Mercurio, Santiago de Chile, 20 de noviembre de 1994

Me gustaría encontrarme con Voltaire y le diría que tenía razón con su escéptica y pesimista opinión del género humano. Le diría que ha tenido razón y que muchos años después no hemos cambiado nada, que hay motivos para pensar que, si él viviera en el siglo XX, tendría todavía mucha más razón.

Uno, Mendoza, 13 de septiembre de 1998

Soy tan pesimista, que creo que la humanidad no tiene remedio. Vamos de desastre en desastre y no aprendemos de los errores. Disponemos de los medios para solucionar algunos de los problemas de la humanidad y, aun así, no los usamos.

Visão, Lisboa, 9 de octubre de 1998

No veo, sinceramente no veo (y me gustaría verlo para estar tranquilo) ningún motivo para ser optimista no sólo con respecto a la historia de nuestra especie, sino con respecto al espectáculo de un mundo que tiene capacidad (porque dispone de medios) para resolver no pocos problemas, desde el hambre hasta la educación (o la falta de ésta), pero que no los resuelve. ¿Y por qué no lo hace? Porque lo que importa es el lucro.

Carlos Reis, *Diálogos com José Saramago*, Caminho, Lisboa, 1998

Yo creo que las categorías de optimismo y pesimismo son irrelevantes. ¿Decir que el libro *[Ensayo sobre la ceguera]* es optimista o pesimista? Digamos que la visión que tengo del mundo es francamente pesimista, claro, basta con fijarse.

Bravo!, São Paulo, año 2, n.º 21, junio de 1999

Mi mirada es pesimista, pero ésta es la que quiere cambiar el mundo.

Turia, Teruel, n.º 57, 2001

Los pesimistas son personas insatisfechas con el mundo. En principio, serían los únicos interesados en alterar la rutina, ya que para los optimistas todo es razonable tal como está. Pero últimamente me gusta decir algo más: no soy pesimista, lo que pasa es que el mundo es pésimo. De este modo traslado la culpa a la realidad.

O Estado de S. Paulo, São Paulo, 29 de octubre de 2005

¿Cómo podemos ser optimistas en un planeta donde las personas viven tan mal, donde se está destruyendo la naturaleza y donde el imperio dominante es el dinero?

Época, São Paulo, 31 de octubre de 2005

Este mundo no tiene solución. No nos merecemos la vida.

Agencia EFE, Madrid, 25 de diciembre de 2006

¿Cómo se puede ser optimista cuando todo esto es una extensión de sangre y lágrimas? Ni siquiera vale la pena que nos amenacen con el infierno, porque ya tenemos infierno. El infierno es esto.

Jornal de Notícias, Oporto, 5 de noviembre de 2008

Ser humano

A partir de *Ensayo sobre la ceguera* (1995), la literatura de Saramago adoptó como propósito indagar en la condición del ser humano contemporáneo. Su escepticismo se traducía en desencanto si se trataba de enjuiciar a la humanidad. Partiendo de la decadencia que vive nuestra civilización, Saramago se reiteró en dejar constancia de la maldad, a instancias del egoísmo, la crueldad, la intolerancia, la injusticia y la violencia ejercidos sobre el resto de congéneres, que caracterizan nuestros comportamientos, al margen de otras consideraciones. Si somos seres de búsqueda, lo cierto es que, a su parecer, el camino seguido en la construcción del destino colectivo arrojaba un balance desdichado rastreable en las páginas de la Historia y confirmado por el presente. Para el autor de *El hombre duplicado,* el ser humano como especie «no tiene remedio» ni «merece respeto» e incluso consideraba, más drásticamente, que «no merecemos la vida».

De cara a recomponer ese destino descarriado, insistió en la necesidad de aceptar como prioridad absoluta el ser humano. En contraste con el signo de los tiempos, reclamaba una economía y una técnica al servicio de las personas y de su desarrollo individual y colectivo, del mismo modo que reivindicó la facultad de pensar y la filosofía como una dimensión sustantiva de la existencia. Si la singularidad humana radica en identificarse como el único animal con conciencia de sí mismo, resulta inexcusable aceptar la responsabilidad sobre los actos propios. Es éste un principio fundamental de la ética en el que, según su criterio, debería apoyarse el conocimiento y el respeto a los demás y al entorno, en última instancia, la defensa de la vida. De lo contrario, estamos abocados a la célebre conclusión de Plauto, popularizada por Hobbes: «Lobo es el hombre para el hombre, y no hombre, cuando desconoce quién es el otro».

Todo su pensamiento se sostiene en una concepción humanista, pero su negativismo le condujo a sugerir que, así como científicamente aceptamos la existencia de un proceso de hominización, tendríamos que reconocer otro paralelo de *humanización*. A su juicio, el hombre no habría llegado aún a cristalizar en su condición humana; antes al contrario, en el día a día se mostraría como un ser que niega y se distancia trágicamente de su naturaleza. La verdadera revolución pendiente sería entonces la de la bondad y el sentido común, una revolución que tendría por objetivo civilizarnos. Mientras tanto, continuó profundizando en su innata melancolía pesimista, como bien muestra la declaración —perteneciente al inexistente *Livro das Previsões*— que antepuso, a modo de cita, a *Las intermitencias de la muerte*: «Cada vez sabremos menos qué es un ser humano».

Creo que Dios Nuestro Señor creó el mundo y también creó las contradicciones y después, como no sabía qué hacer con ellas, inventó al hombre.

Expresso, Lisboa, 24 de noviembre de 1984

La obra realizada es siempre mayor que su autor. De hecho, creo que somos menos que aquello que hacemos, y eso es otra forma de grandeza: ser capaz de ser menos que aquello que se hace.

Máxima, Lisboa, octubre de 1990

Estoy en contra de la tolerancia, porque no es suficiente. Tolerar la existencia del otro y permitir que sea diferente es todavía poco. Cuando se tolera, sólo se consiente, y eso no es una relación de igualdad, sino de superioridad del uno sobre el otro. Ya se han hecho muchas reflexiones sobre la tolerancia. La intolerancia es pésima, pero la tolerancia no es tan buena como parece. Deberíamos crear una relación entre las personas, excluyendo la tolerancia y la intolerancia.

O Globo, Río de Janeiro, 27 de junio de 1993

Aquí estamos viviendo un reflejo del comportamiento generalizado en Europa, un movimiento de rechazo del otro. Las personas raciocinan de una manera muy simple: si hay desempleo y hay inmigrantes, automáticamente el desempleo disminuiría si éstos se marcharan. Esto demuestra que el ser humano no es bueno. La bondad del ser humano es, en la mayor parte de los casos, una cuestión de intereses propios. Sólo en casos rarísimos es generosidad efectiva y bondad real.

O Globo, Río de Janeiro, 27 de junio de 1993

Ninguna empresa del mundo puede estar por encima de las personas que trabajan en ella. Es utópico, es idealista, pero es la única manera humana de ver las cosas. La gente no puede ser tratada como los residuos de fabricación y tirada fuera como ellos. Lo que está en quiebra es el sistema, y el socialismo —que a mi parecer no lo era— también está en quiebra.

Expresso, Lisboa, 7 de agosto de 1993

Si el hombre no es capaz de organizar la economía mundial en orden a satisfacer la necesidad de una humanidad que se está muriendo de hambre y de todo, ¿qué humanidad es ésta? Nosotros, que nos llenamos la boca con la palabra *humanidad,* creo que todavía no hemos llegado a eso, no somos seres humanos. Quizá llegaremos un día a serlo, pero no lo somos, nos queda muchísimo. El espectáculo del mundo lo tenemos ahí y es algo escalofriante. Vivimos al lado de todo lo que es negativo como si no tuviera ninguna importancia, la banalización del horror, la banalización de la violencia, de la muerte, sobre todo si es la muerte de otros, claro. Nos da igual que esté muriendo gente en Sarajevo, y tampoco debemos hablar sólo de esa ciudad, porque el mundo es un inmenso Sarajevo. Y mientras no se despierte la conciencia de la gente esto seguirá igual. Porque mucho de lo que se hace es para mantenernos a todos en la abulia, en la carencia de voluntad, para disminuir nuestra capacidad de intervención cívica.

Canarias 7, Las Palmas de Gran Canaria, 20 de febrero de 1994

La enfermedad mortal del hombre, como hombre, es el egoísmo.

La Provincia, Las Palmas de Gran Canaria, 3 de marzo de 1994

Descubrir al otro, descubrirse a sí mismo.

Clarín, Buenos Aires, 29 de marzo de 1994

Si es cierto que no pasamos de ser cuentos ambulantes, cuentos hechos de cuentos, y que vamos por el mundo contando el cuento que somos y los cuentos que aprendemos, me parece igualmente claro que nunca podremos llegar a ser más que eso, esos seres hechos de palabras, herederos de palabras, que van dejando, a lo largo de los tiempos y del tiempo, un testamento de palabras, lo que tienen y lo que son. Todo.

Canarias 7, Las Palmas de Gran Canaria, 30 de noviembre de 1994

Sigo pidiendo la humanización de la humanidad. ¿Eso ha muerto? Pues si ha muerto es una auténtica tragedia.

El Semanal de *ABC,* Madrid, 28 de mayo de 1995

Fallan los que mandan y fallan los que se dejan mandar... Son circunstancias muy complejas las que marcan o deciden el destino de los hombres... Sólo sé que el mundo necesita ser más humano y ésa es una revolución pendiente, una revolución que, además, debería ser pacífica y sin traumas porque estaría dictada por el sentido común.

El Semanal de *ABC*, Madrid, 28 de mayo de 1995

En la naturaleza hay muchas cosas contra las que luchar, pero hay un enemigo peor que todos los huracanes y terremotos: el propio ser humano. La naturaleza, con todos sus volcanes, terremotos, huracanes e inundaciones, no ha causado tantos muertos como la humanidad se ha causado a sí misma. Hay luchas de toda clase: guerras religiosas, guerras de intereses materiales, guerras absolutamente absurdas y estúpidas como las dinásticas. No va a descender un rayo de luz —por describirlo de este modo— que entre en la cabeza de las personas y les haga ver que no se puede vivir así.

A Capital, Lisboa, 4 de noviembre de 1995

Nuestra labor consiste en conseguir volvernos más humanos.

A Capital, Lisboa, 4 de noviembre de 1995

El hombre es cruel sobre todo en relación al hombre, porque somos los únicos capaces de humillar, de torturar, y esto lo hacemos con algo que debería estar en contra, que es la razón humana.

La Voz de Lanzarote, Lanzarote, 25 de junio de 1996

Hay un personaje [la chica de las gafas oscuras] en mi libro *[Ensayo sobre la ceguera]* que pronuncia las palabras clave: «Dentro de nosotros hay una cosa que no tiene nombre. Eso es lo que somos». Lo que necesitamos es buscar y dar un nombre a esa cosa: quizá, sencillamente, lo podamos llamar «humanidad».

ABC Literario, Madrid, 9 de agosto de 1996

No se trata de la violencia, sino de la crueldad. Toda la naturaleza es violenta. Para comerme un filete, tengo que matar un buey. Nosotros, los seres humanos, esos seres racionales, inventamos la crueldad. Por lo tanto, deberíamos discutir sobre la crueldad y no sobre la violencia. Cuando empezamos a discutir sobre la crueldad, el problema de la violencia se resuelve.

Zero Hora, Porto Alegre, 12 de abril de 1997

Sabemos mucho más de lo que creemos, podemos mucho más de lo que imaginamos.

La Revista de *El Mundo*, Madrid, 25 de enero de 1998

Lo humano es lo que hay que preservar y defender en todas las circunstancias: el capitalismo ya sabemos que no lo hará.

La Provincia, Las Palmas de Gran Canaria, 15 de abril de 1998

Yo creo que dentro de nosotros hay un espeso sistema de pasillos y de puertas cerradas. Nosotros mismos no abrimos todas las puertas, porque sospechamos que lo que hay al otro lado no será agradable de ver [...] Vivimos en una especie de alarma en relación a nosotros mismos, que es que, quizá, no queramos saber quiénes somos en realidad.

La Provincia, Las Palmas de Gran Canaria, 15 de abril de 1998

Triunfar significa tener y tener más, dejando algo que ha sido importante, eso que llamamos ser más conscientes, más solidarios, más unidos a los sentimientos.

La Gaceta de Canarias, Las Palmas de Gran Canaria,
7 de junio de 1998

Mientras hablamos aquí, hay miles de millones de personas que se están muriendo de hambre. ¿Cómo podemos aceptar que el hombre no sea un ser solidario, que ya no piense en la especie y se haya convertido en un monstruo de egoísmo y ambición que desprecia a miles de personas que no tienen nada? No se hace nada para resolver problemas esenciales. Para millones de personas en el mundo, ninguno de los problemas esenciales de la vida está resuelto, mientras nos divertimos en enviar un aparatito a Marte...

El Cronista, Buenos Aires, 11 de septiembre de 1998

Si la humanidad es algo que tiene que empezar con la razón, con el sentimiento, con unas relaciones humanas más estrechas y más limpias, con mayor conocimiento del otro, yo diría que cada vez estamos más lejos de eso. Si no variamos el camino, el hombre del futuro podría estar caminando hacia algo que podríamos llamar el desastre.

La Tribuna, Tegucigalpa, 7 de noviembre de 1998

Es ese sentido de la persona común y corriente, aquella que pasa y nadie quiere saber quién es, que no interesa en absoluto, que aparentemente nunca ha hecho nada que merezca la pena contar. A eso lo llamo las vidas desperdiciadas. Puede que no tuviera tanta conciencia de esto si no viera que las vidas de las personas dependen de cosas que les son totalmente ajenas, de las que no participan.

Carlos Reis, *Diálogos com José Saramago*, Caminho, Lisboa, 1998

A lo mejor, todos somos los otros.

Juan Arias, *José Saramago: El amor posible*, Planeta, Barcelona, 1998

El hombre es un ser que busca. Lo que caracteriza al ser humano es la necesidad de buscar, y busca por distintos caminos, que pueden ser contradictorios. No sabemos si encontramos y no sabemos si lo que hemos encontrado alguna vez es lo que estábamos buscando, o si no hay más que buscar después de haber encontrado algo. Por lo tanto, somos seres de búsqueda.

Siempre!, México D. F., 25 de febrero de 1999

En el fondo, me gustaría saber en qué consiste esto de ser un ser humano.

Bravo!, São Paulo, año 2, n.º 21, junio de 1999

Si lo propio del ser humano es tender a la razón, a la sensibilidad, al respeto, entonces creo que no somos verdaderamente humanos.

O Globo, Río de Janeiro, 14 de agosto de 1999

Hablo de un cambio que lleve a las personas a pensar que esto no basta para vivir como seres humanos. No puede ser. Si nos convertimos en personas que sólo miran por sus propios intereses, nos convertiremos en fieras contra fieras. Y, de hecho, eso es lo que está pasando.

O Globo, Río de Janeiro, 14 de agosto de 1999

Deberíamos pensar que cada conquista del progreso no puede ir en contra de las vidas humanas. No hace muchos años se hablaba del progreso científico y del moral. Se decía que había que desarrollar uno sin dejar el otro atrás. No sé muy bien qué se entiende por progreso moral. Pero si lo llamáramos respeto humano, quizá pudiéramos resolver el problema que plantea el progreso científico. El progreso beneficia sólo a una minoría.

El Mundo, Madrid, 3 de enero de 2000

Lo que realmente nos separa de los animales es nuestra capacidad de esperanza.

Alphalibros, Mendoza, 2000

Creo en la voluntad humana, sí, pero no olvido exigirle que sirva y defienda la vida, en vez de ofenderla y humillarla.

El Semanal de *ABC*, Madrid, 7-13 de enero de 2001

El perro es una especie de plataforma donde los sentimientos humanos se encuentran. El perro se acerca a los hombres para interrogarles sobre qué es eso de ser humano.

Planeta Humano, Madrid, n.º 35, enero de 2001

El problema no está en avanzar, el problema está en no considerar que existe una prioridad absoluta que es el ser humano. Cuando digo que no tiene ningún sentido enviar a Marte una sonda para ver si hay agua, cuando digo que esa actitud es totalmente absurda, lo hago teniendo en cuenta que hemos acabado con el agua que teníamos en la Tierra, que hemos contaminado los ríos, los lagos y hasta los océanos. ¿Y luego queremos saber si hay agua en Marte? No es que esté en contra del desarrollo tecnológico y científico. Eso sería otro absurdo [...] Estoy a favor de reorientar ese desarrollo hacia el ser humano y de considerarlo como una prioridad absoluta. No tiene ningún sentido que juguemos a explorar el espacio cuando aquí en la Tierra hay gente que muere de hambre todos los días.

Seara Nova, Lisboa, n.º 72, abril-junio de 2001

Soy bastante escéptico en lo que se refiere a la naturaleza humana, tan escéptico que ni siquiera creo que haya una naturaleza humana. Pero sea eso lo que fuere, pienso que pueden crearse situaciones, estados de espíritu, determinaciones que, en ciertas circunstancias, puedan convertir a las mismas personas poco generosas o nada generosas en personas solidarias.

Seara Nova, Lisboa, n.º 72, abril-junio de 2001

La gran aventura [humana para este siglo] es reconocer que se han quedado atrás millones de personas y que cada vez se quedarán más atrás. Concentremos los recursos aun sabiendo que no se puede parar. Pero vayamos más despacio, y distraigamos —ésa es la palabra— los grandes recursos que tenemos en Occidente, y usémoslos para llevar comodidades y esperanza de vida al otro extremo de la humanidad.

Seara Nova, Lisboa, n.º 72, abril-junio de 2001

Todos los años exterminamos comunidades indígenas, millares de hectáreas de bosques e incluso innumerables palabras de nuestros idiomas. Cada minuto extinguimos una especie de pájaros y alguien en algún lugar recóndito contempla por última vez en la Tierra una determinada flor. Konrad Lorenz no se equivocó al decir que somos el eslabón perdido entre el mono y el ser humano. Eso somos, una especie que gira sin hallar su horizonte, un proyecto inconcluso. Se ha hablado bastante últimamente del genoma y, al parecer, lo único que nos distancia en realidad de los animales es nuestra capacidad de esperanza. Hemos producido una cultura de la devastación basada muchas veces en el engaño de la superioridad de las razas, de los dioses, y sustentada por la inhumanidad del poder económico. Siempre me ha parecido increíble que una sociedad tan pragmática como la occidental haya deificado cosas abstractas como ese papel llamado dinero y una cadena de imágenes efímeras. Debemos fortalecer, como tantas veces he dicho, la tribu de la sensibilidad...

Revista Universidad de Antioquia,
Medellín, n.º 265, julio-septiembre de 2001

Independientemente de la ideología que profesemos, hay un rasgo humano que debemos compartir todos: la facultad de pensar. El pensamiento debería constituir una emanación necesaria y fatal del ser humano. Pascal decía que somos una caña azotada por todos los vientos, pero una caña que piensa. Yo añadiría que somos cañas pensantes, pero no pensamos de forma aislada, sino como parte de un cañaveral. El pensamiento no puede jamás ser autista.

Gara, San Sebastián, 22 de noviembre de 2001

Todos estamos hechos de ruindad e indiferencia.

Turia, Teruel, n.º 57, 2001

Yo creía que había inventado, a partir de algo que no sabía qué, esta frase íntegra: «Somos cuentos de cuentos contando cuentos, nada». Y la busqué en mis trabajos, porque quise citarla en cierta oportunidad, pero no la encontraba. Leyendo una entrevista, por casualidad, que había dado años antes al periódico *Libération,* leo la frase. No exactamente ésta. Y me encontré con el autor. El autor era Ricardo Reis, el heterónimo de Fernando Pessoa. La frase original era: «Somos cuentos de cuentos, nada». Y, durante años, creí que eso estaba integrado en la cita original, eso que es un añadido mío: «contando cuentos». En un texto que escribí sobre esta anécdota, digo que, en el fondo, es el trabajo de la memoria, olvidando y construyendo, olvidando y construyendo.

Veintitrés, Buenos Aires, 7 de febrero de 2002

No tengo ningún motivo para tener esperanza. En el plano estrictamente personal, podemos tener razones para ello. Pero si hablamos de una esperanza que nos envuelve a todos, no tiene cabida en un mundo como éste. ¿Cómo será de aquí a cincuenta o cien años? Nos hallamos ante el fin de una civilización y no tenemos ni idea de qué va a pasar. Como tampoco sabemos si en el futuro el ser humano tendrá algo que ver con el ser humano actual, o si será otra cosa que recibirá un nombre diferente.

Visão, Lisboa, 16 de enero de 2003

Lo maravilloso de la especie humana es que se ha hecho a sí misma, lo ha inventado todo.

El Universal, México D. F., 16 de mayo de 2003

La pregunta «¿quién eres tú?» o «¿quién soy yo?» tiene una respuesta muy fácil: uno cuenta su vida. La pregunta que no tiene respuesta es otra: «¿Qué soy yo?». No «quién», sino «qué». El que se haga esa pregunta se enfrentará a una página en blanco, y no será capaz de escribir una sola palabra.

El Universal, México D. F., 16 de mayo de 2003

Hay una soledad ontológica —el ser está ahí— que nos dice que somos islas, quizás en un archipiélago, pero islas de todos modos. En las islas de un archipiélago, se puede establecer comunicación, fuentes, correos, pero la isla está ahí, frente a otra isla. Tal vez el símil es fácil, banal. Las personas viven con esa soledad sin darse cuenta, o dándose cuenta de ella a ratos.

Rebelión, Cuba, 12 de octubre de 2003

Somos mucho más hijos del tiempo en que nacemos y vivimos que del lugar donde nacimos.

Rebelión, Cuba, 12 de octubre de 2003

La prioridad absoluta tiene que ser el ser humano. Por encima de ésa no reconozco ninguna otra prioridad. Parecerá idealista, pero sin eso ¿qué puede importarme el universo?

La República, Montevideo, 26 de octubre de 2003

Si no hay una revolución de conciencias, si las personas no gritan: «No acepto ser meramente aquello que quieren hacer de mí», o no se niegan a ser un elemento de una masa que se mueve sin conciencia de sí misma, la humanidad estará perdida. No se trata de volver al individualismo, sino de reencontrar al individuo. Éste es nuestro gran obstáculo: reencontrar al individuo en una época en que se pretende que éste sea menos de lo que podría ser.

Diário de Notícias, Lisboa, 25 de marzo de 2004

Los hombres llevamos dentro la crueldad. No debemos olvidarnos de eso, debemos vigilarlo. Hay que defender la posibilidad de crear y sostener ese espacio de conciencia, de lucidez. Ésa es nuestra pequeñita esperanza.

Clarín, Buenos Aires, 12 de abril de 2004

Leer e imaginar son dos de las tres puertas principales —la curiosidad es la tercera— por donde se accede al conocimiento de las cosas. Sin antes haber abierto de par en par las puertas de la imaginación, de la curiosidad y de la lectura —no olvidemos que quien dice lectura dice estudio—, no se va muy lejos en la compresión del mundo y de uno mismo.

La Prensa Gráfica, San Salvador, 1 de junio de 2005

Volver a la política no es, en sí misma, una recomendación. Se trata de ir al espíritu. Si no pasamos todos los asuntos por el espíritu, no hay ninguna garantía de que los cambios pasen por nosotros.

Juventud Rebelde, La Habana, 19 de junio de 2005

Ahora, en el mundo de lo inteligible, de lo que se puede entender, comprender, nosotros somos los únicos que podemos tener una noción del universo, una noción de la vida. No hay otros. La abeja no puede, el mosquito no puede, el chacal no puede. Nadie puede sino nosotros, y, en ese sentido, sí somos el centro [de todas las cosas], pero es un centro que tiene que ser responsable de sí mismo y responsable por los demás.

Juventud Rebelde, La Habana, 19 de junio de 2005

No todos los lugares donde el hombre vive son siempre humanos. La función de quienes tienen la responsabilidad del Gobierno y también de los artistas consiste en la obligación de hacer el mundo cada día más humano. Por vivir en comunidad, nuestra misión, que no es histórica ni mucho menos divina, consiste en construir humanidad. Eso tiene que ser una preocupación diaria, para que la caída de todos los días se detenga.

Semanario Universidad, San José de Costa Rica, 30 de junio de 2005

Desde el punto de vista empresarial, no hacen falta las humanidades. La pregunta fundamental de las humanidades es qué es el ser humano, mientras que, para los círculos empresariales y tecnócratas que se ocupan de la utilidad inmediata, [la pregunta] es para qué sirven los seres humanos.

Semanario Universidad, San José de Costa Rica, 30 de junio de 2005

El universo desconoce por completo nuestra existencia.

Mil Folhas, Lisboa, 12 de noviembre de 2005

Nosotros, los seres humanos, matamos más que la muerte.

El País, Madrid, 12 de enero de 2006

Mucha gente me dice que soy pesimista; pero no es verdad, es el mundo el que es pésimo. El ser humano se limita, en la actualidad, a «tener» cosas, pero la humanidad se ha olvidado de «ser». Esto último da mucho trabajo: pensar, dudar, preguntarse sobre uno mismo...

El Diario Montañés, Santander, 11 de julio de 2006

La humanidad nunca ha sido educada para la paz, sino para la guerra y el conflicto. El «otro» siempre es potencialmente el enemigo. Llevamos miles y miles de años en esto.

El Diario Vasco, San Sebastián, 3 de octubre de 2006

Quizás nosotros seamos los últimos de la especie. Nuestra civilización se está terminando.

El Imparcial, Madrid, 26 de octubre de 2006

Hemos perdido la capacidad de indignarnos. De lo contrario, el mundo no estaría como está.

El Imparcial, Madrid, 26 de octubre de 2006

No nos merecemos mucho respeto como especie.

Agencia EFE, Madrid, 25 de diciembre de 2006

Hoy en día, el ser humano es la más dispensable de todas las cosas. Que piensen en ello los que nos atormentan los oídos con hipócritas prédicas sobre la eminente dignidad del ser humano.

Contrapunto de América Latina, Buenos Aires, n.º 9, julio-septiembre de 2007

Ayer, los hombres y las mujeres; hoy, los judíos y los palestinos. Me aflige la incapacidad de los seres humanos para vivir juntos en el respeto mutuo. Como si el «otro» debiera ser necesariamente un enemigo. El «otro» es simplemente el «otro». El «otro» es como yo. Tiene derecho a decir «yo». Nosotros, los hombres blancos, civilizados y ricos, no aceptamos que el «otro» diga yo.

L'Orient-Le Jour, Beirut, 2 de agosto de 2007

Todos los hombres tienen su parcela de tierra que cultivar. Lo importante es que profundicen cuando cavan.

The New York Times, Nueva York, 26 de agosto de 2007

Vivimos en una época caracterizada por la irracionalidad de los comportamientos generales, y poner un poco de sentido común a esto, en la dirección de que, por encima de todo, hay que proteger la vida [...] es casi imposible... Y más si ese ser humano se enfrenta a otro ser humano porque cree en otro dios, o porque ve al otro como un enemigo sólo porque tiene otra tradición... A partir del momento en que vemos al prójimo como enemigo, la guerra está declarada. La intolerancia no es una tendencia, es una realidad brutal.

Única, Expresso, Lisboa, 11 de octubre de 2008

El ser humano es un animal enfermo porque no es capaz de reconocer, o de inventar, su lugar en la naturaleza y en la sociedad.

Única, Expresso, Lisboa, 11 de octubre de 2008

Creo que en la sociedad actual nos falta filosofía. Filosofía como espacio, lugar, método de reflexión, sin que deba tener un propósito determinado como la ciencia, que avanza para cumplir objetivos. Nos falta la reflexión, pensar. Necesitamos el trabajo para pensar. Y yo creo que sin ideas no vamos a ninguna parte.

Única, Expresso, Lisboa, 11 de octubre de 2008

Todos nosotros causamos risa. Somos unos pobres diablos. Para emplear una expresión vulgar: hay mucha fanfarronería. ¿Y para qué? Si somos pequeñísimos. No digo que una persona tenga que aceptar su pequeñez, sino que me parece bastante triste la vanidad, la presunción, el orgullo, todo eso con lo que queremos demostrar que somos más de lo que efectivamente somos. No es que sea grotesco o ridículo, sino bastante triste.

Jornal de Letras, Artes e Ideias, Lisboa, n.º 994, 5-18 de noviembre de 2008

La amnesia es mala para las personas y también para las sociedades. Tenemos que saber quiénes somos para vivir con conciencia de estar vivos. Sigamos preguntando y buscando.

Público, Madrid, 20 de noviembre de 2008

La historia de la humanidad es un desastre permanente. Nunca ha existido nada que se parezca a un momento de paz. Si al menos las personas sólo se enfrentaran o sólo se les permitiera enfrentarse en la guerra... Pero no es únicamente eso. Esta rabia que existe en mi interior, una especie de rabia que a veces se rebela, se debe a que pienso que no merecemos vivir. No nos hemos dado cuenta aún de que el instinto sirve mejor a los animales que la razón al hombre. Para alimentarse, un animal tiene que matar a otro animal. Pero nosotros no, nosotros matamos por placer, por gusto.

Folha de S. Paulo, São Paulo, 29 de noviembre de 2008

El fracaso del capitalismo financiero, hoy tan obvio, debería ayudarnos a la defensa de la dignidad humana por encima de todo.

La Vanguardia, Barcelona, 10 de diciembre de 2008

El mundo no es bueno —él no tiene la responsabilidad, pobre mundo, somos nosotros los que no somos buenos—. El ser humano se comporta como un animal enfermo de supersticiones, de rutinas, prejuicios, de los que parece que no somos capaces de liberarnos.

La Opinión de Granada, Granada, 12 de marzo de 2009

Antes defendía una tesis, a la que regreso de vez en cuando, que afirma lo siguiente: cuando el hombre descubrió que era inteligente, no soportó la impresión y enloqueció.

João Céu e Silva, *Uma Longa Viagem com José Saramago*,
Porto Editor, Oporto, 2009

La gran maravilla del ser humano es exactamente ésa, que se hizo a sí mismo.

João Céu e Silva, *Uma Longa Viagem com José Saramago*,
Porto Editor, Oporto, 2009

Somos lo que somos, pero también somos aquello que hacemos.

João Céu e Silva, *Uma Longa Viagem com José Saramago*,
Porto Editor, Oporto, 2009

Lanzarote

Saramago viajó por primera vez a Canarias —en concreto, a Tenerife— en 1986, con el propósito de impartir una conferencia. Cinco años más tarde, el 1 de mayo, visitaría Lanzarote tras haber permanecido en Gran Canaria y Tenerife con motivo de sendas invitaciones para hablar de literatura. En diciembre, regresa a la isla de los volcanes, donde residen familiares de su esposa, Pilar del Río, a pasar las Navidades. Como consecuencia de la censura al Premio Literario Europeo que sufre *El Evangelio según Jesucristo,* en abril de 1992, por parte del subsecretario de Estado de Cultura del Gobierno portugués, el escritor traslada su residencia a Lanzarote —al municipio de Tías— en febrero de 1993. Instalado en la isla, donde Pilar y José construyen su casa frente al mar —culminada, en 2007, con una biblioteca anexa—, se desplazaría frecuentemente a Lisboa.

Saramago se acomoda pronto al paisaje árido y volcánico lanzaroteño, donde encuentra sosiego. Hace caminatas hollando la ceniza de los volcanes, cuyas cumbres explora, al tiempo que desafía la pertinacia de los alisios atlánticos. Lejos de su país y de los centros urbanos de la cultura, de sus intrigas y ceremonias sociales, exprime la tranquilidad que le ofrece Lanzarote, las virtudes del retiro, en los breves paréntesis que surgen en medio de su agitada vida viajera por el mundo. Escribe con intensidad mientras se involucra discreta y generosamente en los debates locales sobre la necesidad de controlar el crecimiento turístico y de conservar los frágiles equilibrios ambientales, se solidariza con los inmigrantes reclamando un trato humano y justo o censura las malas prácticas de la maltrecha política local cuando surge la ocasión.

En julio de 1994, ingresaría en el Patronato de Honor de la Fundación César Manrique, mientras que, en diciembre de 1997, el Cabildo Insular le nombró Hijo Adoptivo, valorando tanto su personalidad cultural como su contribución a difundir el nombre de Lanzarote por el mundo. Dos años más tarde, seguiría el ejemplo su municipio de residencia —Tías—, reconociendo la trascendencia de su aportación literaria, además de su proximidad e integración ciudadana. Asimismo, la Universidad de Las Palmas de Gran Canaria le concedería, también en 1999, el grado de Doctor Honoris Causa, en tanto que, en 2000, el gobierno autonómico le hizo entrega de la Medalla de Oro de Canarias. Siempre agradecido por la acogida que se le dispensó en Lanzarote, no dejaría de manifestar su parecer sobre asuntos variados concernientes al Archipiélago. A los diarios que escribió entre 1993 y 1997 —publicados entre 1994 y 1998—, *Cuadernos de Lanzarote,* les dio el nombre de su lugar de residencia, la isla de la que diría: «Lanzarote no es mi tierra, pero ya es tierra mía», donde murió, a las 12.20 horas, en el domicilio familiar, el día 18 de junio de 2010, con ochenta y siete años de edad.

Los dos últimos años he pasado largas temporadas en las Canarias. Allí hay más silencio, estoy más relajado. La idea de tener esa casa frente al mar es muy agradable. Tenemos 180 grados de mar delante y 180 grados de montaña detrás. Puedo ver el cielo entero, y no sólo trozos de éste.

O Globo, Río de Janeiro, 27 de junio de 1993

Aquí [en las Islas Canarias] falta una mirada hacia fuera, una visión amplia, generosa, que pueda llevar a las Canarias a ejercer un papel cultural importante e influyente.

Cambio 16, Lisboa, 9 de agosto de 1993

Digamos, para no dramatizar las cosas, que Lanzarote apareció cuando yo más necesitaba un lugar así.

Cambio 16, Lisboa, 9 de agosto de 1993

En Lanzarote, tengo tranquilidad para vivir y para escribir, el equilibrio entre trabajo y descanso.

La Gaceta de Canarias, Las Palmas de Gran Canaria,
13 de octubre de 1993

Lanzarote es como si fuese el principio y el fin del mundo.

La Gaceta de Canarias, Las Palmas de Gran Canaria,

13 de octubre de 1993

Yo pienso que el primer problema de Canarias, y perdonen que sea la opinión de un extranjero, es la relación entre las islas. Es decir, a mí me parece que las islas no se conocen unas a otras. Por una parte, es un archipiélago, una realidad física real y concreta; pero, por otro lado, esa unidad necesita de una comunicación para adoptar una postura en el mundo, un modo de estar. Me parece, entonces, que ocurre todo lo contrario: Fuerteventura es Fuerteventura, y nada más... ¿Dónde está la cabeza de Canarias? ¿Dónde están las cabezas de Canarias?

La Provincia, Las Palmas de Gran Canaria, 3 de marzo de 1994

Vivir en Lanzarote es, al final, vivir en un barrio de una gran isla que es el pequeño mundo en el que todos vivimos.

Armando Baptista-Bastos, *José Saramago. Aproximação a um Retrato,*

Publicações Dom Quixote, Lisboa, 1996

Lanzarote no es mi tierra, pero ya es tierra mía.

Lancelot, Lanzarote, n.º 731, 25 de julio de 1997

Los turistas son necesarios para Lanzarote. Pero los turistas son como las abejas. Hay que cuidarlos, tratarlos bien, porque ellos vienen a dejar la miel, pero también hay que tener cuidado y defenderse de las abejas porque pueden hacer daño. Quiero decir que Lanzarote tiene que empezar a marcar límites de crecimiento porque, de lo contrario, se puede acabar con ella. Hay que hacerles la sencilla pregunta a los lanzaroteños de qué es lo que quieren. ¿Quieren mantener la isla que todo del mundo admira o quieren cambiarla y hacer otra turística tipo Torremolinos? Lo que debemos saber es que todo lo que se haga mal en Lanzarote tiene unas consecuencias, a largo plazo, de las que ni siquiera podemos imaginar ahora cuál puede ser el coste.

Lancelot, Lanzarote, n.º 752, 19 de diciembre de 1997

Yo no me quiero imponer a Lanzarote, pero sí estoy dispuesto a darle a Lanzarote lo que ella piense que puedo darle.

Lancelot, Lanzarote, n.º 752, 19 de diciembre de 1997

No creo que haya un nacionalismo canario en estos momentos como tal. Creo que habrá condiciones para crearse cuando se acaben los conflictos entre las islas. O, mejor dicho, cuando se acabe, por decirlo de alguna manera, la indiferencia de una isla por la otra. Y eso sí me ha llamado la atención, sobre todo cuando se les pueden buscar a los problemas que tienen las islas, que, en general, son todos muy parecidos, soluciones globales. En el fondo, lo que a mí me parece, y quizás me equivoco y pido disculpas, es que cada isla vive como si las demás no existieran. Cada isla vive muy encerrada en sus cosas.

Lancelot, Lanzarote, n.º 752, 19 de diciembre de 1997

Me lo han explicado en varias ocasiones [que al artista lanzaroteño César Manrique lo propusieron para Hijo Predilecto de la isla en tres ocasiones, porque las dos primeras fue rechazado su nombramiento] y sigo sin entenderlo. Sólo lo entiendo porque sé que, a veces, las pasiones ciegan y las pasiones políticas son la propia ceguera. Me cuesta mucho entenderlo de un hombre que sólo por su obra como pintor merecería el galardón, y más me cuesta cuando se le negó a un hombre que ha dado a Lanzarote la fisonomía que necesitaba. Ojalá que Lanzarote, o los políticos que en cada momento tengan la responsabilidad de la vida pública, no olviden nunca ese agravio. Espero que nunca en Lanzarote se cometa un acto de ingratitud tan grande como el que se cometió con Manrique. Pienso que, cuando le humillaron dos veces consecutivas, debió de preguntarse qué hacía él en esta isla. A la persona que inventó gran parte del Lanzarote que hoy se conoce internacionalmente, se le negó ese galardón de manera increíble en dos ocasiones. Simplemente me parece increíble.

Lancelot, Lanzarote, n.º 752, 19 de diciembre de 1997

En la isla donde vivo, en Lanzarote, que es volcánica, me gusta mucho subir a los volcanes, a las montañas. Cerca de mi casa está lo que llaman Montaña Blanca, aunque no es blanca y es relativo que sea montaña porque tiene seiscientos metros. Hace un tiempo, subí hasta la cima, no hay carretera ni camino ni sendero. Cuando llegué, tenía toda la isla delante de mí. Mientras no vuelva a subir a la Montaña Blanca, me gustaría, después de cruzar todas esas rocas [las de un sueño], recuperar el momento en que llegué arriba y tenía todo ese paisaje ante mis ojos.

Uno, Mendoza, 13 de septiembre de 1998

Lanzarote es mi balsa de piedra.

Canarias 7, Las Palmas de Gran Canaria, 13 de octubre de 1998

No es que tenga una deuda con España. Siento que mi país se ha agrandado, ha crecido y ahora ocupa la Península entera con ese barrio de Europa que es Canarias.

Canarias 7, Las Palmas de Gran Canaria, 13 de octubre de 1998

Tal vez el hecho de vivir en Lanzarote haya influido en el estilo de mi escritura, que se ha vuelto más austero, disciplinado y, por eso, quizás más hondo. Es como si, al simplificar la escritura, me permitiera avanzar más adentro. Está claro que la isla que hemos escogido Pilar y yo para vivir tiene responsabilidad en todo eso.

La Provincia, Las Palmas de Gran Canaria, 13 de octubre de 1998

Mi futuro inmediato —y no sólo el inmediato— es Lanzarote, donde soy muy querido. Podría vivir en un lugar que fuera indiferente, en varios lugares de la tierra, por algún motivo, vivir temporalmente. En este caso no es así. Nosotros hicimos una casa, la casa está allí, tenemos un jardín, tenemos árboles, tenemos una vida feliz, una vida tranquila, no podemos desear nada mejor. Los amigos que van a Lanzarote quedan encantados. No es una isla para todos los gustos: hay personas que llegan y no les gusta, la isla les parece insoportable, les parece árida, seca, les parece que sólo hay piedras, montañas, volcanes, campos de lava... Quien va allí en busca de árboles, pajaritos cantando y arroyuelos entre la hierba no los encuentra. La belleza de la isla es de otra naturaleza. Es una belleza áspera, dura... aquellos basaltos, aquellos barrancos... A veces, pienso que, si hubiera buscado un paisaje que se correspondiera con una necesidad interior, creo que ese paisaje habría sido Lanzarote.

Público, Lisboa, 14 de octubre de 1998

Estoy aquí [en Lanzarote] por una decisión absurda, estúpida, del Gobierno [portugués] de entonces [encabezado por António Cavaco Silva], en 1992, cuando un subsecretario de Cultura [António Sousa Lara] —imagínese, de Cultura...— decidió que mi libro *El Evangelio según Jesucristo* no podía ser presentado como candidato al Premio Literario Europeo porque, según él, ofendía las creencias religiosas del pueblo portugués. Quedé bastante disgustado, indignado, y fue entonces cuando mi mujer me dijo: «¿Por qué no nos hacemos una casa en Lanzarote?».

Playboy, Edición Brasil, São Paulo, octubre de 1998

En una manifestación racista en Las Palmas, hubo una consigna miserable, como las otras que se gritaron: «Saramago, vete de aquí». Y en Lanzarote me llovieron insultos [por defender públicamente la inmigración]. Pero no les voy a dar ese gusto. Quiero a esta tierra como a mi aldea natal y la defenderé contra quienes intenten hacer de ella un lugar de exclusión y explotación de los que vienen buscando un plato de comida.

El Semanal de *ABC,* Madrid, 7-13 de enero de 2001

Lo más raro es que un pueblo como el canario, que tuvo que emigrar por miles para no pasar hambre, ahora rechace a los hambrientos que llegan a su tierra. Y hay algo peor que no querer a los emigrantes: decir que se les quiere y luego explotarles. Pero a los que me atacan no les daré la satisfacción de irme de Lanzarote. Soy hijo adoptivo de Lanzarote, y eso conlleva una responsabilidad que yo asumo.

Época, Madrid, 21 de enero de 2001

Si perdéis el espíritu de César Manrique, esta isla se acabará. Nadie ha amado tanto esta isla como él. Lo que yo quiero no es que pongan una estatua en el centro de Lanzarote, sino que lo tengan presente en su cabeza. Tenéis una isla preciosa y es vuestro deber defenderla de todo y de todos, porque ya se le ha hecho bastante daño. Tenéis que hacer lo posible para que la segunda muerte de César, la espiritual, no se produzca.

La Provincia, Las Palmas de Gran Canaria, 3 de febrero de 2007

¿Mi zona preferida [en Lanzarote]? Unos campos de lava entre Yaiza y Timanfaya. El silencio, el viento, rodeado de la oscuridad de los materiales, de la piedra. La sombra de una nube pasando sobre la montaña. No he ido muchas veces, porque así es mejor: por repetición dejamos de ver lo que antes nos parecía maravilloso.

El País, Madrid, 21 de abril de 2007

En cuanto a Lanzarote, debo decir que me gusta vivir aquí. Como ya se sabe, fue una casualidad, pero casi desde el primer día que llegué aquí hice amigos. La isla es un lugar tranquilo, y aunque ha llegado algo de la agitación de los medios urbanos, todavía es muy limitada. Y aquí no hay, es decir, no tenemos ninguna de esas cosas que molestan a la gente que vive en grandes ciudades, como la contaminación, el ruido y demás. Ya me han nombrado hijo adoptivo de la isla [...], en fin, he sido bien acogido, y la gente me aprecia sin demostraciones, voy por la calle como cualquier otra persona. Es evidente que estoy integrado.

João Céu e Silva, *Uma Longa Viagem com José Saramago*, Porto Editor, Oporto, 2009

Muerte

«Las cosas son como son», concluía Saramago, con aséptica frialdad, refiriéndose a la muerte: «no vale la pena dramatizar», «los hechos son los hechos». En línea con su materialismo, asimilaba el horizonte final con la nada, consecuencia lógica, en última instancia, de la vida: borrarse, desaparecer, un desenlace que organiza la existencia, sin el que cualquier posibilidad de construir el orden social y humano fracasaría, como intentó demostrar, con rigor cartesiano, en *Las intermitencias de la muerte*. La tesis se planteaba explícitamente: para vivir resulta imprescindible morir, la eternidad instauraría un caos inviable. Presentaba, así, la muerte al servicio de la vida, vacía de cualquier trascendencia o redención. «Nada ni nadie puede vencer a la muerte. Ella es la vencedora de todas las batallas», manifestaría, relativizando el brillo de la vanidad, sabedor de que, en la perspectiva de nuestra inexorable mortalidad, todo es poco e insignificante.

Habituado a declarar que la desaparición no le asustaba, con una naturalidad que desarma por su desconcertante y desnudo sentido común, sentenciaría: «Lo peor que la muerte tiene es que antes estabas y ahora no estás». Y en esa constatación, *estar* adquiere la mayor densidad posible, subraya elementalmente el resplandor de la vida. Con esas palabras adustas, actualizaba, despojada de melancolía, una recordada y sencilla confesión de su abuela Josefa: «El mundo es tan bonito y yo tengo tanta pena de morir».

Al vitalismo del escritor, sin embargo, le incomodaba la inexistencia en el estricto sentido de desligamiento del mundo, sin añadir cualquier otra consideración emocional: escueta, inevitable, extinción de la materia. Quizá por ello, en algún momento concibió la escritura como una forma de expresar y darle cuerpo al vano deseo de no morir. No obstante, su omnipresente escepticismo, al igual que su musculoso racionalismo, ponían límites al curso de ese pensamiento esperanzado porque, como reconocería, «la vida siempre acaba mal», viéndose obligada a negarse para sostenerse, oscureciendo paradójicamente su candela individual para iluminar el instinto de supervivencia propio de la especie: condena y fulgor.

Finalmente, dispuesto siempre a relativizar y a desdramatizar, con su acostumbrado sentido práctico, advertía: «Mientras no tiene nombre, no hay que preocuparse porque [la muerte] es todavía abstracta». En la encarnación de nuestra identidad suprema —*yo*—, nos pulveriza entonces la parca, llevándose consigo todas y cada una de nuestras palabras, excepto, acaso, la palabra del libro, la palabra de la memoria.

Sí, sí, sí, las piedras aparecen constantemente en mis libros. Si hay algo que me irrita en relación con tener que morir un día, es que me iré de aquí sin percibir nada de eso —esta tierra pequeña que es nuestra tierra, la otra mayor, el continente, el universo.

Público, Lisboa, 2 de noviembre de 1991

Yo, a los diecisiete años, pasé por una crisis tremenda, cuando tuve por primera vez la conciencia clarísima de la muerte. Era algo impresionante para mí. Iba por la calle y me paraba porque no podía seguir andando: era una especie de rayo que me caía, pero fue una crisis como otra y pasó.

La Jornada Semanal, México D. F., 8 de marzo de 1998

Yo no estaría tan seguro de que la vida se alce sobre la muerte. Casi diría que son hermanas, que, a donde una va, la otra sigue, y que no hay más remedio. Nosotros nos estamos muriendo en cada momento, empezamos a morir cuando nacemos y vamos en esa dirección fatalmente. Algunas células de nuestro cuerpo se regeneran, otras se sustituyen, pero otras mueren y, por lo tanto, somos un cuerpo vivo donde ha estado la muerte. Nosotros transportamos nuestra propia muerte. Y eso hay que tenerlo claro. La muerte no es la enemiga que llega, en la que nosotros no estábamos pensando y nos quedamos sorprendidos y preguntamos: ¿cómo es que usted aparece aquí? No, no, no tenemos por qué sorprendernos. Ella está ahí, a nuestro lado y hay que vivir con ella.

La Jornada Semanal, México D. F., 8 de marzo de 1998

El problema está ahí: nos morimos, y entonces nos preguntamos ¿y qué? Me muero y ¿qué pasa después? Algunos de nosotros sabemos que no pasa nada y punto. Aquí acabó. Digo que la esencia humana es un intermedio entre la nada y la nada. La nada, porque antes de nacer, lo que había antes es la nada; después, también es la nada. Para nosotros, desde el punto de vista del ser, es la nada. Pero otros no piensan así, piensan que tiene que haber algo, algo que llaman Dios. Fuera de la cabeza humana no hay ni bien, ni mal, ni ideal, ni Dios. No hay nada. Todo lo que llevamos está dentro de nuestra cabeza.

Veintitrés, Buenos Aires, 7 de febrero de 2002

Nuestra única defensa contra la muerte es el amor.

www.elmundo.es, Madrid, 23 de octubre de 2005

Claro que necesitamos la muerte: la vida necesita la muerte.

O Globo, Río de Janeiro, 29 de octubre de 2005

No digo que morir sea mejor que vivir, sino sencillamente que deberíamos mirar de otra manera la muerte, aceptarla como una consecuencia lógica de la vida. Al final, nos damos cuenta de que hay una verdad muy simple: sin la muerte no podemos vivir. Su ausencia significa el caos. Es lo peor que le puede suceder a una sociedad.

O Estado de S. Paulo, São Paulo, 29 de octubre de 2005

Ya sabemos que cuando nos llega la hora es un momento difícil. Difícil para quien muere y para quien sigue viviendo, pero sufre el dolor y la pérdida de un ser querido. Todo eso lo sabemos. Pero esto puede mirarse de una manera irónica, como quien dice: «Pues si las cosas son así, tratemos de reírnos de la mejor forma posible».

O Estado de S. Paulo, São Paulo, 29 de octubre de 2005

La muerte es un gran negocio y no siempre limpio.

El País, Madrid, 12 de noviembre de 2005

Si la muerte desapareciera de repente, si la muerte dejara de matar, mucha gente entraría en pánico: funerarias, aseguradoras, residencias de ancianos... Y eso, sin hablar del Estado, que no sabría ya cómo pagar las pensiones.

El País, Madrid, 12 de noviembre de 2005

Ya se sabe que con la muerte no se puede uno reír mucho, porque es ella la que acaba riéndose de nosotros. Es mejor pensar que la muerte no es una entidad ni una dama que esté ahí afuera esperándonos, sino que está dentro de nosotros, que cada uno la lleva dentro, y, cuando se ponen de acuerdo el cuerpo y ella, se acabó.

El País, Madrid, 12 de noviembre de 2005

Sé que, cuando llegue mi hora, entraré en la nada, me disolveré en átomos. Ya está. Y, un día, se terminará todo: la Tierra, la galaxia, el sistema solar... Y no habrá ningún dios que diga: «¿Pero dónde están todos esos seres que había creado con tanto amor?». Dedicamos demasiado tiempo a barruntar qué hay más allá de la vida, y demasiado poco a preguntarnos por lo que está sucediendo en la propia vida.

La Vanguardia, Barcelona, 12 de noviembre de 2005

Vivir eternamente jamás podría ser algo bueno.

Mil Folhas, Lisboa, 12 de noviembre de 2005

La finitud es el destino de todo. El sol un día se apagará.

Mil Folhas, Lisboa, 12 de noviembre de 2005

Podemos recurrir a la cirugía estética y cosmética, pero lo único que conseguimos es aplazar la vejez y la muerte. Y, en el fondo, lo que hacemos con la muerte es acelerarla realmente, cuando metemos a nuestros viejos en un asilo y los ocultamos a nuestra vista. Su final empieza ahí, en esa invisibilidad.

L'Unità, Roma, 15 de noviembre de 2005

La muerte no es una entidad ajena a nosotros. Es invisible, pero siempre está con nosotros. Es personal e intransferible. Mi muerte nació conmigo y, cuando me suceda, morirá conmigo.

L'Unità, Roma, 15 de noviembre de 2005

Me gustaría morir siendo plenamente consciente. Me parece una putada morirse cuando uno está durmiendo. Eso no se le hace a un ser humano. Me gustaría morirme siendo consciente de que me estoy muriendo y mirando a las personas que quiero.

El País, Madrid, 13 de mayo de 2006

Lo peor que podría ocurrir al hombre sería no morir, porque una vida eterna se convertiría en una vejez eterna. Es necesario que imaginemos cómo viviríamos cien, mil o un millón de años en un cuerpo humano envejecido. Si queremos seguir viviendo, hay que morir.

El Diario Montañés, Santander, 11 de julio de 2006

No sé cómo será la muerte. Cuando pienso que tengo, evidentemente, la edad que tengo y que no voy a vivir ochenta y cuatro años más, lo que más me afecta de todo es el pensar que ya no estaré. No es el hecho en sí mismo de morir, el se acabó. Es el saber que yo ya no voy a estar. Y ese «no voy a estar» significa que no voy a estar aquí. Que no voy a estar en ningún lugar donde esté ella [Pilar del Río]. Eso, eso sí me afecta...

Elle, Madrid, n.º 246, marzo de 2007

[Durante la hospitalización sufrida a finales de 2007 y comienzos de 2008], pensé que estaba realmente malo, en un estado deplorable, pero tenía mucha confianza en mis médicos, en los que me cuidaron. Sin embargo, en fin, en mis horas de soledad, que, en el fondo, eran casi todas, aunque Pilar siempre estaba a mi lado, admití como algo bastante natural que no saliera de aquello. O, peor, que saliera para irme al otro lado... Ahora bien, lo que para mí ha sido sorprendente ha sido la serenidad, la tranquilidad con que acepté sin miedo y sin angustias la hipótesis de no sobrevivir a la enfermedad. Y esa serenidad y esa tranquilidad no es que me hayan reconciliado con la idea de la muerte, porque uno no ha de reconciliarse con la idea de la muerte, pero me ha ayudado a contemplar ese hecho como algo natural. Y además, ineluctable, no podía hacer nada contra ella. Puedes armarte de la fuerza que encuentras en ti para no ceder al pánico, al miedo, a la angustia de un posible final, y que además lo estés viviendo...

El País, Madrid, 24 de abril de 2008

Sabemos que la muerte es un fastidio. Y en el caso de los escritores es un fastidio por doble partida. El escritor muere, y su obra suele entrar en una especie de nube negra.

Única, Expresso, Lisboa, 11 de octubre de 2008

El amor puede muchas cosas, pero nada puede ante la muerte.

Jornal de Notícias, Oporto, 5 de noviembre de 2008

El epígrafe del libro *[El viaje del elefante]*, de un supuesto *Libro de los Itinerarios*, dice: «Siempre llegamos a donde nos esperan». Y la pregunta es inevitable: ¿a qué se refiere eso? Y la respuesta sólo puede ser una: a la muerte. Siempre llegamos a la muerte, ahí nos están esperando.

Ñ, Clarín, Buenos Aires, 22 de noviembre de 2008

La muerte es algo fastidioso [...] no sólo porque nos retira de la vida, o nos despoja brutalmente de ella, que es más preciso, sino también porque muchísimas veces tiene otra consecuencia: otra forma de muerte que se llama olvido.

João Céu e Silva, *Uma Longa Viagem com José Saramago,*
Porto Editor, Oporto, 2009

Nadie puede apartar a la muerte, siempre está al lado... Está tan cerca que no es raro tocarla. Y cuando se toca, ya se sabe, la parte más débil es la que pierde...

João Céu e Silva, *Uma Longa Viagem com José Saramago,*
Porto Editor, Oporto, 2009

Por el hecho de ser escritor

Saramago desarrolló un proceso de reflexión y comunicación sobre su propia obra y sobre la literatura, en general, paralelo a la creación. En el escritor portugués, que ejerció la crítica literaria durante algunos meses, reconocemos a un autor proclive a pensar y a manejarse con ideas fuertes, sobre las que sostiene su mundo narrativo. Pero además de indagar y exponer su visión en torno al sentido de sus publicaciones, elaboró argumentos teóricos a propósito del desbordamiento de los géneros, la naturaleza de la novela, el papel del narrador o los nexos entre ficción y ensayo. Y fue generoso a la hora de aportar informaciones referidas a la motivación y el propósito de sus entregas, a las anécdotas que las originaron o a las fuentes de su particular estilo. En la tarea de análisis y esclarecimiento de las claves de su propia producción, Saramago supo construir sugerentes lecturas.

Aportó también su punto de vista en torno a la vinculación de su primer ciclo narrativo con la Historia o de su obra posterior a *El Evangelio según Jesucristo* con la naturaleza del ser humano contemporáneo, entendido tanto individual como colectivamente. Y comentaría por extenso la relación de su expresión escrita con la oralidad o las conexiones entre literatura e ideología. En su discurso mediático, tampoco faltaron valoraciones sobre la incidencia que, en su carrera y en sus actitudes públicas, tendría el Premio Nobel de Literatura obtenido en 1998.

No tuvo reparos en expresar sus filiaciones literarias ni en ofrecer consideraciones centradas en valorar su posición independiente y desajustada en el panorama de la novela portuguesa contemporánea. Asimismo, se prodigó en defender el papel del escritor como ciudadano comprometido, obligado a no esconder, tras la dedicación a la literatura, sus responsabilidades como individuo inserto en una sociedad, en la que desempeña una posición relevante por la resonancia pública que alcanza su voz.

Literatura

Si, fiel a su concepción reflexiva de la escritura, no dudó en asignarles a las letras el papel de «pensar el mundo más allá de lo inmediato», entendía que la literatura no era más, pero tampoco menos, que una parte de la vida. Alejado de cualquier idealismo romántico, que rechazaba expresamente, se mostró displicente con el mito de las musas y sus dones de inspiración. Por ello, se refería a sí mismo como un trabajador metódico, sujeto a los rigores de sus obligaciones y responsabilidades.

Es comprensible que, en una personalidad intelectual marcada por el compromiso político-social e, incluso, por el activismo, resultase obligado su pronunciamiento sobre la función de la literatura. El Premio Nobel aceptaba que las obras contuvieran ideología —no explícita ni denotativa—, puesto que, en su concepción, el autor, cuando escribe, no puede dejar de ser la persona que es. De cualquier manera, se expresaba sin rodeos contra el uso vicario y propagandístico de la ficción, rechazando que le compitiese otra misión específica que la de convertirse en expresión literaria. Por tanto, las obras responden fundamentalmente a la creatividad y a su propia lógica literaria, en diálogo con su contexto y con la Historia, a través de lecturas y reelaboraciones, de negaciones, rectificaciones y aperturas. Circunscribía así la influencia que los libros pudieran ejercer al ámbito íntimo, mientras, por el contrario, rechazaba que estuvieran en disposición de favorecer dinámicas de cambio colectivo, de transformación del mundo.

Como es sabido, el autor de *Casi un objeto* no renunció a hacer de la inteligencia un valor de sus novelas, ni de la ética o de la intención crítica argumento de sus entregas, si bien bajo el armazón de la textualidad creativa, de las exigencias específicas de la fabulación. Reacio a dar por buena la separación de los géneros y proclive a defender la ruptura de fronteras y los mestizajes del discurso, Saramago encaraba la literatura como exaltación de la lengua y de la imaginación, movido por el empeño de contribuir a repensar la realidad.

La actividad literaria también puede ser una acción política sin dejar de ser literaria. Sólo que nada debe hacerse en primer grado. Un discurso electoralista puede estar bien escrito y bien pronunciado, pero si lo introducimos en una obra literaria suena falso. El arte tiene unas exigencias propias que deben respetarse.

Diário de Lisboa, Lisboa, 30 de octubre de 1982

Si la literatura todavía sirve para algo en esta tierra, es decir, si es algo más que un texto que unos escriben para que otros lean, urge recuperarla, ya que nuestra sociedad corre el riesgo (debido a los medios audiovisuales) de enmudecer, es decir, corre el riesgo de que, cada vez más, haya una minoría con gran capacidad para hablar y una creciente mayoría limitada a escuchar, sin siquiera entender muy bien lo que escucha.

Jornal de Letras, Artes e Ideias, Lisboa, n.º 50, 18 de enero de 1983

Me parece excelente —y no soy nada original— que no sea posible catalogar los libros según los géneros a los que supuestamente deberían pertenecer. Es como si entre los géneros no hubiera fronteras tan rígidas como las que separan las naciones. Miramos el mapa y lo vemos dividido en rayas o colores. Es muy bueno que hoy sea difícil catalogar los géneros. Sería ideal que cada uno pudiera aprovechar la riqueza de los otros. Quizá dentro de unos años podremos fundir todos los géneros para luego dividirlos otra vez, como un fenómeno de concentración y expansión semejante al que existe en las galaxias. Creo que, en este momento, cada uno de los géneros literarios se expande en relación a todos los demás. A veces, me dicen: «Usted tendría que escribir poesía». Y yo respondo: «Búsquenla en las páginas de mis novelas».

NT, Lisboa, 23 de mayo de 1984

Hay que reconocer que la literatura no transforma socialmente el mundo, que el mundo es el que va transformando, y no sólo socialmente, a la literatura. Es ingenuo incluir la literatura entre los agentes de transformación social. Reconozcamos que las obras de los grandes creadores del pasado no parecen haber originado, en sentido pleno, ninguna transformación social efectiva, aun teniendo una fuerte influencia en comportamientos individuales y de generación. La humanidad sería hoy exactamente lo mismo que es aunque Goethe no hubiera nacido. La literatura es irresponsable, porque no se le puede imputar ni el bien ni el mal de la humanidad. Por el contrario, actúa como un reflejo más o menos inmediato del estado de las sociedades y de sus sucesivas transformaciones.

ABC, Madrid, 20 de abril de 1989

La literatura no es la vida y tampoco es una imitación de la vida. Nada de lo que entra en un libro procede de otro lugar que no sea este mundo, pero una vez concluida una novela, también pasa a influir en la vida.

Expresso, Lisboa, 22 de abril de 1989

Incluir a la literatura entre los agentes de transformación social es una reflexión ingenua e idealista.

La Provincia, Las Palmas de Gran Canaria, 11 de marzo de 1993

Las obras de los grandes creadores del pasado, de Homero a Cervantes, de Dante a Shakespeare, de Camões a Dostoievski, a pesar de la excelencia de pensamiento y fortuna de belleza que nos han propuesto, no parecen haber originado ninguna transformación social efectiva, aun teniendo una fuerte y, a veces, dramática influencia en comportamientos individuales y de generación. Pero también muchas veces provocaron insanos sentimientos de frustración individual y colectiva.

La Provincia, Las Palmas de Gran Canaria, 11 de marzo de 1993

Hemos llegado a una conclusión pesimista, la irresponsabilidad esencial de la literatura. No se le pueden imputar ni el bien ni el mal de la humanidad, por lo tanto no está obligada a prestar declaración en ningún juicio de opinión.

La Provincia, Las Palmas de Gran Canaria, 11 de marzo de 1993

Toda la literatura es un palimpsesto.

La Época, Santiago de Chile, 15 de octubre de 1995

Si miramos las cosas de cerca, a lo mejor llegaríamos a la conclusión de que las palabras intentan decir lo que hemos pensado o sentido, pero hay motivos para sospechar que, por mucho que busquen, no llegarán a enunciar nunca esa cosa extraña, rara y misteriosa que es un sentimiento.

ABC Literario, Madrid, 9 de agosto de 1996

En horas de pesimismo agudo, he llegado a afirmar que si Cervantes o Shakespeare no hubieran nacido, el mundo sería lo que es. La literatura, en todo caso, puede ejercer un influjo personal, pero no social. Hay que tener en cuenta, además, que los escritores nunca han coincidido en la idea de lo que debe ser un cambio: cada uno tiene su percepción de la sociedad, su conciencia del mundo.

ABC Literario, Madrid, 9 de agosto de 1996

Ése es el prodigio de la literatura: poder ser capaz de llegar más hondo en la conciencia de los lectores, incluso cuando habla sobre otra cosa.

O Globo, Río de Janeiro, 17 de octubre de 1997

En el pasado, hubo la ilusión de que la literatura y el arte podían cambiar la sociedad. Yo no lo creo. Y lo tengo claro, porque la evidencia muestra que, si el arte y la literatura pudieran modificar a la sociedad, las obras maestras literarias, filosóficas, musicales, pictóricas y arquitectónicas de siglos y siglos ya la hubieran cambiado, pero no es así.

La Jornada Semanal, México D. F., 8 de marzo de 1998

Para mí, este siglo que acaba se define en la literatura con tres nombres: Fernando Pessoa, Jorge Luis Borges y Franz Kafka.

Pensar, Brasilia, 25 de octubre de 1998

La literatura no es un compromiso. Nunca. El compromiso, si existe, será el de esa persona que es el escritor. La literatura no puede ser instrumentalizada. No se puede decir que sirva para esto o aquello.

El País Semanal, Madrid, 29 de noviembre de 1998

La literatura puede convivir de manera conflictiva con la ideología. Pero no puede vivir fuera de la ideología. Es inconcebible que la literatura, como expresión de un pensamiento y de una sensibilidad, se desenvolviese en un medio hasta tal punto aséptico, que se bastase a sí misma; aunque sí sería lícito preguntarse de qué tipo de conflictos debería ouparse. Así entendida, la ideología es común a todos, incluso sus conflictos, sus tensiones y sus contradicciones internas.

De una manera restrictiva y más directa, entendida la ideología como un determinado sistema de pensamiento particular, en el que la literatura estuviera al servicio de ese sistema como vehículo de propagación o de apostolado, digámoslo así... en eso, no estoy de acuerdo.

Carlos Reis, *Diálogos com José Saramago,* Caminho, Lisboa, 1998

Cuando yo digo que cada vez me interesa menos hablar de literatura, es porque considero, con toda la seriedad del mundo, que la literatura es una pequeñísima cosa en la vida. No vamos ahora a hiperbolizar, a divinizar la literatura. La literatura es un trabajo, es un modo de comunicar, de expresar, de decir cosas, como la pintura, la música, la escultura, el baile. La literatura es otra de las formas del decir. Como usa palabras, se nota más. Pero no es lo más importante en la vida. Prefiero decir que Estados Unidos graba el 90% de todas las comunicaciones telefónicas del mundo. Prefiero decirlo. Yo no puedo impedírmelo a mí mismo. Me interesa mucho más decir eso que estar hablando de literatura. Si es hora de hablar de la literatura, yo hablo. Pero aun cuando por gusto, necesidad u obligación debo hablar de literatura, que nadie espere que hable solamente de literatura.

El Interpretador. Literatura, arte y pensamiento,
Buenos Aires, n.º 12, marzo de 2005
(Charla con Noél Jitrik y Jorge Glusberg, 21 de agosto de 1999)

La literatura es lo que hace inevitablemente pensar. Es la palabra escrita, la que está en el libro, la que hace pensar. Y en este momento es la última en la escala de valores.

Alphalibros, Mendoza, 2000

El libro ha sido siempre una de [las] primeras víctimas [de la intolerancia]. Cuando se prohíbe un libro, lo que se quiere es eliminar a la persona que lo escribió.

José Saramago en *¡Palestina existe!,* Foca Ediciones, Madrid, 2002

Yo creo, más bien, en la posibilidad de la transformación ética del ser humano en la práctica cotidiana de la convivencia. ¿Que el arte y la literatura pueden ayudar? Sí, pero sólo ayudar.

El Correo, Bilbao, 8 de marzo de 2003

Los escritores hacen las literaturas nacionales y los traductores hacen la literatura universal. Sin los traductores, los escritores no seríamos nada, estaríamos condenados a vivir encerrados en nuestra lengua.

La Nación, Buenos Aires, 2 de mayo de 2003

Kafka expresó de una forma clara la gran misión del arte en la sociedad cuando dijo que no vale la pena escribir nada (aunque también exagera, no seamos tan radicales...) si no es un hacha que rompe el mar helado de nuestra conciencia. Si pensamos en la gran obra de arte, sea ésta literaria, musical, pictórica, filosófica (la filosofía también es arte), el objetivo siempre ha sido ése: romper el mar helado de nuestra conciencia, que son los preconceptos, las supersticiones, la dificultad de enfrentarnos a la realidad e inventar cosas que se sobreponen a ella, que la ocultan y la desfiguran.

Jornal de Letras, Artes e Ideias, Lisboa, n.º 873, 17 de marzo de 2004

Para mí, lo que hay no son géneros, sino espacios literarios que, como tales, admiten todo: el ensayo, la filosofía, la ciencia y la poesía.

Agencia EFE, Madrid, 13 de junio de 2007

La literatura tiene influencia en las personas. Pero ¿el que dispongamos de *Cien años de soledad* desde hace una cantidad de años ha cambiado algo? No. La literatura es una aventura personal. Es como si nos dejaran en una isla desierta y tuviéramos que hacer nuestros propios descubrimientos, abrir senderos, buscar fuentes. Eso es la lectura. No tengo la esperanza de que mis libros cambien la humanidad. Ésa no es la función de la literatura.

El Tiempo, Bogotá, 9 de julio de 2007

Llevamos siglos preguntándonos los unos a los otros para qué sirve la literatura y el hecho de que no exista respuesta no desanimará a los futuros preguntadores. No hay respuesta posible. O las hay infinitas: la literatura sirve para entrar en una librería y sentarse en casa, por ejemplo. O para ayudar a pensar. O para nada. ¿Por qué ese sentido utilitario de las cosas? Si hay que buscar el sentido de la música, de la filosofía, de una rosa, es que no estamos entendiendo nada. Un tenedor tiene una función. La literatura no tiene una función, aunque pueda consolar a una persona, aunque te pueda hacer reír. Para empeorar la literatura, basta con que se deje de respetar el idioma. Por ahí se empieza y por ahí se acaba.

Clarín, Buenos Aires, 20 de octubre de 2007

Hay que tener cuidado con las ideas hechas. Por ejemplo: que el mercado condiciona al autor. No es cierto. Puede el mercado manifestar una preferencia por ciertos tipos de libros, de «modas», pero eso no obliga a ningún autor a seguir ese camino. Estamos creando una gran confusión: imaginar que los autores son iguales entre sí. Nos ocupamos de tópicos manidos y no estudiamos la realidad. Y olvidamos demasiadas veces que las preguntas no son inocentes. Me molesta hablar de literatura y mercado. La literatura es la creación y no importa qué montaje se haga en torno a ella. Hay negocios, hay literatura. Y personas que leen para entender y personas que leen porque siguen campañas. Y personas que no leen. Lo importante, me parece, es no dejarnos llevar por estas cuestiones que desde luego a mí, como escritor, me son ajenas.

Clarín, Buenos Aires, 20 de octubre de 2007

La literatura es el resultado del diálogo de alguien consigo mismo.

Jornal do Brasil, Río de Janeiro, 1 de noviembre de 2008

Las palabras llevan la sabiduría de lo vivido.

Público, Madrid, 20 de noviembre de 2008

Escritor

Con frecuencia, Saramago aprovechó la plataforma de los medios de comunicación para trasladar observaciones sobre su dedicación literaria y compartir con el gran público las claves y la visión del mundo que le caracterizan. En este sentido, en cuanto autor, se veía a sí mismo como alguien de su tiempo, implicado en las cuestiones palpitantes de su contexto.

Una de las manifestaciones recurrentes que pueden leerse en sus declaraciones e intervenciones en público insiste en desmitificar al escritor, cuya dedicación y aportación entendía en términos de un *trabajo* más. Su concepción obrerista de la literatura, exenta de cualquier dimensión aurática y desprovista de connotaciones místicas o mesiánicas, le condujo a deconstruir la imagen romántica del hombre de letras afirmando que, en su caso, abordaba la tarea narrativa con naturalidad, alejado de tensiones dramáticas, a la vez que enfatizaba otros hábitos propios como el tesón, la disciplina y la laboriosidad. Su afán de normalizar el *oficio* que practicó resulta congruente con su ideología, pero también con su austero carácter personal: «Yo tengo una relación muy pacífica con mi trabajo», confesaba.

Saramago se presentaba como un escritor de ideas, incapaz de sentarse ante el ordenador sin que lo movilizasen contenidos explícitos, habitualmente ligados a la realidad, el espacio de acogida y referencia última de sus historias, según él mismo reconocía al postularse como un autor realista, si bien amparado en una prodigiosa capacidad de fabulación. Una realidad que comenzaba por sí mismo, en cuanto primera materia de su escritura, sin que ello quiera decir que acudiese a los contenidos de su biografía, sino a su integridad moral e ideológica, a la *persona que era*. Reivindicándose como un creador plenamente portugués, resulta frecuente que se refiriese a su genealogía literaria más directa —Almeida Garrett y António Vieira, en particular—, así como a sus afinidades, al tiempo que se situó entre quienes se acercan a la literatura para comprender e inquietar, pero también para confrontarse, aunque fuera ilusoriamente, a la muerte.

Escritor de dos folios diarios, libre de manías y rituales, sobrio, alejado de sublimaciones y directo a la hora de elaborar sus libros, corregía poco y resolvía con relativa rapidez la confección de sus títulos desde el momento en que iniciaba un libro.

¿En qué consistía escribir hasta 1974? En eludir la censura, tomar precauciones en la elección del tema y perfeccionar la entrelínea. Evidentemente, no consistía sólo en esto, pero en buena parte sí. Y no vale invocar los buenos libros que se escribieron hasta esa fecha: hablo de un comportamiento, de un estilo, de un modo de vivir como escritor. Y al parecer ahí está el meollo de la cuestión, de lo que andamos buscando hoy: no es tanto una «forma más original y de mejor calidad», sino (otra) forma de ser escritor. En esto estamos muy atrasados con respecto a otros trabajadores —y ésos son otros (trabajadores)— forjados en las luchas que tuvieron que emprender después del 25 de Abril.

Diário Popular, Lisboa, 6 de abril de 1978

En mi opinión, ser escritor no consiste sólo en escribir libros, sino en mucho más: es una actitud ante la vida, una exigencia y un compromiso.

Extra, Lisboa, 1978

Un escritor tiene derecho a rebajar su trabajo en nombre de una supuesta accesibilidad mayor. La sociedad, es decir, todos nosotros, tenemos el deber de resolver los problemas generales de acceso al disfrute de los bienes materiales y culturales.

Extra, Lisboa, 1978

¿Qué fue para mí, como autor, el 25 de Abril? Dicho en pocas palabras: la posibilidad de ser un autor libre. Si bien (y ya es hora de decirlo) condicionado por todo el aparato social, económico y cultural burgués que sigue impidiendo, mediante formas burdas o hábiles, ejercer plenamente esa misma libertad.

O Diário, Lisboa, 17 de febrero de 1979

Para mí, escribir es un acto grave, una responsabilidad. Un balance de lo que he hecho hasta ahora debería registrar, principalmente, antes que cualquier otra consideración, esa responsabilidad y esa gravedad. Pero no me considero un escritor pedante y solemne, eso no. Quizás un tanto seco. Será mi carácter.

O Diário, Lisboa, 17 de febrero de 1979

No faltan escritores con un compromiso cívico ejemplar que trasladan a su obra, pero al mismo tiempo parecen temer a lo nuevo. Por un lado, desean que la sociedad se transforme y, por otro, aceptan que sus instrumentos de expresión y de trabajo se limiten a ser una prolongación del pasado.

O Diário, Lisboa, 25 de mayo de 1980

Siempre he sido una persona decantada hacia la lectura de los clásicos. Me quedó esa marca de la formación que recibí y nunca he rehuido esa convivencia.

O Diário, Lisboa, 25 de mayo de 1980

No, no uso la literatura para hacer política, porque por experiencia conozco muy bien los males de la demagogia y hasta qué punto pueden perjudicar la causa que yo mismo defiendo.

Siempre aplico un cuidado extremo, una autovigilancia, para que la demagogia no entre en nada de lo que hago.

Tempo, Lisboa, 7 de enero de 1982

Tardo mucho tiempo en preparar mis libros estudiando, investigando... pero cuando empiezo a escribirlos soy muy rápido.

Diário de Notícias, Lisboa, 2 de junio de 1982

Cada libro escribe siempre al mismo autor.

Diário de Lisboa, Lisboa, 30 de octubre de 1982

El escritor es un hombre de su tiempo o no es nada. Lo que escriba siempre será acción política u omisión.

Diário de Lisboa, Lisboa, 30 de octubre de 1982

Cuando escribo, generalmente tomo notas para otros libros y, en cierta manera, los estoy escribiendo mentalmente. No escribo en horarios rígidos. Escribo muy deprisa y no sé si es una virtud o un defecto. Nunca puedo decir que he tardado tantos o cuantos meses en escribir un libro, porque hay un periodo de reflexión y estudio que también considero útil para crear el libro, y eso puede llevar dos o más años. Cuando me siento ante la máquina de escribir, el libro suele estar más avanzado de lo que imaginaba. En el fondo, se trata de abrir las puertas a algo que ya está ahí, algo que he dejado madurar. Por eso la gente se espanta cuando digo que escribí *Alzado del suelo* en seis meses o el *Memorial [del convento]* en cinco. Si no trabajara en régimen profesional me llevaría años escribir este libro, y quizá nunca habría llegado a escribirlo.

O Diário, Lisboa, 21 de noviembre de 1982

Así como es verdad que el 25 de Abril liberó al escritor, lo más importante es que el 25 de Abril liberó la escritura dentro del escritor.

O Ferroviário, Lisboa, 1982

Escribir es hacer retroceder a la muerte, es dilatar el espacio de la vida.

Jornal de Letras, Artes e Ideias, Lisboa, n.º 50, 18 de enero de 1983

Nosotros, los que tenemos la responsabilidad de escribir (tanto en literatura como en periodismo), tenemos el deber de enaltecer nuestra lengua, de cuidarla, de hacerla revivir.

Jornal de Letras, Artes e Ideias, Lisboa, n.º 50,
18 de enero de 1983

Hoy [después del 25 de Abril], nos sentimos más capaces de abordar con toda naturalidad temas en los que antes ni siquiera habríamos osado pensar. Era como si sufriéramos de una terrible inhibición, como si no fuéramos capaces de mirar una hoja de papel y pensar que en ella se puede poner cualquier cosa. Al menos así ha sido en mi caso personal; quizá quien estaba inhibido era yo.

O Jornal, Lisboa, 28 de enero de 1983

Funciono, en parte, como espectador de lo que hago, espectador múltiple que se desplaza a los diversos lugares de acción que creo como escritor. Puedo estar en la Passarola sobrevolando Mafra y, a la vez, estar abajo mirándola.

O Jornal, Lisboa, 28 de enero de 1983

Mi impresión, aún hoy, es que yo, el autor, he sido invadido por mis personajes, tomado, poseído por ellos, como si las cosas creadas pudieran, al final, crear al creador. Supongo que pueden hacerlo, por no decir que tal es mi convicción.

Correio do Minho, Braga, 12 de febrero de 1983

Soy la persona más banal de este mundo. Me limito a sentarme al escritorio, meter el papel en la máquina y llegar hasta donde puedo. Es como quien entra en el despacho y sale de él. No hago ningún ejercicio de calentamiento, ni físico, ni psíquico.

NT, Lisboa, 23 de mayo de 1984

[Escribo] relativamente deprisa. En seis u ocho meses, escribo un libro normalmente grande, de unas trescientas cincuenta páginas. Y lo hago deprisa, porque pienso antes en los libros. Con cierta presunción, puedo decir que ya están escritos antes de escribirlos o, al menos, cuando empiezo a escribir tengo todo el libro en la cabeza. Y visto así no tiene mérito. Es porque soy así, es mi carácter.

NT, Lisboa, 23 de mayo de 1984

En general, escribo de una vez. Y la segunda, lo hago más para revisar y corregir la prosa que para replantear el texto. No soy un novelista al que le torture la estructura de las obras, como esos autores que reformulan constantemente lo que escriben.

NT, Lisboa, 23 de mayo de 1984

Como portugués creo que ser escritor aquí es la mejor cosa de este mundo. Parece una tontería, pero sólo podría ser escritor

219

portugués. Mi deber como escritor es justamente ése: ser escritor portugués.

NT, Lisboa, 23 de mayo de 1984

Escribir es una transfusión de sangre hacia fuera.

Jornal de Notícias, Oporto, 8 de julio de 1984

Para expresarse, la imaginación necesita puntos de apoyo que sólo puede encontrar en la realidad. ¿Para qué necesito la imaginación si la propia realidad ya me proporciona más que suficientes elementos, sin que se agoten siquiera?

Tempo, Lisboa, 7 de diciembre de 1984

Mi arte consiste en intentar demostrar que no hay ninguna diferencia entre lo imaginario y lo vivido. Lo vivido podría haberse imaginado y viceversa.

Diário Popular, Lisboa, 11 de marzo de 1985

Mi trabajo como escritor consiste en despertar a esos hombres vivos que, por el hecho de estar muertos, están vivos.

O Diário, Lisboa, 29 de septiembre de 1985

Yo soy un narrador y no un politólogo.

El Independiente, Madrid, 29 de agosto de 1987

No sé qué papel deben tener hoy los intelectuales del mundo. La cuestión es saber si realmente ellos quieren jugar algún papel, y la impresión que yo tengo, que los hechos me ofrecen, es que no quieren jugar ningún papel. Entregaron su tarea de conciencia moral que algunas veces tuvieron. Hoy, el escritor, ante la televisión, ante los grandes medios de comunicación social, no tiene prácticamente voz y, más aún, su propia voz muchas veces la condiciona a las necesidades y a los intereses de ese mismo medio. Cada vez más, somos meros autores de libros y cada vez contribuimos menos a la formación de una conciencia.

Diario 16 (Suplemento *Culturas*), Madrid, 11 de febrero de 1989

En mi caso, ocurre lo siguiente: normalmente las primeras setenta páginas son fáciles de escribir, después necesito una larga pausa, como quien pierde el equilibrio o el aliento y necesita tiempo para recuperarlo. A continuación, tengo otra etapa larga y, por último, un rápido *sprint* final, por usar un término deportivo. Escribo las últimas cien o ciento cincuenta páginas muy deprisa, como si tuviera que dar un empujón a todo lo que ya he escrito antes.

Jornal de Letras, Artes e Ideias, Lisboa, n.º 354, 18-24 de abril de 1989

Dentro o fuera de mí, cada día sucede algo que me sorprende, algo que me conmueve, desde la posibilidad de lo imposible a todos los sueños e ilusiones. Ésa es la materia de mi escritura, por eso escribo y por eso me siento tan bien escribiendo aquello que siento.

ABC, Madrid, 20 de abril de 1989

La novela, mi trabajo, en el fondo no es sólo una actividad literaria, sino una forma apasionante, real, muy real, de vivir la vida.

ABC, Madrid, 20 de abril de 1989

Disfruto mucho escribiendo y me exijo lo mejor de mí mismo
para ser un buen escritor. Pero no me planteo carreras de gal-
gos ni participo en ellas ni en los cenáculos maledicentes.

ABC, Madrid, 20 de abril de 1989

El dramaturgo que hay en mí siempre ha sido algo accidental.

O Jornal Ilustrado, Lisboa, n.º 739, 21-27 de abril de 1989

Cada vez tengo más derecho a sacudirme la etiqueta de novelista histórico porque lo que intento es inventar una historia
y ponerla en el lugar de la Historia. Una novela histórica sería
fiel a la Historia, la veneraría y la respetaría. Yo practico el ana-
cronismo y la ignorancia de facto de la Historia, lo cual me
permite tomarme amplias libertades. La realidad es un fulgor,
no se capta tal cual.

Expresso, Lisboa, 22 de abril de 1989

No creo que se escriba por necesidad. Necesidad es comer, be-
ber. Algunos llevan tan lejos su papel de escritor, que dicen: si
no escribo, me muero. La gente tiene la tentación de hacer
más interesantes las cosas, más románticas. Se ha creado la
idea del artista torturado, que finalmente no es un ser de este
mundo. Un poco raro, muy raro. Como si el artista y el escritor fueran una especie de dios condenado a crear.

El País Semanal, Madrid, 23 de abril de 1989

Si es verdad que no hago de la escritura algo romántico, tampoco me divierte. Antes de sentarme a empezar un nuevo libro, me
resisto, y esta situación puede durar semanas. Sé lo que quiero
escribir, pero la idea de que, desde el momento en que me sien-

te, estoy atado a una tarea que puede resultar aceptable, pero
que me va a mantener preso durante seis, ocho meses, un año,
en una disciplina como la que exige la novela, eso me hace pensar esta frase: «Aparta de mí este cáliz».

El País Semanal, Madrid, 23 de abril de 1989

No hago de este trabajo [de escritor] algo dramático, no me
complico. Escribo muy naturalmente... Aunque tampoco es
eso, porque entonces parece como si me pudiera expresar naturalmente en la escritura, y no es así. Lo que quiero decir es
que soy muy disciplinado. Claro que todo esto cubre una tensión interior muy fuerte. Pero no voy por el mundo como el
señor escritor.

El País Semanal, Madrid, 23 de abril de 1989

Aquello que tal vez distinga mis libros es el hecho de que parezca que miro las cosas por primera vez y, así, poder transmitir la sorpresa de lo que se ha visto por primera vez.

Ler, Lisboa, n.º 6, primavera de 1989

Una obra que se pretende realizar es siempre un destino que
empieza.

Ler, Lisboa, n.º 6, primavera de 1989

Los escritores, las personas a quienes llamamos intelectuales,
eran gente de ideas generales. Y, sobre todo, había una diferencia —que para mí es radical, profundísima— entre la
situación de la comunicación social de aquella época y la comunicación social de hoy. Los escritores de entonces, como
Fialho con *Os Gatos,* por hablar sólo de nosotros [los portu-

gueses], como Ramalho y Eça con el periódico *As Farpas,* toda esa gente que intervenía socialmente a través de la pluma sufría las deficiencias de la comunicación, y en concreto de la prensa. Hoy se ha invertido la situación. Lo que movía a los escritores del siglo pasado a hacer periodismo, y a hacer en sus propias obras literarias cosas relacionadas con el periodismo para informar, para instruir al lector, para formar su mentalidad, su sentido crítico, todo eso se ha trasladado, o debería haberse trasladado, a la comunicación social de masas. Ahora el escritor ha quedado fuera de ese proceso. La propia evolución tecnológica, el desarrollo de las comunicaciones han excluido al escritor de esa labor. No significa que este o aquel escritor no lo hagan, sino que la población de un país no espera eso de ellos pues ahora lo busca en la prensa, en la radio y en la televisión. Y nosotros sabemos cómo lo hace.

Público, Lisboa, 10 de mayo de 1992

En el plano estético, mi comportamiento como escritor nunca ha estado subordinado a preceptos, a normas de la escuela.

Brasil Agora, São Paulo, 15-28 de junio de 1992

Yo no puedo escribir más que mis propios libros. Todos los libros que escribo son míos. Mis libros. Sea éste cual sea, no ocupa el lugar de cualquier otro libro publicado por cualquier otro autor. Mi trabajo no disminuye la capacidad de trabajo de nadie, y si yo sólo puedo escribir mis libros y no puedo escribir los libros de los otros, si cada una de esas personas sólo puede escribir sus propios libros y no los de los demás, incluidos los míos, si cada uno de nosotros en principio piensa «sólo puedo hacer aquello que sé y voy a hacerlo lo mejor que sepa, o lo mejor que pueda», no puedo entender por qué, de repente, esa persona siente que está de más. O siente que está de más con respecto a los otros, o que es incómoda para los demás.

Setembro, Lisboa, n.º 1, enero-marzo de 1993

Como el libro es un espejo, un espejo directo, lo que más se aproxima a aquello que somos —y probablemente la expresión más fiel de aquello que somos en cada momento—, entonces, ¡déjalo ser como es! Pero, sobre todo —y eso para mí está claro aunque comprenda que los otros no lo entiendan de esa manera—, creo que debemos dejar en un tiempo aquello que en cada momento de ese tiempo pudimos hacer y fuimos capaces de hacer. ¡Que se quede ahí!

Setembro, Lisboa, n.º 1, enero-marzo de 1993

Escribimos porque no queremos morir. Ésta es la razón profunda del acto de escribir.

La Provincia, Las Palmas de Gran Canaria, 11 de marzo de 1993

El escritor, en general, ha dejado de comprometerse y muchas de las teorizaciones en que hoy nos dejamos envolver no tienen otra finalidad que constituirse como escapes intelectuales, modos de ocultar, a nuestros propios ojos, la mala conciencia y el malestar de un grupo de personas, los escritores, que, después de haberse observado a sí mismos, durante mucho tiempo, como luz divina y farol del mundo, añaden ahora a la oscuridad intrínseca del acto creador las tinieblas de la renuncia y de la abdicación cívicas.

La Provincia, Las Palmas de Gran Canaria, 11 de marzo de 1993

En el acto de escribir coinciden dos posturas, la autoridad y la seducción. Con estas dos piernas, la literatura camina. El escritor tiene un poder sobre el lector.

La Provincia, Las Palmas de Gran Canaria, 11 de marzo de 1993

El teatro para mí —y ya llevo cuatro piezas— siempre ha surgido a raíz de invitaciones externas. Nunca me planteé ser dramaturgo. Pensaba que no tenía la formación necesaria para serlo. Asistir a la escenificación de una pieza es una emoción muy superior a la que resulta de la simple publicación de un libro... que se envía a las librerías, del que se escriben las críticas, sobre el que se discute, y la cosa se convierte en un plan establecido. Es distinto ver nacer una pieza en el escenario, ver cómo los actores forman y asumen los personajes, los ensayos, el montaje, y, luego, ese momento único que es el estreno, cuando se oyen los primeros aplausos y la gente siente que el espectáculo está a punto de empezar. No hay emoción más fuerte en el ámbito de la creación literaria.

O Globo, Río de Janeiro, 27 de junio de 1993

Hasta hoy y desde la Antigüedad Clásica, los escritores europeos han sido, en primer lugar, testigos de sus culturas nacionales o regionales y sólo después, cuando adquieren un reconocimiento internacional más o menos generalizado, han ascendido a una posición continental o universal.

Expresso, Lisboa, 7 de agosto de 1993

Antes del interés por la escritura hay otro: el interés por la lectura. Y mal van las cosas cuando sólo se piensa en el primero si antes no se ha consolidado el gusto por lo segundo. Nadie escribe sin leer.

Revista Diário, Madeira, 19 de junio de 1994

En primer lugar, no entiendo muy bien eso que se llama el placer de la escritura. Por otro lado, tampoco sufro las agonías que sufren otros escritores. ¡No! Yo me comporto más bien como un obrero que se sienta prosaicamente a trabajar y que lo hace lo mejor que puede. ¡No romantizo nada la actividad del escritor! La inspiración, la luz en la mansarda, las cuatro de la madrugada y el ritual de la gente que pasa allá abajo, lejos, en la calle... (Gesto de «pamplinas»).

El Mercurio, Santiago de Chile, 20 de noviembre de 1994

El trabajo de escribir se hace directamente en el ordenador. Escribo en el ordenador, corrijo en el ordenador. Mi hoja es el ordenador.

Público, Lisboa, 3 de junio de 1995

Cuando llegó al final del libro *Historia del cerco de Lisboa* [en 1989], [la máquina de escribir Hermes que tenía desde hacía más de treinta años] renunció a seguir adelante. Cuando se averiaba, había que fabricar la pieza. En una conversación con António Alçada Baptista, me dijo que había comprado una máquina estupenda, una Videowriter. Tenía la ventaja de tener la impresora incorporada, pero era un aparato grande, pesado, difícil de transportar, y acabé comprándome un ordenador Philips de segunda mano. Me dio muchísimos problemas, al final dejó de funcionar y seguí con la Videowriter.

Público, Lisboa, 3 de junio de 1995

Siempre había soñado que un día tendría que salir un ordenador portátil con impresora. Hace un año [en 1994], me enteré de que Canon había creado un ordenador con impresora. Creo que puede resolverme el problema de los viajes y la necesidad que sigo teniendo de ver las cosas escritas sobre papel. Cuando no veo las letras (negro sobre blanco), siempre dudo. Soy un hombre de otra época y de esta época. Voy utilizando lo que aparece en el mercado, pero siempre con recelo. Por eso siempre acabo imprimiendo.

Público, Lisboa, 3 de junio de 1995

En una máquina de escribir, tenemos que elaborar el pensamiento antes de pasarlo al papel: es muy trabajoso y te obliga a tirar mucho papel. La pantalla es un papel que siempre está limpio y tiene una ventaja enorme: si hay una idea, aunque no esté del todo elaborada, puede escribirse y después trabajar sobre ella. Comparo la pantalla del ordenador con un campo de batalla, de donde se retiran los muertos y los heridos, [que son] las palabras que no interesan, las ideas imprecisas que han perdido el sentido.

Público, Lisboa, 3 de junio de 1995

Lo que yo quiero es que el lector, cuando se encuentre con un libro mío, cuando lo lea y llegue al final, pueda decir: conocí a la persona que escribió esto. Aunque no defiendo el confesionalismo en la literatura, me interesa decir: aquí estoy yo, esto es lo que pienso, esto es lo que siento. Para mí, es muy importante que el lector pueda decir: este libro lleva una persona dentro. Y esa persona es el autor de toda esa diversidad de cosas con que se hace una novela.

La Nación, Buenos Aires, 21 de enero de 1996

A lo largo de la Historia, por motivos tecnológicos o de otra razón, una gran cantidad de profesiones se han extinguido o están en vías de desaparecer: puede que llegue un día en que los escritores dejen de tener una función, si es que la tienen ahora. Yo me defiendo de toda la perplejidad que me causa este asunto concibiendo la escritura como un trabajo cualquiera.

ABC Literario, Madrid, 9 de agosto de 1996

Como escritor, pienso que soy, no diré una consecuencia, aunque en realidad, existe una relación entre aquello que he hecho y aquello que ocurrió, el paso de la dictadura a la libertad y a la democracia. Creo que nada o casi nada de cuanto he hecho después podría haberse hecho antes. Pero no se puede hablar de una especie de relación directa, de causa y efecto: es sencillamente lo que pasó.

Armando Baptista-Bastos, *José Saramago. Aproximação a um Retrato,* Publicações Dom Quixote, Lisboa, 1996

En el fondo, todos tenemos necesidad de decir quiénes somos y qué es lo que estamos haciendo, la necesidad de dejar algo hecho, porque esta vida no es eterna y dejar cosas hechas puede ser una forma de eternidad.

La Provincia, Las Palmas de Gran Canaria, 20 de julio de 1997

Al principio, respondía que escribía para que la gente me quisiera. Luego, esta respuesta me pareció insuficiente y decidí que escribía porque no me gustaba la idea de tener que morir. Ahora, digo, y quizá eso sí sea cierto, que, en el fondo, escribo para comprender.

La Vanguardia, Barcelona, 1 de septiembre de 1997

Somos todos escritores, sólo que algunos escriben y otros no.

O Globo, Río de Janeiro, 17 de octubre de 1997

Cuando se empieza a escribir, hay que estar en un desierto, sin brújulas, ni carreteras, ni nada. El escritor tiene que trazar por dónde quiere andar, tiene que inventar su propia brújula para inventar su propio norte, que es mejor que no coincida con el norte de otro. Pero esto no se aprende con un discurso previo, aunque tampoco estoy seguro de que sea así.

Al Margen, Las Palmas de Gran Canaria, n.º 1, octubre-noviembre de 1997

La inspiración sólo es el esqueleto de una idea. El trabajo y la disciplina son los que forman el cuerpo de ese esqueleto.

Lancelot, Lanzarote, n.º 752, 19 de diciembre de 1997

Yo vivo desasosegado, escribo para desasosegar.

La Revista de *El Mundo,* Madrid, 25 de enero de 1998

Las palabras cansan. Si nosotros pagáramos impuestos por las palabras, se enriquecerían los Estados. Creo que hablamos demasiado. No se necesitan tantas palabras. Mucho de lo que decimos es inútil. Pero no hay más remedio que seguir hablando porque no se encontró hasta ahora otro medio de comunicación más eficaz.

Uno, Mendoza, 13 de septiembre de 1998

[Mis escritores de referencia son] Montaigne, Cervantes, el padre António Vieira, Gogol y Kafka. El padre Vieira era un jesuita del siglo XVII. Nunca se ha escrito en lengua portuguesa con tanta belleza como lo hizo él.

ABC, Madrid, 9 de octubre de 1998

Rechazo radicalmente la idea de que soy un escritor europeo. Soy un escritor portugués y no aspiro a nada más. Ser o no conocido, ser o no un *best-seller*, ser o no traducido a veintiséis o doscientas sesenta lenguas no añade ni quita nada a ese hecho.

Visão, Lisboa, 9 de octubre de 1998

Como nunca he tenido un proyecto de carrera literaria, nunca me he hecho ilusiones, y, al no tener ilusiones, tampoco he tenido desilusiones.

Visão, Lisboa, 9 de octubre de 1998

El primer heterónimo de Pessoa que leí fue Ricardo Reis, a los diecinueve años. Y debo decir que la poesía de Ricardo Reis es realmente fascinante. Es un mundo neoclásico de rigor poético que encanta a cualquiera. Pero yo encontré ahí algo que, desde muy joven, me causó una impresión fuerte, muy desagradable, de rechazo. Una frase que me marcó y determinó gran parte de mi literatura: «Sabio es el que se contenta con el espectáculo del mundo».

Revista Trespuntos, Buenos Aires, 14 de octubre de 1998

En mi trabajo, no hay ninguna premeditación. Yo soy el escritor menos programado que existe.

La Jornada, México D. F., 18 de octubre de 1998

A veces, yo digo que no invento nada, lo que hago es enseñar: como quien va por un camino, encuentra una piedra y la levanta para ver qué es lo que está debajo... Eso es lo que yo hago. No hay una premeditación, no hay nada de una actitud intelectual previa.

La Jornada, México D. F., 18 de octubre de 1998

[La imaginación] nace de la relación dialéctica con los hechos que estás viviendo y de la capacidad que tú tienes de relacionar todo eso con tu propio mundo interior. Y, a partir de todo eso, surge una idea. Y eso es todo. Porque el escritor no es un ser extraordinario que está ahí con la mano colocada en la frente esperando a las hadas. Yo lo veo de una forma mucho más sencilla. Es decir, tú tienes una cosa que contar y, como cualquier persona que tiene su trabajo, tienes que hacerlo lo mejor que puedas, respetándote a ti mismo y al trabajo que haces. Si lo haces bien, estarás contento, y si no es ése el caso, porque no te salió como te hubiera gustado, pues te disgustarás. Pero sin dramatizar.

El País Semanal, Madrid, 29 de noviembre de 1998

Quiero decir que me niego a ver fenómenos celestes en el hecho de escribir. Todo es tan normal como que, delante de ti, tienes un papel, tienes un sentimiento que expresar y te pones a trabajar. A escribir una palabra detrás de otra, a cambiar una palabra por otra. Sin que ningún duende intervenga. Sin que detrás de tu hombro brille una luz inspiradora. Escribir sólo es trabajo. Y si tienes talento llegarás a algo bueno. Pero si no lo tienes, y sí tienes la conciencia de tu propia debilidad como artista, quizá puedas llegar a vencerla a base de trabajo. La idea del artista sufriendo en su buhardilla a las tres de la mañana es falsa.

El País Semanal, Madrid, 29 de noviembre de 1998

Probablemente no soy un novelista; probablemente soy un ensayista que necesita la novela porque no sabe escribir ensayos.

Carlos Reis, *Diálogos com José Saramago,* Caminho, Lisboa, 1998

Cuando digo que quizá no sea un novelista o que quizá lo que hago son ensayos, hablamos de esto, precisamente, porque la sustancia, la materia del ensayista, es él mismo. Si tú vas a leer los ensayos de Montaigne, que fue cuando empezaron a llamarse así, sabes que es él, siempre él, desde el prólogo, en la misma introducción. En sustancia, yo soy la materia de lo que escribo.

Juan Arias, José Saramago: El amor posible, Planeta, Barcelona, 1998

Donde estoy es en las novelas. Allí sí estoy. Pero un lector no debe perder el tiempo buscando mi vida en las novelas porque no está allí. Lo que está en las novelas no es mi vida sino la persona que soy, que es algo muy distinto.

Juan Arias, José Saramago: El amor posible, Planeta, Barcelona, 1998

El ser humano cultivado está hecho de papel.

Juan Arias, José Saramago: El amor posible, Planeta, Barcelona, 1998

El primer planteamiento es que si no oigo las palabras dentro de mi cabeza a la hora de empezar un libro, si no puedo escuchar una voz que está diciendo lo que voy escribiendo, el libro no se hace. Yo necesito que lo que estoy escribiendo pueda ser dicho.

Juan Arias, José Saramago: El amor posible, Planeta, Barcelona, 1998

Escribo con relativa facilidad. Pero quizá se trate de una cuestión relacionada con las técnicas de escritura. Parece que ahora corrijo muchísimo más de lo que corregía antes. Mucho más. Y lo digo porque estoy en una posición que me permite corroborarlo y decirlo. Con todo, creo que sólo ocurre de manera aparente. Porque antes —y esto tiene que ver con los instrumentos de los que dispongo—, al escribir con un bolígrafo o con la máquina de escribir, algo que ya parece prehistórico, recuerdo que tenía que organizar dentro de mi cabeza la frase para que quedara más o menos como quería.

Carlos Reis, *Diálogos com José Saramago*, Caminho, Lisboa, 1998

Quiero que, en mis libros, se note que pasó por este mundo (ojo: tenga esto el valor que tenga) un hombre que se llamó José Saramago. Quiero que esto se sepa cuando se lean mis libros. No quiero que mis libros se lean como unas cuantas novelas añadidas a la literatura, sino que en ellos se perciba la huella de una persona.

Carlos Reis, *Diálogos com José Saramago*, Caminho, Lisboa, 1998

Debo confesar con sinceridad que escribir no me proporciona ningún placer. Puede gustarme haber escrito algo, pero eso es otra cosa; el llamado placer de escribir, sinceramente, no lo siento; aunque tampoco he leído nada que me explique en qué consiste ese placer. Mucha gente habla del placer de escribir, pero nadie nos dice nunca que ese placer se manifiesta de esta o de aquella manera.

Carlos Reis, *Diálogos com José Saramago*, Caminho, Lisboa, 1998

Cuando escribo teatro, experimento una especie de despersonalización. Pienso que tengo una facilidad increíble para escribir teatro. Y lo curioso es que cada vez que me llaman dramaturgo digo que no lo soy.

Carlos Reis, *Diálogos com José Saramago*, Caminho, Lisboa, 1998

Creo que el trabajo de escribir, de inventar, de elaborar una historia es un acto de conciencia, lo que no significa que sea una conciencia mecánica; es decir, si lo hago y es mi forma de trabajar, entonces yo sé muy bien adónde quiero llegar, pero no sé cómo voy a llegar, y es en el acto de escribir cuando todo se va volviendo cada vez más claro y hay aportaciones que se introducen.

Siempre!, México D. F., 25 de febrero de 1999

En el fondo, la palabra auténtica, la palabra verdadera es la palabra dicha. La palabra escrita no es más que algo insignificante y muerto que está ahí, esperando que la resuciten. Y la palabra es realmente palabra al pronunciarla. Por eso, a veces, digo que conviene que el lector que está leyendo una novela mía sea capaz de escuchar dentro de su cabeza la voz que está diciendo aquello que está leyendo. La lectura es silenciosa, como es lógico. Lo que pido —algo que pido a los lectores, incluso en el sentido de que tengan una comprensión más exacta de aquello que está escrito— es que intenten escuchar esa voz dentro de su cabeza.

Bravo!, São Paulo, año 2, n.º 21, junio de 1999

Aunque nunca haya usado la literatura para escribir panfletos, cualquier lector atento percibirá al leer una novela mía lo que pienso sobre el mundo, sobre la vida, sobre la sociedad...

O Globo, Río de Janeiro, 14 de agosto de 1999

Si hay un escritor del siglo XX por el que tengo veneración, ése es Kafka, y reivindico el ser kafkiano. Kafka dijo que un libro tiene que ser el hacha que rompe el mar helado de nuestra conciencia. Esto me lo tomo como un programa de trabajo. Lo raro sería que un escritor como él no hubiera ejercido ninguna influencia.

Época, Madrid, 21 de enero de 2001

En mi corta experiencia de periodista aprendí algo: a escribir noventa y nueve palabras cuando se necesitan noventa y nueve.

Época, Madrid, 21 de enero de 2001

La memoria es el dramaturgo que tienen adentro todos los hombres. Pone en escena e inventa un disfraz para cada ser vinculado con nosotros. La distancia entre lo que fue una persona y lo que se recuerda de ella es literatura.

Revista Universidad de Antioquia,
Medellín, n.º 265, julio-septiembre de 2001

Que nadie quiera ser un buen autor sin antes ser un buen lector.

Jornal da Madeira, Madeira, 15 de mayo de 2002

Trabajo por día unas siete u ocho horas. Nunca empiezo temprano. No soy alguien a quien le guste quedarse en la cama hasta las doce. Me levanto a las ocho y media, nueve. Es el hábito que tengo. Preparo el desayuno y luego subo y me siento a trabajar. A veces, el trabajo consiste en escribir cartas o algo así [...] Entonces, digamos entre las diez y media y las dos de la tarde es el tiempo de trabajo de la mañana. Luego, después de la comida, hago una pequeña siesta, y vuelvo a trabajar entre las cuatro y media y las cinco, y estoy hasta las ocho y media, a veces ocho, a veces nueve, escribiendo.

Jorge Halperín, *Conversaciones con Saramago.*
Reflexiones desde Lanzarote, Icaria, Barcelona, 2002

En el fondo, hablar es mucho más creativo que escribir.

Jorge Halperín, *Conversaciones con Saramago.*
Reflexiones desde Lanzarote, Icaria, Barcelona, 2002

[No escribo] por amor, sino por desasosiego. Escribo porque no me gusta el mundo donde estoy viviendo.

El Día, Tenerife, 15 de enero de 2003

Los escritores a que siempre estoy volviendo son Montaigne, Pessoa y Kafka. El primero porque somos la materia de lo que escribimos, el segundo porque somos muchos y no uno, el tercero porque ese uno que *no somos* es un coleóptero.

Vistazo, Guayaquil, 19 de febrero de 2004

El proceso creativo no tiene nada que ver con esa parafernalia de la inspiración, de la angustia de la página en blanco, todo eso... Escribir (o escribir música, pintar...) es un trabajo.

Jornal de Letras, Artes e Ideias, Lisboa, n.º 873, 17 de marzo de 2004

En todas mis novelas, hay una tentación ensayística. Planteo dudas para avanzar.

El País, Madrid, 27 de abril de 2004

El escritor es un pobre diablo que trabaja.

La Ventana, La Habana, 15 de septiembre de 2004

Alexandre O'Neill escribió, como si se dirigiera a un joven escritor: «No cuentes tu vida». Es una frase extraordinaria: nuestra vida no tiene ninguna importancia, hay que pensar en cosas mayores y más importantes que nosotros.

Visão, Lisboa, 25 de marzo de 2005

Soy melómano. Me gusta escuchar música mientras escribo aunque sepa que escribir y escuchar música causa interferencias, aunque sepa que son acciones que deben estar separadas.

Época, São Paulo, 31 de octubre de 2005

Como escritor, soy un producto del 25 de Noviembre. Con el 25 de Noviembre me quedé sin trabajo y con pocas esperanzas de que fueran a dármelo en algún sitio. Estaba estigmatizado. A los cincuenta y tres años, decidí que sería «ahora o nunca». Puesto que las circunstancias me impidieron trabajar, decidí que escribiría. No fue fácil. Durante unos años, viví de traducir. Ya no estaba en el circuito, nadie pensó más en mí, y menos mal que fue así. Me encerré en casa para traducir y ganarme la vida, y para escribir. En 1977, publiqué *Manual de pintura y caligrafía;* en 1978, *Casi un objeto.* Ese mismo año fui al Alentejo y de ahí salió *Levantado del suelo. Memorial del convento,* en 1982, y creo que también *El año de la muerte de Ricardo Reis* confirmaron mi presencia como escritor. A partir de entonces no tenía nada que demostrarme a mí mismo, a no ser hasta dónde podía llegar. He llegado a *Las intermitencias de la muerte* a los ochenta y tres años, y espero que haya más.

Diário de Notícias, Lisboa, 9 de noviembre de 2005

Lo que quiero, en el fondo, es pasar al papel las cosas que me preocupan. No escribir historias por contar historias, lo que sería perfectamente legítimo.

Mil Folhas, Lisboa, 12 de noviembre de 2005

Normalmente no escribo más de cuatro horas al día. En fin, a veces un poco más. Y siempre por la tarde. Mi límite es escribir dos páginas diarias. Si resulta que esas dos páginas me cuestan menos trabajo, entonces me bastan dos horas de dedicación. Y cuando termino esas dos páginas, me levanto. A veces, son dos páginas muy difíciles, que exigen mucho más tiempo. Sigo esta regla desde hace ya muchos años.

Sábado, Lisboa, 25 de noviembre de 2005

No parece nada, pero por lo menos lo que me ocurre a mí es que la primera página es absolutamente una tortura, no porque yo no sepa exactamente qué es lo que quiero escribir, sino porque, si las palabras no están todas en su lugar, si además no tienen una especie de música interior que hace que cada palabra suene como si acabara de ser inventada, necesitamos muchísimo trabajo todavía. Eso tiene que ver con mi propia naturaleza, con la forma individual de escritura.

El Universal, México D. F., 2 de diciembre de 2006

Si yo no puedo escuchar dentro de mi cabeza lo que estoy escribiendo, más vale que no avance. Tengo que escucharlo dentro de mi cabeza y, si aquello no funciona, sufro. Se sufre también en un momento en que, a mitad de la historia, se ha creado una situación complicadísima y no se sabe cómo salir de ella, y eso ocurre mucho.

El Universal, México D. F., 2 de diciembre de 2006

Para mí, lo más impactante de trabajar con la memoria para escribir es que se descubren dos cosas: que uno recuerda mucho más de lo que pensaba y que recuerda cosas que creía completamente olvidadas.

Elle, Madrid, n.º 246, marzo de 2007

Yo creo que el escritor no es un ser desquiciado. Es un hombre que hace su trabajo, pero además es un ciudadano. Si su condición de escritor se sobrepone a la de ciudadano, entonces puede decir que su obligación la tiene toda con su trabajo —con el texto, que algunos nombran como una especie de hostia sagrada—. Pero no es el texto lo que cuenta. Es el contexto. En ese contexto está el ejercicio de la ciudadanía.

El Tiempo, Bogotá, 9 de julio de 2007

Creo que el escritor escribe para él mismo. No es misión suya salvar al mundo. Como máximo, el escritor establece puentes con sus lectores.

L'Orient-Le Jour, Beirut, 2 de agosto de 2007

Como digo muchas veces, para vivir es necesario morir. Mi padre, mi madre, mi hermano han muerto. Los hechos son los hechos. No se pueden evitar. ¿Cuántos años de vida me quedan? ¿Tres, cuatro, cinco? No tengo miedo a morir, pero mi deseo sería seguir escribiendo hasta el último día.

L'Orient-Le Jour, Beirut, 2 de agosto de 2007

Hay una tendencia, digamos, reflexiva, casi didáctica [en mi obra], como si, en el fondo, yo fuera un maestro frustrado, que no ha llegado a serlo por cantidad de razones, y que, a la hora de escribir una obra literaria, manifiesta una intención. No es que yo esté intentando siempre introducir la moraleja de las cosas, que yo esté intentando dar lecciones éticas al lector, porque no se trata de eso. Por otra parte, todo se equilibra o reequilibra con el uso permanente de la ironía, digamos del humor, y, por lo tanto, aunque yo hable de una didáctica, eso no quiere decir que yo sea un señor muy aburrido que está ahí para dar lecciones al lector. Lo que pasa es que hay realmente en mí una tendencia reflexiva.

La Jiribilla, La Habana, 22 de septiembre de 2007

Yo necesito una idea que me movilice para empezar a escribir. Tiene que ser una idea fuerte. Siempre ocurre que esa idea se encuentra en el título que se me presenta. Es como si el título fuera una caja vacía que yo tengo que llenar.

Andrés Sorel, *José Saramago. Una mirada triste y lúcida,* Algaba Ediciones, Madrid, 2007

No tengo ningún ritual de trabajo.

Tabu, Lisboa, n.º 84, 19 de abril de 2008

Soy un escritor algo atípico. Sólo escribo porque tengo ideas. Sentarme a pensar que tengo que inventar una historia para escribir un libro nunca me ha pasado y nunca me pasará. Necesito algo que me sacuda por dentro y que se agarre a mí con fuerza para comprender que ahí hay algo que contar.

Tabu, Lisboa, n.º 84, 19 de abril de 2008

Mi opinión sobre esas cuestiones de quién es mejor o quién no es tan bueno es muy clara: en la literatura nadie le quita el sitio a nadie.

Ler, Lisboa, n.º 70, junio de 2008

No pertenezco a esa clase de escritores que van por ahí con la antena puesta, captando lo que hay fuera: diálogos, impresiones, imágenes y demás. No. En fin, que no llevo conmigo una libretita para anotar una frase interesante que haya oído. Yo no necesito estímulos exteriores. Lo que necesito es que mi cabeza, por iniciativa propia, dé la señal de salida para el juego que va a empezar.

Ler, Lisboa, n.º 70, junio de 2008

Transportamos lo que vemos y lo que sentimos a un código convencional de signos, la escritura, y dejamos a las circunstancias la responsabilidad de hacer llegar a la inteligencia del lector, no la integridad de la experiencia que nos propusimos transmitir —es inevitable parcelar la realidad de la que nos habíamos alimentado—, sino más o menos una sombra de lo que, en el fondo de nuestro espíritu, sabemos que es intraducible.

Agencia Europa Press, Madrid, 4 de octubre de 2008

Escribir es traducir, siempre lo será. Incluso cuando utilizamos nuestra propia lengua transportamos lo que vemos y lo que sentimos, suponiendo que el ver y el sentir, como en general lo entendemos, sean algo más que las palabras con las que nos va siendo relativamente posible expresar lo visto y lo sentido.

El Mundo, Edición León, 5 de octubre de 2008

Somos lo que pensamos, y decimos aquello que pensamos con palabras. Si las palabras se usan mal, si se tergiversan, si se pronuncian mal, como ocurre muchas veces, ¿qué pensamiento van a expresar? Eso es frustrante.

Única, Expresso, Lisboa, 11 de octubre de 2008

No tenemos otra cosa [salvo las palabras]. Somos las palabras que usamos. Nuestra vida es eso.

Ípsilon, Lisboa, 7 de noviembre de 2008

Contrariamente a lo que se cree, nadie escribe para el futuro. Somos personas del presente que escribimos para el presente.

Ípsilon, Lisboa, 7 de noviembre de 2008

Detesto los dramatismos. Y detesto algo que los escritores cultivan a menudo: una relación dramática con la escritura.

Ípsilon, Lisboa, 7 de noviembre de 2008

Gabriel García Márquez decía que escribía para gustar. Es posible. Es más exacto decir que la gente escribe porque no quiere morir. Ser amado por el otro no está en nuestras manos; podemos escribir para que ocurra, y luego ocurrirá o no ocurrirá. Puesto que tenemos que morir, que algo quede. No se trata de inmortalidad... eso sería un disparate. Se trata de un reconocimiento durante algún tiempo más.

Ípsilon, Lisboa, 7 de noviembre de 2008

Quien trabaja la forma trabaja el contenido, quien trabaja el contenido trabaja la forma. Comparo el trabajo que el escritor realiza usando el ordenador con el trabajo del alfarero. El alfarero coge un trozo de barro, lo pone sobre el torno, el torno gira, y el artesano empieza a trabajar el barro hasta alcanzar la forma que quiere. Hay algo de artesanal en realizar el trabajo en el ordenador.

Ípsilon, Lisboa, 7 de noviembre de 2008

Si yo tuviera que ser recordado por algo, me gustaría que me recordaran como el creador del perro de las lágrimas.

Ñ, Clarín, Buenos Aires, 22 de noviembre de 2008

Mi trabajo versa sobre la posibilidad de lo imposible. Le pido al lector que hagamos un pacto; aunque la idea sea absurda, lo importante es imaginar su desarrollo. La idea es el punto de partida, pero el desarrollo es siempre racional y lógico.

The Guardian, Londres, 22 de noviembre de 2008

Con esta palabra [inspiración] no resuelvo nada. Suelo decir que la primera condición para escribir es sentarse [...] Un libro necesita una idea fundacional, [un embrión que nace] del pensamiento subterráneo que, a diferencia del pensamiento superficial —que nosotros mismos dirigimos—, trabaja por su propia cuenta. De vez en cuando, ese pensamiento subterráneo sube a la superficie y se manifiesta como si dijera: «Aquí estoy». ¿Esto es inspiración? No. Es un proceso químico, físico, eléctrico. Es el funcionamiento del cerebro.

TAM Nas Nuvens, São Paulo, n.º 11, noviembre de 2008

Hay escritores que trazan un plan de lo que será el libro, con los personajes, las situaciones y todo lo demás. Yo prefiero dejar que cada palabra que escribo dé origen a la palabra siguiente. Y la nueva palabra también va creando situaciones nuevas dentro de mi cabeza. Y entonces me corresponde decidir si sigo por el camino por el que voy o si acepto mi propia provocación involuntaria de tomar un nuevo camino.

TAM Nas Nuvens, São Paulo, n.º 11, noviembre de 2008

No hago literatura con mi propio trabajo, no invento trascendencias sobre mi trabajo. Lo que me importa es llegar al final del día y haber cumplido con la tarea impuesta: escribir dos o tres páginas. Si lo hago estoy contento.

Milenio (edición on line), México D. F., 31 de enero de 2009

Creo que el autor debe tener conciencia de que tiene su voz [...] y de sentir que ha encontrado su voz. ¿Y qué es su voz? Es una forma de ver, de pensar, de sentir y de razonar sobre las cosas, una perspectiva de futuro, otra perspectiva distinta del pasado, que hay que verlo en perspectiva y con el dominio de la lengua. Tener el conocimiento más profundo posible de ella, que no necesariamente tiene que pasar antes por los escritores para llegar a la lengua. No hace falta estudiar la lengua, pero sí hay que leer a aquellos que escribieron mejor que uno. Porque leyendo se aprende a escribir. ¡Leyendo!

João Céu e Silva, *Uma Longa Viagem com José Saramago,*
Porto Editor, Oporto, 2009

Una novela mía crece como lo hace un árbol. Si es un olivo, ya se sabe que no alcanzará la altura de un pino; alcanzará la altura propia de un olivo, se detendrá y ahí se quedará. Eso no significa que todas mis novelas tengan que ser pequeñas o grandes. Pero siguen una lógica propia e interna. ¿Por qué casi no corrijo? ¿Por qué nunca añado o elimino capítulos, ni los amplío ni los substituyo? ¡Nunca me ha pasado! El libro se va escribiendo —es evidente, pero hay que decirlo— palabra a palabra. Cada palabra escrita determina de alguna forma la siguiente, y el libro sigue su curso dentro de la dirección que yo quiero que siga.

João Céu e Silva, Uma Longa Viagem com José Saramago,
Porto Editor, Oporto, 2009

Cuando se escribe una historia se vive en cierto modo en un segundo estado, en el que las ideas y las intuiciones son accesibles de una manera que no lo serían en el estado inicial. Es decir, estamos mucho más receptivos.

João Céu e Silva, Uma Longa Viagem com José Saramago,
Porto Editor, Oporto, 2009

Las palabras que usamos con mayor o menor porcentaje, cantidad o frecuencia acaban trazando un retrato de nosotros mismos.

João Céu e Silva, Uma Longa Viagem com José Saramago,
Porto Editor, Oporto, 2009

Autor-Narrador

«La obra es el novelista», aseveraba una y otra vez Saramago, que escribía para decir quién era. Por ello, no debe extrañar que la instancia del autor-narrador —tan compleja y rica técnicamente— emerja en cada una de sus entregas como
una potente maquinaria capaz de marcar tanto el carácter
de la ficción como su propia personalidad literaria. Empe-
ñado en negar la existencia del narrador convencional —al
que, de existir, le reservaba el papel tasado de un personaje
más, pero nunca el de conductor de una orquesta—, se atribuía a sí mismo la responsabilidad de la elocución, porque
el libro —aseguraba— contenía, sobre todo, una persona,
un latido vital concreto, que, por derecho, corresponde al
autor de carne y hueso, único *dueño* de la historia que se
cuenta.

En sus novelas, el autor-narrador se convierte en una figura central, vigorosa y totalizadora. Es capaz de reordenar
subjetivamente la temporalidad amalgamando su propia circunstancia con el ciclo de los hechos relatados, interferir en el
curso del relato mediante digresiones mayores, sobreponerse
a las lógicas de la continuidad espacial, interpelar al lector y
establecer complicidades con él, disentir y opinar o gobernar
a las criaturas de sus obras, administrador de un conocimiento que desborda tanto la cronología como la información
estricta de los acontecimientos referidos. A través de su mediación, se expande por el libro una prodigiosa libertad fabu-

ladora, pero también un compromiso explícito con la palabra y con sus contenidos, expresión, en último término, de la responsabilidad con que Saramago asumiría la literatura: un narrador transfigurado en autor.

[Mi narrador] adopta todos los puntos de vista posibles, puede estar en todos los lugares y, sobre todo, habita en todo tiempo. El narrador no prevé el futuro, sino que ya sabe lo que acontecerá en el futuro de la acción. El narrador narra, juega, organiza todos los hechos de su fabulación y sabe aquello que sus personajes ignoran [...] Ese saber lo usa de un modo que le es exclusivo. De ese conocimiento, los personajes no coparticipan, porque no pueden. En mis novelas, aparecen de forma simultánea los comportamientos de los personajes y el conocimiento que el narrador ya posee de lo que les sucederá.

Quimera, Barcelona, n.º 59, 1986

Toda esa libertad que puede reconocerse en mis libros resulta fundamentalmente de la postura en que yo me coloco como un narrador realmente omnisciente, omnipresente y que, en cierta manera, está dispuesto a manipular todo lo relacionado no sólo con la narrativa propiamente dicha, sino también con las ilusiones del propio lector. Me imagino mucho más como alguien que está hablando que como alguien que está escribiendo. Eso explica las digresiones, las interrupciones, el dejar cosas en suspenso para retomarlas más adelante mientras se introduce un comentario irónico, una imitación elegíaca o, si quieres, una divagación filosófica o un comentario de tipo sociológico o incluso político. Cuando se llega al final del libro, se capta la imagen de una coherencia completa, que no resulta de ningún esquema rígido previo. Da como resultado una completa libertad en el acto de escribir, que me permite introducir en el libro situaciones que nunca habría podido imaginar antes de ponerme a escribirlo y que surgen del propio proceso de creación. Cuando yo digo que comienzo a tener dudas de si soy realmente un novelista, no lo digo en broma, lo digo muy sinceramente, porque empiezo a comprender que el novelista es probablemente algo distinto de lo que yo soy. Soy una especie de poeta que va desarrollando una idea. En mis libros, las cosas pasan un poco como una fuga musical. Hay un tema que después está sujeto a tratamientos distintos en cuanto a timbres y movimientos. Eso puede ocurrir en alguno de mis libros. Se llega al final de la lectura con la impresión de haber leído un largo poema.

Diario 16 (Suplemento *Culturas*), Madrid, 11 de febrero de 1989

Cuando se habla de mis libros, siempre hablan de «su narrador». Desde el punto de vista técnico, acepto que separen de mí, autor, esa entidad que está por ahí, que es el narrador. Tampoco vale la pena decir que el narrador es una especie de álter ego mío. Yo quizás iría más lejos y, probablemente para indignación de todos los teóricos de la literatura, afirmaría: «No sé quién es el narrador». Me parece (y soy lego en la materia) que en mi caso particular —y creo haber encontrado una fórmula apropiada para expresarlo— es como si le dijera al lector: «Ahí va el libro, pero ese libro lleva una persona dentro». Lleva una historia, lleva la historia que se cuenta, lleva la historia de los personajes, lleva la tesis, la filosofía, en fin, todo cuanto se quiera encontrar en él. Pero, además de todo eso, lleva una persona dentro que es el autor. No es el narrador. Yo no sé quién es el narrador, o sólo sé quién es si se identifica con la persona que soy.

Mi narrador no es el narrador realista que está ahí para contar lo que ha sucedido, guiado por el autor, que, a su vez, mantiene la distancia. Al contrario, yo busco —aunque sin saber muy bien que lo hago o, en todo caso, empiezo a entender que lo estaba buscando después de haber llegado— una fusión del autor, del narrador, de la historia que se cuenta, de los personajes, del tiempo en el que vivo, del tiempo en el que se desarrollan los hechos... Es un discurso globalizador en el que cada uno de estos elementos desempeña igual papel.

Público, Lisboa, 2 de noviembre de 1991

En ocasiones digo que el narrador es otro personaje más de una historia que no es la suya, dado que la historia pertenece por entero al autor. Mi aspiración es borrar al narrador para dejar que el autor se presente solo ante una entidad más grande o más pequeña: los lectores. El autor se expresa por él mismo, y no a través de esa suerte de pantalla que es el narrador. Es cierto, existe un narrador omnisciente, pero también es cierto que se puede sustituir el narrador por el autor omnisciente.

El País, Montevideo, 24 de junio de 1994

No. Yo no me oculto detrás del narrador. Saramago es el autor y es él quien cuenta lo que cuenta.

El Mercurio, Santiago de Chile, 20 de noviembre de 1994

Solemos decir que el narrador es necesario en una obra de ficción; sin embargo, el teatro también pertenece al ámbito de la ficción, y yo me pregunto: ¿dónde está el narrador en una obra de teatro? Si quitamos las acotaciones —y podemos quitarlas, pues el teatro antiguo carecía de ellas—, no encontramos la presencia de un narrador. Yo creo que eso que hemos dado en denominar «narrador omnisciente» no es otra cosa que el autor, que dispone de una experiencia personal, así como de una serie de mecanismos que le sirven para expresar esa voz, y elige el adecuado de manera espontánea, sin premeditación.

ABC Literario, Madrid, 9 de agosto de 1996

El espacio que hay entre el autor y la narración está ocupado, en ocasiones, por el narrador, que actúa como intermediario, a veces como filtro, que está allí para filtrar lo que pueda ser demasiado personal. El narrador está ahí a veces para ver si se puede decir algo sin demasiado compromiso, sin que el autor se comprometa demasiado. Diría que, entre el narrador, que en este caso soy yo, y lo narrado, no hay ningún espacio que pueda estar ocupado por esa especie de filtro condicionante o por algo impersonal o neutral que se limita a narrar sin implicaciones. Se puede decir que hay una implicación personal en lo que escribo.

Juan Arias, *José Saramago: El amor posible,* Planeta, Barcelona, 1998

El narrador no existe, es una invención académica, gracias a la cual se han escrito miles de páginas en tesis doctorales [...] El autor usa al narrador igual que usa a los personajes, lo pone allí para decir lo que pasa. Pero todo está dentro de la historia, incluso el autor. Mi forma de narrar no coincide con los cánones. Yo soy el que escribe, y eso significa más de lo que parece, que yo estoy allí y soy el único que tiene que inventarlo todo [...] Y, si para todo lo que se expresa hace falta un narrador, ¿dónde está el narrador en *Las meninas*? El narrador soy yo, y yo soy los personajes, en el sentido de que soy el señor de ese universo. Y, a lo mejor, el lector no lee la novela, sino que lee al novelista. En el fondo, es eso lo que interesa saber: quién es ese señor que ha escrito eso.

Época, Madrid, 21 de enero de 2001

Toda obra literaria lleva una persona dentro, que es el autor. El autor es un pequeño mundo entre otros pequeños mundos. Su experiencia existencial, sus pensamientos, sus sentimientos están ahí.

Hoy, Santo Domingo, 21 de febrero de 2001

Lo más característico de este libro *[El viaje del elefante]* es el tono narrativo, el modo de narrar. El narrador es el personaje de una historia que no es suya. Siempre he defendido la idea de que el narrador no existe. En este libro resuelvo la cuestión, o por lo menos la resuelvo para mí, que es lo que importa. En él paso a considerarme autor, sí, pero autor-narrador, no disociado. Lo asumo todo.

Ípsilon, Lisboa, 7 de noviembre de 2008

En *El viaje del elefante,* el narrador tiene una presencia constante. No sólo narra, también corrige lo que ha dicho porque la realidad termina siendo otra. Me gusta la figura del autor que es también narrador y para eso me remonto a cuando se contaban antes los cuentos, cuando el narrador añadía siempre algo suyo.

Público, Madrid, 20 de noviembre de 2008

Estilo

La poderosa voz que conduce la ficción en sus novelas identifica a Saramago como un escritor dotado de singular personalidad. A partir de 1980, con la publicación de *Levantado del suelo*, encuentra su estilo inconfundible, que afirmará, primero, en *Memorial del convento* (1982) y consolidará definitivamente en *El año de la muerte de Ricardo Reis* (1984). De formación autodidacta, la frecuentación de la lectura de los clásicos, pero también su apego al habla cotidiana constituyen los pilares de su poderosa dicción, modulada por una perspectiva narrativa desbordante. El autor-narrador, siempre omnisciente, domina y moldea el relato a su antojo, excediendo la historia contada, amalgamando tiempos, interviniendo con digresiones e interpelando al lector. Responsable de la proyección ideológica o moral con que se orientan los acontecimientos, a través de él se vehicula la voluntad directa del propio escritor, protagonista exclusivo del libro y de la relación con su público.

El pensamiento matizado y los minuciosos desarrollos cartesianos propios de Saramago encontraron acomodo en la frase barroca, el pronunciado ritmo musical de la frase, los periodos exhaustos y el discurso zigzagueante, encarnando una actitud formal que fue moderándose y haciéndose más austera —con crecientes incursiones de raíz lírica— particularmente a partir de *Ensayo sobre la ceguera*. El maridaje de dicho componente con fórmulas específicas de la oralidad adoptadas para formalizar el discurso literario —en especial, las concernientes a la cadencia de la frase, la convivencia de los estilos directo e indirecto y la vigorosa inserción del diálogo— proporciona a su expresión fortaleza y originalidad, subrayadas por un peculiar empleo de los signos de puntuación. Fiel a su concepción del tiempo histórico, perseguiría la fusión de cronologías diversas en un tejido de antagonismos acordados por la labor selectiva y analógica que realiza el autor-narrador.

La incorporación de vertientes críticas, en un marco de rica fabulación, a la hora de articular los contenidos y los matices que introducen el escepticismo y la pujanza de la ironía apuntala un discurso literario tan solvente como propio. La lucidez atribuida a las narraciones y posicionamientos públicos del autor halla en este recurso uno de sus resortes singulares, hasta constituirse en rasgo definidor de su personalidad. Así lo puso de manifiesto la Academia Sueca, en su justificación, cuando, en 1998, le consideró merecedor del Premio Nobel. Compasiva o cáustica, tamizadora o severa, reflexiva o analítica, la ironía participaba en la comunicación de sus ideas actuando como catalizador de su invocación al lector para que se implicase en una particular perspectiva de análisis y de comprensión de lo real, con frecuencia cuestionadora, matizada con el humor e incluso con el sarcasmo a medida que pasaban los años. Siempre signo de agudeza, subraya el punto de vista elevado del escritor, como queda patente a lo largo de toda su obra, y resulta particularmente perceptible en novelas como *Ensayo sobre la lucidez, Las intermitencias de la muerte, El hombre duplicado* o *El viaje del elefante*.

Mi impresión es la siguiente: esa imagen de estilo personal que dan mis libros tal vez se deba a que escribo con mucha libertad. No escribo para satisfacer los dictados o las reglas de la técnica A o de la escuela B. Escribo como quien respira, como quien habla.

Tempo, Lisboa, 7 de enero de 1982

Ahora bien, los elementos de carácter personal que aparecen en mi estilo tienen tanto de personal porque es la manera de escribir propia de la persona que escribe, como revela el hecho de que no he olvidado a lós clásicos y los sigo leyendo diariamente. Lo cual no significa que pretenda hacer arqueología en términos literarios. Creo que el lenguaje que uso es el de hoy en día, es un lenguaje que no plantea ningún problema de comprensión para quien quiera leerlo. Pero tal vez sea un lenguaje que, por seguir alimentándose de nuestras raíces, destaca precisamente porque vivimos una época de sumo desarraigo.

Tempo, Lisboa, 7 de enero de 1982

¿Influencias? No siento que las tenga. Pero tuve grandes pasiones literarias que, de una forma u otra, podrían haber pasado a mi escritura. Puede que la voz (o el eco) que más fácilmente reconozca sea la de Raul Brandão. Sin embargo, mis maestros fueron, sin duda, los escritores del siglo XVII, António Vieira y Francisco Manuel de Melo. Creo que en esa época nuestra literatura alcanzó una belleza y un rigor que nunca más volverá a poseer.

Diário de Lisboa, Lisboa, 30 de octubre de 1982

El estilo que he construido se asienta sobre la gran admiración y respeto que tengo por la lengua que se hablaba en esta tierra en los siglos XVI y XVII. Si tomamos los sermones del padre António Vieira, aparte del preciosismo y el conceptismo, que a veces oscurece un poco el sentido, comprobamos que en todo lo que escribió hay una lengua llena de ritmo y sabor, como si eso no fuera externo a la lengua, sino intrínseco a ella.

Ese gusto, que no me viene de ahora, se ha convertido en un agente transformador de mi lenguaje actual. En el fondo, escribo como si escribiera en la lengua que me gustaría que se hablara.

La lengua es un hilo que se rompe constantemente, y hoy en día no dejamos de hacerle nudos que luego se notan mucho en la escritura. No sabemos con seguridad cómo se hablaba en aquella época. Pero sabemos cómo se escribía. La lengua que entonces se escribía era un flujo ininterrumpido. Si la comparamos con un río, es como una gran masa de agua que se desliza con peso, con brillo, con ritmo, aun cuando a veces las cataratas interrumpan su curso.

O Diário, Lisboa, 21 de noviembre de 1982

Los ojos con que observo la realidad no excluyen ningún elemento de ella, y la poesía es uno de los elementos que la integran. Siempre hay una mirada que suscita el fulgor poético de la realidad. Todas las maneras de ver, de mirar, son maneras personales. Como escribo en un estado de libertad, nunca pongo un filtro entre lo que quiero contar y el modo en que será expresado. Cuando escribo, estoy abierto a todo lo que surge en ese momento. Una cosa es lo que aún no se ha escrito y otra es aquello que, en el momento de escribir, veo, oigo y siento. A fin de cuentas, puedo decir que se trata de una manera poco cerebral de escribir, lo cual se contradice abiertamente con lo que la crítica ha dicho de mis libros. Si el procedimiento es cerebral, conduce a un lenguaje poéticamente mucho más rico de lo que sugiere esa denominación.

O Diário, Lisboa, 21 de noviembre de 1982

Si usara constantemente signos gráficos de puntuación, estaría introduciendo obstáculos al libre fluir de ese gran río que es el lenguaje de la novela, estaría conteniendo su curso. En el fondo, escribir es como contar. Claro que todo esto siempre es subjetivo y siempre pueden encontrarse muchas otras razones para justificar esta técnica. Sin embargo, son mis razones y no me parecen malas del todo.

O Diário, Lisboa, 21 de noviembre de 1982

Tengo una necesidad casi voraz de aprehender la Historia. Por otra parte, siento que, en Portugal, tenemos sed de mitos y creo que tanto *Levantado del suelo* como el *Memorial* se corresponden con esa necesidad. También pienso que mis libros son profundamente realistas. En el realismo caben hoy en día muchas más cosas que aquellas que durante mucho tiempo se consintió que se incluyeran. Mi realismo es, en el fondo, un realismo de puertas abiertas.

O Diário, Lisboa, 21 de noviembre de 1982

Mis libros son poco europeos. Además de ser portugueses, son, en cierto modo, ibéricos y, por esa misma característica, se aproximan en términos generales a la ficción y a la novela que nos ha llegado de América Latina. Con todo, no siento que haya una influencia de esa literatura. Lo único que he podido tomar de ella es quizá cierta manera de respirar hondo. Por lo demás, ni las figuras se parecen.

O Diário, Lisboa, 21 de noviembre de 1982

La lengua que uso en mis novelas se incorpora a aquello que cuento. Al fin y al cabo, estoy expresando aquello que somos.

O Diário, Lisboa, 21 de noviembre de 1982

Veo el barroco como una búsqueda desesperada de claridad. El objetivo del barroco no es confundir, sino aclarar. Sólo que, en ese esfuerzo por aclarar, por llegar cada vez más cerca de aquello que se pretende, acaba cayendo en lo complicado. Los escritores latinoamericanos, por ejemplo, nos sorprenden constantemente al demostrarnos que el barroco puede ser realista, y el realismo puede ser barroco. Así como pienso que no hay nada fuera de la Historia, también pienso que no hay nada fuera del realismo.

Jornal de Letras, Artes e Ideias, Lisboa, n.º 50, 18 de enero de 1983

Recuerdo que, de muchacho, copiaba páginas enteras de mis autores favoritos, y, a veces, sucedía que, habiéndome gustado lo que había leído, no me gustaba lo que estaba escribiendo, como si escribir fuera una luz demasiado fuerte que revela las imperfecciones que nos oculta la lectura. Ahora, si la ocasión lo exige, me divierto introduciendo en mis novelas palabras, frases, versos que no son míos [...] Así, en *Memorial del convento* aparecen Fernando Pessoa, José Régio, Nicolau Tolentino, António Vieira, Tomás Pinto Brandão, Camões, y hasta Sebastião da Gama, de manera casi invisible...

Correio do Minho, Braga, 12 de febrero de 1983

António Vieira es una deuda que reivindico. Y aunque me digan que esta influencia no se nota tanto en mi propio lenguaje, sé que, en el fondo, el verbo vieirano resuena en mi cerebro cuando escribo. Casi lo llamaría arquetipo. Ahora, si me dicen que he reunido la tradición léxica de Camilo y el imaginario de Garrett, responderé que me gusta oírlo, sobre todo por un aspecto no del todo literario: y es que ambos escritores son esencialmente, intensamente portugueses; ambos prolongan y renuevan los antiguos sabores de la lengua, como la tierra que queda sujeta a las raíces se queda en las manos.

Correio do Minho, Braga, 12 de febrero de 1983

[Levantado del suelo] lo terminé, o lo escribí, deprisa, en 1976. Pero no volví a arrancar hasta tres años después, porque sabía que, si seguía los modelos tradicionales, la narrativa no me iba a gustar. Sólo podía escribir *Levantado del suelo* si lo narraba de viva voz, tal como lo hacemos nosotros, que, al hablar, no distinguimos entre el discurso directo y el indirecto. En el caso de *Levantado del suelo,* casi adopta la forma de crónica, en una transposición del discurso verbal al escrito. Tanto yo como otros autores hemos empleado esta fórmula de manera innovadora.

NT, Lisboa, 23 de mayo de 1984

Soy razonablemente irónico. Es una de mis características, aparte de ser alto y calvo... En el fondo, soy alguien a quien le gustaría hacer bromas, pero no puede o no sabe hacerlas. En mi caso, esto se resuelve con la ironía, que muchas veces dirijo contra mí mismo o contra personas a las que quiero o aprecio mucho. Habría que establecer una diferencia entre la burla, el sarcasmo, el humor y la ironía, todos ellos parientes de la misma familia, pero que, como sucede con las personas de la misma sangre, no siempre se llevan bien. Creo que la burla es lo peor de todo. El sarcasmo, a veces, es la única solución, mientras que el humor es una especie de ganzúa, y la ironía puede ser un disfraz para cualquier cosa grave, para el dolor o la angustia, aunque también puede ser una prueba o demostración de amor. De cualquier modo, intento no tratar con sentimentalismo las situaciones que parecen estar destinadas a ello. A través de la ironía, quiero que sean más punzantes cosas tan irremediables como la «mano muerta» de Marcenda («mano dos veces izquierda por estar a ese lado y ser zurda, torpe, inerte, mano con la que llamarás a aquella puerta»).

A Capital, Lisboa, 26 de noviembre de 1984

Soy un escritor barroco y mi frase avanza siguiendo una especie de línea cicloide. No va en línea recta.

O Diário, Lisboa, 29 de septiembre de 1985

No distingo entre el aura de la música y el aura de la palabra. Hablar no es más importante que hacer música.

Expresso, Lisboa, 8 de noviembre de 1986

Utilizo muchas veces los arcaísmos para acentuar el humor o la ironía. No lo hago como quien cultiva arcaísmos, sino como

quien pretende —y pido disculpas si no es adecuado decirlo—
rejuvenecer la lengua.

Jornal de Letras, Artes e Ideias, Lisboa, n.º 227,
10-16 de noviembre de 1986

El barroco es una gramática que busca la claridad, que avanza
y retrocede, o avanza retrocediendo, o retrocediendo avanza.
Una misma cosa se dice diecinueve veces porque diecinueve
veces no son suficientes para aclararla. Y puede que ni veinte veces lo sean...

Jornal de Letras, Artes e Ideias, Lisboa, n.º 227,
10-16 de noviembre de 1986

La reproducción del habla en la escritura creo que, prácticamente, no es posible y, estéticamente, no sería aconsejable. Lo
que yo hago es introducir en el texto algunos de los mecanismos del habla relacionados con su fluencia, con la organización dispersiva del discurso. Convencionalmente, la escritura
se suele tratar con un rigor que evita la proyección del sentido
en todas las direcciones. Presentar la narración como habla sería justamente lo contrario. Yo creo que he conseguido dotar a
lo escrito de un carácter tan caótico como el del discurso oral
mediante el aprovechamiento de ciertos mecanismos del habla.

Quimera, Barcelona, n.º 59, 1986

En mis novelas, hay mucho lugar para el sentimiento, lo irracional, lo fantástico; pero también es verdad que tengo un espíritu muy organizado. Debido a esto, lo que podría resultar
un caos acaba presentando una organización perfectamente
lógica.

Quimera, Barcelona, n.º 59, 1986

Yo soy tremendamente irónico, pero no en mis relaciones personales. No es una ironía agresiva, es una ironía ante la vida, y fatal, muy trágica, porque al mismo tiempo que soy consciente de su inutilidad, también lo soy de que no puedo no ser irónico.

El Independiente, Madrid, 29 de agosto de 1987

Fernando Pessoa es el irónico por excelencia. Y toda esa invención de los heterónimos es una obra maestra de ironía. Ese dotar de voz propia a la tira de «yoes» que conviven en cada uno de nosotros me parece la ironía perfecta.

El Independiente, Madrid, 29 de agosto de 1987

En el fondo, yo no he dejado de ser poeta, pero un poeta que se expresa a través de la prosa y probablemente —y ésta es una idea lisonjera que yo quiero tener de mí mismo— yo sea hoy más y mejor poeta de lo que pude ser cuando escribía poesía. Había llegado a la conclusión, cuando dejé de escribirla, de que sería siempre un poeta más o menos mediocre, y a nadie le gusta, evidentemente, ser mediocre. Esa misma poesía que yo abandoné, formalmente, está presente en toda mi obra de novelista. Me expreso poéticamente a través de la prosa con más fuerza, quizá con más seguridad y tal vez más poéticamente de lo que conseguí cuando ejercía de poeta.

Diario 16 (Suplemento *Culturas*), Madrid, 11 de febrero de 1989

No hay ironía sin melancolía.

Libération, París, 1 de marzo de 1989

En cuanto a las correcciones de lo que escribo, tampoco hay alteraciones profundas o extensas que me obliguen a hacer grandes modificaciones. Sólo sustituyo una palabra por otra, nada más. Si estoy en vena, que no es exactamente lo mismo que decir «si estoy inspirado», si *me sale,* entonces la historia se escribe casi de manera definitiva. Después me limito a rectificar una palabra aquí y otra allá, pero lo que ya está escrito ahí se queda.

Jornal de Letras, Artes e Ideias, Lisboa, n.º 354, 18-24 de abril de 1989

Creo que lo que me caracteriza como narrador tiene que ver con mi estructuración del diálogo, con la relación entre el discurso directo y el indirecto, con cierto tipo de puntuación. Ésa es una cuestión que está clara. Lo que noto es que practico una suerte de desbarroquización del lenguaje. Veamos. En el *Manual de pintura y caligrafía* no se aplica ese lenguaje. *Levantado del suelo* tiene un lenguaje rural en el que introduje muchos elementos de mi propio recuerdo, de la época en que me movía, no por el Alentejo, sino por el Ribatejo. *Casi un objeto,* esos cuentos de los que nadie habla casi, tiene un lenguaje muy simple, funcional. *Memorial del convento* es el libro que me pone esa marca, la marca de barroco.

Pero no sé hasta qué punto mi expresión natural —y esto tiene sentido porque ninguna expresión es natural—, la expresión que prefiero, será o no será la del barroco (literario, claro está). Disfruto mucho dirigiendo la frase, o dejándome llevar por ella. Cierto que en el *Cerco* se da una simplificación del lenguaje que, aunque ya empezaba a notarse en *Ricardo Reis,* se aprecia más en *La balsa de piedra,* y más todavía en este libro *[Historia del cerco de Lisboa].*

Creo que progreso hacia un cierto tipo de estructura narrativa en distintos planos —como sucede casi siempre— en la que el juego con el tiempo adquiere especial importancia. Con respecto al lenguaje, me apetece ser más claro.

Jornal de Letras, Artes e Ideias, Lisboa, n.º 354, 18-24 de abril de 1989

Soy el más realista de los escritores, no hablen de realismo mágico o fantástico. Me considero el más realista de los escritores: la manera en que utilizo ese realismo es lo que no tiene nada que ver, evidentemente, con las expresiones naturalistas del siglo pasado.

Jornal de Letras, Artes e Ideias, Lisboa, n.º 354, 18-24 de abril de 1989

Mis personajes están en mis novelas como alguien encargado de decir algo. Lo que me preocupa es la arquitectura del libro, su solidez, un sistema de vigas que se sostenga de modo que nada tiemble aunque la historia sea delirante y avance por lo fantástico con las velas desplegadas. Y, al igual que un ingeniero, me preocupo de la resistencia de los materiales, del perfil de las vigas, de las estructuras.

Expresso, Lisboa, 22 de abril de 1989

Podría decir que los cambios de tipo temporal que ocurren constantemente en el libro *[Historia del cerco de Lisboa]* y que no suceden de la misma manera me han dado mucho trabajo por la dificultad técnica que conllevan, pero no es así. Mi técnica tiene una parte de espontaneidad (controlada) y hay mucho menos trabajo del que parece en la articulación de los distintos planos. Surge un momento, durante el desarrollo de la narrativa y de mi pensamiento, en que sé que es así. Cómo, no lo sé.

Expresso, Lisboa, 22 de abril de 1989

Tengo tendencia a la digresión, de lo cual hay diversos ejemplos en nuestra literatura, y el mejor es el de Almeida Garrett. Me gusta introducir, en la historia que estoy contando, cosas que nada tienen que ver con ella, de manera que unas dan forma a las otras.

Expresso, Lisboa, 22 de abril de 1989

No tengo ninguna preocupación de modernidad, de vanguardia. Lo único que deseo es expresarme, y, desde luego, cada vez que escribo expreso una necesidad, la de hablar al lector, a la gente, aunque no estoy seguro de lograr interesar siempre. Lo que sí puede ocurrir es que esta necesidad de comunicarte te lleve a algo de vanguardia; pero no como un intento previo, por pensar que las expresiones literarias están muy cansadas e intentas algo nuevo. Si hay algo que debo decir, debo buscar cómo decirlo, y en esa búsqueda aparece un estilo.

El País Semanal, Madrid, 23 de abril de 1989

Incluir los diálogos en el flujo narrativo, como sucede en este momento en que tú y yo estamos hablando, donde tu diálogo y el mío están incluidos en un flujo que podría ser narrativo si además de nuestro diálogo incluyéramos nuestro entorno, esto que está por aquí, y el ruido que oímos, las plantas. Normalmente ocurre todo lo contrario: se aísla el diálogo de todo lo demás. Y eso me parece antinatural. Lo natural sería intentar expresarlo todo en una corriente continua que te lleva, como ocurre con la música. Porque, cuando escuchas a una orquesta, hay una integración de timbres y sonidos, de altos y de bajos, y todo eso ocurre con todos los instrumentos. Lo que intento es conducir mi relato como si fuera una orquesta. Es decir, no es una suma de palabras, es una integración, como el sonido que produce una orquesta, donde puedes identificar de dónde viene cada uno, la sensación de diversidad, al mismo tiempo que aquello es una unidad.

El País Semanal, Madrid, 23 de abril de 1989

La estructura narrativa de mis libros trata de aproximar la disciplina de la escritura a la espontaneidad del habla, de la oralidad. De esto resulta un discurso fluido, torrencial, un río largo, donde la corriente arrastra cuanto encuentra a su paso.

Segundo Caderno, Porto Alegre, 26 de abril de 1989

Escribo como se habla. Y me oriento más hacia la naturaleza que hacia la sofisticación. Procedo del pueblo y sé cómo éste se siente y cómo piensa. Son historias que van de boca en boca y que yo introduzco en mis novelas.

Segundo Caderno, Porto Alegre, 26 de abril de 1989

[Sobre el padre António Vieira] pienso que fue el mayor escritor de nuestra lengua [el portugués].

Setembro, Lisboa, n.º 1, enero-marzo de 1993

Todos somos unos pobres diablos, hasta los genios. La ironía siempre la utilizo no como truco, sino como alguien que estuviera dentro de mí y me estuviera diciendo «no te creas cosas».

Sur, Málaga, 25 de febrero de 1993

El habla se compone de sonidos y pausas, nada más. El lector de mis libros deberá leerlos como si dentro de su cabeza escuchara una voz que dice lo que está escrito.

Folha de S. Paulo, São Paulo, 16 de noviembre de 1995

Me gustaría no interrumpir nunca mi escritura, ni con signos de puntuación ni con capítulos, que todo fuese simultáneo, lo mismo que ocurre en la realidad: el coche que pasa, el fotógrafo que hace una foto, el viento que mueve las ramas. Cuando yo digo que necesito «oír» mi escritura, me refiero a que necesito que la escritura salga con esa fluidez que empleamos cuando hablamos. Necesito escuchar una voz interna, esa misma voz que el lector también tiene que aprender a escuchar para penetrar en mis textos.

ABC Literario, Madrid, 9 de agosto de 1996

Resulta extraordinario que, en un tiempo como éste, en que estamos desbordados por una información minuciosa y detallista, seamos cada vez más impermeables a esa información, que ya ni siquiera nos inmuta. Necesitamos, pues, volver a la alegoría, para acentuar aquello que, en condiciones normales, no necesitaría más que la exposición del hecho sencillo. Las noticias de matanzas que nos llegan por el telediario ya no nos impresionan; si acaso, apartamos la mirada cuando nos resultan muy desagradables. Hay que trascender ese abuso de información con la alegoría.

ABC Literario, Madrid, 9 de agosto de 1996

Lo cierto es que, con épica o sin ella, creo que mi trabajo en cualquiera de estas áreas de abordaje es inseparable del neorrealismo. Mis raíces están en el neorrealismo y no pueden ser otras, aun cuando todo eso haya pasado luego por unas lentes de aproximación que no son las mismas y, sobre todo, por una especie de escepticismo que no podría admitirse ni siquiera ideológicamente en el neorrealismo y que se desarrolla en todo mi trabajo.

Armando Baptista-Bastos, *José Saramago. Aproximação a um Retrato,* Publicações Dom Quixote, Lisboa, 1996

En este estilo hay mucha actividad muscular... Lo que quiero decir con esta definición algo insólita es que el discurso tal cual se presenta en mi estilo tiene que moverse de una forma, diría, «recontraída», según la cual todo lo que va ocurriendo resulta de lo que ya se ha dicho, la palabra siguiente viene de la palabra que ya está escrita, como si yo no quisiera que hubiera rupturas ni cortes y que el discurso pudiera tener una fluidez tal que ocupara todo el espacio narrativo. Es decir: aspiro a traducir una simultaneidad, a decirlo todo al mismo tiempo.

Carlos Reis, *Diálogos com José Saramago*, Caminho, Lisboa, 1998

Cuando escribía poesía, todo era pensado, el poema estaba muy *fabricado* (en el mejor sentido que pueda tener la palabra), mientras que los afloramientos poéticos en mis novelas *surgen,* no hay fabricación poética. No puedo decir lo mismo de la poesía. La poesía es «fabricadamente» poesía. Y aquello a lo que he llamado *esencialidad* y que ahora llamo afloramientos, esos afloramientos poéticos que surgen y que cualquier lector encuentra, reconoce y define o clasifica como tales, surgen del propio flujo narrativo con espontaneidad; es decir, cuando hablaba de esencialidad poética es porque en ésta no hay fabricación: hay aparición.

Carlos Reis, *Diálogos com José Saramago*, Caminho, Lisboa, 1998

No hay ninguna lectura que me haya llevado directamente a aquello a lo que llamamos *mi estilo.* Sobre todo, si tenemos en cuenta las condiciones en que surgió, es cualquier cosa menos premeditado. Ahora bien, lo que está muy claro es que no puede haber surgido de la nada, aun cuando sea curioso que, incluso en textos anteriores —y estoy pensando en algunos cuentos de *Casi un objeto*—, si bien es cierto que el estilo no es tan claro como vino a ser después, cuando menos ya se anunciaba cierta vibración, cierta necesidad de no ocupar solamen-

te el espacio en el que estaba, de abrirse y de abarcar lo que tenía al lado. Lo que ocurre es que, desde el punto de vista
gráfico, esto no es inmediatamente perceptible.

Carlos Reis, *Diálogos com José Saramago*, Caminho, Lisboa, 1998

Mis signos de puntuación, es decir, la coma y el punto final,
en ese tipo de discurso, no son verdaderos signos de puntuación. Son signos de pausa en el sentido musical del término, es
decir: aquí el lector hace una pausa breve y allí hace una pausa
más larga. Al leerlo, hubo quien dijo que no había entendido
nada. La única respuesta que di entonces, hace ya muchos
años —en 1980, cuando salió *Levantado del suelo*—, fue la siguiente: lean una página o dos en voz alta. Y, luego, esas mismas personas dijeron: «Ya entiendo lo que quieres hacer». Es
fácil. El lector debe escuchar dentro de su cabeza —no es que
se trate de aburrir a su familia en casa leyendo en voz alta el
Memorial del convento o *El Evangelio según Jesucristo*— la voz
que «habla». Por eso, me resulta tan complicado empezar un
libro: porque mientras no sienta que aquel señor está «hablando», que no está escribiendo el libro simplemente, puedo em-
pujarlo y hacerlo avanzar, pero tarde o temprano debo dete-
nerme porque debo replantearme todo lo que he hecho hasta
ese momento.

Carlos Reis, *Diálogos com José Saramago*, Caminho, Lisboa, 1998

¿Por qué en mis novelas no se encuentra ninguna retórica? La
gente, mis personajes hablan sencillamente, todos ellos. En
ningún momento, creo, el lector, leyendo un diálogo en una
novela mía, puede llegar a decir: «La gente no habla así». Porque me doy cuenta de que, leyendo novelas, muchas veces me
ocurre eso, me digo que la gente no habla así. Por eso, mis diálogos expresan, quizá, grandes sentimientos, pero siempre con

pequeñas palabras. Me atraen más las palabras mínimas que las grandilocuentes.

Juan Arias, *José Saramago: El amor posible*, Planeta, Barcelona, 1998

[La imaginación] puede sorprendernos, claro que sí. Todos los que escribimos sabemos que eso ocurre y es lo mejor que nos puede pasar. Es cuando nos sorprendemos a nosotros mismos, cuando algo que parecía que, cuatro palabras antes, no estábamos pensando en ello, cuatro palabras después, aparece. Creo que hay un proceso que lleva a decir a algunos con exageración que el libro se escribe a sí mismo. Por supuesto que no, necesita de las manos, de la cabeza, pero hay algo... que, en el fondo, las palabras se buscan unas a otras. Ninguna palabra es poética, lo que hace que la palabra se convierta en palabra poética es la otra palabra, la que estaba antes, la que viene después.

Veintitrés, Buenos Aires, 7 de febrero de 2002

Mi estilo, por llamarlo así, siempre ha sido muy digresivo. Soy incapaz de narrar algo en línea recta. No es que me pierda en el camino: si encuentro un desvío, entro por él y luego vuelvo por donde iba. Si hay un antepasado mío directo en la literatura portuguesa, es un poeta, dramaturgo y novelista del siglo XIX que se llamó Almeida Garrett. Mi gusto por la digresión lo he recibido de ese autor.

El Universal, México D. F., 15 de mayo de 2003

Creo que dentro de una obra hay más relación con la música que aquello que tiene que ver con las referencias explícitas a la música. Cuando, por ejemplo, en una frase que acabo de escribir y he dicho todo lo que tenía que decir, siento que me falta

algo en términos de compás musical. Y puede ocurrir que aña-
da un par de palabras más o tres, que no hacen ninguna falta.
No hacen falta para el sentido de la frase, pero el tempo del
compás no puede quedar en el aire.

Mil Folhas, Lisboa, 12 de noviembre de 2005

Yo creo que, de una manera o de otra, [la ironía], agresiva, activa, directa o menos, está en todo lo que escribo.

El País, Madrid, 12 de noviembre de 2005

Hace poco he llegado a la conclusión —que hasta entonces no
había reconocido como tal— de que, en el fondo, la gran influencia literaria en mi persona, en mi manera de escribir, en
mi manera de afrontar la cuestión del relato, de la narración,
ha sido Almeida Garrett. Lo he visto claro, evidente, luminoso,
en los últimos tiempos.

Diário de Notícias, Lisboa, 5 de noviembre de 2008

La lectura de *Viajes por mi tierra* me influyó mucho. Y, a propósito, deberíamos leer más a Garrett. Por ejemplo, los *Discursos Parlamentares* son una maravilla, tanto por el lenguaje, como por la estructuración del razonamiento político, como por
su aspecto polémico. Son una lección de portugués, de una riqueza inagotable, y poca gente los conoce.

Jornal de Letras, Artes e Ideias, Lisboa, n.º 994,
5-18 de noviembre de 2008

Si opino constantemente desde que escribí *Manual de pintura
y caligrafía* y los cuentos de *Casi un objeto* es porque siempre
he sentido que desempeño el papel del que cuenta la historia.

Así, es inevitable que en cierto momento haga una digresión para opinar sobre lo que ha sucedido o incluso para rectificarlo.

Jornal de Letras, Artes e Ideias, Lisboa, n.º 994, 5-18 de noviembre de 2008

Decir de más es siempre decir de menos.

Público, Madrid, 20 de noviembre de 2008

Para mí, Almada Negreiros es el responsable de la segunda gran revolución estilística de nuestra lengua y de nuestra literatura. La primera fue la de Garrett, con los *Viajes por mi tierra,* y la segunda la de Almada Negreiros con *Nombre de guerra.*

João Céu e Silva, *Uma Longa Viagem com José Saramago,* Porto Editor, Oporto, 2009

Novela

En la concepción de uno de los renovadores más conspicuos de la narrativa portuguesa del siglo XX, José Saramago, la novela es un *lugar literario* que, desbordando los límites del género, se muestra susceptible de incorporar, de forma «convulsa», la poesía, el drama, la filosofía, la ciencia, la ética... Una suerte, en fin, de gran contenedor que aspira —con cierta dosis de idealismo— a la *expresión total*. Se proyecta así como la posibilidad de un universo germinal, transfronterizo e híbrido, con la pretensión de abarcar la diversidad y complejidad del ser humano inmerso en su propio laberinto.

Para el escritor, la novela, insertada en el engranaje de una cosmovisión, representaba la manifestación de un saber y, al mismo tiempo, la aspiración a un conocimiento: el de la realidad y el del propio hombre. Pero encauza también, y con particular vocación, la persona que es el autor, sus preocupaciones y su voluntad. De ahí que defendiese, con perseverancia, el anclaje de la ficción en la energía motriz de las ideas, hasta el punto de presentarse a sí mismo como un ensayista que escribía novelas porque no se sentía capaz de redactar ensayos o como un novelista que escribía ensayos encubiertos bajo el ropaje de la fabulación, favorecida por una virtuosa y original capacidad para enhebrar el discurso textual, para hacer brillar la lengua portuguesa.

La cuestión del punto de vista desempeña un papel determinante en su escritura, un aspecto estrechamente vinculado a los contenidos ideológicos implícitos. El ensamblaje de precisas alegorías —en particular, a partir de mediados de los años noventa— contribuyó a reforzar su presentación de la novela como espacio de producción intelectual y análisis crítico, mediante el cual Saramago evisceró los envilecimientos morales, sociales y políticos de nuestro tiempo, en definitiva, la deshumanización que caracteriza a la civilización contemporánea. La inversión, el extrañamiento y la posición antagonista resultan consustanciales a su personalidad literaria.

No se trata de regresar a la novela histórica, sino de introducir la novela en la Historia.

O Jornal, Lisboa, 28 de enero de 1983

[Es] mi concepción teórica de lo que denomino la «homerización» de la novela. De la misma manera que en los poemas homéricos estaba todo, a la novela le ha llegado su momento de convertirse en el género de géneros, el lugar de la expresión total, donde todo puede confluir. Si esta concepción no fuera una especie de delirio, diría que ése es el sentido por el que espero orientar mi contribución a la narrativa.

El Independiente, Madrid, 29 de agosto de 1987

Me considero un escritor realista, pero no un novelista realista. La novela es un lugar literario donde todo puede y debe caber. La novela es la expresión absoluta. Yo aspiro a que sea una suerte de suma, una aglomeración de todos los géneros, un lugar de sabiduría. La novela abarca la epopeya, el teatro, la reflexión del filósofo o del filosofador... Ésa es mi ambición. Ahora no es cuestión de discutir si lo consigo o no, pero a eso aspiro. De ahí que el narrador de mis novelas tenga un papel todopoderoso.

Expresso, Lisboa, 22 de abril de 1989

No escribo libros sólo para contar historias. En el fondo, seguramente no soy novelista. Soy ensayista, soy alguien que escribe ensayos con personajes. Creo que es así: cada novela mía es el lugar de una reflexión sobre determinado aspecto de la vida que me preocupa. Invento historias para expresar preocupaciones, interrogantes...

Playboy, Edición Brasil, São Paulo, octubre de 1998

Creo que hay bastante coherencia en mi definición de la novela como lugar literario en vez de entenderla como un género. De la misma manera que he hablado de mi intento de lograr una descripción que abarque todo, como un río que arrastra y se lleva todo, con afluentes de todas partes [...], cuando recurro a la novela, en el fondo la concibo como una tentativa de transformarla en una especie de *summa*. Si afirmo que lo que quiero es decir quién soy, que lo que quiero es que, a través de la novela, pueda aparecer la persona que soy, esa que no volverá a repetirse, que no volverá a suceder, entonces no se trata sólo de escribir para contar una historia: se trata de escribir una novela para intentar decirlo todo.

Carlos Reis, *Diálogos com José Saramago*, Caminho, Lisboa, 1998

Todo aquello que hacemos se hace con lo que otros han hecho. No es que esté hecho exclusivamente con aquello que han hecho otros, pero si los otros no lo hubieran hecho, lo que nosotros estamos haciendo se haría de otra manera. Y esto no sucede solamente en la poesía: también se da en la novela o en cualquier otra cosa. Cualquier arte, cualquier expresión artística (también la expresión literaria) tiene un pasado del que es imposible separarse.

Carlos Reis, *Diálogos com José Saramago*, Caminho, Lisboa, 1998

Como mi novela es una novela en constante construcción, que se va haciendo a sí misma, cuando afirmo que aquello que el autor conoce de sus personajes es el pasado, quiero decir que del futuro no sabe nada. Puedo repetir el ejemplo de la mujer del médico [en *Ensayo sobre la ceguera*]: en el momento en que ella dice que se ha quedado ciega, no sé nada de su futuro, y si el libro se hubiera interrumpido en ese momento no habría sabido qué destino tendría aquella mujer. No es que vaya viendo clara la historia con cada línea que escribo, sino que, de repente, de la propia historia que estoy contando surge una especie de necesidad: la historia necesita que aquel personaje se defina de ésta o de aquella manera. Y usted puede decir: «Pero ¿no es usted quien decide?». Sí, yo decido, pero soy un instrumento de la narración, y la narración es mi instrumento: hay una suerte de reciprocidad, una suerte de ayuda mutua entre el autor y aquello que él escribe, que conduce, en cada momento, a aclarar aquello que en el paso anterior no estaba nada claro.

Carlos Reis, *Diálogos com José Saramago*, Caminho, Lisboa, 1998

En la novela, puede confluir todo, la filosofía, el arte, el derecho, todo, incluso la ciencia, todo, todo. La novela como una suma, la novela como un lugar de pensamiento.

Hojas Universitarias, n.º 47, Universidad Central, Bogotá, abril de 1999

A veces, digo que hacer una novela es lo mismo que hacer una silla: la silla tiene que tener cuatro patas, tiene que estar equilibrada, la persona tiene que sentarse en la silla y estar a gusto, hay una estructura y las cosas tienen que estar apoyadas unas en las otras para que la silla no se caiga. Y por otra parte, si la silla además de funcionar, de responder a la necesidad que uno tiene a la hora de sentarse de que sea sólida, puede llevar una estética, puede ser hermosa, bien diseñada, pues, ahí tenemos... Pero todo necesita ser sólido, y la novela, desde mi punto de vista, tiene que tener una estructura en que el lector no diga «pues aquí falta algo» o se alargó excesivamente. Todas son partes de un todo que tiene que funcionar de una forma, en el fondo, equilibrada. Quizás puede parecer sorprendente que yo diga que escribir una novela es lo mismo que hacer una silla, pero eso sólo significa el respeto al trabajo bien hecho: puede ser una novela o puede ser una silla, y quien dice una silla puede decir muchísimas otras cosas.

Biblioteca Nacional de Argentina-Sala virtual de lectura,
Buenos Aires, 12 de diciembre de 2000

En una novela cabe todo, es un intento de comprender el mundo. Que lo logre o no, es otra cosa.

Época, Madrid, 21 de enero de 2001

Como ya he dicho algunas veces, utilizo la novela como vehículo para la reflexión. ¿Reflexión sobre qué? Sobre la vida, sobre esto.

Época, São Paulo, 29 de mayo de 2006

Historia

Las novelas publicadas durante la década de los ochenta, que supusieron su consagración como escritor, recurrieron a la Historia como fundamento de sus universos literarios, hasta que, a partir de *El Evangelio según Jesucristo,* tomaron el relevo las tribulaciones sociales, morales y políticas del mundo contemporáneo, sin dejar de lado el papel del ser humano en ese contexto. Desde el principio, Saramago rechazó la etiqueta de novelista histórico, defendiendo que sus aproximaciones no perseguían fabricar *reconstrucciones* del pasado, sino «meter la Historia en la novela», naturalmente una Historia *otra,* movido por la inquietud de interrogarse sobre la naturaleza y las circunstancias de la verdad colectiva.

Cada una de sus entregas, a las que, por lo general, acompañó de enriquecedoras reflexiones complementarias en medios y foros, profundizaba en la desmitificación de la Historia concebida como gran relato, pulverizándola mediante arquitecturas narrativas que revelaban facetas y enfoques divergentes con los discursos oficiales. Saramago identificaba su propósito con la tarea de relativizar la versión consolidada, expandiendo la perspectiva, invirtiendo los protagonistas, agregando y suprimiendo hechos, iluminando vacíos y ocultaciones, alterando episodios...

En realidad, su operación intelectual consistía en introducir el punto de vista donde parecía que sólo había dogma. Agregaba, asimismo, el deseo de convertir esa enseñanza del pasado en un valor de lectura contemporáneo; dicho de otro modo, la Historia se volcaba y cristalizaba en el presente. De hecho, como sostén de esa visión relativista proyectada hacia la actualidad, el escritor propugnaba una concepción del tiempo superadora de la diacronía para entenderlo desde una perspectiva simultaneísta donde coinciden las épocas y los diferentes acontecimientos en busca de un orden, de sentido.

El pensamiento formulado por Benedetto Croce relativo a que «toda la Historia es Historia contemporánea» le resultó luminoso. Sabedor de que el discurso histórico es parcial y fragmentario, de que se trata de un edificio interpretativo sujeto a percepciones e intereses, aspiraba a introducir las vicisitudes de los que no fueron incorporados al gran discurso, a añadir su voz y sus experiencias silenciadas. En definitiva, Saramago combatió la Historia convencional desde la literatura. Puso ambas disciplinas en pie de igualdad sobre la base de la ficción, evidenciando la dificultad de distinguir una de otra, algo que confesaba haber aprendido en la historia de las mentalidades de Georges Duby, cuya obra *Tiempo de catedrales* tradujo. No sólo hay, pues, diversas construcciones del pasado, sino que la novela sería susceptible de corregirlas y completarlas.

Fuera de la Historia no hay nada.

O Jornal, Lisboa, 28 de enero de 1983

Veo el tiempo como un armonio. Así como el armonio puede extenderse o encogerse, los tiempos pueden ser contiguos los unos de los otros. Es como si 1720 hubiera sido ayer, ahora mismo, ahí en ese salón.

O Jornal, Lisboa, 28 de enero de 1983

Si no relacionara mi trabajo con la Historia, no haría ninguna tarea [...] Lo que yo quiero escribir está relacionado con hechos y hombres del pasado, pero no como quien habla de arqueología. Yo quiero desenterrar hombres vivos. La Historia ha enterrado a millones de hombres vivos.

O Diário, Lisboa, 29 de septiembre de 1985

Traduje libros de Georges Duby. Uno de ellos, *Tiempo de catedrales,* me fascinó. Con él me di cuenta de que no es tan fácil distinguir entre aquello a lo que llamamos ficción y aquello a lo que llamamos Historia. La conclusión a la que llegué, acertada o equivocada, fue que, en sentido estricto, la Historia es una ficción, pues, tratándose de una selección de hechos organizados de una manera determinada para volver el pasado coherente, también es la construcción de una ficción.

Jornal de Letras, Artes e Ideias, Lisboa, n.º 354, 18-24 de abril de 1989

Yo entiendo toda la Historia como Historia contemporánea. Creo que todo aquello que soy y todo aquello que somos no depende sólo de lo que pensamos y de lo que nos sucede hoy, sino de todo un tiempo pasado que nos dio la lengua, las costumbres, la ética, la relación con los demás. Por lo tanto, creo que todos estamos hechos mucho más de pasado que de presente. No consigo entender cómo es posible que una persona se vea como un producto del presente.

O Jornal Ilustrado, Lisboa, n.º 739, 21-27 de abril de 1989

La Historia no es una ciencia. Es ficción. Iré más lejos: al igual que en la ficción, existe un intento de reconstruir la realidad mediante un proceso de selección de materiales. Los historiadores presentan una realidad cronológica, lineal, lógica. Pero, en realidad, se trata de un montaje basado en un punto de vista. La Historia está escrita desde un prisma masculino. Si estuviera hecha por mujeres, sería diferente. En fin, hay una Historia de los que tienen voz y otra, no contada, de los que no la tienen.

Segundo Caderno, Porto Alegre, 26 de abril de 1989

La Historia se ha encargado de demostrar la falta de principios absolutos. La verdad, por otra parte, es que se han pervertido los ideales justos hasta el extremo de que la práctica se ha alejado tanto de las ideas, que ni esa práctica podría reconocerse en esas ideas, ni esas ideas en la práctica.

Lusitano, Lisboa, 15 de marzo de 1990

Heredamos y transformamos todo lo que somos para transmitirlo a otras personas. Desde esta perspectiva, toda la Historia es Historia contemporánea.

Diário de Notícias da Madeira, Madeira, 27 de abril de 1991

Tengo una idea, que suelo expresar de manera nada científica, y consiste en que el tiempo no es una sucesión diacrónica en la que un acontecimiento sigue a otro. Lo que sucede se proyecta como una inmensa tela en la que unas cosas quedan al lado de las otras. Como si el hombre de Cromañón estuviera sobre esa tela al lado del *David* de Miguel Ángel. Para el autor, no hay pasado ni futuro. Lo que acontecerá ya está sucediendo. Para este autor, al escribir estos libros, así pasan las cosas.

Público, Lisboa, 2 de noviembre de 1991

¿Qué diablos es la verdad histórica? Sólo algo que fue dibujado y luego a ese dibujo establecido se lo rodeó de oscuridad para que la única imagen que pudiera ser vista, destacada, fuera esa que se quiere mostrar como verdad. La tarea es quitar todo lo negro, saber qué es lo que quedó sin contar, sin mostrar.

La Maga, Buenos Aires, 30 de marzo de 1994

Muchas veces las omisiones son las que darían un sentido nuevo a hechos que parecen no tener más que un solo motivo. La verdad es que vivimos en una cámara de espejos en la cual todo se refleja en todo y es, a su vez, el reflejo de sí mismo. Cuando nos pintan nada más que una imagen sin tener en cuenta el espejo, esa imagen está incompleta.

La Maga, Buenos Aires, 30 de marzo de 1994

Nuestra relación con el tiempo se hace por mediación de algo que llamamos Historia y la Historia es algo que se escribe como consecuencia de la elección de datos, fechas y circunstancias que van a ser organizados por el historiador para que todo ese manojo de información sea coherente consigo mismo. La Historia no sería más que el intento de introducir la coherencia en el caos de los hechos múltiples de todos los días.

La Maga, Buenos Aires, 30 de marzo de 1994

Sí, ésa es mi postura, dudar de todo. Si hay algo en mis libros que pueda ser útil para el lector, no es justamente que él termine pensando como pienso yo, sino que logre poner en duda lo que yo digo. Lo mejor es que el lector pierda esa postura de respeto, de acatamiento a lo que está escrito. No hay verdades tan fuertes como para que no puedan ser puestas en duda. Tenemos que darnos cuenta de que nos están contando cuentos. Cuando se escribe la Historia de cualquier país, tenemos que saber eso. La realidad profunda es otra. El historiador, muchas veces, es alguien que está transmitiendo una ideología. Si fuera posible reunir en una Historia sola todas las historias —además de la Historia escrita y oficial—, empezaríamos a tener una idea sobre lo que ha pasado en realidad.

La Maga, Buenos Aires, 30 de marzo de 1994

Sí, yo pienso que sí [que la ficción puede llegar a corregir o enmendar la Historia]. Enmendarla no en el sentido de poner un hecho en lugar de otro, sino de presentar algo más que no está en la Historia y, al integrarlo, cambia el hecho en sí, sin tocarlo. Un historiador ha dicho A y yo le agrego B y C, pero no excluyo A, sigue allí, sólo que, al enfrentarse con B y C,

285

cambia necesariamente, porque los puntos de vista se multiplican.

El País (Suplemento cultural), Montevideo, 24 de junio de 1994

Yo entiendo la Historia en un sentido sincrónico, en donde todo acontece simultáneamente. En consecuencia, lo que procura el novelista —al menos es lo que yo intento hacer— es dibujar un sentido a todo ese caos de hechos grabados en la pantalla del tiempo. Sé que esos hechos se dieron en distintos tiempos, pero procuro encontrar un hilo común entre ellos. No se trata de escapar del presente. Para mí, todo lo que ocurrió está ocurriendo. Y esto no es nuevo, lo afirmaba Benedetto Croce al escribir: «Toda la Historia es Historia contemporánea». Si tuviera que elegir una consigna que marque mi norte en la vida, sería esta frase de Croce.

El País (Suplemento cultural), Montevideo, 24 de junio de 1994

En mis libros, la Historia no aparece como reconstrucción arqueológica, como si hubiese viajado al pasado, tomado una fotografía y relatara lo que muestra esa imagen. Lo que yo hago no tiene nada que ver con eso. Yo sé o creo saber lo que ha pasado antes y voy a revisarlo a la luz del tiempo en que vivo. Cuando me preguntan si escribo novelas históricas, contesto que no, al menos no en el sentido decimonónico de la palabra tal cual lo hacían Alexandre Dumas o Walter Scott o Flaubert en *Salambó*. Mi intento es la búsqueda de lo que ha quedado en el olvido por la Historia.

El País (Suplemento cultural), Montevideo, 24 de junio de 1994

Aunque suene algo paradójico, diría que entre Historia y ficción la diferencia no es demasiado grande. Al escribir una historia —porque de eso se trata— el historiador hace un poco lo que el novelista: elige los hechos y los concatena, vale decir, encuentra relaciones entre ellos en función de lograr un discurso coherente. Lo mismo se le exige a una novela. Puede ser mágica, fantástica o cualquier cosa, pero hasta la fantasía y la imaginación más disparatadas necesitan de una coherencia. Un libro de Historia presenta algo predeterminado. Los hechos están allí, y un hecho trae como consecuencia otro, y otro, y otro. Hay una suerte de fatalidad histórica que hace que las cosas sean como son y no de otra manera. Entonces, al dirigir los hechos, al organizarlos, yo diría que el historiador se comporta como un novelista y el novelista como un historiador.

La Época, Santiago de Chile, 15 de octubre de 1995

Tengo una curiosa relación con el tiempo que a veces me lleva a decir que el presente no existe, que no es más que pasado. El presente cambia continuamente. Es algo que va avanzando hacia eso que llamamos pasado. Recuerdo que uno de los más importantes filólogos brasileños, Aurélio Buarque de Holanda, autor de un magnífico diccionario, definió el presente como «un periodo de tiempo más o menos largo entre el pasado y el futuro». A la hora de tener que definir el presente, se encontró ante la imposibilidad de la empresa. El presente es una sensación subjetiva —de ahí que sea más o menos largo— y por eso escapa a cualquier definición.

La Época, Santiago de Chile, 15 de octubre de 1995

Evidentemente que aquello que nos llega no son verdades absolutas, son versiones de acontecimientos, con mayor o menor autoridad, más o menos respaldadas por el consenso social o por el consenso ideológico, o incluso por un poder dictatorial que dijera «hay que creer en esto, lo que ha pasado es esto y, por tanto, vamos a meternos esto en la cabeza». Lo que nos están dando, repito, es una versión. Y creo que, si nos decimos a todas horas que la única verdad absoluta es que toda verdad es relativa, no sé por qué, llegado el momento en que un escritor pasara por determinado hecho o episodio, debería aceptar como ley inamovible una versión determinada, cuando sabemos que la Historia no sólo es parcial, sino también fragmentaria. Dicho de otro modo: ¿por qué la literatura no ha de tener también su propia versión de la Historia? De todas maneras, la literatura no se superpone completamente a la Historia porque no puede, porque tiene que alimentarse incluso de versiones opuestas o contradictorias al construir a la luz de una época o de un entendimiento diferente su propia versión.

Carlos Reis, *Diálogos com José Saramago*, Caminho, Lisboa, 1998

La Historia que se escribe y que después leeremos, aquella en la que aprenderemos lo que sucedió, tiene que ser necesariamente fragmentaria, porque no se puede narrar todo, no se puede explicar todo, no se puede hablar de todo el mundo; pero también es parcial en otro sentido, en que siempre se ha presentado como una especie de «lección», aquello a lo que llamábamos la Historia patria.

La cuestión es que a mí no me preocupa tanto que ésta sea parcial, es decir, tendenciosa e ideológica, porque más o menos puedo comprobar, observar y encontrar los antídotos para esas visiones más o menos deformadas de aquello que sucedió o de la interpretación que se le ha dado. Quizá me preocupe más el hecho de que la Historia se organice por parcelas. Volviendo atrás, cuando hablé de poner juntos Auschwitz, el hombre de Neanderthal y la Capilla Sixtina me faltó añadir muchas cosas: me faltó mencionar al ayudante de Miguel Ángel que le molía las tintas y, en el caso de Auschwitz, me faltó mencionar al honrado (supongamos que fuera honrado...) albañil que construyó los muros del campo de concentración, si es que éste los tenía. Y es que, por este mundo, han pasado millones de personas que se han marchado sin dejar rastro ni señal...

Carlos Reis, Diálogos com José Saramago, Caminho, Lisboa, 1998

La verdad histórica no existe. La Historia no es más que una ficción. Es decir, una ficción con más datos, concretos, reales, pero también con mucha imaginación.

ABC, Madrid, 22 de septiembre de 2001

Al contrario de lo que realmente se piensa, es en las diferencias donde la Historia se repite, no en las semejanzas.

José Saramago en ¡Palestina existe!, Foca Ediciones, Madrid, 2002

Yo creo que no se puede hablar de Historia genuina, porque eso significaría que esa Historia genuina estaría comunicando la verdad, o una verdad. Pero hay un problema: la verdad no existe. Hay verdades parciales.

Jorge Halperín, Conversaciones con Saramago.
Reflexiones desde Lanzarote, Icaria, Barcelona, 2002

La verdad histórica no pasa por una interpretación, pasa por la mirada del tiempo en que esa interpretación se hace. Por lo tanto, es más probable que, por motivos distintos, políticos, ideológicos, la generación siguiente, si observa el mismo hecho, llegue a conclusiones distintas. Consiguientemente, no sabremos nunca detalladamente qué es lo que pasó. Y, sobre todo, porque la Historia que se cuenta es incompleta.

Revista Opiniones, La Habana, 18 de junio de 2005

Mujer

La obra de Saramago es también una literatura sostenida sobre excepcionales figuras femeninas, presentes en sus novelas como fulgurantes encarnaciones de lo mejor de la condición humana. Mujeres discretas, nada enfáticas, enraizadas en siglos de sacrificio, de abnegación y de amor mantenido en la adversidad. Mujeres frente a su destino, en pie de dignidad, graves, austeras e íntegras, responsables e imbuidas de coraje, misteriosas y entregadas, capaces de encarar una manera más sensible de entender el mundo, de ser para sí mismas y para los otros, a cuyo rescate acuden. En su personalidad, resuena un temple forjado por siglos de exclusión, de invisibilidad y dominio, en el que se advierten formas de compasión y de ternura tan sobrias como hondas. Asumen la contrariedad ejemplarmente, en tanto que la rebeldía se manifiesta como una poderosa y serena energía interior. Humildes y leales, generosas y auténticas, en ellas se depositan los méritos que más valoraba Saramago, representando, en su conjunto, la humanidad deseada, al tiempo que, implícitamente, son confrontadas al modelo del hombre, frente al que se muestran más robustas tanto en su alma como en sus acciones. Se trata de grandes personajes creíbles, carnales, que no reúnen virtudes idealmente, sino que se perfilan a través de sus comportamientos, sin subrayados ni negritas. Y, para confirmarlo, ahí están, brillando en sus páginas, Blimunda, Lidia, María Sara, María Guavaria, Joana Carda, María Magdalena, la mujer del médico, Marta, Isaura...

Por lo general, las novelas del autor de *Memorial del convento* sitúan uno de sus ejes sustantivos en el sentimiento amoroso, articulado de forma subsidiaria tras el velo de la acción principal y la fortaleza de los personajes. Prácticamente, en cada una de sus ficciones puede identificarse una historia de amor. Desprovisto de ropajes y retóricas, se presenta como una fuerza austera y conmovedora, que rescata y eleva los rasgos humanos más positivos, asociada a caracteres encarnados en grandes mujeres redentoras, pero también en varones tan singulares como el violonchelista de *Las intermitencias de la muerte* o don José, el protagonista de *Todos los nombres*. Un sentimiento, en definitiva, que se expresa como «una posibilidad para una vida entera», pues no cabe entender la felicidad del individuo sin su concurrencia, ni mayor amparo frente a la muerte. Circunscrito al ámbito exclusivamente personal, el escritor desestimaba la pertinencia del amor en la esfera pública —«amaos los unos a los otros»—, donde son otros valores cívicos y laicos —en particular, el respeto— los llamados a regular las relaciones sociales y a incorporarse a los proyectos de convivencia, emancipación y transformación de la sociedad.

Saramago empeñaba su confianza en una mujer que interioriza su conciencia específica, diferenciada de los patrones masculinos, defensora de su exclusiva razón de ser. Y la invitaba a gestionar su propia condición, que el escritor advertía trastocada, en ocasiones, cuando llegaba al poder e imitaba los roles y las pautas masculinos. Activo defensor de las causas de la igualdad femenina y de las reivindicaciones de género, en particular de aquéllas planteadas contra la violencia y la opresión que sufren las mujeres, el autor de *Todos los nombres* se mostraba convencido de que las actitudes y atributos femeninos representaban una fundada esperanza para la humanidad.

Yo siempre me enamoro de mis personajes femeninos.

La Vanguardia, Barcelona, 25 de febrero de 1986

Siento que las mujeres son, por regla general, mejores que los hombres. Parece que el hombre hubiese renunciado a su punto de vista viril, seductor, y ahora no supiera muy bien cómo debería ser. La mujer, en cambio, es y, a la vez, siempre está dispuesta a ser.

Jornal de Letras, Artes e Ideias, Lisboa, n.º 227, 10-16 de noviembre de 1986

[En *Historia del cerco de Lisboa*] la fuerza está en las mujeres... claramente en las mujeres. No es una actitud feminista, sino simplemente que opino que son realmente fuertes, que tienen mucho que ofrecer. Y porque me gustan mucho... Para no caer en la frase —dichosas frases— de Aragon, aquella famosa *«la femme est l'avenir de l'homme»* —una observación más vacía de lo que pueda parecer a primera vista—, creo que ellas son más auténticas y generosas que nosotros. Valen más que nosotros, los hombres. En realidad, he aprendido poco de los hombres y mucho de las mujeres: aquello que es sustancial y esencial en la vida. No porque las idealice. Ellas son el ser humano completo... Bueno, ya sé que algunas no son nada de eso...

Ler, Lisboa, n.º 6, primavera de 1989

No soy un escritor de mujeres en el sentido de que escriba para un público femenino, como sucede, por ejemplo, con algunos autores franceses contemporáneos. El lector puede pensar esto a primera vista, porque los personajes fuertes de mis libros son personajes femeninos. Quizá esto se deba a que, al conocer mejor a los hombres que a las mujeres, al conocer mejor las debilidades y las flaquezas de los hombres, les quito importancia como figuras de mis ficciones y, por ello, aumenta la importancia de los personajes femeninos. No puedo decir que conozca a las mujeres, pero tengo conciencia de las incoherencias de los hombres, a los que no veo como héroes, sino como seres inseguros en su relación con la mujer. De ahí que dé más importancia a las mujeres.

Máxima, Lisboa, octubre de 1990

Siempre me entiendo mejor con una mujer que con un hombre. La conversación es más suelta, más relajada. Creo que la relación con las mujeres es más directa.

Máxima, Lisboa, octubre de 1990

No veo que haya cualidades morales masculinas o femeninas; pienso que las diferencias residen en la sensibilidad. En general, al hombre le falta algo que llamamos *sensibilidad*. Y no me refiero a la emoción ni a la lágrima fácil, sino a esa manera sensible de entender el mundo que tiene la mujer tal como yo la veo y la presento en mis libros. La realidad llega a la mujer por vías distintas de la razón, como el sentido de la maternidad, que le da una dimensión distinta que el hombre no puede tener.

Usamos las palabras, pero no sabemos a qué corresponden. Hablo de maternidad, pero ¿qué sabe un hombre de maternidad? Esa palabra sólo puede entenderse cuando es pronunciada por una mujer-madre; no es lo mismo cuando yo la pronuncio.

Máxima, Lisboa, octubre de 1990

Esa señora [Blimunda] se hizo a sí misma. Nunca la concebí para que fuera de una manera o de otra. El personaje se fue formando durante el proceso de escritura. Y surgió, me surgió, con una fuerza tal que, a partir de cierto momento, me limité a... acompañarla. Ese sentimiento pleno del personaje que se hace a sí mismo es Blimunda. Pero, resulta curioso, no me di cuenta hasta el final de que había escrito una historia de amor sin palabras de amor... Al final a ellos, Baltasar y Blimunda, no les hizo falta decirlas... Y, sin embargo, el lector se da cuenta de que el suyo es un amor muy profundo. Yo creo que eso es gracias al personaje femenino. Ella impone las reglas del juego... ¿Y por qué? Porque así es en la vida... La mujer es el motor del hombre. Fíjese en que mis personajes masculinos son más débiles, son hombres que tienen dudas, son personajes masculinos con complejos... Las mujeres no.

Público, Lisboa, 9 de mayo de 1991

El hombre entra más rápidamente en la cotidianidad [que la mujer]; en cambio, la mujer vive mejor en el ámbito de lo no real. Por eso no necesita de la rutina. La mujer profundiza; el varón expande.

El Mercurio, Santiago de Chile, 20 de noviembre de 1994

Mis personajes verdaderamente fuertes, verdaderamente sólidos, son siempre figuras femeninas. No porque yo lo haya decidido, sino porque me sale así. No hay nada premeditado. Probablemente se debe a que la mujer es la parte de la humanidad en la que todavía tengo esperanzas. Y espero, ya desde hace demasiado tiempo, el momento en que la mujer se decida a adoptar un papel en el mundo que no sea el de mera competidora del hombre. Si sólo es para ocupar el lugar que el hombre ha desempeñado a lo largo de la Historia, no vale la pena. Lo que la humanidad necesita es algo nuevo que no sé definir, pero todavía confío en que pueda venir de la mujer.

Folha de S. Paulo, São Paulo, 18 de octubre de 1995

[La mujer del médico] es hermana gemela de Blimunda. Aquélla ve lo que no se ve, ve a través de la piel, y ésta ve el mundo que los otros verían si no fueran ciegos. Y es una mujer dotada de cierta sabiduría, no tan misteriosa como Blimunda, pero es la sabiduría de la mujer madura, que es la única que ve y que sabe que también puede quedarse ciega en cualquier momento.

Expresso, Lisboa, 28 de octubre de 1995

No me gustan las grandes frases ni la retórica de las acciones, pero sí es cierto que, en mis novelas, aparecen personajes, sobre todo mujeres, dotadas de un heroísmo discreto, natural, como una emanación de su personalidad. Son mujeres, incluso, dispuestas al sacrificio por compasión, de compadecer al otro, un sentimiento que tiene que ver con la piedad, no con la grandilocuencia. En ese modelo de mujer, que se repite de libro en libro, con distintos nombres y en distintas épocas, se está larvando una nueva forma de humanidad, una forma distinta de «ser humano».

ABC Literario, Madrid, 9 de agosto de 1996

Si alguna vez algún personaje mío queda en la memoria de las gentes, será el de una de estas mujeres, y no es porque yo predetermine su talante o actúe mediante estrategias previas. El carácter de estas mujeres nace naturalmente, en medio de la situación concreta que estoy narrando. En cierta ocasión, alguien me preguntó: «Pero ¿por qué elige siempre una mujer?». Y yo le contesté: «¿Usted cree que todo lo que ha hecho esa mujer lo habría hecho un hombre?». Por supuesto que no. Siempre hay una mujer sosteniendo cada una de mis novelas: Lidia en *El año de la muerte de Ricardo Reis*, Blimunda en *Memorial del convento*, María Magdalena en *El Evangelio según Jesucristo*...

ABC Literario, Madrid, 9 de agosto de 1996

Yo estoy inventando mujeres o, quizá, otra forma de ser mujer. ¿Dónde están las mujeres de *La balsa* en la realidad? ¿Dónde está María Sara? ¿Dónde está la mujer del médico?

Al Margen, Las Palmas de Gran Canaria, n.º 1, octubre-noviembre de 1997

Esas historias de amor que aparecen con toda la naturalidad creo que son como son gracias a lo que son mis mujeres, personas muy especiales, muy particulares, que verdaderamente no acaban de pertenecer a este mundo, pues no creo que por este mundo esté Lidia, de *El año de la muerte de Ricardo Reis*. Son como ideas, como arquetipos que nacen para proponerse. En *El Evangelio según Jesucristo*, claro que tenía que aparecer una María Magdalena, pero esta María Magdalena no tiene nada que ver, o muy poco que ver, con lo que tú puedes deducir de los Evangelios. Es la figura de una mujer enamorada hasta los tuétanos y con una fuerza que incluso no es la mía, o que lo es de una forma traspuesta. Por tanto, las historias de amor de mis novelas, en el fondo, son historias de mujeres, el hombre está allí como un ser necesario, a veces importante; es una figura simpática, pero la fuerza es de la mujer.

Juan Arias, *José Saramago: El amor posible,* Planeta, Barcelona, 1998

Es la historia misma la que me lleva, sin haberme preocupado antes por eso, a que siempre, en todas mis novelas, haya una mujer fuerte. ¿Por qué? A lo mejor, porque tengo la esperanza de que, quizás algún día, la mujer asuma su responsabilidad total y no permita seguir siendo una especie de sombra del hombre, presente apenas para cumplir lo que el hombre decida; que ella misma se afirme con su capacidad única, con su generosidad. La mujer siempre es más generosa que el hombre, y ocurre que el mundo necesita mucha generosidad.

Hojas Universitarias, n.º 47, Universidad Central, Bogotá, abril de 1999

Al lado de mis personajes femeninos, los masculinos son insignificantes.

La Jornada Semanal, México D. F., 24 de junio de 2007

[En *El Evangelio según Jesucristo*] cuando Jesús va a resucitar a Lázaro, María Magdala lo detiene, diciéndole: «Nadie ha pecado tanto que merezca morir dos veces». Sólo una mujer es capaz de comprender que no tiene sentido resucitar si tienes que morir de nuevo. Siento que las mujeres de *La balsa de piedra* demuestran que la mujer es más sabia, más generosa, más abierta, más real. Cuando empiezo una novela, no es que me diga a mí mismo: «Ahora tienes que poner aquí una mujer extraordinaria». Lo que sucede es que ella va naciendo a partir de las situaciones creadas que se van narrando. Y cuando la veo dibujarse poquito a poco, le digo: ahí estás, ya apareciste de nuevo, te andaba buscando...

La Jornada Semanal, México D. F., 24 de junio de 2007

Si miramos la realidad, las mujeres son más sólidas, más objetivas, más sensatas. Para nosotros, son opacas: las miramos, pero no logramos ir adentro. Estamos tan empapados de una visión masculina, que no entendemos. En contrapartida, para las mujeres, nosotros somos transparentes. Lo que me preocupa es que, cuando la mujer llega al poder, pierde todo aquello.

El Tiempo, Bogotá, 9 de julio de 2007

Me pasa con la gente lo mismo que con las mujeres en mis novelas. Las hago mejores que lo que son en la vida porque continúo alimentando la esperanza de que un día se decidan a dar ese paso.

Contrapunto de América Latina, Buenos Aires, n.º 9, julio-septiembre de 2007

En primer lugar me gustan las mujeres. Encuentro que son más fuertes, y que tienen más sensibilidad y más sentido común que los hombres. No todas las mujeres del mundo son así, pero digamos que es más fácil encontrar en ellas calidades humanas que en el género masculino. Todos los poderes políticos, económicos y militares dependen de los varones. Durante siglos la mujer ha tenido que pedir permiso a su marido o a su padre para emprender cualquier actividad. ¿Cómo se ha podido seguir tanto tiempo condenando a la mitad de la humanidad a vivir subordinada y humillada?

L'Orient-Le Jour, Beirut, 2 de agosto de 2007

Todos mis personajes más fuertes son mujeres. Esto no significa que en algunos casos el hombre no se aproxime a ellas. No significa nada decir que son más fuertes, pero son personajes con poder transformador. No es que digan que han venido a cambiar las cosas, sino que su propia presencia, lo que hacen y lo que dicen, demuestra que con su aparición algo va a cambiar.

João Céu e Silva, *Uma Longa Viagem com José Saramago,*
Porto Editor, Oporto, 2009

Obra literaria propia

A finales de la década de los sesenta (1967-68), Saramago colaboró como crítico en las páginas de la revista *Seara Nova*. Reseñó algo más de una veintena de libros de ficción, dedicándoles atención, entre otras, a obras de Augusto Abelaira, Agustina Bessa-Luís, Jorge de Sena, José Cardoso Pires, Nelson de Matos y Urbano Tavares. Si se tiene en cuenta su talante analítico, no es de extrañar que, paralelamente a su dedicación a la creación, desarrollara una destacable tarea reflexiva sobre su propia producción —que concibió, en su conjunto, como una *meditación sobre el error*—, difundida tanto a través de artículos y conferencias como mediante declaraciones a los medios de comunicación.

El escritor portugués se convirtió en un esclarecedor comentarista de sus entregas, así como de las claves que definen su personalidad literaria, sin escatimar informaciones en torno a las circunstancias y anécdotas que concurrieron en la génesis de sus libros. Ahí están, por extenso, sus observaciones dedicadas a dilucidar las relaciones entre literatura y compromiso, o entre ficción e Historia; pero también a poner en claro el carácter singular del narrador omnisciente y la influencia de la oralidad en sus textos. Glosó, asimismo, la alteración de las convenciones ortográficas que practicaba y dedicó reflexiones a su concepción de la novela y de los géneros, además de hacer innumerables alusiones acerca de los propósitos específicos de cada uno de sus títulos o de la evolución del conjunto de su escritura. Una producción que él mismo ordenaría en dos grandes ciclos: «Con el *Evangelio* se cerró una puerta y se abrió otra con *Ensayo sobre la ceguera*». Si en el primero hacía uso del gran angular para revisar la Historia, en el segundo cerraría el foco para tomar como motivo central el ser humano, planteándose nuestra condición individual y colectiva.

Su elocuencia y capacidad exegética se integran en el paradigma de comunicación e intervención adoptado por el escritor para relacionarse con su tiempo y poner su trabajo en diálogo con las dinámicas sociales y culturales contemporáneas. Observador atento de sí mismo y de su labor, creó un aporte hermenéutico variado, construido sobre tensiones intelectuales, selladas, en última instancia, con la misma impronta y perspicacia provocadora que singulariza su imaginario. En definitiva, Saramago fue capaz de proporcionar un valioso corpus de comentarios merecedor de atención a la hora de comprender y enjuiciar su contribución a la literatura.

No me parece que *Casi un objeto* sea una secuencia de cuadros, del mismo modo que no surgió a partir de una yuxtaposición mecánica de textos escritos al capricho de las circunstancias. El libro tiene un proyecto y un plan, tiene un claro propósito contra la alienación (el epígrafe de Marx y Engels no está ahí por casualidad). Probablemente diría, con cierta exageración, que cada texto deriva del texto anterior, y el primero, que materialmente no tiene ninguno que le preceda, toma como referencia un texto ausente: que yo sepa, hasta hoy no se ha descrito la caída de Salazar, la caída de la silla que hizo caer a Salazar. De cualquier manera, tengo la impresión de que, en este momento, lo que importa no es tanto lo que el libro quiso ser, sino lo que el libro es. Como autor, me siento más a gusto hablando del proyecto que del producto que resultará, pero creo que algo significa que un libro contra la alienación se haya expresado en términos de muerte. En el pensamiento del autor, alienación y muerte son inseparables. En *Casi un objeto,* también pretendía decir esto mediante la ficción.

Diário Popular, Lisboa, 6 de abril de 1978

¿Y la realidad actual [1978]? Es la que conocemos, y *Casi un objeto* tenía que reflejarla necesariamente, como *El año de 1993* reflejaba sutilmente un país donde el fascismo no ha desaparecido. Así es. Ni ha desaparecido ni desapareció. Lo que hace es cambiar de máscara. De una manera también sutil, *Casi un objeto* quiere arrojar luz sobre los distintos avatares y metamorfosis de la bestia. Hay gravedad, sí, porque la situación es grave. Gravedad porque ése es mi modo personal de sopesar la vida.

Diário Popular, Lisboa, 6 de abril de 1978

En lo que concierne a *Manual de pintura y caligrafía,* esta misma gravedad que reivindico está presente. La he diluido un poco con la aventurilla intelectual y política del protagonista, pero lo fundamental del libro es, a mi parecer, el proceso de investigación textual, en sentido amplio, hasta el punto de que el protagonista no puede dejar de leerse en el texto que él mismo es.

Diário Popular, Lisboa, 6 de abril de 1978

En este momento estoy escribiendo un libro sobre el Alentejo. Una novela. Se titula *Levantado del suelo.* Para documentarme, para recopilar material, para observar y escuchar a las personas, para oler, saborear y tocar, he pasado dos meses en el municipio de Montemor-o-Novo. Esta labor conlleva una gran responsabilidad, casi da miedo. De vez en cuando, vuelvo al Alentejo. Es una manera de mantener la tensión interior que necesito para seguir con el libro.

Extra, Lisboa, 1978

El *Manual [de pintura y caligrafía]* es un balance, una aglomeración de glóbulos, un examen radiológico, una conciencia que se examina a sí misma.

Extra, Lisboa, 1978

Empecé a escribir *El año de 1993* antes del 25 de Abril, precisamente el día del intento de golpe militar de Caldas da Rainha. Lo empecé por desesperación. Luego vino la Revolución, y fue como si el libro hubiera perdido sentido. Si, como se decía, el fascismo estaba muerto, ¿para qué seguir hablando de dominadores y dominados? Hoy sabemos que el fascismo está vivo, y he cumplido con mi deber al publicar el libro [en febrero de 1975] cuando aún no habíamos vivido las horas más bellas y excitantes de la Revolución.

Extra, Lisboa, 1978

Hay algo que tampoco puedo olvidar: la influencia que las circunstancias han tenido en mi trabajo. Cuatro libros —dos de crónicas y dos de comentarios o ensayos políticos— son, en grados diferentes, producto de la circunstancia, del compromiso cívico. Y tal vez sea cierto que, en el conjunto de una obra que ha nacido sin un proyecto preconcebido, circule, al final, una coherencia no sólo ideológica, sino también de estilo, de presencia en el mundo —de aquello que va más allá de la ideología—, de exigencia ética y estética. No estoy alabando mi propia obra: estoy tratando de entenderme y de darme a entender.

O Diário, Lisboa, 17 de febrero de 1979

En mi opinión, todo lo real es fantástico o, por decirlo de un modo más preciso, todo lo real es inquietante. La percepción de lo real, en la que intervienen los sentidos, no abarca todo lo real. El margen de lo que no se sabe o, mejor dicho, de lo que no se siente, es lo inquietante.

Diário de Lisboa, Lisboa, 8 de marzo de 1980

El equipaje del viajero es un libro escrito semana a semana, crónica a crónica; un pequeño sismógrafo pendiente de los acontecimientos de fuera y de los recuerdos de dentro.

Diário de Lisboa, Lisboa, 8 de marzo de 1980

Si el padre [de *Levantado del suelo*] es el 25 de Noviembre, la
madre es el azar. Mi primer movimiento orientado a la creación literaria fue trasladarme a las tierras ribatejanas donde nací, llevarme la traducción que tenía entre manos —por cierto,
un voluminoso tratado de psicología—, e intentar escribir el
libro rural que, en ese momento, tenía la necesidad de escribir.
Diversos motivos me impidieron realizar el proyecto en aquel
lugar. Sin embargo, me parecía un error emprender el regreso
al útero natal. Entonces pensé en recurrir al contacto que había
establecido a mediados de 1975 con la UCP (Unión Coopera-
tiva de Producción) «Boa Esperança» de Lavre, con motivo de
una entrega de libros a la biblioteca que estaban organizando.
Les escribí, les pregunté si podía ir, cómo podía resolver lo con-
cerniente a comer y dormir, y si había algún lugar donde pudiera trabajar, con espacio para la máquina de escribir. «Venga»,
me respondieron. Y fui. La primera vez estuve en Lavre dos
meses, después fui unas semanas más con intervalos, y, cuando
volví de allí, me traje unas doscientas páginas de notas, casos,
historias, también alguna Historia, imágenes e imaginaciones,
episodios trágicos y burlescos, o banales, del día a día, hechos
diversos, en fin, todo cuanto se puede cosechar si uno se pone a
preguntar y está dispuesto a escuchar, sobre todo si no hay pri-
sa. Pasé por Lavre, Montemor-o-Novo, Escoural, por lugares
habitados y deshabitados, pasé días enteros al aire libre, solo o
acompañado de amigos, hablé con jóvenes y viejos, y siempre
con la misma idea: preguntar y escuchar.

Diário de Lisboa, Lisboa, 8 de marzo de 1980

Cuando regresé de Lavre traía conmigo una montaña de apuntes, notas, registros diversos, grabaciones, documentos... No sería difícil hacer de aquello un libro. Bastaría con ordenarlo un poco, sistematizarlo algo, eliminar lo superfluo, agregar comentarios, añadir un toque literario donde correspondiera, afinar el tono... Sin embargo, no fue así. Cuando decidí instalarme en Lavre, no llevaba esa intención. Yo lo que quería era escribir una novela, no un reportaje, por más útil y ejemplar que éste pudiera ser, como tantos otros que se han escrito, algunos de los cuales, excelente material para futuras obras... Pero la decisión de escribir una novela tampoco era cosa fácil. Una novela, sí señor, pero ¿qué novela? Si los quería, no faltaban modelos, e ilustres. Mucha gente ha escrito sobre el Alentejo, algunos han escrito con exactitud y muy bien. Y siguen escribiendo. En mi caso, podía resultar fácil beneficiarme de cierta correcta y bien humorada condescendencia, poner los pies sobre las huellas dejadas por mis compañeros, ya aprobadas por la crítica, seguir el itinerario, dejarme llevar. Podía tener la historia contada, el libro rematado y la obligación cumplida sin excesivos riesgos. Pero tampoco quise hacer eso. Sin embargo, así como tenía muy claro lo que no quería, tuve que esperar que viniera a mí aquello que fuera mío. Estuve en Lavre en 1976, el libro *[Levantado del suelo]* apareció en 1980, cuatro años después. Cierto que, entretanto, concluí otra novela *[Manual de pintura y caligrafía],* escribí un libro de cuentos *[Casi un objeto]* y una obra de teatro *[La noche],* pero, esencialmente, estuve esperando a que concluyera el trabajo de germinación que sabía que se estaba produciendo. Le puedo garantizar, con toda naturalidad, y sin hacer un alarde, que no tuve que resolver ningún problema formal, en el sentido de que la palabra *resolver* conlleva esfuerzo, intento, rectificación, ajuste, investigación... Me limité a tener paciencia, a no forzar el tiempo. Por así decirlo, el libro se escribió en dos fases: la primera, de dos días, para las cuatro páginas iniciales; y la segunda, de unos meses, para el resto. Entre esas dos fases tan desiguales, pasó mucho tiempo.

Diário de Lisboa, Lisboa, 8 de marzo de 1980

Cuando un alentejano se decide a hablar, nadie lo calla. Además de eso, también hay alentejanos que escriben. Puede que no sean muchos, pero yo tuve la suerte de conocer a uno. Imagínese lo que es estar hablando con un viejo rústico de setenta años, hablo yo, habla él y, de repente, abre un cajón y saca unos cuantos cuadernos de papel sellado, escritos con una letra enorme y firme (creo que hasta los errores de ortografía eran firmes): «Aquí está la historia de mi vida». Esto es lo que pasó. Me llevé a mi casa la historia de João Domingos Serra contada por él mismo, la leí esa misma noche, temblando de conmoción y frío —era marzo—, y, cuando terminé, tenía, al fin, la viga maestra de lo que sería *Levantado del suelo.* Aquella vida verdadera era como una serie de piedras colocadas para atravesar la corriente torrencial de datos en la que empezaba a hundirme. Ahora ya podía circular a voluntad sobre aquel puente. Pero la vida, si lo pensamos bien, no es sino las vidas que ya han existido. A ésta, la de João Serra, se juntaron otras, la de Machado, la de Abelha, la de Badalino, la de Catarro, la de Cabecinha, la de Mariana Amália, la de otro João, João Basuga, mi amigo del alma, y muchos otros más. Quienes quieran saber cómo se llaman —hablo de los que más cerca estuvieron de mí— los encontrarán en la dedicatoria del libro. Ahí también aparece el nombre de dos muertos. No hay ningún inconveniente. Estos vivos y estos muertos se hacen buena compañía los unos a los otros. En fin, si un día de aquel verano caliente de 1975 no hubiera llevado libros a Lavre, no existiría este otro *[Levantado del suelo].* Un espíritu malicioso y superficialmente sagaz dirá que no existe la certeza de que se haya ganado algo con esto. Yo me atrevo a creer que no se ha perdido.

Diário de Lisboa, Lisboa, 8 de marzo de 1980

Un día comprendí —fue algo súbito que ni siquiera recuerdo bien— que sólo podría escribir el libro *[Levantado del suelo]* si lo contaba, es decir, transformándome en narrador multiplicado, de fuera para dentro, próximo y distanciado, grave e irónico, tierno y brutal, ingenuo y experto, un narrador que, al describir la realidad (y para contarla), fuera capaz de inventarla en cada momento. Comprendí que sólo podría hacerlo si reconstruía la oralidad en la escritura, si hacía de la escritura un discurso en sentido estricto, pero rechazando sin piedad cualquier tentación de transcripción fonética, que es la peor de las artimañas. Sacrifiqué sin ningún remordimiento lo pintoresco, el color local, el folclore. Con todo esto no tuve que empujar ninguna puerta: ésta se abrió ante mí cuando me acerqué al camino acertado. A partir de ahí fue fácil.

Diário de Lisboa, Lisboa, 8 de marzo de 1980

Diría que escribí ese libro *[Levantado del suelo]* con el espíritu liberado, con la espontaneidad del narrador que se abandona a la imaginación y acude a las arcas de la memoria para recoger las distintas historias que ha oído, por saber, o por ser ésta su convicción personal, que la diferencia es justamente lo mejor que contiene la Historia, o que contendrá si alguna vez vuelve a ser contada por mí, por usted, por el lector. ¿Quiere saber cómo me imagino? Me imagino relatando este *Levantado del suelo* a un grupo de personas allí en el Alentejo o aquí en Lisboa, o en cualquier otro lugar, relatándolo en voz alta, volviendo atrás cuando me apeteciera, introduciendo en medio elementos de la sabiduría popular, proverbios, alusiones directas o indirectas a casos marginales, asuntos de familia, buenas o malas vecindades, y, si entre esas personas hubiera analfabetos (ésa sería la gran prueba), mayor sería el deber del narrador de relatarlo y relatarlo bien claro. Al día siguiente, en otro lugar, contaría la misma historia, pero de manera diferente, siempre diferente, con otros dichos, otros giros, otras variaciones. Tendría su gracia probarlo, pero, al no poder ser, ahí queda el libro con su forma de libro y aparente inmutabilidad.

Diário de Lisboa, Lisboa, 8 de marzo de 1980

Un escritor es un hombre como cualquier otro: sueña. Y mi sueño fue el de poder decir de este libro *[Levantado del suelo]*, cuando lo terminara: esto es el Alentejo.

Diário de Lisboa, Lisboa, 8 de marzo de 1980

En *Levantado del suelo* se funden dos corrientes: la del lenguaje clásico y la del lenguaje popular, que, por otra parte, conserva mucho del clásico. Gracias a esto no tuve que introducir a la fuerza un nuevo lenguaje porque los clásicos ya habían abierto el camino.

O Diário, Lisboa, 25 de mayo de 1980

Con mi obra de teatro *[¿Qué haré con este libro?]*, no pretendo tergiversar ni inmovilizar la Historia, sino articular dialécticamente al hombre con su tiempo. No he pretendido mistificar ni envolver con un halo romántico a Camões, sino aproximarlo a nosotros para proyectar una luz reveladora sobre el presente.

Diário de Lisboa, Lisboa, 14 de abril de 1981

El título [de la novela *Levantado del suelo*] se debe a que creo que del suelo se levanta todo, hasta nosotros nos levantamos. Y puesto que el libro es como es —un libro sobre el Alentejo— y quería narrar la situación de una parte de nuestra población en un espacio de tiempo relativamente dilatado, vi que todo el esfuerzo de esa gente cuyas vidas iba a intentar relatar es, en el fondo, el de alguien que pretende levantarse. Es decir, la opresión económica y social que ha caracterizado la vida en el Alentejo, la relación entre el latifundio y quien trabaja en él, siempre ha sido —por lo menos desde mi punto de vista— una relación opresiva. La opresión es, por definición, aplastante, tiende a rebajar, a humillar. El movimiento de reacción ante esto es el de levantarse: levantar el peso que nos aplasta, que nos domina... Por lo tanto, el libro se llama *Levantado del suelo* porque, en el fondo, del suelo se levantan los hombres, se levanta la mies; en el suelo sembramos, del suelo nacen los árboles, y del suelo incluso puede levantarse un libro.

Tempo, Lisboa, 7 de enero de 1982

Creo que el libro *[Levantado del suelo]* es el testimonio de una época y de una forma de vivir.

Diário de Lisboa, Lisboa, 30 de octubre de 1982

[Memorial del convento] refleja el pueblo que somos [los portugueses] y las preocupaciones que todavía tenemos.

Diário de Lisboa, Lisboa, 30 de octubre de 1982

En *Levantado del suelo,* también aparece muchas veces la ironía, pero es una ironía como de quien siente pena de sí mismo, una ironía impregnada de lágrimas, una ironía que no puede dejar de serlo, porque se trata de un libro en el que la conmoción es constante. Es una obra que nace de las situaciones y del modo en que éstas son tratadas. El *Memorial,* por su parte, rechaza la emoción, fundamentalmente porque es una especie de ajuste de cuentas, de cuentas que tengo pendientes, aunque no en el plano de la ideología religiosa y del uso de la fe. Pero, por estar viviendo en una sociedad católica, que lo es desde hace muchos siglos, a pesar de que yo no lo sea, no puedo decir que eso no me condiciona porque está en el medio cultural en el que vivimos. Yo creo que los aspectos negativos de esa vivencia se han tratado de un modo crítico o con chocarrería anticlerical. Este libro ve hombres y mujeres en una determinada sociedad, dentro de un mundo supersticioso, y lo considera una especie de crimen, por el cual libro y autor responsabilizan al aparato eclesiástico de la época. Es una obra que no adopta las formas que suele adoptar la protesta [...] En este sentido, la ironía es mucho más viva. En ocasiones, se convierte en sarcasmo, pero hay una gran piedad por debajo de todo esto.

O Diário, Lisboa, 21 de noviembre de 1982

Para escribir esta novela *[Memorial del convento],* cuya acción se sitúa entre 1711 y 1739, la primera exigencia fue conocer suficientemente esa misma época. Esto significa que antes hubo que sumergirse en ese siglo mediante la lectura de documentos. Durante muchos meses, viví en los últimos años del siglo XVII y en el siglo XVIII. Necesitaba leer y casi hablar como entonces se hablaba. Observé muchas pinturas de la época y escuché mucha música de entonces. Tal vez no hubiera sido necesario, pero me sentí bien al hacerlo. En cuanto a la investigación —que siempre pongo entre comillas porque no fue rigurosa—, tuve que consultar y descifrar documentos de la época, preocuparme de aspectos económicos y sociales, de la cuestión del Santo Oficio, no tanto para contarlo, sino como si fuera algo que quisiera sentir.

O Diário, Lisboa, 21 de noviembre de 1982

En 1980, tuve la necesidad de reconsiderar algunos convencionalismos de las formas narrativas, así como el derecho que nosotros, los escritores, tenemos de desarrollar nuestras propias travesías por otros océanos.

Aunque estuviera listo para hacerlo o escribirlo *[Levantado del suelo]*, no arranqué hasta tres años después porque sabía que si seguía los moldes tradicionales la narrativa no iba a gustarme. Sólo podía escribir *Levantado del suelo* si lo narraba de viva voz. Como hacemos nosotros, que al hablar no distinguimos entre el discurso directo y el discurso indirecto. En el caso de *Levantado del suelo,* eso adopta una forma casi cronística con una transposición del discurso verbal al escrito.

NT, Lisboa, 23 de mayo de 1984

Mi intención [en *El año de la muerte de Ricardo Reis*] fue la de confrontar a Ricardo Reis y, más que a él, a su propia poesía, la que se desinteresaba, la que afirmaba que «sabio es aquel que se contenta con el espectáculo del mundo», con una época y una realidad cultural que, verdaderamente, no tienen nada que ver con él. Pero el hecho de que él confronte con la realidad de entonces no quiere decir que dejara de ser quien era. Es contemplativo hasta la última página, y esa confrontación no lo cambia.

Jornal de Letras, Artes e Ideias, Lisboa, n.º 121, 30 de octubre de 1984

En este libro *[El año de la muerte de Ricardo Reis]* nada es verdad y nada es mentira. No es verdad que Ricardo Reis haya existido. Pero es verdad que, si hubiera existido, se le habría atribuido esa vida a partir de la obra que dejó y de la información que Fernando Pessoa nos dio de él. Aunque también es verdad que Fernando Pessoa ya no estaba vivo para entonces. Así y todo, es verosímil. No está vivo, pero pasa a formar parte de la Historia. En el libro, nada es mentira y nada es verdad.

Jornal de Letras, Artes e Ideias, Lisboa, n.º 121, 30 de octubre de 1984

[En *El año de la muerte de Ricardo Reis*] es como si tuviera la preocupación fundamental de convertir lo real en imaginario y lo imaginario en real. Fue como si quisiera hacer desaparecer la frontera entre lo real y lo imaginario de manera que el lector circulase de un lado a otro sin plantearse: ¿esto es real?, ¿esto es imaginario? Me gustaría que el lector se desplazara entre lo real y lo imaginario sin preguntarse si lo imaginario es realmente imaginario, si lo real es realmente real, y hasta qué punto ambos son aquello que, de hecho, puede decirse que son.

Siempre podemos distinguir entre lo real y lo imaginario. Pero me gustaría haber creado un estado de fusión entre ambos de manera que el paso de uno al otro no fuera perceptible para el lector, o lo fuera demasiado tarde, cuando ya no es capaz de advertir la transición y se encuentra en un lado o en el otro, procedente de un lado o del otro, y sin saber cómo ha entrado.

Jornal de Letras, Artes e Ideias, Lisboa, n.º 121, 30 de octubre de 1984

Y si es cierto que tanto en *Memorial del convento* como en *El año de la muerte de Ricardo Reis* se introducen elementos fantásticos, también lo es que, en ellos, lo fantástico pasa por un proceso de «realización», en el sentido de volverse real.

Quiero que el lector, aun sabiendo que una cosa es fantástica, la trate como real. No es lo fantástico por lo fantástico, sino lo fantástico en cuanto elemento de lo real, integrado en lo real. No es que yo tenga gusto por lo fantástico, sino de querer hacer más rico, más denso, más frondoso... lo real.

Jornal de Letras, Artes e Ideias, Lisboa, n.º 121, 30 de octubre de 1984

Lo que me llevó al libro *[El año de la muerte de Ricardo Reis]* fue más una cuestión pendiente de resolver entre Ricardo Reis y yo que la cuestión de Pessoa y los heterónimos, que es mucho más compleja de lo que podría haber tratado en un libro (y aunque haya simples alusiones o referencias a Álvaro de Campos y Alberto Caeiro, al final excluí a todos los demás).

Ricardo Reis fue mi «primer» Fernando Pessoa (tenía dieciocho años cuando leí las *Odas,* publicadas en un número de la revista *Athena*). Reis fue para mí como algo casi «irrespirado»: aquella rarefacción de sentido que es, en cierto modo, una alta concentración. Desde entonces me ha fascinado, hasta el punto de haber hecho yo de algunos versos de Ricardo Reis una especie de divisa: «Para ser grande, sé íntegro: nada / tuyo exageres o excluyas. / Sé todo en cada cosa. Pon cuanto eres / en lo mínimo que hagas».

Claro que lo que me intrigaba sobre todo —y para entonces ya era como si considerara a Ricardo Reis un hombre independiente, como si fuera un poeta que nada tuviera que ver con Pessoa y los otros heterónimos— era precisamente aquella indiferencia con relación al mundo. Cuando pongo como uno de los epígrafes de esta novela, «Sabio es el que se contenta con el espectáculo del mundo», es porque se trata de algo que siempre me ha irritado. Entre Ricardo Reis y yo existe una especie de fenómeno de atracción y rechazo y, por otra parte, lo admiro, incluso en su propio comportamiento con respecto a la vida, como si en mí hubiera la necesidad de distanciarme, lo cual hasta parece sumamente contradictorio, dado mi compromiso político y militante... Pero en el hombre habita la contradicción.

Expresso, Lisboa, 24 de noviembre de 1984

[*El año de la muerte de Ricardo Reis*] es un libro sobre la soledad, es un libro triste sobre una ciudad triste, sobre una época triste. En 1936, yo tenía catorce años, pero recuerdo la tristeza de esa ciudad y, sin abusar de las comparaciones, tal vez los lectores de hoy en día, en esta ciudad de hoy, sean capaces de encontrar otras manifestaciones de tristeza y soledad.

Si este libro tuviera que llevar un subtítulo, podría ser «Contribución al diagnóstico de la enfermedad portuguesa». No sé muy bien de qué enfermedad, ya que ni siquiera formulo un diagnóstico, sino que me limito a contribuir a hacerlo. Pero creo que realmente hay una enfermedad portuguesa, y no sólo lisboeta, que acaso aquí adopta sus formas extremas.

Expresso, Lisboa, 24 de noviembre de 1984

Por la mayor libertad que la prosa me concede, por la mayor posibilidad de prolongar el discurso en sí mismo, tal vez haya mucha más poesía en una novela mía que en toda la que sería capaz de incluir en un libro de poemas.

Tempo, Lisboa, 7 de diciembre de 1984

[En *El año de la muerte de Ricardo Reis*] la lluvia es también un hecho histórico. En Lisboa, no llueve como en Santiago de Compostela, aunque puede haber inviernos muy lluviosos. 1935 y 1936 fueron años de grandes lluvias en Portugal. La lluvia no es en *El año de la muerte de Ricardo Reis* un elemento de ficción, sino un hecho que encontré en la investigación [...] Sin la lluvia, *El año de la muerte de Ricardo Reis* no sería lo que es. Tiré de la circunstancia histórica de la lluvia para reflejar una Lisboa atlántica y húmeda.

La Vanguardia, Barcelona, 25 de febrero de 1986

Yo creo que el sentimiento es como la Naturaleza. No podemos, en nombre de la experimentación, de la frialdad científica, de la objetividad y de todas esas cosas, expulsar el sentimiento de nuestras preocupaciones y de las obras que vamos escribiendo. El sentimiento estará siempre de moda, porque hombre y mujer siempre sentirán amor. No se puede matar al amor. Por eso tiene una presencia tan importante en mis novelas.

Quimera, Barcelona, n.º 59, 1986

[La balsa de piedra] consiste en una metáfora política y cultural, porque alimento la convicción de que así como es verdad que la Península Ibérica y, por lo tanto, Portugal y España se distinguen del continente europeo por razones geológicas, físicas y culturales como la lengua, las instituciones, el derecho, todo —y éstas son nuestras primeras raíces—. También es verdad que nosotros, los ibéricos, tenemos otras raíces, en otra parte del mundo, que empieza en México y termina en el sur de Argentina.

Como considero que Europa está muy cansada, aparte de que no sabe exactamente qué es ni quién es ni para qué sirve, creo que nosotros, los peninsulares, deberíamos recuperar lo más posible la cercanía con esos pueblos de América Latina. Incluso también con aquellos que habitan África. No es un libro contra Europa.

Folha de S. Paulo, São Paulo, 2 de diciembre de 1986

En lo que a mí respecta, *La balsa de piedra* consta de tres partes. La primera recoge la idea de que la Península Ibérica no pertenece a Europa por una cuestión de identidad. La segunda, que para mí es fundamental, plantea la necesidad de aproximarnos a aquellos pueblos que han surgido a raíz de nuestras aventuras por el mundo. Y la tercera, que se desarrolla en un plano existencial, presenta la relación entre lo nuevo y lo viejo, lo antiguo y lo moderno. Todo esto está representado en mis personajes, uno de los cuales encarna al hombre antiguo europeo. Hace unos años se descubrieron en Andalucía, en la provincia española de Granada, restos de un cráneo del que supuestamente sería el hombre europeo más antiguo. Para mí, esto tiene una gran dimensión histórica en términos políticos y existenciales. Entre los ibéricos está el europeo más antiguo. Traté de reflejar esto en el libro.

Folha de S. Paulo, São Paulo, 2 de diciembre de 1986

Elegí a Ricardo Reis por ser lo contrario de mí. No por afinidad, sino por contradicción. Reis se separó de la vida, se separó de Portugal, y yo procuro, en la medida de mis posibilidades, seguir la vida portuguesa. Por esto lo elijo, para hablar de él y para hablar de mí. Son dialécticas contrarias.

El País, Madrid, 20 de febrero de 1987

A mí lo que me preocupa es recoger la voz contextual, capaz de integrar todos los elementos en una jerarquía de intereses distinta de la convencional. ¿Qué es realmente lo importante? Creo que la íntima conexión de todo, porque todo está sucediendo por igual.

El Independiente, Madrid, 29 de agosto de 1987

Manual de pintura y caligrafía quiere expresar, en el fondo, qué es la verdad, qué es realmente lo verdadero y qué es lo falso, quién es el que siente en mí, qué relación de conciliación o de contradicción existe entre todo aquello que a fin de cuentas somos. Hay que citar a nuestro Fernando Pessoa, que, de una vez para siempre, dice que cada uno de nosotros es uno y cada uno de nosotros es varios. Ese pintor que tiene conciencia de su mediocridad, en el fondo, es como si yo estuviera haciendo mi propia autocrítica y diciendo: ¿podré hacer mañana algo que tenga más importancia que lo que hice hasta hoy? Y es verdad que el pintor no va a dejar de pintar, es verdad que va a intentar pintar de otra manera, [aunque] no lo consiga; pero lo que va a hacer, sobre todo, es reflexionar por escrito sobre aquello que pinta y, en un momento siguiente, va a reflexionar sobre lo que está escribiendo. Entonces, es como si yo mismo, en ese libro, estuviera no sólo haciendo una reflexión indirecta sobre mi pasado como escritor, sino también como una especie de anticipación sobre una reflexión que aparecería más desarrollada después, y que, en el fondo, es una reflexión sobre el tiempo, una meditación sobre mi relación con el tiempo. Cuando digo «relación con el tiempo», no es sólo con el tiempo que vivo, sino la relación con el tiempo como concepto general.

Diario 16 (Suplemento *Culturas*), Madrid, 11 de febrero de 1989

A la luz de lo que pasó desde 1980 hasta ahora, es como si, en ese momento de vida portuguesa, *Levantado del suelo* fuera o hubiese sido la última novela rural posible, referida a ese mundo... [...] En el fondo, yo diría que *Levantado del suelo,* en términos sociológicos o socioliterarios, se presenta como una especie de testamento. Es un libro final, pero final no porque de ahí en adelante no se puedan escribir más libros sobre ese tema, sino porque necesariamente los libros que se vayan a escribir serán y tendrán que ser diferentes, pues el mundo portugués, la sociedad portuguesa entera y también la sociedad rural portuguesa, sufrió una transformación muy grande y nada probablemente pueda expresarse en los mismos términos. El terminar *Levantado del suelo* fue como si me hubiera librado de esa obsesión para hacerme disponible para otra forma de entender el tiempo, la cultura, nuestro pueblo, y verlo, no en términos inmediatistas, no en relación a lo que está delante de mis ojos, sino como si yo después de *Levantado del suelo* hubiera adoptado una especie de distanciamiento, una especie de cambio de perspectiva que me permite ver toda esta cultura, ver toda esta Historia y ver todo este tiempo realmente como un todo.

Diario 16 (Suplemento *Culturas*), Madrid, 11 de febrero de 1989

Mi idea, cuando yo concebí *Memorial del convento,* estaba limitada a la construcción del convento y es después cuando yo verifico que, en esa misma época, un padre tenía la idea de hacer una máquina de volar. Entonces esto lo modificó completamente... A partir de ahí, la novela tenía que ser distinta, completamente diferente. Y toda la oposición entre lo que cae y lo que sube, entre lo pesado y lo liviano, lo que quiere volar e impide que vuele... Toda esa relación entre libertad y autoridad, entre invención y convención, gana una dimensión que antes no estaba en mis propósitos y modifica completamente la novela.

Diario 16 (Suplemento *Culturas*), Madrid, 11 de febrero de 1989

Cada vez entiendo mejor la verdad y el extraordinario significado de la célebre frase de Benedetto Croce: «Toda la Historia es Historia contemporánea». Cuando alguien me dice «Ah, la investigación que usted ha hecho...», yo respondo que investigación y estudio son palabras demasiado serias en este caso. Uno escoge un tema, acude a las fuentes, elabora una pequeña bibliografía, todo está publicado... Es sólo cuestión de hacerlo con ganas y saber encontrar lo necesario, y sólo lo necesario, porque uno de los peligros de este tipo de libros es la sobrecarga de información. Peligro del que creo haberme librado tanto en el *Memorial* como en el *Cerco.* Hay una sobrecarga evidente en *Ricardo Reis,* pero es voluntaria, porque mi intención fue, por así decirlo, casi *asfixiar* al lector bajo aquella masa de noticias que a su vez sofocan a Ricardo Reis.

Jornal de Letras, Artes e Ideias, Lisboa, n.º 354, 18-24 de abril de 1989

La primera idea del libro *[Historia del cerco de Lisboa]* surgió en 1974 o 1975, y sólo tenía que ver con la ciudad de Lisboa cercada. Ni siquiera sabía qué cerco sería, si el de 1383, el de 1147, o cualquier otro, como un cerco que pudiera inventar. La idea pasó por varias fases, y hasta hubo una —que habría sido demasiado ambiciosa— en la que pensaba unir los dos cercos, colocando a los portugueses en la doble situación de sitiados y sitiadores. Pero todo esto seguramente estaría fuera de mis posibilidades, o no habría tenido interés para nadie, de manera que acabé inclinándome únicamente por el cerco de 1147.

Jornal de Letras, Artes e Ideias, Lisboa, n.º 354, 18-24 de abril de 1989

Creo que este libro *[Historia del cerco de Lisboa]* se puede representar gráficamente a través de una serie de muros circulares, unos dentro de otros. Tenemos ante nosotros un libro llamado *Historia del cerco de Lisboa* que estará en las librerías y que yo he escrito; hay una *Historia del cerco de Lisboa* de la cual el autor es el narrador, pues, como se ha observado, de la historia que el corrector ha escrito nunca sabemos nada; y, por último, está la historia del corrector, que también es un hombre cercado por su propia timidez, por su propia inadaptación a la vida.

Jornal de Letras, Artes e Ideias, Lisboa, n.º 354, 18-24 de abril de 1989

Después de esa antigua novela *[Tierra de pecado]*, de la que no tengo ningún ejemplar, escribí otra que no publiqué *[Claraboia]*, y después de ésta tuve otras dos ideas; por ahí andarán todavía los papeles. Pero, en fin, todo eso se agotó: a los treinta años ya no estaba para pensar en novelas, me limité a escribir cuentos. Supongo que no tendría estímulos ni madurez suficientes. A veces, creo que tuve una adolescencia muy larga, que se prolongó hasta los treinta y tantos años.

Jornal de Letras, Artes e Ideias, Lisboa, n.º 354, 18-24 de abril de 1989

La idea central [de *La balsa de piedra*] es algo que me ha preocupado siempre, que tiene que ver con la verdad y con la mentira, con lo cierto y lo falso, porque ¡qué difícil es trazar la frontera entre aquello que llamamos verdad y lo que no lo es!

ABC, Madrid, 20 de abril de 1989

Si continúo como hasta ahora, con la misma energía y salud, pienso escribir al menos tres o cuatro novelas más. La última de ellas se titulará *El libro de las tentaciones,* y será un compendio de reflexiones, pequeñas anécdotas y vivencias personales.

ABC, Madrid, 20 de abril de 1989

Me resulta difícil escribir una novela sin introducir una historia de amor, aun cuando se trate de amores infelices. Siempre tendrá que haber un hombre y una mujer.

Expresso, Lisboa, 22 de abril de 1989

Sé que todo ya se ha visto muchas veces en la vida, pero la verdad es que las cosas que veo siguen sorprendiéndome. En este libro, en la *Historia del cerco de Lisboa,* hago una distinción entre *ver, mirar* y *reparar.* Pienso que son tres niveles de atención: *mirar,* que es la mera función; *ver,* que implica una mirada atenta, y *reparar,* que ya es prestar atención a una cosa o un fenómeno determinados: reparamos en aquello que sólo habíamos visto, vemos aquello que sólo habíamos mirado. Y eso crea esa mirada desacostumbrada.

Ler, Lisboa, n.º 6, primavera de 1989

Levantado del suelo es la plataforma de lanzamiento y *Memorial* es el misil.

Ler, Lisboa, n.º 6, primavera de 1989

El libro que más me gusta, aquel que está más dentro de mí, es *El año de la muerte de Ricardo Reis.* Me gusta *Memorial del convento,* que conmueve mucho a la gente, pero *El año de la muerte de Ricardo Reis* tal vez sea el que, aún hoy, más me emociona, quizá porque habla de una época que vivimos hace poco tiempo.

Ler, Lisboa, n.º 6, primavera de 1989

Los problemas del error y la verdad, o de la verdad y la mentira, son una constante en mis libros. Y recuerdo que, en un diálogo entre Scarlatti y Bartolomeu de Gusmão [en *Memorial del convento*], uno de ellos —no recuerdo ahora cuál— dice que cree en las virtudes del error. El vago terreno entre el sí y el no es tan amplio que podemos movernos en él a nuestras anchas. Y en este libro *[Historia del cerco de Lisboa],* se llega al final sin saber qué historia ha escrito el corrector sobre el cerco de Lisboa. Una es la historia del libro, ese objeto; otra la del historiador; otra la del narrador y otra la literalmente ignorada, sobre la cual el narrador supuestamente habrá trabajado, la del corrector. ¿Cuál es la verdadera *Historia del cerco de Lisboa*? Ninguna. La del historiador tiene errores; la del corrector está contaminada por un vicio fundamental, un *no* que contradice los hechos históricos; y la del narrador es subjetiva. Tampoco lo es la *Historia del cerco de Lisboa,* la que aparecerá en las librerías, porque, en sí misma, no es nada.

Expresso, Lisboa, 22 de abril de 1989

Esa importancia que tienen las mujeres en mis libros viene de una especie de compasión que siento, pero no en el sentido de piedad o de pena, sino en el sentido de compasión. Somos todos unos «pobres diablos», somos seres débiles y contradictorios, y ni nuestros orgullos, ni presunciones, ni vanidades consiguen disfrazar esa evidencia que triunfará sobre la vida mientras intentamos alcanzar la felicidad. La compasión que siento no es la de alguien que juzga, ni la de alguien que, por creerse superior, así lo entienda. Somos hombrecillos insignificantes que intentamos hacer grandes cosas... y eso es lo que en realidad está presente en mis libros.

Máxima, Lisboa, octubre de 1990

La Iglesia no caerá con este *Evangelio [según Jesucristo]*. Este *Evangelio* es una novela y nada más. Una novela osada, un libro honesto, un libro limpio, que seguramente confundirá a mucha gente, que asimismo indignará a no poca gente. Habrá quien se ofenda porque he ido demasiado lejos, o que pensará que ni siquiera debería haberme atrevido. De Cristo, Dios y María no se puede hacer nada que no sea estrictamente edificante y yo no me sitúo en ese plano, es evidente, sino en otro. Es posible que la Iglesia ordene a algunos de sus emisarios que escriban artículos contra mí, por ejemplo, como ser moral y cosas de este género; puede pasar todo eso. Pero si eso ocurre, mi actitud será absolutamente serena.

Público, Lisboa, 2 de noviembre de 1991

Este libro *[El Evangelio según Jesucristo]* nació de una ilusión óptica que ocurrió en Sevilla en mayo de 1987, cuando, al cruzar la calle para dirigirme a un quiosco que estaba al otro lado, y gracias a mi pésima vista —porque, si tuviera una visión perfecta, sólo habría visto lo que allí ponía—, leí nítidamente: «El Evangelio según Jesucristo». Seguí andando sin prestarle mucha atención. Pero algo más adelante me dije: «No puedo haber leído lo que he leído». Volví atrás para cerciorarme de que, efectivamente, allí no ponía eso: ni Evangelio, ni Jesucristo... y mucho menos en portugués. Luego estas cosas crecen, crecen dentro de nosotros, y se convierten en libros de cuatrocientas cincuenta páginas, como éste.

Público, Lisboa, 2 de noviembre de 1991

Sea como sea, en realidad es cierto que mis libros se han decantado por una simplificación formal, aun cuando en la *Historia del cerco de Lisboa* haya dos planos narrativos con diferencias de estilo y de lenguaje. Creo que *El Evangelio [según Jesucristo],* incluso por el propio tipo de narrativa, que, en el fondo, consiste en contar la vida de una persona a medida que se van sucediendo los hechos, tenía que ser necesariamente más simple y lineal.

Pero, de cualquier modo, pienso que, en este momento de mi vida, tengo una mayor necesidad de contener cierta exuberancia, de cierto gusto por cultivar modos de narrar trabados.

Jornal de Letras, Artes e Ideias, Lisboa, n.º 487, 5 de noviembre de 1991

La figura de José es dramática: de no ser nada en un Evangelio, pasa a adquirir una dimensión humana, la que le otorga ese sentimiento de culpa. Dios, Dios, en cierto modo, es de hecho el malo de la película: en primer lugar, casi dan ganas de decir que es la encarnación del Poder, entendido el Poder, en este caso, como algo más abstracto que el propio Dios que lo encarnaría. Y cuando el Poder —aparte de ser antipático por naturaleza— se ejerce de una forma autoritaria, tan opresiva, como en la relación de Dios con Jesús, cuando sabemos todo el sufrimiento, el horror, las renuncias, los sacrificios, las torturas, todo aquello que vendrá, aparte de lo positivo que tuvo —que fue la historia del cristianismo—, dan ganas —a mí me dieron ganas— de tratar a Dios como el gran responsable. Por querer más poder, más influencia, más dominio. En cierto modo, Dios es el político que no escatima medios para alcanzar sus fines.

Jornal de Letras, Artes e Ideias, Lisboa, n.º 487, 5 de noviembre de 1991

Puede que el *Libro de las tentaciones* contenga más reflexiones autobiográficas sin ser una biografía: no tengo una vida que merezca la pena contar. Viene a ser algo así: ¿cómo llegó este señor a esa edad, cómo vivió determinada vida, cómo realizó determinado trabajo, qué pensó y qué vio a lo largo del tiempo? No se trata de recuerdos, sino de un determinado recuerdo.

Jornal de Letras, Artes e Ideias, Lisboa, n.º 487, 5 de noviembre de 1991

Lo que *La balsa de piedra* intenta mostrar no es tanto la separación de Europa. Es cierto que el libro es —y así lo confirmo— el testimonio de un acontecimiento histórico. Europa no nos concedió importancia a lo largo de los siglos, y es como si nosotros dijéramos: «Muy bien, ya que vosotros no nos habéis concedido importancia, nos marchamos a otra parte». Pero ésta es una lectura demasiado evidente, y la cuestión que está ahí es otra y tiene que verse exactamente a la luz del lugar en que la Península Ibérica se establecerá al final del viaje, entre África y América del Sur. Así pues, el objetivo es demostrar que nosotros, los peninsulares, tenemos raíces, tenemos lazos culturales y lingüísticos precisamente en esa región. Entonces, digamos que convertir la Península Ibérica en una balsa de piedra que parte en esa dirección sería la propuesta del autor en este libro, es decir, renovar el diálogo con esos pueblos hermanos. Pero sin fines neocolonialistas.

Brasil Agora, São Paulo, 15-28 de junio de 1992

En cierto modo, podría decirse que *El Evangelio según Jesucristo* también ha sido un «libro del desasosiego», aunque de otro tipo de desasosiego, ya que, en el caso del *Libro del desasosiego* propiamente dicho, que era una obra maestra, se trata del desasosiego del propio autor, de Bernardo Soares, de Fernando Pessoa. En el caso del *Evangelio* —y no pretendo establecer ningún paralelismo—, el libro desasosegó a la gente, desasosegó aquello que podríamos llamar la conciencia nacional... y al final hasta desasosegó a la Iglesia...

Setembro, Lisboa, n.º 1, enero-marzo de 1993

In nomine Dei será un espectáculo sobre la intolerancia. ¡Y sobre la intolerancia en el sentido absoluto de la palabra! Porque debo decir que la palabra tolerancia no me gusta nada. Es una palabra que parece buena, pero no es buena, es mala. Mala en el sentido de que, si alguien dice de sí mismo que es tolerante, sólo significa que tolera la diferencia del otro. Su actitud sigue siendo paternalista.

Setembro, Lisboa, n.º 1, enero-marzo de 1993

Tenía otro proyecto más, aunque vaguísimo, como todos al principio: una biografía en parte ficcionada del padre António Vieira. Me gustaría mucho, muchísimo, escribirla, pero, en fin, tengo muchas dudas.

Setembro, Lisboa, n.º 1, enero-marzo de 1993

Digamos que el existencialismo está muy presente en mi trabajo. No el existencialismo como filosofía organizada, sino como actitud ante la vida.

Revista Diário, Madeira, 19 de junio de 1994

«Cosas» es un cuento político sobre lo que sucede cuando, como dice la mujer al final, las cosas somos nosotros. El hombre no es un objeto, ya lo dije en 1978 y lo repito. Esa comunicación, que aísla a las personas y las rodea de botones para entrar en contacto con los demás, es falsa.

Jornal do Brasil, Río de Janeiro, 27 de enero de 1994

[En *El año de la muerte de Ricardo Reis*], que es la novela que más me gusta, [la ocurrencia de la idea] fue así. Estaba en Berlín y llegué cansado al hotel. Me senté y, de repente, me cayó del cielo esta frase que me tocó como un rayo: «El año de la muerte de Ricardo Reis». Así se me presentó. Y después vino la pregunta: ¿qué es lo que yo hago con esto?

El Mercurio, Santiago de Chile, 20 de noviembre de 1994

[Viaje a Portugal] no es una guía turística; es decir, no es un libro práctico. Yo aporto mi sensibilidad de escritor. Se habla de Portugal, pero, naturalmente, detrás de esa mirada hay una persona que lo narra.

ABC (El Suplemento Semanal), Madrid, 28 de mayo de 1995

[En *Viaje a Portugal*] no hay ninguna intención previa en el sentido de reinventar el país que somos y la cultura que tenemos. Hay ciertas coincidencias, eso sí, con los viajeros del siglo pasado, como Eça de Queiroz u Oliveira Martins, y quizás con esa obsesión que se ha dado después del 25 de Abril de explicar el propio país. En mi caso, el libro nació de un encargo del Círculo de Lectores de Lisboa, que me invitó a hacer una guía, algo que rechacé porque no sería capaz de hacerlo. Les propuse en cambio hacer un viaje en el cual estaría presente toda mi subjetividad, todas mis reacciones y reflexiones. Nunca pensé escribir un libro semejante. Hay mucho de eso ya en *Levantado del suelo* y, si no hubiera escrito este libro, muchos de sus temas aparecerían en libros siguientes. Siendo yo quien soy y pensando aquello que pienso, aunque se trata de un libro de viajes, es un libro de José Saramago.

Cambio 16, Madrid, n.º 1229, 12 de junio de 1995

[Viaje a Portugal] es un libro lento, de cuatrocientas páginas, menos lento de lo que yo hubiera deseado, porque lo importante no es viajar sino estar en un lugar. Ir de un lugar a otro es lo menos importante. Viajar es otra cosa muy diferente de hacer turismo y, sobre todo, es otro modo de estar. El mío no es un viaje interior, sino una forma de ver y de sentir. En este sentido, coincido con Pessoa: viajar es también sentir.

Cambio 16, Madrid, n.º 1229, 12 de junio de 1995

[Viaje a Portugal] fue publicado en 1981 y el viaje fue realizado a finales de 1979. En cierto modo, no será fácil encontrar el Portugal que está en el libro. Entonces ya era un país en transformación y, desde esa fecha, mucho más. Evidentemente, la transformación se da en un cuerpo vivo y el país va cambiando con el paso del tiempo; ahora bien, lo que pienso es que el hecho de que nos vayamos transformando no quiere decir que todos los cambios sean buenos. Lo único que puedo yo decir es que este libro es la última imagen de un Portugal que ha sido [...] Confío en la sensibilidad del lector para encontrar, detrás de las apariencias, ese modo de ser anterior.

Cambio 16, Madrid, n.º 1229, 12 de junio de 1995

Los críticos dicen que soy neobarroco y yo acabo aceptando la clasificación. Pero creo que *Ensayo [sobre la ceguera]* es el menos barroco de todos mis libros, sobre todo comparado con *Memorial del convento*. Es el más descarnado de todos los que he escrito y no lo considero extenso. Lento quizá sí, lo reconozco. Aquí no hay una descripción rápida, fulgurante. Avanzo tres pasos y retrocedo dos. Siempre.

O Estado de S. Paulo, São Paulo, 18 de octubre de 1995

[Ensayo sobre la ceguera] no pretende ser parcial, sino simplemente mirar a la realidad cara a cara. En el fondo, es un eco, ampliado en este caso, de un libro de cuentos, *Casi un objeto.* Sé que, en algunas ocasiones, los epígrafes son gratuitos, son adornos. En mi caso, no. Normalmente, los epígrafes que uso anuncian lo que quiero decir. Y el epígrafe de *Casi un objeto* es una cita de Marx y Engels que dice: «Si las circunstancias forman al hombre, entonces es necesario formar las circunstancias humanamente». *Ensayo sobre la ceguera* viene a contar que no formamos ni hemos formado nunca las circunstancias humanamente para que éstas, una vez humanizadas, formaran otro tipo de hombre. Ahí es donde quiero llegar.

O Globo, Río de Janeiro, 18 de octubre de 1995

Ensayo sobre la ceguera es una especie de *imago mundi,* una imagen del mundo en el que vivimos: un mundo de intolerancia, de explotación, de crueldad, de indiferencia, de cinismo. Y alguien dirá: «Pero también hay gente buena». Así es, pero el mundo no va en esa dirección. Hay personas «humanizables», personas que se van humanizando gracias al esfuerzo de suprimir egoísmos. Pero el mundo en su conjunto no va en esa dirección.

Folha de S. Paulo, São Paulo, 18 de octubre de 1995

329

De la historia del convento de Mafra, me atrajo el esfuerzo y el sacrificio de los miles de hombres que trabajaron en la construcción de monumentos a la vanidad de un rey y al poder de la Iglesia.

Folha de S. Paulo, São Paulo, 16 de noviembre de 1995

La Historia debe ser organizada de una forma coherente. Pero esa coherencia se logra a costa de sacrificar mucho la realidad. Ya es una barbaridad que la Historia se escriba desde el punto de vista masculino o desde el punto de vista del vencedor. Yo intento rescatar, por lo menos, una parte de la realidad dejada de lado. Acercarme, comprender a los miles y miles de seres cotidianos que viven inmersos en la Historia, sea la de *El cerco de Lisboa,* sea la del *Memorial del convento.* Y, al escribir estas novelas, intento interrogarme a mí mismo, interrogar mi entorno inmediato, la atmósfera ideológica de nuestro tiempo, las convicciones, las ideas hechas, los prejuicios, todo eso de lo que está hecha la vida cotidiana. La literatura sirve como instrumento de esta indagación, para hablar de lo que se habla y se habló siempre.

La Nación, Buenos Aires, 21 de enero de 1996

La alegoría llega cuando describir la realidad ya no sirve.

El País, Madrid, 22 de mayo de 1996

[Con *Ensayo sobre la ceguera*], lo que yo quería decir es que somos seres de razón, y, si no nos comportamos de una forma racional, nuestra sociedad entra en el colapso.

El País, Madrid, 22 de mayo de 1996

[Ensayo sobre la ceguera] afronta un problema universal: el del comportamiento racional o irracional del hombre. Si la finalidad de la razón es la de conservar la vida, entonces la humanidad está yendo hoy —racionalmente— contra su propia razón. He caracterizado a los personajes no mediante grandes indagaciones psicológicas, sino sobre todo a través de sus acciones, entre otras cosas porque la situación límite que se ven impelidos a vivir les impone luchar por su propia supervivencia antes que nada.

Il Manifesto, Italia, 13 de junio de 1996

La ceguera desaparece porque en ningún momento llega a ser una auténtica ceguera. Los personajes viven una experiencia en la que el uso irracional de la razón los conduce a situaciones extremas de violencia y de crueldad, semejantes a las que vemos y vivimos hoy en todo el mundo. Mi novela *[Ensayo sobre la ceguera]* refleja el horror contemporáneo y no resulta más dura que la realidad que nos rodea. Lo que hay que preguntarse —porque en el libro no lo cuento— es si la experiencia vivida por mis personajes llega a cambiarlos o no. Yo soy bastante escéptico, porque creo que los seres humanos no aprenden nada de las experiencias que viven. El médico de la novela, al final, propone la hipótesis de que la gente, en realidad, siempre está ciega. Desvelando, con ello, algo parecido a lo que nos sucede hoy: no vemos a quienes nos rodean, somos incapaces de dedicarnos a las relaciones con los demás seres humanos.

Il Manifesto, Italia, 13 de junio de 1996

Quizás la historia del hombre sea un larguísimo movimiento que nos lleve a la humanización. Quizás no seamos más que hipótesis de humanidad y quizás se pueda llegar a un día, y esto es la utopía máxima, en que el ser humano respete al ser humano. Para llegar a eso se escribió el *Ensayo sobre la ceguera*, para preguntarme a mí mismo y a los lectores si podemos seguir viviendo como estamos viviendo y si no hay una forma más humana de vivir que no sea la crueldad, la tortura y la humillación, que suele ser el pan desgraciado de cada día.

La Voz de Lanzarote, Lanzarote, 25 de junio de 1996

Mientras escribía las crónicas que luego reuní en el volumen *El equipaje del viajero* y también en el otro que titulé *De este mundo y del otro,* ni se me pasó por la cabeza que un día escribiría novelas. Sin embargo, es cierto que éstas no se comprenderán enteramente sin la lectura de las crónicas. Dicho de otro modo: en las crónicas se encuentra el embrión de casi todo lo que creció y prosperó después... Ahora me doy cuenta de que, de una manera inconsciente, entonces ya me indicaba a mí mismo la dirección que tomaría mi trabajo a partir de finales de los años setenta.

O Globo, Río de Janeiro, 28 de septiembre de 1996

No todos mis libros requieren una investigación. Los libros que más la han necesitado han sido *Memorial del convento* y *El año de la muerte de Ricardo Reis.* En el caso de *Memorial del convento,* además de acudir a la Biblioteca Nacional, recurrí en buena parte a lo que hay en la Biblioteca da Cidade, en Campo Grande. Fueron los dos lugares donde consulté todo lo que necesitaba, y mucho más que no usé, porque es un gran riesgo si introduces demasiada información en una novela, puedes cargarla demasiado de información y perderla. En el caso de *El año de la muerte de Ricardo Reis,* fue bastante simple: investigué *O Século* en la Biblioteca Nacional y me limité a tomar como base la lectura de ese periodo de 1936.

Armando Baptista-Bastos, *José Saramago. Aproximação a um Retrato,* Publicações Dom Quixote, Lisboa, 1996

Nosotros somos muchas cosas, pero somos sobre todo la memoria que tenemos de nosotros mismos, y el diario, en ese sentido, es una especie de ayuda a la memoria.

La Provincia, Las Palmas de Gran Canaria, 20 de julio de 1997

En el fondo, un diario puede ser entendido como la novela de un solo personaje, que es la persona que lo está escribiendo, porque todo está pasando por su propia mirada, por su propia sensibilidad, por sus conceptos de la vida y el mundo.

La Provincia, Las Palmas de Gran Canaria, 20 de julio de 1997

Que esta novela *[Todos los nombres]* pueda haberse entendido como un ensayo sobre la existencia... tal vez. Yo creo que todos los libros lo son, que escribimos para saber lo que significa vivir y no para intentar encontrar respuestas a las famosas preguntas: ¿quiénes somos?, ¿de dónde venimos?, ¿adónde vamos?

El libro puede verse como una indagación en la identidad, sí, pero no en la propia identidad. Lo que aquí se busca es *el otro.*

Público, Lisboa, 25 de octubre de 1997

[Todos los nombres] es una historia de amor, o mejor, una historia que podría convertirse en una historia de amor. La ansiedad de don José es una ansiedad amorosa aunque él no lo sepa al principio. En cuanto a la fuerza, esa fuerza femenina que, de hecho, es patente en otras novelas, creo que también se encuentra en *Todos los nombres,* en la señora de la planta baja derecha. La diferencia es que en este caso no se trata de una mujer joven, sino de una mujer de setenta años. Las otras mujeres son, en cierto modo, «sobrehumanas»; ésta es simplemente «humana». La fuerza, sin embargo, está ahí...

Público, Lisboa, 25 de octubre de 1997

Al volver la vista hacia mis novelas, desde *Manual de pintura y caligrafía* éstas reflejan una especie de interrogación de mí a mí y de mí a la sociedad. Sucede que, en los dos últimos libros [*Ensayo sobre la ceguera* y *Todos los nombres*], esto es más evidente, porque se despojaron de una serie de factores, acaso literarios, para mostrarse más descarnados. Se trata de cierta depuración y austeridad, como si me hubiera preocupado durante muchos años de la estatua y ahora me interesara más por la piedra.

A Capital, Lisboa, 5 de noviembre de 1997

Se puede decir, superficialmente, que [*Todos los nombres*] es una novela sobre la muerte y los muertos, y en la que hay hasta un cementerio enorme, disparatado. Pero no, no es así, es una obra sobre la vida, y la prueba es que, al final, don José vuelve a entrar en el archivo de los muertos para borrar la muerte de esa mujer.

Revista dominical *Magazine,* Barcelona, 10 de mayo de 1998

Lo que aquí importa es que, con independencia de las convicciones políticas, nos respetemos los unos a los otros. E incluso yo diría que mi obra literaria es la expresión del respeto humano.

La Jornada, México D. F., 10 de octubre de 1998

[*Clarabóia*] es la historia de un edificio donde viven seis inquilinos, y es como si sobre la escalera hubiera una claraboya a través de la cual el narrador ve lo que pasa abajo. No está mal, pero no quiero que la publiquen.

Playboy, Edición Brasil, São Paulo, octubre de 1998

De cualquier manera, debo señalar que, en las novelas que escribo, hay probablemente mucha más esencialidad poética que en la poesía propiamente dicha.

Carlos Reis, *Diálogos com José Saramago*, Caminho, Lisboa, 1998

Lo que me llevó a escribir *[Cuadernos de Lanzarote]* fue el hecho de haber dejado mi país, de haber venido a vivir a Lanzarote, además de la conciencia de aproximación (porque sigo llamándolo aproximación) a la vejez, aunque, por otra parte, cierto vigor físico y cierta frescura mental todavía me mantienen unos diez años atrás de mi edad real. Digamos que he sentido la necesidad de dar pasos más pequeños, más cortos, y éstos sólo pueden aparecer en un diario, cuyas características no son las deseadas, pues parece que a los críticos les gustaría más ver o leer profundas reflexiones filosóficas, cuando de lo que se trata, para aquellos a quienes pueda interesar, y que son mis lectores, es dar a conocer lo que me sucede.

Carlos Reis, *Diálogos com José Saramago*, Caminho, Lisboa, 1998

Aparte de aquello que cuento en una novela o en otra, creo que, en ese libro *[Historia del cerco de Lisboa]* y en la trama, hay también una arqueología de mi propia persona. Siempre hay una participación de mi propia memoria personal, que no aparece como tal, sino que muchas veces ayuda a dar sentido a aquello que estoy narrando, porque es el propio sentido de mi vida y de mi existencia, que, en cierta manera, ayuda al sentido de la propia narración. Y esto a pesar de vivir en el siglo XX y estar hablando de algo que sucedió en el siglo XII, y que parezca que no tiene nada que ver una cosa con la otra. Pero sí que tienen que ver, gracias a esa especie de puente que es mi propia memoria: gracias a ella transito entre lo que estoy escribiendo —ya sea *El año de la muerte de Ricardo Reis*, ya sea

La balsa de piedra, ya sea *El Evangelio según Jesucristo*— y mi época. Sería incapaz de escribir sin la participación de mi memoria (lo cual no significa que alimente los libros con los hechos que ésta recuerda de mi vida). Soy el menos autobiografista de los novelistas, con la excepción de *Manual de pintura y caligrafía.*

Carlos Reis, Diálogos com José Saramago, Caminho, Lisboa, 1998

Entonces insisto en lo siguiente: mis personajes nacen en cada momento, los impele la necesidad y no son copias, no son versiones. A veces, efectivamente, leo que hay escritores que observan. Yo puedo decir que no observo. Es muy posible que reciba, como el papel secante, impresiones de toda clase, ninguna con un propósito o fin, pero después, cuando lo necesito, cuando tengo que poner a toda esa gente en marcha, probablemente utilizo todo eso, aunque no de una manera que permita decir que este personaje se corresponde con aquella persona. En ningún caso.

Carlos Reis, Diálogos com José Saramago, Caminho, Lisboa, 1998

No soy un escritor que copie personajes de la vida real, pero al haber, como parece que hay en mis libros, unos cuantos personajes suficientemente sólidos como para que se les reconozca un estatus de personajes de ficción, entonces, si no salgo a buscarlos por ahí, está clarísimo que sólo puedo buscarlos dentro de mí. Dentro de mí, pero no como copias de mí, que a su vez serían copias de mis distintas personalidades, sino más bien como posibilidades..., o ni siquiera como posibilidades, porque en ningún momento me siento representado por un personaje de novela. Hay ciertas características que puedo reconocer en mí que coinciden con algunas características de mis personajes: hay mucho de mí en Raimundo Silva, hay algo de mí en el héroe, en los defectos del héroe [don José] del libro que estoy escribiendo *[Todos los nombres]*, y puede que haya algo de mí en Baltasar. No hay nada de mí en las mujeres, todas ellas son imaginarias en sentido absoluto, no están copiadas de ninguna otra. Puede decirse que el pintor del *Manual de pintura y caligrafía* se aproxima bastante a mí, pero si he tenido alguna vez la tentación de usarme a mí mismo como material de ficción, creo que se agotó en ese libro.

Carlos Reis, *Diálogos com José Saramago*, Caminho, Lisboa, 1998

La convención que mis libros aparentemente subvierten es la de la estructuración del discurso, la del modo en que una página se expone y describe, con todo su instrumental de signos gráficos; además, precisamente en eso se detienen y se fijan los lectores menos atentos. Pero creo que la subversión es, en realidad, la aceptación muy consciente del papel del autor como persona, como sensibilidad, como inteligencia, como lugar particular de reflexión, en su propia cabeza. Es el lugar del pensamiento del autor, en libros que se proponen como novelas y como ficciones que son.

Carlos Reis, *Diálogos com José Saramago*, Caminho, Lisboa, 1998

Ésa es mi preocupación por vidas que no dejaron huella, que, en este caso, fueron las vidas que pusieron de pie el convento de Mafra o las pirámides de Egipto o el acueducto de las Aguas Libres. Y no sólo esos que construyeron los grandes monumentos y los hicieron visibles: también existe el trabajo común de las personas que, por la propia naturaleza de su oficio, no dejaron huella, porque, por lo menos, los carpinteros y los albañiles de Mafra dejaron materialmente algo. Pero hay otros que no: los encargados de las obras que tomaban nota del número de tejas que entraban y de las que se utilizaban. Ésos probablemente no dejaron nada, a lo sumo habrán dejado su caligrafía en documentos que andarán por ahí.

Carlos Reis, *Diálogos com José Saramago,* Caminho, Lisboa, 1998

Mis novelas son novelas de amor porque son novelas de un amor posible, no idealizado, un amor concreto, real entre personas. Y no acaba, sigue en la vida de ellos.

Juan Arias, *José Saramago: El amor posible,* Planeta, Barcelona, 1998

Estaba escribiendo una novela que se llama *Levantado del suelo,* publicada en 1980, sobre los campesinos del Alentejo. En 1976, había estado allí para recoger datos sobre la novela que tenía en mente escribir, aunque aún no la tenía muy clara. Al cabo de tres años de dudas, seguía sin saber cómo abordar el tema que, a primera vista, tenía mucho que ver con lo que llamamos el neorrealismo literario. Pero no me seducía nada, no me tentaba, no me gustaba la idea, a pesar de que respeto muchísimas obras neorrealistas. Lo que no quería era repetir algo que, de alguna forma, pudiera estar ya hecho, de modo que estuve tres años sin saber cómo resolver este problema. Es cierto que mientras tanto escribí *Manual de pintura y caligrafía,* publicado en 1977, y el libro de relatos *Casi un objeto,* en 1978. Llegó 1979 y seguía sin saber cómo empezar, pero el tiempo estaba pasando y, como quería escribir el libro, me senté a trabajar. Lo hice sin siquiera saber lo que quería decir, aunque algo me susurraba que ése no era el camino, pero tampoco sabía qué podía poner en ese lugar hasta que pudiera decir: es esto. Entonces comencé a escribir como todo el mundo lo hace, con guión, con diálogos, con la puntuación convencional, siguiendo la norma de los escritores. A la altura de la página veinticuatro y veinticinco, y quizá ésta sea una de las cosas más bonitas que me han ocurrido desde que estoy escribiendo, sin haberlo pensado, casi sin darme cuenta, empiezo a escribir así: interligando, interconectando el discurso directo y el discurso indirecto, saltando por encima de todas las reglas sintácticas o sobre muchas de ellas. El caso es que, cuando llegué al final, no tuve más remedio que volver al principio para poner las veinticuatro primeras páginas de acuerdo con las otras.

Juan Arias, *José Saramago: El amor posible,* Planeta, Barcelona, 1998

El paso de una forma narrativa a otra [en *Levantado del suelo*] fue como si estuviera devolviendo a aquellos campesinos lo que ellos me dieron a mí, como si yo me hubiese convertido en uno de ellos, en parte de ese mundo de mujeres, hombres, ancianos, ancianas, con quienes había estado, escuchándolos, viendo sus experiencias, sus vidas. Me convertí en uno de ellos para contarles lo que ellos me habían contado a mí. Lo que está clarísimo es que cuando hablamos —porque ahora se trata de hablar, no de escribir— no usamos puntuación, hablamos como se hace música, con sonidos y pausas.

Toda la música, desde la más sublime hasta la más disparatada, se hace de lo mismo, con sonidos y pausas, y hablar no es más que eso, una sucesión de sonidos con pausas.

Juan Arias, *José Saramago: El amor posible,* Planeta, Barcelona, 1998

A propósito de esta última novela *[Claraboia],* tengo una anécdota. Cuando la hube acabado, un amigo mío que trabajaba en una editorial se la llevó para intentar publicarla. Pero no se publicó y yo no le presté mucha atención. Luego, la vida nos separó por una u otra razón y se me olvidó el asunto. No había olvidado que la había escrito, pero el original único era algo que consideraba ya perdido. Tampoco me atreví a ir a la editorial a decir que quería recuperar un texto mío, lo dejé. Hasta

que no hace muchos años, nueve o diez, recibo una carta de
esa editorial en la que me dicen que, reorganizando sus archivos, habían encontrado una novela, casi treinta años después,
que se llama *Clarabóia*, y me decían que, si yo estaba de acuerdo, tendrían muchísimo gusto en publicarla. Inmediatamente
fui allí, les di las gracias por la atención de querer publicarla,
pero les rogué que me la devolvieran. La tengo aquí y no se
publicará mientras viva. Si la otra novela *[Tierra de pecado]* se
reedita ahora, es porque ya estaba publicada, aunque ni siquiera la incluía en mi bibliografía.

Juan Arias, *José Saramago: El amor posible*, Planeta, Barcelona, 1998

Suelo decir que, si alguien quiere entender con claridad lo que
estoy haciendo ahora, tiene que leer aquellas crónicas de los
años setenta [...] No quiero decir que ellas contengan lo que
soy ahora; pero hay que leerlas para entender que el escritor
que soy ahora no es algo rarísimo que nació sin saber cómo,
sino que ya tenía raíces lejanas.

Juan Arias, *José Saramago: El amor posible*, Planeta, Barcelona, 1998

Podría decir que esos dos títulos [*Memorial del convento* y *El
Evangelio según Jesucristo*] me llenan de una satisfacción enorme; sin embargo, no oculto mi debilidad por una novela como
El año de la muerte de Ricardo Reis. Reis es autor de una obra
que, por su forma, su contenido y su serenidad, pudiéramos
llamar clásica. Bueno, ahí yo presento mi punto de vista acerca
de la postura del intelectual en relación con la vida y con su
tiempo. El año de su muerte es el de 1936, fecha en que se da
la contienda española y se olfatea en el aire la Segunda Guerra
Mundial. Me gusta por ese encuentro y ese desencuentro continuos entre dos seres [Fernando Pessoa y Ricardo Reis] que
son uno solo y son distintos al mismo tiempo. La vida es una

especie de juego y lo que intento mostrar en esa novela es la pluralidad de gente que vive dentro de cada uno de nosotros y el esfuerzo que debemos hacer para presentarnos ante los demás con una sola imagen, de manera coherente, con nuestras contradicciones aparentemente resueltas. Eso es lo que Pessoa expresa con sus heterónimos y que quise traducir en un diálogo entre Pessoa y Reis, uno de los tantos que vivió dentro del poeta y que habita un poco dentro de nosotros.

Hojas Universitarias, n.º 47, Universidad Central,

Bogotá, abril de 1999

Lo que digo es que, hasta *El Evangelio,* fue como si en todos esos libros hubiera estado describiendo una estatua. La estatua es la superficie de la piedra. Cuando miramos una estatua no estamos pensando en la piedra que está bajo la superficie. Entonces es como si, a partir de *Ensayo sobre la ceguera,* estuviera haciendo un esfuerzo para atravesar al interior de la piedra. Esto no significa que no tenga en cuenta lo que he escrito antes de *El Evangelio,* sino que es como si me percatara, a partir del *Ensayo,* de que mis preocupaciones han pasado a ser otras. No creo que ahora escriba mejores libros que antes. No tiene que ver con la calidad, sino con la intención. Es como si quisiera pasar al interior de la piedra.

Bravo!, São Paulo, año 2, n.º 21, junio de 1999

En *El año de la muerte de Ricardo Reis,* hay mucho de Borges. El ser, el no ser, el estar, el no estar, el espejo, lo que muestra y oculta. No es en primer grado. Tampoco me gustaría que se reconociera allí a Borges en primer grado. Pero es la presencia de todo en todo. Yo lo digo: Borges está ahí. Incluso en la ficción que inventé para Ricardo Reis, que se autoexilió en Brasil, va a volver a Portugal después de la muerte de Fernando Pessoa

341

y encuentra en la biblioteca del barco, del *Highland Brigade,* un libro de Herbert Quain, *The God of the Labyrinth* [una referencia a Borges].

El Interpretador. Literatura, arte y pensamiento,
Buenos Aires, n.º 12, marzo de 2005
(Charla con Noél Jitrik y Jorge Glusberg, 21 de agosto de 1999)

Para mí, el núcleo duro de la novela *[El Evangelio según Jesucristo]* está cuando Jesús, a los catorce años, va al templo de Jerusalén para hablar de la culpa y de la responsabilidad. No encuentra a ningún doctor, sino a un escriba. Jesús, en el libro, hereda la culpa de su padre, que no ha sabido salvar a los niños [en el episodio de la *matanza de los inocentes*]. Cuando le pregunta al escriba cómo es eso de la culpa, el escriba le dice: «La culpa es un lobo que devora al padre como devorará al hijo». Es decir, la creencia implica que los hijos heredaron la culpa de sus padres. A partir de un momento, ya no se sabía qué culpa concreta era. El sentimiento de culpa, que no sabemos por qué y cómo nació, cómo se incrustó en nosotros, es muchísimo peor que la culpa concreta. Entonces, Jesús le pregunta: «¿Tú también has sido devorado?». Y el escriba le contesta: «No sólo devorado, sino vomitado». La relación con Dios se da en términos de culpa, como, en el fondo, ocurre en todo el cristianismo y el judaísmo.

El Interpretador. Literatura, arte y pensamiento,
Buenos Aires, n.º 12, marzo de 2005
(Charla con Noél Jitrik y Jorge Glusberg, 21 de agosto de 1999)

Dentro de poco saldrá un nuevo libro mío que en realidad es antiguo. Se llama *Folhas Políticas* y reúne todos mis artículos de 1976 a 1998 (los últimos son de *Visão* y los demás del *Diário,* de *Extra* y de revistas brasileñas). Todos ellos, artículos que desagradarán a una serie de personas. Si usted lee ese libro, si le echa una mirada, una cosa al menos reconocerá: que este tipo, que soy yo, es molesto y desagrada a una serie de personas, pero que dice lo que siempre ha dicho y sigue preocupado por su país. Si molesto a alguien, si digo cosas que son duras, entonces que me las digan también a mí, porque ya me las han dicho y no me lo tomo a mal. Pueden decir todo lo que quieran, pero déjenme expresarme a mí también. Y no me preocupa nada si esa persona es el presidente de la República o el alcalde o cualquier otra cosa. Lo que tengo que decir, lo digo y queda dicho. Y en ese libro verá que soy el mismo José Saramago, exactamente el mismo que está estúpidamente (parece que estúpidamente) preocupado por su país.

Jornal de Letras, Artes e Ideias, Lisboa, n.º 761, 1 de diciembre de 1999

Toda mi obra puede ser entendida como una reflexión sobre el error. Sí, sobre el error como verdad instalada y por eso sospechosa, sobre el error como deturpación intencionada de hechos, sobre el error como ilusión de los sentidos y de la mente, pero también sobre el error como punto necesario para llegar al conocimiento.

El Semanal de *ABC,* Madrid, 7-13 de enero de 2001

[*La caverna* cierra una trilogía involuntaria, compuesta además por *Ensayo sobre la ceguera* y *Todos los nombres.*] No fue una trilogía que yo pensara como tal, desde el principio. Pero, dentro de la diversidad de temas de las tres novelas, hay una unidad de intención, que consiste en decir lo que, para el autor, es el mundo, la vida que estamos viviendo.

Época, Madrid, 21 de enero de 2001

Yo no creo en la bondad de la naturaleza humana. Para que un pobre bueno se convierta en un rico malo, no se necesita más que mucho dinero. No santifico al pobre. Pero en *La caverna* no pregunto ni me interesa quiénes son los dueños del centro comercial. Desde el punto de vista literario, no me interesa. A mí lo que me interesa es que el centro comercial simboliza un sistema cruel. Fabrica excluidos sin ninguna piedad. Que unos son buenos y otros son malos, bueno.

Planeta Humano, Madrid, n.º 35, enero de 2001

Con *Ensayo [sobre la ceguera]* me cansé de la crueldad, con *Todos los nombres* agoté, en términos literarios, la soledad, y ahora [en *La caverna*] me encuentro con la ternura. Es así.

Planeta Humano, Madrid, n.º 35, enero de 2001

Lo que debo a ese tiempo [de operario industrial en la juventud] es una cosa muy sencilla, que a lo mejor se refleja en algunos aspectos de mi propia obra literaria, por ejemplo, en los sonidos y las manos que aparecen en *Memorial del convento.* En *La caverna,* esa insistencia en el trabajo de las manos me lleva al punto de imaginar que en la punta de los dedos hay un pequeño cerebro que trabaja por su cuenta. La mano tiene una identidad. La mano ha hecho —no sólo la mano, claro— el cerebro. Entonces, lo que a mí, sobre todo, me quedó es un gran respeto por el trabajo de las manos. No puedo olvidar que, cuando yo era niño, en la aldea, con mis abuelos, aunque la cabeza trabajara siempre, era mucho el trabajo de las manos. Ha sido eso lo que me quedó. Aún ahora, a veces ocurre que miro a las manos de las personas como si fueran algo independiente de ellas: miro cómo las mueven, cómo cogen una botella, todo eso.

Magna Terra, Guatemala, n.º 8, marzo-abril de 2001

Cuando, a veces, digo que *La caverna* es una novela sobre el miedo, hay que entender qué es lo que quiero significar con esto: un miedo que más o menos lo hemos sufrido siempre, pero no tanto como ahora. Es el miedo a perder el empleo. Hay un miedo instalado en la sociedad moderna, quizá peor que todos los otros miedos: es el miedo a la inseguridad, el miedo a mañana no tener con qué alimentar a la familia. Ese miedo paraliza.

Magna Terra, Guatemala, n.º 8, marzo-abril de 2001

[En *Ensayo sobre la ceguera*] desde mi punto de vista [...] en el fondo, se trata de la visión como entendimiento, como capacidad de comprender. Y, al perder la visión en ese sentido metafórico, lo que uno está perdiendo es la capacidad de comprender. Se está perdiendo la capacidad de relacionarse, de respetar al otro en su diferencia, sea cual sea. Y, después, todo esto, que ya no es sólo el ser humano individual reconvertido a lo que llamamos los puros instintos. Es toda una ciudad que retrocede al instinto, que yo no llamaría puro, porque lo que sale todas las veces, y lo que está saliendo ahí, es la violencia, la extorsión, la tortura, el dominio de uno por el otro, la explotación.

Jorge Halperín, *Conversaciones con Saramago.*
Reflexiones desde Lanzarote, Icaria, Barcelona, 2002

Desde *Levantado del suelo* hasta el *Evangelio*, mis novelas son en cierto modo «corales», porque el que cuenta la historia es sobre todo el grupo (que no las «masas»). A partir del *Ensayo*, la atención se centra en la persona, en el individuo. Ésa es, creo yo, la diferencia que separa estas dos fases o épocas.

Visão, Lisboa, 16 de enero de 2003

En mis novelas, no hay héroes, la gente no es sumamente inteligente o sumamente guapa, es normalísima; pero hay un momento en que se encuentran en una situación que los desafía: un nombre femenino en una ficha, un rostro en un vídeo...

El Universal, México D. F., 16 de mayo de 2003

Realmente, mi propuesta [en *La balsa de piedra*] es romper la dicotomía Norte-Sur con un viaje que no sería físico, sino ético. Europa tiene que mirar al Sur como un lugar que ha explotado, que ha colonizado, y tiene que revertir ese daño.

Rebelión, Cuba, 12 de octubre de 2003

El *Ensayo sobre la lucidez* es a la vez una fábula, una sátira y una tragedia. Quise que la fábula fuera una sátira, pero no pude evitar que también fuera una tragedia. Al igual la vida.

O Estado de S. Paulo, São Paulo, 20 de marzo de 2004

A partir de *Ensayo sobre la ceguera* empecé a escribir dedicando mayor atención al mundo en el que vivimos, quiénes somos, en qué nos transformamos. Existe, pues, un proceso reflexivo ligado a la posmodernidad y una cuestión que nos planteamos: ¿cómo será el ser nuevo humano [...]? Estamos ante el fin de una civilización y en un proceso de transición de una época con raíces en la Revolución Francesa, en la Ilustración, en la Enciclopedia, cuya tendencia es la de desaparecer. No sé qué vendrá luego, cómo será la humanidad de aquí a cincuenta años.

Diário de Notícias, Lisboa, 25 de marzo de 2004

[Con *Ensayo sobre la lucidez*] quiero que las personas reaccionen ante una evidencia que para mí es ineludible: esto a lo que llamamos democracia no funciona, es poco más que una fachada. No quiero que la gente discuta los ataques directos a la institución A, B o C que supuestamente hago en el libro. Sólo pido que analicen un sistema que se ha vuelto intocable. La democracia ha ocupado el lugar de Dios. Es mencionada en todo momento, pero pocos saben lo que significa.

Jornal de Notícias, Oporto, 27 de marzo de 2004

[Ensayo sobre la lucidez] es una novela fundamentalmente política.

Clarín, Buenos Aires, 12 de abril de 2004

Los defectos del sistema democrático, su incapacidad para ir más allá de una ceremonia más o menos ritualista, esa democracia que se reduce a lo formal y es incapaz de ganar una sustancialidad visible... Todo esto son males de raíz, por tanto poco tienen que ver con los acontecimientos de referencia, éstos u otros. El *Ensayo sobre la lucidez* es una reflexión sobre la democracia, y lo he escrito para que lo fuese, lo es de manera radical, esto es, intenta ir a la raíz de las cosas.

El País, Madrid, 26 de abril de 2004

En la novela me limito a poner las cosas a la vista: a levantar la piedra y ver qué hay debajo.

Visão, Lisboa, 25 de marzo de 2005

No busco los temas, se me presentan con alguna señal, muchas veces en forma de flash y con el título ya definido. Otro detalle que he observado es que casi todos mis libros —y sobre todo los últimos— parten siempre de algo que no puede suceder, ya

347

sea en el pasado, el presente o el futuro. Esto sucede desde *El año de la muerte de Ricardo Reis* —donde el personaje del título, que no es más que un heterónimo, de hecho, existe e incluso se encuentra con Fernando Pessoa, que ya está muerto— hasta *Las intermitencias de la muerte*. Me quedé asombrado al descubrir que casi todos mis libros entablan un diálogo con lo imposible. Y para ser convincente, la obra tiene que desarrollar, en términos racionales, una historia que dé sentido a un punto de partida que no lo tiene (al fin y al cabo, es imposible esperar que la muerte deje de existir algún día). Así pues, lo importante es el resultado, que debe ser convincente.

O Estado de S. Paulo, São Paulo, 29 de octubre de 2005

De hecho, puede decirse que, a partir de *Ensayo sobre la ceguera,* empecé a tratar asuntos muy serios de una forma abstracta: a considerar un tema determinado, pero despojándolo de toda circunstancia social, inmediata, histórica, local. Aunque una fábula normalmente contenga una enseñanza moral, no es lo que yo pretendo con mis libros. En realidad, cuando me hallo ante un asunto concreto, lo trato como si necesitara llegar a una conclusión para uso propio. En el fondo, son planteamientos que me hago sobre el mundo, sobre la sociedad, sobre nuestra historia. Tenga en cuenta que mis temas no se repiten, ya que no tengo un plan literario. Es como si el mundo me molestara en el sentido más profundo del término, y yo, sirviéndome de una novela o de una fábula, lo pusiera en evidencia.

O Estado de S. Paulo, São Paulo, 29 de octubre de 2005

[En *Las intermitencias de la muerte*] escogí la muerte como tema para hacer una reflexión más profunda. En el libro, recurro primero a un gran angular y creo una fantasía en torno a una suposición: ¿de qué modo afectaría la ausencia de la muerte a toda una sociedad? Después, cierro el objetivo para centrarme en un caso específico: la muerte se materializa en personaje e intenta llevarse al más allá a un violoncelista que se empeña en no morir. Trato de demostrar que la muerte es fundamental para el equilibrio de la naturaleza.

Época, São Paulo, 31 de octubre de 2005

Las intermitencias de la muerte se parece mucho, en lo que se refiere a la secuencia narrativa (por otra parte, no se parece en nada más), a *La balsa de piedra.* Se parece porque el clímax está justo al principio. Sólo que, en *Las intermitencias de la muerte,* el «tratamiento» del tema se hace de tres maneras distintas, dada esa división del libro, que, en realidad, no es tal, pero que así aparece ante los lectores. En la primera parte, la muerte desaparece: vemos qué sucede en el plano social y personal. La segunda parte, en que la muerte regresa y es anunciada, prepara la tercera, que, en el fondo, es la parte que siempre he querido tratar en el libro: la relación concreta entre la muerte y una persona determinada. No son tres historias: es como si la visión panorámica se fuera estrechando, pero conduce a tres ritmos narrativos, que el lector percibe en la cadencia de la frase y en la velocidad de la lectura. En el fondo, hay algo de musical, como si empezara con un *allegro,* pasara a un *andante* y terminara en un *largo.* Y puesto que el protagonista es un violoncelista, quizá el libro tenga una fuerte composición musical.

Visão, Lisboa, 3 de noviembre de 2005

De hecho, no siempre escribo la misma obra. En todo caso podría decirse que siempre escribo a la misma persona.

Visão, Lisboa, 3 de noviembre de 2005

Me acostumbré ya a escribir con un título y lo llamé «La sonrisa de la muerte», a pesar de no gustarme, sabiendo que se trataba de algo provisional y también por la ironía que sabía que iba a usar. Y porque veo la muerte como algo intermitente. Más tarde recordé que Proust, en *La Recherche,* habla de las intermitencias del amor. Que el amor sea intermitente... parece que todos hemos tenido esa experiencia. Ahora bien, que la muerte lo sea... ¿Por qué perdemos tanto tiempo preguntándonos qué hay más allá de la vida? Si nos preguntáramos sobre qué pasa aquí en la vida, en el tiempo que nos ha tocado...

Diário de Notícias, Lisboa, 9 de noviembre de 2005

[Las intermitencias de la muerte] fue un libro escrito con energía. Hablar de la muerte y decir que lo he hecho con alegría... Es una alegría que viene no sólo por el tono irónico, sarcástico a veces, divertido, sino también porque es como si me sintiera superior a la muerte al decirle: «Estoy jugando contigo».

Diário de Notícias, Lisboa, 9 de noviembre de 2005

Cuando se aborda este tema [la muerte], hay tendencia a ponerse serio y tenebroso. Yo he hecho lo contrario [en *Las intermitencias de la muerte*]. Me dije: vamos a hablar de la vida de hoy a través de la muerte: del funcionamiento de los políticos, de los ancianos aparcados en residencias, del egoísmo, de la sensualidad... Si algún talento tengo, es el de transformar lo imposible en algo que pueda parecer probable.

La Vanguardia, Barcelona, 12 de noviembre de 2005

Vivir eternamente sería estar condenados a una vejez eterna, a menos que el tiempo se detuviera. Y eso no está en el libro. Pero también tendría efectos perversos. En el fondo, el libro

[Las intermitencias de la muerte] empuja una puerta abierta. Dice aquello que todos ya sabemos: que tenemos que morir. Pero tal vez muestre con más claridad que tenemos que morir para vivir. Si no, la vida sería insoportable.

Mil Folhas, Lisboa, 12 de noviembre de 2005

Nunca he tenido la intención de hacer una especie de arqueología textual pasando por todos los autores que han tratado el tema [de don Juan] desde Tirso de Molina. Mi *Don Giovanni* empieza donde acaba el de Lorenzo da Ponte, de alguna manera complementa el suyo. Y la pregunta que constituye el punto de partida de la obra, de mis novelas —«¿Y si la Península Ibérica se separara de Europa? ¿Y si la caverna de Platón estuviera bajo un centro comercial?»—, también se encuentra en esta obra. «¿Y si don Juan no hubiera ido al infierno?» Una vez hecha la pregunta, la pregunta esencial, las conclusiones surgen de manera casi espontánea.

Época, São Paulo, 29 de mayo de 2006

Mi objetivo [en *Las pequeñas memorias*] no es otro que el de recuperar, reconstruir, reconstituir el niño que fui. Esencialmente, a mi parecer, las adolescencias se parecen todas. Sólo las infancias son únicas. En cierto modo, mi libro puede entenderse como el pago de una deuda. Creo que todo lo que soy se lo debo a aquel niño. Fue él mi arquitecto.

La Repubblica, Roma, 23 de junio de 2007

Para mí, el perro es la encarnación de la pureza moral.

L'Orient-Le Jour, Beirut, 2 de agosto de 2007

Cuando haya abandonado este mundo, antes del olvido completo de todo lo que he escrito, me gustaría que el «perro de las lágrimas» siguiera siempre presente. Como un personaje inmortal. Me hace muy feliz haber inventado a ese perro y haberle dado ese nombre.

L'Orient-Le Jour, Beirut, 2 de agosto de 2007

Las dos obras que, pienso, marcan mi narrativa, que yo dividiría en dos periodos distintos, [y que] muestran mis señas de identidad, son *Levantado del suelo* y *Ensayo sobre la ceguera.*

Andrés Sorel, *José Saramago. Una mirada triste y lúcida,*
Algaba Ediciones, Madrid, 2007

Lo que quiero plantear, en el fondo [en *El hombre duplicado*], es el asunto del «otro». Si el «otro» es como yo, y el «otro» tiene todo el derecho de ser como yo, me pregunto: ¿hasta qué punto yo quiero que ese «otro» entre y usurpe mi espacio? En esta historia, el «otro» tiene un significado que nunca antes tuvo. Actualmente, en el mundo, entre «yo» y el «otro», hay distancias y esas distancias no son posibles de superar y, por ello, cada vez menos el ser humano puede llegar a un acuerdo. Nuestras vidas están compuestas de un 95% que es obra de los demás. En el fondo, vivimos en un caos y no hay un orden aparente que nos gobierne. Entonces, la idea clave en el libro es que el caos es un tipo de orden por descifrar. Con este libro, le propongo al lector que investigue el orden que hay en el caos.

Andrés Sorel, *José Saramago. Una mirada triste y lúcida,*
Algaba Ediciones, Madrid, 2007

La editorial acabó siendo Caminho, pero antes el libro *[Levantado del suelo]* pasó por otras dos. Una de ellas fue la Bertrand, que no tuvo ninguna reacción, porque seguramente no lo leyó. No censuraron la prosa, sencillamente me devolvieron el libro diciendo que no podían publicarlo. En Caminho, fui muy bien recibido, nadie me puso reparos. Por entonces, claro, tenía la experiencia de un amigo al que le había ofrecido el libro y que, dos días después, me dijo que no entendía nada. Yo le respondí: «Vaya, hombre, qué mal... Prueba a leer una o dos páginas en voz alta y a lo mejor...». Y así fue. Pasaron un par de días y me llamó para decirme: «Ya sé qué quieres que haga. Quieres que escuche en mi cabeza lo que estoy leyendo». Y así fue en todas partes.

Tabu, Lisboa, n.º 84, 19 de abril de 2008

Ensayo sobre la lucidez es, en el fondo, un libro sobre la razón de Estado, o las razones de Estado.

Tabu, Lisboa, n.º 84, 19 de abril de 2008

Las intermitencias de la muerte, por ejemplo, describe algo visto desde fuera. *El viaje del elefante,* que no describe nada que me haya ocurrido a mí, está descrito desde dentro, y eso es lo que marca una gran diferencia entre los dos libros y hace que me sienta, en cuanto al *Viaje,* dentro del libro. Claro que soy el autor, soy el narrador, soy en cierta manera un personaje de la historia, pero el empeño puesto en este libro no es sólo del autor que está escribiendo un libro y que espera que éste tenga una buena acogida, y hace todo lo que puede para que sea bueno, para que esté bien escrito, bien armado, bien estructurado. No, esto es otra cosa. En el fondo, casi diría que este libro se presenta como una especie de testamento, aunque espero que no lo sea y que, dentro de unos meses, esté con otro libro.

Única, Lisboa, 11 de octubre de 2008

Soy un novelista que no sabría limitarse a contar una historia por muy interesante que ésta fuera. Necesito mostrar todas las conexiones posibles, las próximas y las distantes, de manera que el lector comprenda que, al hablar de un elefante, por ejemplo, hablo de la vida humana. Es la actitud del ensayista. Desde este punto de vista, no veo ninguna contradicción entre la novela y el ensayo.

Jornal do Brasil, Río de Janeiro, 1 de noviembre de 2008

Lo que me interesó de la historia de este elefante fue el final que tuvo, cuando después de morir le cortaron las patas para usarlas como paragüero a la entrada del palacio para meter bastones, sombreros y parasoles. Yo suelo decir: «No lean mis libros, lean mis epígrafes». El de este libro *[El viaje del elefante]* dice así: «Siempre acabamos llegando a donde nos esperan». Obviamente, se refiere a la muerte, pero también a lo que sucede después. Y ese aprovechamiento grotesco de las patas delanteras del elefante me impresionó. Si no hubiera existido ese final, tal vez no habría escrito el libro.

Jornal de Letras, Artes e Ideias, Lisboa, n°. 994, 5-18 de noviembre de 2008

La ironía siempre ha estado presente en mis libros, pero creo que es [en *El viaje del elefante*] la primera vez que aparece de esta manera y que presento el humor por el humor, sin ninguna intención de proponer segundas o terceras lecturas. Es el humor en estado puro. En lo que respecta a las circunstancias, no fue sólo el periodo que pasé en el hospital: estaba enfermo desde hacía por lo menos tres años, con pérdida de apetito, dificultades de locomoción, insomnio... Fue una época negra. Y la pregunta que me hago es la siguiente: ¿cómo, en esa situación, salió un cuento así, donde no es que no haya nada que haga sonreír, sino reír? No tengo ninguna explicación. Considerémoslo un misterio más de la creación.

Jornal de Letras, Artes e Ideias, Lisboa, nº. 994, 5-18 de noviembre de 2008

A lo largo de la vida hablamos, decimos cosas, leemos, comunicamos y somos objeto de comunicación de los demás. Todo eso se hace con palabras. No hay otra manera de hacerlo. Y las palabras actúan sobre nosotros como una sucesión de sedimentos. De ahí que determinado vocabulario se sustituya por otras maneras de decir las cosas. Y todo esto va constituyendo capas y capas de lenguaje superpuestas. Siempre hay una última capa, que es aquella que usamos en el momento presente, lo que no significa que todas las que están por debajo hayan desaparecido o se hayan fundido en una masa lingüística única. Mi «tesis» es que mi enfermedad (y ni siquiera pude darme cuenta de ello) debe de haber revolucionado esos sedimentos. Cuando empecé el libro *[El viaje del elefante]*, ya estaba mal y, probablemente, ya había indicios del empleo de un lenguaje que me parece a la vez arcaico y moderno, como si ya se hubiera producido esa alteración de las capas. Pero con la enfermedad declarada, y, después de estar hospitalizado, creo que se acentuó. El libro tiene una unidad lingüística que se expresa de tal manera que parece un objeto extraño. Doblemente extraño.

Jornal de Letras, Artes e Ideias, Lisboa, nº. 994, 5-18 de noviembre de 2008

Sin ser propiamente un testamento, este libro *[El viaje del elefante]* es además un homenaje a la lengua portuguesa. Esto es lo mejor que imagino para un escritor: que su última palabra sea un homenaje a su propia lengua.

Jornal de Letras, Artes e Ideias, Lisboa, nº. 994, 5-18 de noviembre de 2008

[El viaje del elefante] se escribió en dos fases. La primera desde febrero del año pasado [2007] hasta el verano, durante la que escribí cuarenta páginas. Después, mi salud empeoró, y el estado en que me encontraba me quitó las ganas de escribir. Y así pasaron meses. A finales de octubre, fui cuatro días a Buenos Aires... un disparate. Prácticamente, no comí [...] Regresé de allí muy mal y fui a una clínica de Madrid, donde me hicieron varias pruebas. No acertaron con el diagnóstico. Nos fuimos a Lanzarote. Entonces, entré en declive y empecé a descender al fondo. No sentí dolor, no puedo decir que sufrí; sólo tenía la impresión de que no estaba allí. Mi estado era tal, que en el hospital dudaron si aceptarme. ¡Porque no querían que muriera en su hospital! Si quería morir, ¡que fuera a morir a otra parte! Entonces, Pilar se armó cual Juana de Arco y los convenció de que podían hacerlo y, a partir de ahí, salieron personas y médicos extraordinarios. [Cuando volví a casa] era una sombra. Mis piernas no eran capaces de sostenerme, así que imagínese andar... Veinticuatro horas después ya estaba sentado a la mesa trabajando [...] No era mi cuerpo el que quería escribir, sino mi cabeza. Esa idea —el hecho de no saber si podría acabar el libro— seguía aquí dentro. Lo primero que hice fue revisar todo lo que ya había escrito. Y corregirlo. Si me pregunta si tenía la cabeza para corregir, le diré que tenía la cabeza para lo que fuera. Cuando terminé las correcciones, enganché la historia y terminé el día el 12 de agosto [de 2008].

Ípsilon, Lisboa, 7 de noviembre de 2008

El viaje del elefante está muy cercano a nuestra propia existencia y a nuestra propia identidad. El libro no hubiera sido escrito si la conclusión de la vida del elefante no hubiera sido como fue: le cortaron las patas para usarlo como recipiente de paraguas y bastones. Es una metáfora de la vida y de la vida humana. Al final la pregunta siempre es: ¿y para qué? Lo que me empujó a escribir el libro era llegar a esta conclusión prosaica y ridícula.

Público, Madrid, 20 de noviembre de 2008

Hace diez años estaba en Salzburgo (Austria) y fui a cenar a un restaurante llamado El Elefante. No tenía ningún motivo para preguntar por qué el nombre del restaurante era ése. Pero me llamó la atención una serie de pequeñas esculturas que mostraban la travesía de un elefante que el rey de Portugal, don Juan III, había obsequiado al archiduque austríaco Maximiliano II [...] Había poquísimos datos históricos sobre el viaje del elefante. De modo que, si este libro quería existir, era necesario que el autor le pusiera imaginación, la máxima inventiva de la que fuera capaz.

TAM Nas Nuvens, São Paulo, n.º 11, noviembre de 2008

La injusticia es uno de los motores de mi obra, el abuso de autoridad sobre el individuo.

La Vanguardia, Barcelona, 10 de diciembre de 2008

La novela *Manual de pintura y caligrafía* causó cierta sorpresa cuando apareció. El libro fue bien acogido, acaso por su estructura, que parece más moderna que la de los libros que vinieron luego. Cuando digo más moderna, quiero decir más vanguardista. Hay mucho de autobiográfico en él, pero es algo paralelo. Si leyera el *Manual de pintura y caligrafía* y después *Las pequeñas memorias*, volvería a encontrar en *Las pequeñas memorias* cosas colocadas, al fin, en su lugar y en la persona concreta que soy yo y que yo viví, mientras que los hechos de mi infancia y mi adolescencia los hallará en el *Manual*. En este sentido, quizá sea mi libro más autobiográfico, a excepción de *Las pequeñas memorias,* que son pura autobiografía.

João Céu e Silva, *Uma Longa Viagem com José Saramago,*
Porto Editor, Oporto, 2009

Estaba comiendo en Varina da Madragoa, estaba solo, esperando lo que había pedido al encargado, y me quedé sentado a la mesa pensando en cosas y nada en particular. Es decir, cosas que pasan por la cabeza, que desaparecen, que luego vuelven o que no vuelven... Lo que sé es que, sin saber exactamente de dónde me vino aquello, me hice una pregunta: «¿Y si todos fuéramos ciegos?». Tres o cuatro segundos después pensé en lo que había dicho y me respondí: «¡Pero si estamos todos ciegos!». Y a partir de esta simple reflexión nació el libro *[Ensayo sobre la ceguera]*.

João Céu e Silva, *Uma Longa Viagem com José Saramago,*
Porto Editor, Oporto, 2009

Mi poesía es poesía de segunda o tercera clase, no vale la pena insistir. No me he hecho ilusiones; es lo que es: limpia, honesta y, en algún momento, habrá sido más que eso, pero, en fin, no pasaré a la Historia como poeta. Supongo que si paso a la Historia será como un novelista que también escribió algún verso.

João Céu e Silva, *Uma Longa Viagem com José Saramago,*
Porto Editor, Oporto, 2009

[La exposición *José Saramago. A Consistência dos Sonhos* incluyó gran cantidad de cuentos, novelas, poemas, obras de teatro, todos textos desconocidos hasta ahora.] Todo ese material, que fue mucho y en mayor cantidad de aquello que podía imaginar (porque buena parte de éste había caído en el olvido), no vino de fuera. Estaba todo aquí, en casa, guardado en cajas, y con ese trabajo de investigación, nuestro amigo Fernando Gómez Aguilera hizo algo extraordinario, porque en esa búsqueda, al abrir cajas que nunca habían sido abiertas, que estaban por ahí, en alguna parte, descubrió todo eso. La verdad es que la exposición es algo absolutamente fuera de lo común; no tiene nada que ver con aquello que canónicamente —digámoslo así— es una exposición sobre un autor o sobre un escritor. Porque, si una exposición sobre un pintor es fácil [...] [no es tan fácil] sobre un autor que, al mismo tiempo, aparte de aquello que ha escrito, tuvo y, en cierto modo, sigue teniendo una vida activa en cuanto a intervención social y que se manifiesta no sólo en aquello que hace sino que también se expresa en aquello que dice o que intenta comunicar a los demás. Eso, evidentemente, deja rastro y era necesario conceder un lugar importante a ese rastro que, aunque es paraliterario, o está fuera de la literatura, forma parte del autor.

João Céu e Silva, *Uma Longa Viagem com José Saramago,*
Porto Editor, Oporto, 2009

Lectores

El lector desempeña un papel relevante en el universo saramaguiano por voluntad expresa del autor. Las peculiaridades de su literatura plantean la exigencia de un receptor activo, al que se le reserva una parcela de protagonismo en la reelaboración de los contenidos propuestos en el libro, así como en la relación con el autor-narrador que gobierna el relato. De alguna manera, podría plantearse que el alto grado de implicación en la ficción exigido al lector lo convierte en un integrante más del entramado literario. La particular forma de tejer y de administrar la información por parte de la instancia narrativa se sostiene sobre la participación y complicidad del público, de quien se pretende que *comprenda*.

Saramago destacó el vínculo especial que mantenía con quienes leían sus libros, basado en lazos implícitos de afecto, como muestra la abundantísima correspondencia que recibía a diario, en la que, además de quedar reflejadas las impresiones provocadas por sus novelas, resultaba frecuente que se le trasladasen confidencias, confesiones y valoraciones sobre el impacto que los textos y la actividad social del autor causaban en las vidas de quienes se acercaron a su literatura. No debe resultar extraño entonces que el escritor de Azinhaga sostuviese que él era la confirmación del novelista, por encima de la propia producción, mientras, dando forma a una auténtica teoría de la recepción, defendió que las obras completas no estarían verdaderamente cerradas si no incluían las cartas de quienes habían

dado vida a los libros habitando sus páginas. Y es en este sentido en el que valoraba la importancia de los lectores, siempre a
posteriori, no en el momento de encarar la escritura, que con-
cebía como un acto de estricta libertad, totalmente descondi-
cionado de expectativas o de otras consideraciones.

Con actitudes y opiniones alejadas de cualquier posición
de tibieza o de consenso, el Premio Nobel portugués no dejaba
indiferente a nadie, polarizando pasiones y recelos. La fuerza
de su narrativa, pero también su conocida intervención civil,
lo convirtieron en un auténtico fenómeno de masas en el campo de la cultura literaria, capaz de movilizar a centenares,
cuando no miles, de personas en cada uno de sus actos públicos a lo largo del mundo, en tanto que sus libros, traducidos
a cuarenta lenguas, se reeditaban permanentemente saliendo a
la calle en grandes tiradas.

El lector también escribe el libro cuando el sentido penetra en él, cuando lo interroga.

Extra, Lisboa, 1978

Mi narrador todo lo sabe, está en todo lugar y puede asumir diferentes figuras [...] Una vez que el narrador posee esas características, puede usarlas con humor, con cierta autoironía. Organiza un sistema de iluminación en todas las cosas para impedir al lector identificarse con aquello contado. Es más, el lector puede entrar en lo narrado, pero tiene plena conciencia de estar leyendo una ficción. El lector se convierte, en el acto mismo de su lectura, en un elemento más de esa ficción. Leer es participar, en este caso. El lector posee una conciencia tan completa como la del propio autor o la del narrador de que todo cuanto se narra es fabulación. Por tanto, no vale la pena convencer al lector de lo contrario y, para que su placer sea mayor, el autor le muestra los trucos de la construcción de su narrativa. Para mí, esto es una convicción: si el lector es consciente de los elementos con que el autor construye la ficción, el placer de leer es mucho mayor. Conseguir que el lector adquiera esta conciencia es uno de mis objetivos.

Quimera, Barcelona, n.º 59, 1986

Me gusta imaginar que tengo una relación especial con los lectores. Y tengo la vanidad de creer que entre los lectores y yo existe un lazo afectivo que, creo, no es la norma habitual entre productores culturales y consumidores.

Diário Popular, Lisboa, 21 de abril de 1989

¿Si [el libro] lleva una historia? Sí, la lleva. Lleva personajes, y episodios y accidentes y cosas más o menos interesantes, o divertidas, o dramáticas, pero sobre todo lleva una persona dentro, que es el autor. Y la gran historia será que el lector reconozca precisamente eso. Porque cuando el lector lo reconoce, cuando el autor le da los medios para reconocerlo, entonces sí que se establece una relación afectiva, más profunda, más cómplice, en la que hay una comunicación mucho mayor entre el autor y el lector.

Setembro, Lisboa, n.º 1, enero-marzo de 1993

El lector de mis libros deberá leer como si oyera en su cabeza una voz diciendo lo que está escrito.

Folha de S. Paulo, São Paulo, 16 de noviembre de 1995

Los lectores me han transformado en escritor. En otras palabras: sólo descubrí que era escritor cuando comprobé que tenía lectores. Y cuando empezó a manifestarse una especie de corriente de afecto entre el autor y el lector.

O Estado de S. Paulo, São Paulo, 21 de septiembre de 1996

Cuando hablo de persona a persona, es decir, de la persona-autor que soy a la persona-lector que el lector es, lo único que hago es depositar en él inquietud para definir los cambios que él crea necesarios. Porque no estoy para nada seguro de que estemos, lector y autor, de acuerdo. Como he dicho, escribo para comprender, y desearía que el lector hiciera lo mismo, es decir, que leyera para comprender. ¿Comprender qué? No para comprender en la línea en que yo estoy tratando de hacerlo. Él tiene sus propios motivos y razones para comprender algo, pero ese algo lo determina él. Lo que no quiero es que se quede en la superficie de la página. Cuando alguien está en una lectura y levanta la mirada como si estuviera aprendiendo con mucha más intensidad lo que acaba de leer, es el momento en el que ese alguien está totalmente involucrado, como si pensara: «Esto es mío, esto tiene que ver conmigo». Uno saca de la lectura lo que necesita.

La Jornada Semanal, México D. F., 8 de marzo de 1998

He logrado encontrar mis lectores y ningún autor puede creer en algo más importante que eso: saber que tiene sus lectores.

La Jornada Semanal, México D. F., 8 de marzo de 1998

En los últimos años de mi vida, me gustaría reunir a todos mis lectores y dialogar con ellos.

La Nación, Buenos Aires, 4 de septiembre de 1998

Creo que lo que caracteriza a mi lector es la sensibilidad. Es como si lo que yo estoy escribiendo, y de alguna forma estoy empleando palabras que he leído en algunas de esas cartas, la gente advirtiese que lo estaba necesitando y no lo había encontrado antes. Esto no es para decir que todas las cartas son una cosa estupenda y maravillosa. No creo en esas reacciones del tipo «su libro ha cambiado mi vida». Pero, para volver a eso de las puertas, es como si una puertecita del lector necesitara una llave y esa llave se la hubiese dado la lectura de un libro mío. Quizá se haya tratado de una puertecita muy pequeña, que no tiene demasiada importancia, pero estaba cerrada, y el libro se la ha abierto. Y lo que se expresa es esa sensibilidad: «Usted ha tocado algo que me ha llegado».

Juan Arias, *José Saramago: El amor posible*, Planeta, Barcelona, 1998

Creo que el afecto que los lectores me profesan descansa en el hecho de que saben o intuyen que no estoy engañándoles, ni cuando escribo, ni cuando hablo.

www.Literaturas.com, Madrid, septiembre de 2001

La literatura necesita lectores indomesticables, para que ella misma lo sea en un futuro que traerá una civilización totalmente distinta, en la que puede que la escritura y la lectura no interesen.

Turia, Teruel, n.º 57, 2001

Si hay algo de lo que tenga absoluta certeza, es de ese afecto especial de muchos de mis lectores —me gustaría decir casi todos— en relación con el escritor, pero, sobre todo, en relación con la persona. Y eso me produce una gran alegría.

Visão, Lisboa, 16 de enero de 2003

Las obras completas siempre son incompletas porque les falta el otro lado: como se dice ahora, la *recepción* de los lectores. Cuando ya no esté, me gustaría que Pilar organizara (para publicar) cartas absolutamente extraordinarias, documentos humanos de una profundidad, de una belleza y de una emoción raras, que me llegan de todas partes. Y que las reúna en uno o dos volúmenes y los una a los treinta y tantos que yo deje escritos.

Visão, Lisboa, 16 de enero de 2003

Hay dos grandes categorías de lectores. Están aquellos a los que les ha gustado un libro y escriben para expresarlo. Y hay otra categoría muy interesante: la gente que escribe para hablar de sí misma, sobre su relación con el mundo, con la pareja, con la familia, y me lo cuenta. Como si la lectura de los libros los llevara a reflexionar sobre esas cosas. Y, a mí, eso me sorprende. Como me sorprende lo bien que escriben, la capacidad de análisis que tienen.

La Nación, Buenos Aires, 11 de mayo de 2003

El lector sólo me importa después de haber escrito. Mientras escribo, no importa porque no se escribe para un lector concreto. Hay dos tiempos: el tiempo en el que el autor no tiene lectores y el tiempo en que los tiene. Pero la responsabilidad es la misma, es con el trabajo que se hace. Eso sí, pienso en los lectores cuando recibo cartas extraordinarias. Es un fenómeno reciente. Nadie escribió a Camões, pero hoy existe esa comunicación, esa inquietud del lector.

Folha de S. Paulo, São Paulo, 29 de noviembre de 2008

Para mí, el lector debe tener un papel que vaya más allá de interpretar el sentido de las palabras. El lector debe poner su música, interpretar la partitura del texto de un modo muscular, de acuerdo a su respiración y su propio ritmo.

La Vanguardia, Barcelona, 10 de diciembre de 2008

Entre las personas que me escriben cartas las hay realmente extraordinarias; y ya he dicho que la obra completa de un escritor solamente lo es de verdad si, aparte de publicarse sus libros, también se editan los volúmenes —los que sean necesarios— con una selección de las cartas de los lectores. En una época en que se habla tanto de la teoría de la recepción, tenemos ahí la reacción del lector que ha hecho su trabajo de recepción y de integración del libro que ha leído y que manifiesta sus opiniones. Pero nunca he visto que los autores de esas tesis pensaran que el primer paso para dar consistencia a las teorías de la recepción sería empezar por aquellos que han acogido el libro, el lector, que no necesita leer la crítica porque tiene sus propios medios por experiencia o por el gusto de penetrar en ese texto y que, después, si le apetece, escribe una carta al autor diciendo aquello que piensa.

João Céu e Silva, *Uma Longa Viagem com José Saramago*,
Porto Editor, Oporto, 2009

El lector lee la novela para llegar al novelista.

João Céu e Silva, *Uma Longa Viagem com José Saramago*,
Porto Editor, Oporto, 2009

Premio Nobel

El día 8 de octubre de 1998, la Academia Sueca le concedió el Premio Nobel de Literatura «por su capacidad para volver comprensible una realidad huidiza, con parábolas sostenidas por la imaginación, la compasión y la ironía», según argumentó su secretario Sture Allen. El escritor recibió la noticia de boca de una azafata en el aeropuerto de Frankfurt, cuando se disponía a regresar de la Feria del Libro a su casa de Lanzarote. Representaba el primer Nobel para las letras portuguesas. Pronto, tras conocer el fallo del jurado, Saramago manifestaría: «Tengo la conciencia de que nunca nací para esto», y pondría el premio al servicio de su lengua, reconocida a través de su trabajo. El novelista de *Ensayo sobre la ceguera* insistió en que no se produciría ninguna ruptura ni con sus convicciones comunistas ni con sus posiciones públicas de compromiso, como efectivamente así ocurriría.

En diciembre, viajó a Estocolmo para recibir el galardón. El día 7 pronunció un discurso ante los miembros de la Academia, en el que reflexionaría sobre su obra, mientras que tres jornadas más tarde, el día 10, tuvo lugar la entrega oficial de la medalla en el Palacio de Conciertos. Durante el banquete, centró su alocución en denunciar el incumplimiento de la Declaración Universal de los Derechos Humanos.

La notoriedad mundial proporcionada por el espaldarazo de la Academia sería instrumentalizada conscientemente por el autor para darle mayor difusión y resonancia a sus ideas, para reforzar su papel de polemista y para insuflar aliento y proyección a sus querellas sociales e intelectuales, llevando más lejos sus preocupaciones y su participación en la esfera pública. Relativizador de casi todo, escéptico militante, insistiría en proteger su identidad moral, política y de pensamiento —«El Nobel me da la oportunidad de ser más yo», declaró—, exigiéndose aún más a la hora de cumplir sus obligaciones de ciudadano y poniendo su influencia al servicio de causas justas y de quienes, aislados por el silencio y el olvido, más necesitan ser escuchados. Una actitud que él mismo se ocuparía de expresar con claridad, haciendo explícita su norma de conducta: «Aquí no sólo se presenta un señor portugués, autor de libros, Premio Nobel de Literatura. Se presenta él, pero también se presenta el ciudadano portugués, que ya estaba preocupado como ciudadano antes de que le dieran el Premio Nobel. Se presentan dos que viven en la misma persona: el autor y el ciudadano».

Saramago supo moldear el perfil de un Premio Nobel cercano, solidario, generoso y visible, en sintonía con su personalidad. Un escritor laureado, movido por una voluntad de servicio, de quien el crítico norteamericano Harold Bloom diría, complaciente, en 2001: «Entre los más recientes, el único Nobel bien concedido fue el de Saramago, que lo honró más que el Premio a él. No hay novelistas en el Nuevo Mundo, Brasil, Argentina, Colombia, Estados Unidos, Australia, ni siquiera en Europa Occidental, tan modernos como él. ¡Se ha dado el Nobel a personas absurdas tantas veces!».

Cuando abandoné la sala de embarque hacia la salida, sentí una especie de recogimiento y una serenidad extrañísima. Tuve que cruzar un corredor inmenso, completamente desierto. Y entonces yo, el Premio Nobel, el pobre señor que allí estaba, completamente solo, con la maleta en la mano y la gabardina bajo el brazo, me dije: «Pues parece que soy Premio Nobel». Y allí, en la soledad de aquel corredor inmenso... no me sentí en el pináculo del mundo, al contrario, me sentí solo, muy triste porque mi mujer [Pilar del Río] no estuviera allí conmigo.

A Capital, Lisboa, 9 de octubre de 1998

Tengo la conciencia de que no nací para esto. Es algo asombroso, porque cada vez que ocurre algo, en este caso el Nobel, me pregunto a mí mismo si aquello que he hecho a lo largo de la vida, sobre todo en los últimos veinte años, dio para construir una obra que merezca el más célebre premio literario del mundo. ¿Cómo me ha sucedido esto a mí? Es una pregunta para la cual, honestamente, no tengo respuesta.

A Capital, Lisboa, 9 de octubre de 1998

También tuve un sentimiento patriótico [con la concesión del Premio Nobel], en el mejor sentido de la palabra. Sentí que, a través de mí, por aquello que he hecho —valga esto lo que valga—, de repente, a los ojos del mundo, la lengua portuguesa hablada en toda la comunidad lusófona fue objeto de distinción, en la medida en que todas esas personas acepten también como suyo ese premio que van a entregarme, pero que tomo como algo que nos pertenece a todos.

A Capital, Lisboa, 9 de octubre de 1998

No me hizo falta dejar de ser comunista para ganar el Premio Nobel. Si hubiera tenido que renunciar a mis convicciones para ganar, no habría aceptado el Nobel, pero, por suerte, a la Academia no le importó que yo fuera un comunista obstinado.

Jornal do Brasil, Río de Janeiro, 10 de octubre de 1998

Nada prometía un Premio Nobel. Quiero decir que nací en una familia de gente muy pobre, campesina y analfabeta, en una casa donde no había libros y en unas circunstancias económicas que no me habían permitido entrar en la universidad.

La Jornada, México D. F., 10 de octubre de 1998

[Cuando en el aeropuerto me dieron la noticia de que había ganado el Premio Nobel] me sentí, por una parte, con una enorme felicidad, una enorme alegría, pero me di cuenta de que la alegría, si uno está solo, es nada.

La Jornada, México D. F., 10 de octubre de 1998

La Academia Sueca ha otorgado el Premio Nobel de Literatura a un escritor que literariamente hace lo mejor que puede, y que humanamente entiende que tiene una responsabilidad por el hecho sensible de estar vivo y que ese deber lo asume todos los días y en todas las circunstancias.

La Jornada, México D. F., 10 de octubre de 1998

Tras bajarme del avión que me debía conducir el jueves pasado desde Frankfurt a Lanzarote, me encontré solo en un pasillo del aeropuerto [...] Pensé que tenía ese gran premio, pero que las cosas más grandes a veces son las más pequeñas y las más pequeñas, las más grandes. Sentí que ni siquiera mi soledad tenía importancia.

El País, Madrid, 10 de octubre de 1998

Este Premio Nobel seguirá siendo quien es, seguirá participando como hasta ahora, interviniendo como hasta ahora, en aquello que considere útil, indispensable y necesario. No me tomaré el Premio Nobel como una *miss* de un concurso de belleza a la que hay que exhibir por todas partes... No aspiro a esos tronos... ni podría, claro... Pero si lo que he hecho hasta ahora ha tenido alguna utilidad para alguien como voz, como crítica, como análisis de las circunstancias, de los hechos, de la vida política, de la vida social, de la situación en que el mundo se encuentra..., entonces así seguirá siendo.

Público, Lisboa, 14 de octubre de 1998

El Nobel me da la oportunidad de ser más yo.

La Provincia, Las Palmas de Gran Canaria, 15 de octubre de 1998

Supongo que [el Premio Nobel] me ha sido dado por el hecho de que yo, como escritor, estaba en mi sitio. No hay motivo para que vaya a cambiar de donde estaba. Sigo siendo la misma persona, mis ideas no cambiarán y las relaciones que tengo con el mundo y con la gente serán iguales. Y lo que pienso lo diré con la misma claridad que antes.

El País Semanal, Madrid, 29 de noviembre de 1998

Si tengo preocupaciones que crea que pueden interesar a otros, aprovecho el hecho de ser escritor, aprovecho el hecho de ser reconocido e incluso aprovecho este premio [el Premio Nobel] para llevar más lejos mis preocupaciones. No tengo remedios ni recetas. Lo único que digo es: así es como pienso.

O Globo, Río de Janeiro, 14 de agosto de 1999

Es obvio que soy consciente de que tal vez me resultara más cómodo adoptar una postura menos participativa desde el punto de vista cívico y social. Al final, ¿cuántos premios Nobel hacen lo mismo? Pero a aquellos que piensan que no debería hastiarme con esas cuestiones respondo de la misma manera que respondí el día que conocí la decisión de la Academia Sueca: «Sí, me han dado el Nobel, ¿y qué?». No ha cambiado nada. Pese a tener la edad que tengo —por suerte los ochenta y uno no me pesan, aunque siempre van pesando—, no voy a cambiar. Me gusta mirarme al espejo todas las mañanas y ver que soy un tipo excelente.

Jornal de Notícias, Oporto, 27 de marzo de 2004

No siento el peso del Nobel. Escribo como si no lo hubiera recibido. Escribo como si no tuviera que demostrar que lo merecía. Escribo como escribiría probablemente si no lo hubiera recibido.

Público, Lisboa, 11 de noviembre de 2005

Yo tengo que decir que el año que esperaba que me lo dieran [el Premio Nobel] no fue 1998, sino 1997, porque tenía informaciones, indicios, que me permitían pensar que no se lo darían a Darío Fo. Curiosamente, el día en que se lo dieron, yo estaba haciendo un viaje por Alemania y Polonia, y esa noche Darío Fo me dejó un mensaje que decía: «Quiero darte un Nobel. Perdona, pero el año que viene lo vas a tener tú. ¡Ay, soy un ladrón!, te he robado el Nobel de Literatura». Pero eso no había ocurrido. El año siguiente, yo estaba a punto de embarcar en el avión para volver de Frankfurt a Madrid y luego a Lanzarote, que es donde vivo, y la hora de salida del avión coincidía con el anuncio del premio durante la Feria del Libro de Frankfurt. La cola se estaba moviendo para entrar en el avión. Entonces fui al teléfono, llamé a la feria y pedí hablar con mi editor. No dije quién era, no valía la pena, y me quedé con el teléfono así, esperando. De repente oí una voz, pero de la megafonía de la sala de embarque, que decía: «Señor José Saramago». Era una voz femenina, y me di cuenta de que la azafata tenía otro teléfono, y me dijo: «¿Es usted...?», «Sí, sí soy yo». Entonces, ella no pudo controlarse. Alguien había llamado para hablar conmigo, y ella me dijo: «Es que está aquí una periodista que quiere hablar con usted. ¡Es que usted ha ganado el Premio Nobel!». Por lo tanto, me anunció que había ganado el Nobel una azafata de Lufthansa, a quien obviamente la periodista, para convencerla de que me llamara, dijo: «Tiene que encontrar a ese hombre porque ha ganado el Premio Nobel». Para salir, tenía que ir por un pasillo. Era una casualidad que no hubiera nadie en ese pasillo. Y yo no recuerdo ningún otro momento de mi vida en que haya sentido eso: la soledad agresiva. Estaba ahí solo, un señor con su abrigo y su maletita, con la que había ido a Frankfurt por dos días para una conferencia, y volvía un señor cuya vida había cambiado totalmente en ese instante. Iba andando y murmurando palabras, hablaba un poco conmigo mismo y me decía: «Tengo el Premio Nobel, ¿y qué?».

El Universal, México D. F., 2 de diciembre de 2006

[El momento emblemático de la celebración del Premio Nobel] creo que fue, por la novedad y la responsabilidad, la lectura de mi discurso en la Academia Sueca, antes de la entrega del premio, el 7 de diciembre, «De cómo el personaje fue maestro y el autor su aprendiz». Creo que en ese momento sentí más que nunca el peso de la responsabilidad.

Ler, Lisboa, n.º 70, junio de 2008

Hay algo de lo que presumo, y es que, en el plano —usaré la palabra—... en el plano cívico, estuve a la altura del Premio [Nobel]. Creo que, después del Premio, he cumplido mis obligaciones como ciudadano.

Única, Lisboa, 11 de octubre de 2008

Si alguien se hubiera acercado a mí para consolarme por el hecho de estar enfermo, diciendo: «Saramago, está usted muy enfermo, pero ha ganado el Premio Nobel, y eso es algo importante, ¿no?», habría tratado de decir que sí, que era importante, pero que en la situación en que me encontraba [con la enfermedad sufrida a finales de 2007 y primeros meses de 2008], no significaba nada. El Premio Nobel no iba a darme las recetas y los medicamentos necesarios para salvarme.

Única, Lisboa, 11 de octubre de 2008

El Premio Nobel es lo que es, un premio para un escritor portugués, entregado casi un siglo después de haber sido creado.

El Premio Nobel no tiene ningún cuaderno de responsabilidades. Se trata simplemente de ir allí, recibir la medalla, el diploma, el dinero y, si uno quiere, quedarse por allí. La Academia Sueca no nos pide explicaciones sobre nuestra experiencia con el premio. Pero pensé que mis obligaciones iban más allá de lo literario. El premio era para un escritor, para la literatura, para cierta manera de hacerla, pensarla, crearla. Pero también era un premio para Portugal. Cuando entonces dije que «los portugueses habían crecido tres centímetros», todos nosotros nos sentimos más altos, más fuertes, hasta más hermosos. Sólo había una cosa que hacer, y era vivir y hacer perdurar con la mayor intensidad posible las consecuencias del premio.

Visão, Lisboa, 6 de noviembre de 2008

El ciudadano que soy

La dimensión intelectual de Saramago, su proyección internacional como una de las grandes conciencias morales de nuestro tiempo, se articuló, en buena medida, a través de su presencia en los medios de comunicación. Siempre concernido por los conflictos sociales, políticos y humanitarios contemporáneos, desde la década de los ochenta, y, en especial, a partir de los noventa, llevaría sus juicios y opiniones al pronunciamiento público con energía, continuidad e influencia. Al lado del escritor quiso colocar al ciudadano que era, con sus obligaciones cívicas, para decir en voz alta lo que estimó conveniente en cada momento.

Capaz de convertir sus ideas y reprobaciones en referencia, asumió la función crítica como tarea propia: pensar incómodamente y expresarse con libertad de criterio, para formular interrogaciones y desasosegar. Pertrechado de su ideología comunista y de un humanismo de amplio calado, sensible con el dolor, la injusticia y la indefensión ajenas, el Premio Nobel compaginó, a lo largo de su vida, la literatura con la militancia en el Partido Comunista Portugués, la intervención pública y el compromiso intelectual. Su pensamiento y sus juicios se desarrollaron sobre intereses muy amplios, por lo general, dirigidos a procurar desentrañar los mecanismos del poder, el deterioro de las democracias, la hegemonía de la economía capitalista sobre la política o las causas de las desigualdades.

Atento a los análisis geopolíticos, desafecto hacia la integración europea, sensible con la realidad latinoamericana y defensor del iberismo, Saramago se mostraba escéptico, si no pesimista, con respecto a la posibilidad de que el mundo cambiara y se encaminase hacia un proceso de humanización. La crisis en que está sumida la izquierda no ayudaría tampoco a hacerlo posible, en su opinión. Mientras propugnaba la indignación como actitud frente a la indiferencia, sin renunciar al activismo de la calle, confesó su malestar con respecto a la banalización y la globalización, al tiempo que alertó sobre el auge de los autoritarismos, comenzando por el del mercado. En definitiva, fue capaz de aportar un amplio caudal de ideas y opiniones, de censuras y propuestas, que contribuyeron a complementar y a enriquecer la reconocida aportación de su literatura.

Compromiso

«Yo poseo unas ideas y no separo el escritor del ciudadano», repetía Saramago para que no hubiera duda de la integración efectiva y sin contradicciones que, en su caso, se producía entre la literatura y la dimensión vital concernida por el proyecto colectivo. De otro modo, entendía que el autor no debía ocultar, tras el velo aristocrático de las letras, las obligaciones del ciudadano que era. Y así lo puso en práctica militando políticamente en el Partido Comunista Portugués o solidarizándose, fustigando y contribuyendo a causas humanitarias. Las responsabilidades humanas no se suspenden en ninguna circunstancia, lo que no implica que la literatura tenga que convertirse en un recurso instrumental, pero sí que responda a una textualidad concernida y coherente con la visión del mundo de quien la sustenta, un hecho que admitía sin reservas: «Mis libros tienen un sentido ideológico y político».

Discutió y combatió, con beligerancia, el concepto de utopía en función de la responsabilidad contraída con el presente y con su transformación. Sus convicciones tomaban la forma de un materialismo extremo del aquí y el ahora, extendido al mañana inmediato. A su juicio, había que actuar sobre el tiempo de vida —en el que se acumulan las desigualdades y las injusticias—, sin encomendarse a proyectos de emancipación diferidos a un futuro inconcreto. Una política y una ética de compromiso con la proximidad, acorde con su pensamiento práctico, que reaccionaba contra el utopismo idealista en el que se ha desenvuelto buena parte de las concepciones teóricas de la izquierda. Desechaba, pues, la utopía como argumento ideológico, rechazándola abiertamente por considerarla perjudicial para la izquierda y contraria a las dinámicas históricas. Su intangibilidad y deslocalización temporal, así como la suerte de trascendentalismo que la envuelve, le merecieron abierta desafección.

Saramago defendió un explícito *non serviam* de la palabra, al tiempo que expresaba su convicción de que el escritor, por su papel social privilegiado, está llamado a intervenir en los conflictos de su época, a espolear las conciencias y a sumarse a la corriente de la calle. Le asignaba, pues, una proyección de intelectual *engagée*, involucrado, en permanente alerta ética y perspectiva crítica, esperándose de él que dijera lo que pensaba. En su caso, preservando la autonomía de la literatura —de la que atestiguaba una y otra vez que ni podía ni le resultaba propio asumir la misión de salvar al mundo—, aprovechó la posición cultural prominente que disfrutaba para elevar su voz incómoda, situarse cerca de quienes sufren en silencio y extender un discurso reivindicativo y humanista, hasta convertirse en una de las grandes conciencias globales. Alejado de cualquier suerte de aislamiento, en particular a partir de la década de los noventa, y, sin duda, con más energía desde que se le concediera el Premio Nobel en 1998, sus opiniones incómodas y reprobaciones circulaban vigorosamente por el mundo. Todo ello mientras sus novelas, artículos y obras de teatro abrían un creciente espacio de resonancia a los conflictos contemporáneos, en el caso de su ficción a través de grandes alegorías, fundadas en denuncias, ideas y sólidos valores.

Existe en él [en el *Quijote*] una expresión que, para mí, es la clave aunque no parezca nada especial. Cuando don Quijote parte para iniciar sus caballerías andantes, Cervantes lo expresa de una manera tan simple, que cualquiera de nosotros podría haberlo dicho: «Y comenzó a caminar». Hay dos Quijotes: uno, que tiene una vida sin importancia, y otro, que nace en el momento en que empieza a caminar. Él es don Quijote, el hombre que hará aquello que no estaba previsto. No estaba marcado —ni su locura ni su vida anterior— que fuera a hacer todo lo que hizo después. No hay un destino: hay un momento en que comenzamos a caminar. Comenzamos a caminar y caminamos en otra dirección. No es, de hecho, la dirección lo que parecía determinado, irrecusable... hasta podemos hablar de predestinación si queremos, pero el movimiento con el que empezamos a caminar es una metáfora del movimiento, y no sólo del movimiento personal, sino también del movimiento de la sociedad.

Expresso, Lisboa, 8 de noviembre de 1986

No sé qué papel deben tener hoy los intelectuales del mundo. La cuestión es saber si realmente ellos quieren jugar algún papel, y la impresión que yo tengo, que los hechos me ofrecen, es que no quieren jugar ningún papel. Entregaron su tarea de conciencia moral que algunas veces tuvieron. Hoy, el escritor, ante la televisión, ante los grandes medios de comunicación social, no tiene prácticamente voz y, más aún, su propia voz muchas veces la condiciona a las necesidades y a los intereses de ese mismo medio. Cada vez más, somos meros autores de libros y cada vez contribuimos menos a la formación de una conciencia.

Diario 16 (Suplemento *Culturas*), Madrid, 11 de febrero de 1989

No se puede volver al debate sobre literatura y compromiso sin que parezca que estamos hablando de restos fósiles. Me limito a proponer que regresemos al autor, a esa concreta figura de hombre o de mujer que está por detrás de los libros y sin la cual la literatura no sería nada. El problema no estriba en que hayan desaparecido las causas que motivan el compromiso, sino en que el escritor ha dejado de comprometerse.

ABC, Madrid, 20 de abril de 1989

No voy a utilizar la literatura, como nunca lo he hecho, para hacer política; eso no está en mis proyectos. El trabajo literario es una cosa y la política es otra, aunque pueda este trabajo literario, sin dejar de serlo, ser a la vez también un trabajo político; pero lo que yo no hago, y eso lo saben los lectores, es utilizar la literatura para hacer política.

ABC, Madrid, 20 de abril de 1989

Mi literatura refleja de alguna forma las posturas ideológicas que adopto, pero no es un panfleto.

Segundo Caderno, Porto Alegre, 26 de abril de 1989

Creo que de todos mis libros se puede hacer una lectura política aunque ése no sea el objetivo de ninguno de ellos. Y es que, siendo yo un hombre muy definido política e ideológicamente, sería imposible que mis ideas o mis preocupaciones no pasaran por aquello que hago, aun cuando el tema no sea claramente político.

Brasil Agora, São Paulo, 15-28 de junio de 1992

Después de muerto, el escritor será juzgado según aquello que hizo. Reivindiquemos, en cuanto está vivo, el derecho de juzgarlo por aquello que es.

Sur, Málaga, 25 de febrero de 1993

El ciudadano que es el escritor no puede ocultarse detrás de su obra. Aunque ésta sea importante, no puede servir de escondrijo para dar al autor una especie de buena conciencia gracias a la cual podría decir que está ocupado y no tiene tiempo para intervenir en la vida del país.

Folha de S. Paulo, São Paulo, 12 de enero de 1994

Lo que digo es que yo, como ciudadano, tengo un compromiso con mi época, con mi país, con las circunstancias, digamos, del mundo. No puedo dar la espalda a todo eso y ponerme a contemplar mi obra. El futuro juzgará la obra del autor, pero el presente tiene la obligación de emitir un juicio sobre el autor, lo que él es.

Folha de S. Paulo, São Paulo, 12 de enero de 1994

Soy cada vez menos proselitista. Que cada uno vaya a donde pueda con sus propios medios: los guías y los gurús son una compañía que está de más.

Jornal do Brasil, Río de Janeiro, 27 de enero de 1994

Tengo mucho cuidado con no convertir mis novelas en panfletos, pese a que sea marxista y comunista de carnet. Yo poseo unas ideas y no separo el escritor del ciudadano, de mis preocupaciones. Yo creo que los escritores debemos volver a la calle, y ocupar de nuevo el espacio que antes teníamos y ahora ocupan la radio, la prensa o la televisión. Hay, además, que fomentar el humanismo, el conocimiento de que miles y miles de personas no se pueden acercar al desarrollo.

La Provincia, Las Palmas de Gran Canaria, 3 de marzo de 1994

Además de escribir, y hacerlo lo mejor que pueda, [el escritor] no debe olvidar nunca que además de escritor es un ciudadano y en sus intervenciones como ciudadano no debe olvidar que es un escritor. No puedo entender la postura que lleva a un escritor a pensar que su compromiso personal se ciñe exclusivamente a la literatura y a su obra. Es la vuelta al egoísmo y a la altiva torre de marfil. Quizá se trate del error máximo de los últimos veinte años, aunque afortunadamente esos ejercicios autocomplacientes están desapareciendo a raíz de la guerra de la ex Yugoslavia. El escritor no es un guía ni un político y no puede vivir esquizofrénicamente separado del ciudadano.

La Verdad, Murcia, 15 de marzo de 1994

Uno de los asuntos esenciales en toda literatura no superficial es el de la cosificación del hombre, que alcanza su máxima perversidad en la explotación de una clase social por otra, una explotación que es superable por el hecho de que el hombre posee una capacidad revolucionaria tanto para cambiar la realidad como para transformarse él mismo.

Diario de Córdoba, Córdoba, 27 de octubre de 1994

Creo que estamos volviendo, no a una literatura de intervención en primer grado, pero sí a la conciencia de que el escritor tiene un papel en la sociedad. Por el hecho de que su voz se escucha, tiene una responsabilidad moral y ética, por tanto, no puede decidir por sí mismo que su único compromiso es con la literatura.

Diario de Mallorca, Palma de Mallorca, 28 de octubre de 1994

Es tiempo de volver al compromiso: el escritor tiene que decir quién es y qué piensa.

Faro de Vigo, Vigo, 19 de noviembre de 1994

Yo estoy comprometido hasta el final de mis días con la vida y me esfuerzo por transformar las cosas, y para ello no tengo más remedio que hacer lo que hago y decir lo que soy.

Faro de Vigo, Vigo, 19 de noviembre de 1994

Quiero decir que no encuentro ningún motivo para dejar de ser lo que he sido siempre: alguien que está seguro de que el mundo en que vivimos no está bien hecho; seguro de que la aspiración legítima y única que justifica la vida, la felicidad del ser humano, está siendo defraudada todos los días; y que la explotación del hombre por el hombre sigue existiendo. Los seres humanos no podemos aceptar las cosas como son, porque esto nos lleva directamente al suicidio. Hay que creer en algo y, sobre todo, hay que tener el sentimiento de responsabilidad colectiva, según el cual cada uno de nosotros es responsable de todos los demás. Y esto no lo puedo encontrar en el capitalismo.

Faro de Vigo, Vigo, 19 de noviembre de 1994

Yo no separo nunca el escritor del ciudadano. Y esto no significa que quiera convertir mi obra en un panfleto. Significa que no escribo para el año 2427, sino para hoy, para la gente que está viva. Mi compromiso es con mi tiempo.

Faro de Vigo, Vigo, 20 de noviembre de 1994

El escritor debe hacer bien lo que hace. Lo mejor que pueda. Pero no debe quedarse ahí. No debe olvidar que es una figura pública y está obligado a intervenir.

La Voz de Asturias, Oviedo, 14 de junio de 1995

Yo pensaba que escribiendo en un periódico, con su influencia, escribiendo sobre algunos hechos... podría cambiar algo, pero no es así. Hay una especie de discurso narrativo que flota en la realidad, pero que no influye en ella.

Al Margen, Las Palmas de Gran Canaria,
n.º 1, octubre-noviembre de 1997

En mi caso, el ciudadano prevalece sobre el escritor. A mí me interesa preguntarme qué es lo que me preocupa.

A Capital, Lisboa, 5 de noviembre de 1997

Los escritores y los intelectuales —no me gusta esta palabra— no debemos vivir de una forma, vamos a decir, esquizofrénica, en la que el ciudadano que el escritor es se comporte de una forma y el escritor, de otra. Particularmente, estoy muy atento a que el escritor no contradiga al ciudadano y que el ciudadano no contradiga al escritor. Para ponerlo en términos más sencillos, lo que digo es: sí, es cierto que tengo un compromiso con mi trabajo literario, pero ese compromiso no es único.

La Jornada Semanal, México D. F., 8 de marzo de 1998

Si el escritor tiene algún papel es intranquilizar.

La Provincia, Las Palmas de Gran Canaria, 15 de abril de 1998

Nada está definitivamente perdido, las victorias se parecen mucho a las derrotas en que ni unas ni otras son definitivas.

La Gaceta de Canarias, Las Palmas de Gran Canaria,
7 de junio de 1998

Mis pancartas se llaman páginas.

La Gaceta de Canarias, Las Palmas de Gran Canaria,
7 de junio de 1998

Lo que debemos tener en cuenta es que no se puede esperar que una sociedad descomprometida —como lo es la sociedad de nuestro tiempo— fabrique, por decirlo así, una literatura comprometida [...] Una literatura de compromiso se está volviendo cada vez más necesaria; y aunque no se trate de un compromiso político, es importante que sí tenga un compromiso ético.

Perfil, San José de Costa Rica, 17 de junio de 1998

El escritor, si es una persona de su tiempo, se supone que conoce los problemas de su tiempo. ¿Y cuáles son esos problemas? Que no estamos en un mundo bueno, que está mal y que no sirve. Pero atención: no hay que confundir lo que yo pido con una literatura moralista, una literatura que le diga a la gente cómo hay que comportarse. De lo que estoy hablando es de la necesidad de un contenido ético, que no se separa de lo que yo llamo un punto de vista crítico.

Perfil, San José de Costa Rica, 17 de junio de 1998

Las miserias del mundo están ahí, y sólo hay dos modos de reaccionar ante ellas: o entender que uno no tiene la culpa y, por tanto, encogerse de hombros y decir que no está en sus manos remediarlo —y esto es cierto—, o bien asumir que, aun cuando no está en nuestras manos resolverlo, hay que comportarse como si así lo fuera.

La Jornada, México D. F., 3 de diciembre de 1998

Yo no creo que les corresponda a los intelectuales [comprometerse con causas humanitarias], yo creo que les corresponde a los ciudadanos en general. Si vamos a poner funciones o misiones particulares o especiales en los intelectuales, nos arriesgamos a caer en algo que no es bueno: pensar que unas cuantas personas, no se sabe por qué, tienen una función determinada, que sería decir a los demás: «Por aquí es por donde tenemos que ir, por ahí vosotros estáis equivocados». No, eso lo hace la Iglesia. El intelectual tiene que ser crítico, pero tiene que ser crítico no por el hecho de que sea intelectual —o sí, un poco, porque tiene la responsabilidad—, sino que el sentido crítico debería ser algo que lo hiciéramos los ciudadanos que somos. Lo que pasa es que si el escritor se compromete, si el intelectual se compromete con esa causa u otras, entonces el hecho de que sea un escritor hace que su intervención sea más visible, que su palabra llegue más adelante, más lejos.

Biblioteca Nacional de Argentina-Sala virtual de lectura,
Buenos Aires, 12 de diciembre de 2000

No es el escritor, si usted me pregunta a mí quién es el que está interviniendo en Chiapas con los Sin Tierra o con los presos de La Tablada o en África. Yo le diría: «Sí, yo soy escritor, pero quien está intentando intervenir en todo eso es una persona que se llama José Saramago». Que esa persona sea escritor y que, por el hecho de ser escritor, lo que hace como ciudadano sea más importante para los demás, pues ¡estupendo! Allí radica el compromiso del ciudadano que yo soy.

Biblioteca Nacional de Argentina-Sala virtual de lectura,
Buenos Aires, 12 de diciembre de 2000

A veces se escucha algo que yo no entiendo, no puedo entender, y es que el escritor diga: «Mi único compromiso es con mi obra». No entiendo, la verdad es que no entiendo... Porque nadie más en el mundo, en la vida, puede decir que su único compromiso es con lo que hace. Un zapatero no lo diría, y yo no entiendo por qué es que yo tengo que expresar una forma distinta y particular de estar comprometido en la sociedad con algo. No entiendo cómo es que yo puedo estar comprometido sólo con lo que hago. En verdad, tengo que estar comprometido con lo que los otros hacen, y con las consecuencias de lo que yo hago y de lo que los otros hacen; y ésas son consecuencias en el marco de la sociedad. La vieja torre de marfil: «Aquí estoy, generando, produciendo obras maestras y sin saber siquiera el destino de esas obras maestras»... La verdad es que no lo entiendo. Pero, claro, lo acepto aunque, para mí, tengo que decir que eso no sirve.

Biblioteca Nacional de Argentina-Sala virtual de lectura,
Buenos Aires, 12 de diciembre de 2000

La pregunta que todos deberíamos hacernos es: ¿qué he hecho yo si nada ha cambiado? Deberíamos vivir más en el desasosiego. El mañana no ocurrirá si no cambiamos el hoy. Como se cuenta en *La caverna*, todo lo que llevamos a cuestas en la vida son vísperas y todas esas vísperas, incluyendo la desesperanza y la desilusión, son las que influyen en el mañana.

Hay que hacer el trabajo todos los días con las manos, la cabeza, la sensibilidad, con todo.

La Nación, Buenos Aires, 13 de diciembre de 2000

No os resignéis, indignémonos.

El País, Madrid, 11 de enero de 2001

Ni la historia ha llegado a su fin, ni se han acabado las revoluciones. Mi optimismo se contenta con estas certezas. El resto son dudas. ¿Cómo? ¿Cuándo? ¿Dónde? Eso no lo sé, pero sucederá.

El Semanal de *ABC,* Madrid, 7-13 de enero de 2001

Dostoievski creía que la sensibilidad debe servir para solidarizarnos con el dolor, porque si no es así, me parece estéril. Una sensibilidad refinada para disfrutar la estética es importante, pero es inútil.

Revista Universidad de Antioquia,
Medellín, n.º 265, julio-septiembre de 2001

Conceptos como el de la esperanza o la utopía me interesan poco. Para mí, lo que cuenta es el trabajo que tiene que hacerse en el día en el que nos encontramos. Si no lo hiciéramos, esto es, si no buscásemos en cada momento, efectivamente, soluciones para los problemas, de poco nos serviría continuar hablando de utopías o de esperanzas, arrojando hacia un futuro incognoscible la concreción de las mismas.

Espéculo. Revista de estudios literarios, Facultad de Ciencias de la
Información de la Universidad Complutense, Madrid, n.º 19,
noviembre de 2001-febrero de 2002

Jamás los escritores cambiaremos el mundo. El arte y la literatura carecen de poder frente a los ejércitos. Otra cosa es que el artista, o el escritor, en tanto que ciudadanos, intervengan para dejar constancia pública de su protesta, y que sus palabras puedan tener uno u otro eco moral.

Todos los ciudadanos, escritores o no, tenemos no sólo el deber de decir, sino también el de hacer. Y no sólo de cara a nuestro propio país. También de cara al mundo.

José Saramago en *¡Palestina existe!,* Foca Ediciones, Madrid, 2002

Auschwitz no está cerrado, está abierto y sus chimeneas siguen soltando el humo del crimen que cada día se perpetra contra la humanidad más débil. Y [...] yo no quiero ser cómplice, con mi cómodo silencio, de ninguna hoguera.

Jorge Halperín, *Conversaciones con Saramago.*
Reflexiones desde Lanzarote, Icaria, Barcelona, 2002

Siempre me he caracterizado por ser una persona que interviene y participa, antes incluso de ser escritor, o de haber ganado el Premio Nobel.

O Globo, Río de Janeiro, 10 de mayo de 2003

Cuando digo responsabilidad, cuando digo democracia, cuando digo ética quiero decir esas palabras con palabras de plomo...

El Comercio, Quito, 22 de febrero de 2004

No nos espera ningún camino que vaya a darnos tranquilidad. Si lo queremos, tendremos que construirlo con nuestras manos.

O Estado de S. Paulo, São Paulo, 20 de marzo de 2004

Si tenemos que empezar a aullar, empecemos a aullar.

Diário de Notícias, Lisboa, 25 de marzo de 2004

Me pregunto cómo es posible contemplar la injusticia, la miseria, el dolor sin sentir la obligación moral de transformar eso que estamos contemplando. Cuando observamos a nuestro alrededor, vemos que las cosas no funcionan bien: se gastan cifras exorbitantes en mandar un aparato a explorar Marte mientras cientos de miles de personas no tienen para alimentarse. Por un cierto automatismo verbal y mental, hablamos de democracia cuando en realidad de ella no nos queda mucho más que un conjunto de ritos, de gestos repetidos mecánicamente. Los hombres, y los intelectuales, en tanto que ciudadanos, tenemos la obligación de abrir los ojos.

Clarín, Buenos Aires, 12 de abril de 2004

Utopía es algo que no se sabe dónde está, ni cuándo, ni cómo se llegará a ella. La utopía es como la línea del horizonte: sabemos que, aunque la busquemos, nunca llegaremos a ella, porque siempre se va alejando conforme se da cada paso, siempre está fuera, no de la mirada, pero sí de nuestro alcance. Si alguna palabra retiraría yo del diccionario sería utopía, porque no ayuda a pensar, porque es una especie de invitación a la pereza. La única utopía a la que podemos llegar es al día de mañana. Dejemos la línea del horizonte, dejemos la utopía, no se sabe dónde está, ni cómo, ni para cuándo. El día de mañana es el resultado de lo que hayamos hecho hoy. Es mucho más modesto, mucho más práctico y, sobre todo, mucho más útil.

La Jornada, México D. F., 2 de diciembre de 2004

No apruebo que se use la utopía como un arma política, ideológica. Una utopía se refiere a algo que no tenemos —o que no somos— en el momento actual pero que, gracias a la visión optimista de la Historia, creemos que será mejorada en el futuro. Con esto se olvida algo tan obvio como importante: en primer lugar, ¿cómo podemos tener la seguridad de que el futuro será mejor?, ¿y quién garantiza que las personas de esa época no tendrán su propia utopía? Es decir, la idea de utopía perjudica más que beneficia a la especie humana, ya que no tenemos la certeza de que el futuro esté dispuesto a cumplir nuestros anhelos. Debemos transformar nuestra realidad, no esperar a que se modifique de manera natural y que el resultado de esa transformación esté en el futuro.

O Estado de S. Paulo, São Paulo, 29 de octubre de 2005

El pintor pinta, el músico compone, el novelista escribe ficciones. Pero creo que todos influimos en cierta medida, no porque seamos artistas, sino porque somos ciudadanos. En tanto que ciudadanos tenemos la obligación de intervenir y de comprometernos. Son los ciudadanos quienes cambian las cosas. No me imagino ajeno a ninguna clase de compromisos sociales o políticos. Es verdad, soy escritor, pero vivo en este mundo y mi escritura no existe en un espacio separado.

The Observer, Londres, 30 de abril de 2006

Hemos de seguir manifestándonos una y otra vez. La única solución es decir que no queremos vivir en un mundo como éste, con guerras, con desigualdad, con injusticias, con la humillación diaria de los millones de personas que no tienen la menor esperanza de que la vida merezca la pena. Hemos de expresarlo con vehemencia y pasar días y días en la calle si es eso lo que hay que hacer, hasta que quienes detentan el poder reconozcan que la gente no es feliz.

The Observer, Londres, 30 de abril de 2006

Es hora de aullar, porque si nos dejamos llevar por los poderes que nos gobiernan, y no hacemos nada por contrarrestarlos, se puede decir que nos merecemos lo que tenemos.

Agencia EFE, Madrid, 13 de junio de 2007

[El de utopía] es un concepto abaratado por exceso de uso. Tengo hacia ellas [las utopías] una especie de odio visceral. Sobre todo, a la idea infantil que las empuja. Yo quisiera que la vida fuera mejor de lo que es. ¿Pero cómo? En el Foro Social de Porto Alegre dije que la utopía es un engaño. No podemos estafar a la gente con la idea de «ahora no, pero mañana sí». La utopía sólo es válida si se puede alcanzar mañana, pero no dentro de cincuenta años. Hay que luchar por cosas concretas: justicia, bienestar, felicidad... Eso es lo que importa. Ya hay demasiadas palabras y algunas no dicen la verdad.

El Mundo, Madrid, 11 de enero de 2009

Sigo pensando en mi obligación de ciudadano, que no es sino la de intervenir siempre en lo necesario y justo.

www.milenio.com, México D. F., 31 de enero de 2009

Yo pienso aquello que pienso y soy aquello que soy y, desde el punto de vista político, ideológico y filosófico, eso está muy claro en mis libros. Pero sin que tuviera que preocuparme de una frase de Engels —¡y Engels no era una persona cualquiera!—, hay una carta en la que responde a una joven escritora que le pedía consejos y en la que dice: «Cuanto menos se note la ideología, mejor». Esa frase podría aplicarse a mi caso.

João Céu e Silva, *Uma Longa Viagem com José Saramago*, Porto Editor, Oporto, 2009

Comunismo

Saramago se afilió al Partido Comunista Portugués (PCP) en 1969 —si bien colaboraba desde tiempo antes— y, desde entonces, fue uno de sus militantes, de forma activa hasta comienzos de los años noventa. Su vínculo continuó vivo hasta el final de sus días, sobreponiéndose a los avatares del marxismo en el siglo XX. Hombre de arraigados principios ideológicos, que defendió y esgrimió con firmeza de carácter por encima de las vicisitudes de las formalizaciones nacionales y de los notorios fracasos del comunismo, practicó la autocrítica con libertad de conciencia. Consciente de esos límites y desviaciones, que asumía sin dobleces, no dejó, sin embargo, de manifestarse como anticapitalista visceral, al mismo tiempo que se reivindicaba como un *comunista hormonal*.

La colaboración con el PCP desde su condición de militante de base, particularmente intensa a lo largo de la década de los setenta, cuando, además de ponencias ideológicas presentadas a los congresos, participaba activamente en las células del partido, no le impidió, dentro de ese mismo espacio político, salir en defensa de la autonomía de la literatura. Parafraseando a Engels y ampliándolo, sostenía que, cuanto menos se notase el mensaje ideológico en la obra literaria, mejor para la obra y mejor para la ideología. Saramago encarnó un narrador reflexivo que no renunciaba a su visión de las cosas, como él mismo advertía, ni siquiera a la hora de interpretar el comunismo: «Además, tengo mis intereses como escritor, novelista y autor de ficciones. Tengo mis razones para defender, irónicamente o no, algo que un juicio demasiado exigente podría entender como heterodoxia. No me asusta».

La defensa de su independencia de pensamiento y de su lógica autónoma provocó, en ocasiones, discrepancias con la dirección del partido, gestionando siempre una posición propia, respetuosa y discreta, pero coherente con las tensiones características de su temperamento intelectual. De ahí, tanto su insistencia en reivindicar una mentalidad socialista —identificaba socialismo con *estado de espíritu*—, como las críticas abiertas que planteó sobre las prácticas desarrolladas por los regímenes del socialismo real. El autor de *Levantado del suelo* no eludió distanciarse de los crímenes del estalinismo, mientras, sin embargo, confesaba públicamente sus simpatías hacia la Revolución y el régimen cubano, si bien en los últimos años con ciertos matices. A su juicio, sin participación ciudadana, y, por lo tanto, sin ejercicio de las libertades, no cabía la posibilidad de emancipación. Sin duda, José Saramago era más un comunista aferrado a ideales de justicia —a la idea de comunismo— que un doctrinario canónico.

Además de su carácter heterodoxo, el humanismo que impregnaba sus posiciones le condujo a catalogarse a sí mismo como *comunista libertario* —procurando conciliar irónicamente contrarios históricos— al tiempo que asociaba su ideología política a su código genético intelectual. Consciente de la desorientación y la incertidumbre que caracterizan a la modernidad tardía en todos los órdenes, recalcaba la esclerosis y atonía que sufre el socialismo, su falta de ideas, y recriminó a los partidos de izquierda el abandono de las políticas y reivindicaciones que les son propias, además de su incapacidad para repensarse en términos de renovación contemporánea y de hacer frente a la radicalidad del capitalismo global armados con nuevas ideas fuertes.

Su voluntad de servicio al partido le condujo en 1989 a ejercer, durante unos meses, como presidente de la Asamblea Municipal de Lisboa —tras presentarse a las elecciones del 17 de diciembre, ganadas por Jorge Sampaio, con cuya formación, el Partido Socialista (PS), se coaligó el PCP— y a aceptar la inclusión de su nombre también en las listas del PCP a las elecciones al Parlamento Europeo, con un carácter puramente testimonial.

Mi partido tiene sus ideas, y yo las ideas de mi partido, pero no necesariamente de la misma manera.

Expresso, Lisboa, 8 de noviembre de 1986

Yo no considero que mi partido sea competente en materia literaria y, en general, artística. Por mucho respeto que tenga (y lo tengo) por mis camaradas con responsabilidades directas e inmediatas en el partido, no los considero realmente tan competentes como para que puedan decirme lo que debo hacer, cómo debo hacerlo y si lo que he hecho está bien o mal hecho. Prefiero que les guste aquello que hago, pero si, por casualidad, no les agrada, paciencia...

Jornal de Letras, Artes e Ideias, Lisboa, n.º 354, 18-24 de abril de 1989

Para ser marxista, me basta con mirar al mundo; para tener fe, debo mirar al cielo e imaginarme que Dios está ahí arriba.

Expresso, Lisboa, 22 de abril de 1989

Es evidente que nunca he estado ni estaré de acuerdo con eliminar o reducir al silencio a una persona, sea quien sea. Si eso sucede en la URSS —y no estamos libres de que vuelva a suceder—, el hecho no resta importancia al valor de aquello que, siendo el punto de partida de regímenes socialistas y comunistas, acabó desvirtuándose en la práctica. Cuando asistimos a un caso como el de Rumanía, ni siquiera vale la pena seguir hablando de la construcción del socialismo. Stalin no tenía una mentalidad socialista, y Ceaucescu tampoco la tiene. Ésa es la verdadera cuestión.

Expresso, Lisboa, 22 de abril de 1989

La socialdemocracia no es un capitalismo más agudo, más inteligente, actualizado, moderno, capaz de engatusar y encauzar a las fuerzas sociales. La socialdemocracia se propone apaciguar el capitalismo, y una condición inherente al comunismo es destruir el capitalismo.

Expresso, Lisboa, 22 de abril de 1989

Un partido como éste [el PCP] no hace tu vida, pero tú sí debes trabajar por la vida del partido.

El País Semanal, Madrid, 23 de abril de 1989

Los instrumentos necesarios para llevar a cabo una transformación, como es el caso del marxismo, se resumen en un *no*. El *no* es lo que pone en tela de juicio, rechaza, cuestiona. Lo que siempre ha ocurrido es que esos *noes* acaban por convertirse en *síes* y acaban por convertirse en *síes* en el sentido cada vez menos positivo que la palabra *sí* puede adoptar en determinada fase. La Revolución de Octubre fue el *no* al zarismo, al poder absoluto. Hubo un momento de esperanza y después ese *no* se transformó en *sí*, en el *sí* que conduce a la burocracia, al autoritarismo, a todo aquello que proporcionó abundantes pruebas del malogrado intento de establecer el socialismo en la Unión Soviética. El *no* inicial, aun cuando ya contuviera el embrión de lo que sucedió después, quedó en un *sí* al que hizo falta volver a decir *no*.

Expresso, Lisboa, 2 de noviembre de 1991

Si alguna vez me hubiera sentido mal [en el partido], habría salido de él, y si un día me siento mal, saldré. Mis discordancias, que son serias (y, en algunos casos, sobre puntos esenciales), no fueron suficientes para abandonar el partido. Creo que se debe a la fuerza de mis propias convicciones, y sin esfuerzo. Es el único partido en el que mis convicciones encuentran satisfacción y obtienen suficientes respuestas.

Expresso, Lisboa, 2 de noviembre de 1991

He llegado a una relación en la que, a pesar de las discordancias, hay bastante armonía entre lo que pienso y lo que asume el partido como proyecto de sociedad. No tengo miedo de perder el punto de apoyo, la referencia, la misa laica... pero considero que el partido ha sido un agente de intervención en la vida de nuestro país antes y después del 25 de Abril, y puede ser un instrumento de transformación de la sociedad portuguesa. No obstante, soy consciente de las limitaciones del partido, por no hablar de las mías, y de las limitaciones que el actual estado de cosas en Europa y en el mundo plantea para repetir o renovar un intento que al final podría volver a fallar. Lo que no puedo aceptar —y es un sentimiento visceral— es que el capitalismo sea la solución a los problemas del hombre.

Expresso, Lisboa, 2 de noviembre de 1991

No es posible construir el socialismo sin una mentalidad socialista.

Brasil Agora, São Paulo, 15-28 de junio de 1992

Un PC es un PC, y si no lo es deja de serlo, pasa a ser otra cosa, como en el caso de Italia, donde no se sabe qué es aquello en lo que se ha convertido el PCI. Creo que la creación de una mentalidad socialista es, de hecho, indispensable para que no se repitan los errores, los fallos, los crímenes, los desastres a los que hemos tenido que asistir a lo largo de estos setenta años. Y todo por adoptar una postura demasiado idealista, sí, probablemente sí... pero la verdad es que, si no existiera esa mentalidad, nunca habríamos tenido el socialismo.

Brasil Agora, São Paulo, 15-28 de junio de 1992

Volvemos la vista hacia los antiguos países socialistas y comprobamos que, desde el punto de vista cívico, desde el punto de vista de la moral, de la ética, de la convivencia de los ciudadanos, el socialismo no ha modificado nada la mentalidad de las personas, no las ha orientado.

Brasil Agora, São Paulo, 15-28 de junio de 1992

Diré por enésima vez que la Unión Soviética, con el sistema que allí se montó y que allí funcionaba, con repercusiones y repeticiones en las denominadas democracias populares, nunca me satisfizo. Aquella solución nunca me pareció satisfactoria, ni siquiera en el ejercicio pleno de la ciudadanía. Soy comunista, y probablemente lo seguiré siendo el resto de mis días, pero estoy dispuesto a reconocer los méritos de un sistema político que, sin ser del tipo socialista o socializador, reconozca a los ciudadanos el ejercicio cotidiano del derecho de intervención, de modo que no se limite todo a esta sombra de la democracia en que vivimos. Se le llama ciudadano para dos cosas: para pagar impuestos y para ejercer el derecho al voto. Los poderes nos empujan a la aceptación pasiva de un estado de cosas que no reconozca a los ciudadanos el derecho de intervención total. Siempre. Si eso sería socialismo o cualquier otra cosa, ya se vería después. Puede que ni a Marx ni a Lenin les gustara oír esto, pero probablemente no se llegará al socialismo sin la existencia de una mentalidad socialista.

Expresso, Lisboa, 7 de agosto de 1993

Sigo pensando que el socialismo —un socialismo auténtico, no aquel al que llamaron «real» y que nunca ha tenido nada de real, como tampoco esa caricatura innoble que los partidos socialistas europeos siguen denominando socialismo— será el camino hacia cierta felicidad, colectivamente entendida. Pero la felicidad es, sobre todo, una cuestión personal. En lo que a mí respecta, he aprendido que el amor, siendo la más relativa de todas las cosas, es una condición absoluta de felicidad.

Cambio 16, Lisboa, 9 de agosto de 1993

El error que llevó a muchas equivocaciones y a una esterilización del pensamiento marxista fue el acatamiento.

La Maga, Buenos Aires, 30 de marzo de 1994

Nunca oiremos a nadie decir que está decepcionado con el capitalismo. ¿Por qué? Porque el capitalismo no promete nada. Sin embargo, como el socialismo es una ideología repleta de promesas también lo está llena de decepciones.

Faro de Vigo, Vigo, 19 de noviembre de 1994

La izquierda hoy no sabe en qué pensar ni cómo pensarlo, porque sus modelos se derrumbaron y sus ideales se pervirtieron. Por eso, sus políticos deben tener la humildad de reconocer sus errores y volver a un pensamiento de izquierda.

Faro de Vigo, Vigo, 20 de noviembre de 1994

Los partidos llamados socialistas han dejado de ser de izquierda. Es mejor asumir esta realidad. Ya no son la izquierda, son el centro. Es el centro que necesita la época que vivimos.

Armando Baptista-Bastos, *José Saramago. Aproximação a um Retrato,*
Publicações Dom Quixote, Lisboa, 1996

La experiencia comunista fue, evidentemente, un fracaso al demostrar que los caminos que se tomaron fueron los equivocados. Y, de hecho, la idea de que el hombre sólo puede tener una justificación social integrada, funcionando armónicamente dentro del corpus social, sin tener en cuenta el fuero de libertad de cada individuo, fracasó de lleno. Y falló, sobre todo, por creer que era posible construir el socialismo sin la participación de los ciudadanos. Lo que me lleva a expresar la convicción —que no es nada materialista, pero también tengo derecho a tener mis propias contradicciones— de que el socialismo es un estado de espíritu. El socialismo no hace a los socialistas, son los socialistas quienes hacen al socialismo.

A Capital, Lisboa, 5 de noviembre de 1997

Hoy, el concepto de socialismo ya no tiene que ver con la realidad socialista, y se sigue usando, incluso ahora que ha llegado casi al contrario de lo que se proponía. Es suficiente con leer un programa de un partido socialista.

La Revista de *El Mundo,* Madrid, 25 de enero de 1998

El modelo comunista ha fallado, no tengo ninguna duda. Es más que evidente. Podemos darle el nombre que queramos (socialismo científico, socialismo real), pero los hechos hablan por sí solos, lo demuestran claramente: el modelo real ha fallado. Éste era uno de los modelos posibles. Pero yo creo que el ideal no muere. Sobrevivirá, de eso estoy seguro, y habrá tiempo para pensar en él a otra escala, en otras condiciones.

Visão, Lisboa, 9 de octubre de 1998

Para generar seres humanos son necesarias circunstancias humanas. Yo diría que el capitalismo no quiso hacerlo, y el comunismo no supo hacerlo. La situación fue publicada en la prensa hace unos meses y parece que nadie se haya dado cuenta: las 225 personas más ricas del mundo poseen más del 40 por ciento de la riqueza mundial. Esto significa que tienen más dinero que 2,5 billones de seres humanos. Eso, para mí, no es formar las circunstancias humanamente. Ser un comunista coherente es tener eso en la cabeza y en el corazón... El papa Juan Pablo II heredó la Inquisición, y es Papa... Y yo soy heredero de todos esos horrores también, pero aun así creo que un día podremos vivir en este planeta dignamente.

Pensar, Brasilia, 25 de octubre de 1998

No soy un escritor comunista, lo que soy es un comunista escritor, que es distinto. Es decir, no soy un escritor comunista que escribe según una orientación política o ideológica determinada y que utiliza la literatura para difundir esa orientación. Al igual que hay una diferencia entre ser periodista comunista y comunista periodista.

La Jornada, México D. F., 3 de diciembre de 1998

Hay algo que yo llamaría el comunismo hormonal. Es como si las hormonas determinaran que uno tiene que ser lo que es, que uno mantenga una relación estrecha con los hechos, con la vida, con el mundo, con la sociedad. Es como un estado de espíritu, es decir, uno es lo que es porque su espíritu o sus hormonas así lo determinan para siempre. Creo que eso es lo que me pasa a mí con el comunismo.

La Jornada, México D. F., 3 de diciembre de 1998

Es muy fácil cambiar de barco cuando se hunde el propio. Es a esos a quienes habría que preguntarles por qué ya no son lo que eran, porque parece que somos muy pocos los que mantenemos la fidelidad a los principios, sin olvidar que, en el pasado reciente y en nombre del comunismo, no sólo se cometieron errores, sino crímenes y uno tiene que llevar eso a cuestas, aunque no tenga responsabilidad directa, porque haría muy mal si yo, por el hecho de que no soy responsable directo, no le diera importancia.

La Jornada, México D. F., 3 de diciembre de 1998

El problema más dramático de la izquierda es que no tiene ni una puta idea del mundo. Se quedó en un esquema que parece corresponder a una determinada época, los años treinta y cuarenta, y se quedó ahí, se quedó con eso, y sigue, y repite, y no sólo repite el esquema sino que repite también el discurso. Eso es característico de la izquierda, incapaz de decir lo que profundamente cree, porque tiene que decirlo, por supuesto. Pues que lo diga con el lenguaje de su tiempo y no con el lenguaje de cien años atrás.

Veintitrés, Buenos Aires, 7 de febrero de 2002

Creo que hay una especie de pecado mortal. No se puede —bueno, también se puede— hacer todo a favor de la gente sin preguntar a la gente si lo quiere o no lo quiere. Podemos llegar a decir que lo estamos haciendo para el bien de los demás, pero yo creo que hay mucha más seguridad en lo que se está haciendo si se hace con la participación de ésos para quienes supuestamente estamos haciendo bien las cosas. Y el pecado mortal de la Unión Soviética y las democracias populares ha sido esta formulación: «Estamos aquí para defenderos. Vosotros no os preocupéis». Si todo se hace sin la participación de los ciudadanos en el trabajo político, ellos serán tutelados. Esa tutela tendrá forma de educación, pero no participas en tu propia educación: te educan, no te educas tú. Y, en otro aspecto, te están prohibiendo.

Veintitrés, Buenos Aires, 7 de febrero de 2002

Mientras no refundemos la izquierda (¿cuándo, cómo y con qué ideas?), todas las confusiones son y serán posibles.

José Saramago en ¡Palestina existe!, Foca Ediciones, Madrid, 2002

He descubierto ahora que hay en mí un comunista libertario. Una simbiosis que no he buscado, pero a la que me han conducido las circunstancias. En mí, conviven dos enemigos considerados irreconciliables. Yo soy el lugar en el que estas dos expresiones políticas encuentran su armonía.

La Stampa, Turín, 25 de febrero de 2003

La izquierda está como está porque no tiene ideas y, sobre todo, porque las guerras de mañana no se hacen con las armas de ayer. Lo que se ha hecho al marxismo es algo absolutamente criminal: glosar y glosar interminablemente a Marx y Engels, no añadiendo nada que fuera fruto de una reflexión. Nos encontramos en lo que llamo un desierto de ideas.

El Universal, México D. F., 16 de mayo de 2003

Soy un comunista libertario, alguien que defiende la libertad de no aceptar todo lo que venga, sino que asume el compromiso junto con tres preguntas que deben ser nuestras guías en la vida: ¿por qué?, ¿para qué?, ¿para quién? Ésas son las tres preguntas básicas y, efectivamente, uno puede aceptar un conjunto de reglas y acatarlas disciplinadamente, pero tiene que mantener la libertad de preguntar: ¿por qué?, ¿para qué?, ¿para quién?

La República, Montevideo, 26 de octubre de 2003

He estado en Porto Alegre, en el Foro Social Mundial, y decidí llevar allí algo que me preocupa hace años: la utopía. Si yo pudiera, borraría no sólo de los análisis, sino también de la mente de las personas, el concepto de utopía. No era una provocación. La utopía ha hecho más daño a la izquierda que beneficio. En primer lugar, porque no es algo que uno espere ver realizado en su vida, no. Se pone ahí en el futuro, en un lugar que no se sabe ni dónde ni cuándo será. Una utopía es un conjunto de articulaciones, de necesidades, de deseos, de ilusiones, de sueños. Si uno es consciente de que no lo puede realizar en el tiempo en que vive, qué sentido tiene. ¿Cómo es que podemos tener la seguridad de que ciento cincuenta años después, cuando ninguno de los que han construido esa utopía estará vivo, las personas tendrán algún interés en un proyecto que no es el suyo, que pertenece a un pasado? Seguir hablando de utopía como un instrumento, digamos del ideario, de la ideología de la izquierda, me parece un atentado contra la lógica y el sentido común.

Juventud Rebelde, La Habana, 19 de junio de 2005

El comunismo no ha existido nunca en ningún país. La filosofía es el marxismo. ¿Por qué digo que el comunismo no ha existido nunca? En el caso de la Unión Soviética, se inventó un capitalismo de Estado y no había comunismo. Si no hay una participación efectiva de los ciudadanos en la vida de su país, no hay comunismo, y los soviéticos no la tenían [...] Las limitaciones a la libertad eran gravísimas: no podían viajar, no podían salir, no podían hablar ni protestar.

El Tiempo, Bogotá, 14 de julio de 2007

No es una utopía. El comunismo es una posibilidad.

El Tiempo, Bogotá, 14 de julio de 2007

Para mí, resulta claro que la izquierda no se reconstruirá con los partidos socialistas de hoy. La izquierda tiene que construirse de otra manera, porque los partidos comunistas, los que se mantienen como tales, sufren, en muchos casos, de una excesiva presencia del pasado. Están condicionados por hábitos mentales, conceptos de vida, interpretaciones de textos del pasado. En este momento, para Europa, la ideología carece de importancia. Preténdese conciliar lo que en principio resulta inconciliable: la izquierda con la derecha y reducirlas al centro. Esto es una operación mental e ideológica extraordinariamente hábil que cuenta con la complicidad de todos. Por eso, insisto en que, a pesar de aquello que a veces puede parecer un poco fósil en los partidos comunistas que se mantienen como tales, ellos son indispensables para conservar una idea de izquierda, futuro embrión de una izquierda actualizada y moderna. Mas no confundamos lo actualizado y moderno con la conciliación de su contrario.

Andrés Sorel, *José Saramago. Una mirada triste y lúcida,*
Algaba Ediciones, Madrid, 2007

Marx nunca tuvo tanta razón como ahora.

Expresso, Lisboa, 27 de octubre de 2008

No disculpo lo que han hecho los regímenes comunistas: la Iglesia ha hecho muchas cosas malas, como quemar a la gente en la hoguera. Pero tengo derecho a mantener mis ideas. No he encontrado nada mejor.

The Guardian, Londres, 22 de noviembre de 2008

La decadencia en todos los aspectos de la Unión Soviética fue debida a la separación entre el partido y el pueblo.

El País Semanal, Madrid, 23 de noviembre de 2008

Desde muy joven, me incliné por la conciencia de que el mundo está equivocado. No importa en este caso cuál fue mi grado de militancia durante todos esos años. Lo que importa es que el mundo estaba equivocado, y yo quería hacer cosas para cambiarlo. El espacio ideológico y político en el que yo esperaba encontrar algo que confirmara esa idea era, claro está, la izquierda comunista. De modo que hacia allí me dirigí, y allí sigo. Soy algo que podría llamarse un comunista hormonal.

Folha de S. Paulo, São Paulo, 29 de noviembre de 2008

¿Resucitar a Marx? No. Estamos en un tiempo diferente. Se necesita algo más creativo que la simple indignación, que es legítima, para cambiar las cosas.

Canarias 7, Las Palmas de Gran Canaria, 21 de diciembre de 2008

Los partidos de izquierda, que en realidad no lo son, que llevan años haciendo políticas neoliberales, son la cara moderna de la derecha. La izquierda, con alguna rara excepción sin demasiado peso en el conjunto, se ha hecho el regalo de una operación cosmética que más o menos le mantiene la fachada, pero nada más que eso.

Éxodo, Madrid, n.º 96, diciembre de 2008

Claro que nunca fui lo que se dice un militante disciplinado... ¡Siempre he pensado que tenía una opinión y que debía expresarla! Y la prueba está en que, por ejemplo, cuando fui presidente de la Asamblea Municipal [en Lisboa en el año 1989] —no sabía cómo era aquello ni cómo se hacía— tuve ciertas dificultades para entrar y encajar en aquello.

João Céu e Silva, *Uma Longa Viagem com José Saramago,*
Porto Editor, Oporto, 2009

Lo peor fue que los partidos de la izquierda descubrieron de repente la pólvora, descubrieron que tenían que acercarse al centro porque, como la izquierda no tenía ninguna posibilidad de llegar al poder, si se acercaban al centro y pasaban a llamarse centro-izquierda o centro-derecha la cosa iba a ser más fácil. Y así fue. Con esto, sin embargo, sucedió que si bien obtuvieron resultados en la praxis política, perdieron el alma.

João Céu e Silva, *Uma Longa Viagem com José Saramago,*
Porto Editor, Oporto, 2009

Ciudadanía

Saramago diagnosticó y, al mismo tiempo, combatió las enfermedades que sufre la democracia identificando como uno de sus gérmenes patógenos la inhibición de los ciudadanos, el abandono de las responsabilidades cívicas, sustituidas por la distracción consumista, el individualismo y la pereza insolidaria de la sociedad del bienestar. Por ello, no dudaba a la hora de colocar la ciudadanía en la médula de la correcta administración pública y, por consiguiente, en la perspectiva de la regeneración política. Desprovista de la participación activa de sus protagonistas, la democracia se convierte en un ceremonial vacío de contenido relevante. Los votantes, aseveraba en público, pueden cambiar gobiernos, pero no tienen capacidad para influir en el poder real, en manos de las corporaciones y organismos financieros internacionales.

El autor de *Ensayo sobre la lucidez* censuró sin ambages la reducción del ciudadano al papel mecánico de votante —de hecho, votar implicaría la renuncia posterior al derecho a intervenir en la polis—, en un proceso de desalojo y adelgazamiento democrático paralelo a la burocratización del sistema. Tanto la intensidad con que se emplean el mercado y la propaganda de los medios como la delegación pasiva en los representantes electos viciarían el sistema y pulverizarían a quienes tendrían que ser sus verdaderos protagonistas.

Así las cosas, el escritor reclamaba la asunción de responsabilidades cívicas al tiempo que estimulaba la adopción de una actitud reflexiva que ayudase a confrontar el pensamiento, la implicación y la libertad de juicio con la enajenación propia del ciudadano reducido a su papel de consumidor.

Hay una cultura que falta instaurar, cultivar y desarrollar: la cultura de la participación. Hablo de una participación entendida de diversas maneras: política, social, cultural, de todo tipo. La participación del individuo en la vida, en la sociedad, en su país, en el lugar donde está con relación a los demás. Claro, que la democracia exista y se desarrolle exige que haya participación; pero hay maneras de reducirla al mínimo posible y que aún siga siendo considerada un sistema democrático. Se llama a la gente a votar para que supuestamente elija, y nos olvidamos de que, en el momento de poner el voto en la urna, estamos renunciando a lo que debería ser un ejercicio continuo de poder democrático. Si todo va bien, volveremos a hacerlo cuatro años después. En ese espacio de tiempo, los representantes elegidos pueden hacer cualquier cosa, hasta lo contrario de los motivos que llevaron al ciudadano a elegirlos. El momento álgido de la expresión democrática es, a la vez, el momento de renuncia al ejercicio democrático.

Falta, pues, desarrollar la participación como cultura, luchar contra ese espíritu de «quien entre el último, que cierre la puerta». ¿Y cuando deje de haber una puerta que cerrar?

A Capital, Lisboa, 4 de noviembre de 1995

Hemos inventado una especie de piel gruesa que nos defiende de la agresión de la realidad, que nos llevaría a asumirla, a enterarnos de lo que está pasando y a hacer lo que finalmente se espera de un ciudadano, que es la intervención.

La Provincia, Las Palmas de Gran Canaria, 15 de abril de 1998

Nosotros estamos asistiendo a lo que yo llamaría la muerte del ciudadano y, en su lugar, lo que tenemos y, cada vez más, es el cliente. Ahora ya nadie te pregunta qué es lo que piensas, ahora te preguntan qué marca de coche, de traje, de corbata tienes, cuánto ganas...

El Mundo, Madrid, 6 de diciembre de 1998

Nadie se hace cargo de sus responsabilidades, y menos los gobiernos, porque no saben, porque no pueden, porque no quieren o porque no les es permitido por quienes realmente gobiernan el mundo: las grandes compañías trasnacionales, pluricontinentales, que tienen todo el poder. No podemos esperar que los gobiernos hagan los próximos cincuenta años lo que no han hecho en los cincuenta que ahora estamos conmemorando. Seamos los ciudadanos quienes hagamos oír nuestra voz, con la misma vehemencia con la que hemos reclamado el respeto a los derechos humanos hasta ahora. Hagámonos responsables de nuestras obligaciones como ciudadanos, seamos ciudadanos comunes de la palabra y así tal vez el mundo podría tornarse un poquito mejor. Asumamos las responsabilidades que nos competen.

La Jornada, México D. F., 11 de diciembre de 1998

Lo curioso es que, al mismo tiempo que se ha ampliado el concepto de ciudadanía, convirtiéndonos en ciudadanos europeos, se ha reducido a casi nada el carácter participativo y efectivo que justifica que cada uno diga de sí mismo que es un ciudadano.

Carlos Reis, *Diálogos com José Saramago,* Caminho, Lisboa, 1998

La única alternativa a todo lo que tiene que ver con la vida social es la participación.

Juan Arias, *José Saramago: El amor posible,* Planeta, Barcelona, 1998

Ser ciudadano en plenitud, o lo mejor que se pueda, hacerse cargo de la propia responsabilidad, de sus deberes y de sus derechos... Eso da muchísimo trabajo.

Jorge Halperín, *Conversaciones con Saramago.*
Reflexiones desde Lanzarote, Icaria, Barcelona, 2002

Cuando digo que la democracia se suicida diariamente, que pierde espesor, que se desgasta, disminuyendo así su densidad, hablo de un sentimiento que nos afecta a nosotros, los ciudadanos. Sentimos —y sufrimos con ello— que no tenemos importancia en el modo en que funciona la sociedad.

Diário de Notícias, Lisboa, 25 de marzo de 2004

Creo que, más allá de la función que deba o no tener el libro, lo que más se necesita en estos tiempos es que los ciudadanos nos reclamemos la función de pensar.

La Jornada, México D. F., 30 de noviembre de 2004

En la falsa democracia mundial, el ciudadano está a la deriva, sin tener la oportunidad de intervenir políticamente y cambiar el mundo. En la actualidad, somos seres impotentes ante instituciones democráticas a las que ni siquiera conseguimos acercarnos.

Época, São Paulo, 31 de octubre de 2005

Confiaría mucho en la fuerza de la ciudadanía si quisiera dejarse convencer de que no hay incompatibilidad en desarrollar económica y socialmente [un lugar] con un espíritu de *sostenibilidad*. Que no se ponga una piedra sin preguntar por qué y cuáles serán las consecuencias futuras.

El País, Madrid, 21 de abril de 2007

El destino de las revoluciones es convertirse en su opuesto. Las revoluciones acaban siempre traicionadas por una razón sencilla: por la renuncia de los ciudadanos a participar [...] La enfermedad mortal de las democracias es la renuncia del ciudadano a participar. Los primeros responsables somos nosotros al delegar el poder en otra persona que, a partir de ese momento, pasa a controlarlo y usarlo [...].

Andrés Sorel, *José Saramago. Una mirada triste y lúcida,*
Algaba Ediciones, Madrid, 2007

No

Para Saramago, estar dispuesto a decir *no* constituía una obligación frente a una realidad insatisfactoria que provoca malestar, pero asimismo representaba un derecho. La negación reubica al ser humano en el espacio central de su autonomía crítica, de su voluntad de emancipación y de superación de las condiciones adversas que limitan su vida. Se ofrece como un instrumento esencial de la libertad mediante el ejercicio de la desobediencia y la rebeldía. Si en la naturaleza humana arraiga la pulsión del conocimiento, si nos mueve la exigencia de verdad, inevitablemente el hombre consecuente debería involucrarse en el desvelamiento de las ocultaciones, apartando las sombras.

El cuestionamiento de los grandes relatos oficiales y de las veladuras tras las que se amparan las diversas formas de poder, la exploración de las estructuras invisibles, para proponer nuevas interpretaciones de la vida y de las relaciones humanas, formaron parte de la conciencia desasosegada de José Saramago. En este sentido, el *no,* central en su proyecto personal y social, en su ética de la responsabilidad, aportaría el imprescindible inconformismo para discutir las doctrinas consolidadas.

La disensión saramaguiana no debe confundirse con el mero negacionismo. Anclada en su pensamiento insubordinado, posee un carácter transformador, pero también de exaltación de la dignidad humana, alzándose como un acto de resistencia. El Premio Nobel alternaba la negación con propuestas alternativas, asociando la reprobación con la creatividad y la sugerencia de nuevas orientaciones. Su coraje intelectual, en permanente vigilia contra la resignación, dio respuesta adecuada a aquellas palabras con que Octavio Paz interpelaba a su época: «Es indudable que algo le falta a la literatura contemporánea. Ese algo es la sílaba No, una sílaba que ha sido siempre el anuncio de grandes afirmaciones».

El autor de *Historia del cerco de Lisboa* contribuyó, desde su perspectiva, a añadir la negación que le falta a nuestro tiempo. No se le ocultaba, sin embargo, al escritor, formado en el pensamiento dialéctico, que los movimientos de negación y de afirmación conforman una cadena de sucesiones y rotaciones sobre la que se sustenta el devenir de las civilizaciones. De ahí, su insistencia en dejar constancia de que a un *no* le seguiría un *sí* al que habría de confrontarse un nuevo *no*: el permanente flujo de la vida y de nuestra infatigable convivencia con la alternancia y el conflicto, que, en el mejor de los casos, nos conduce a intervenir, a tomar partido en las contiendas, asumiendo nuestra plena condición de personas y de ciudadanos.

Lo primero que se le dice al poder es *no*. No un *no* porque sí, sino porque el poder debe ser vigilado permanentemente. El poder siempre tiende a abusar, a excederse.

Lusitano, Lisboa, 15 de marzo de 1990

La palabra que más me gusta decir es *no*. Siempre llega un momento en la vida en que hay que decir *no*. El *no* es la única cosa efectiva y transformadora que niega el statu quo. Lo que está ahí tiende a instalarse, a beneficiarse injustamente de un estatus de autoridad. Entonces llega el momento de decir *no*. La fatalidad del *no* —o nuestra propia fatalidad— está en que no hay ningún *no* que no se convierta en sí. El *no* es absorbido y tenemos que vivir más tiempo con el *sí*.

Folha de S. Paulo, São Paulo, 31 de octubre de 1991

Yo creo que ninguna verdad es definitiva; no es una cosa que existe y está allí inmutable. Hoy podemos decir que algo es verdad y mañana vamos a contradecirlo. Así vamos poniendo supuestas verdades sobre otras supuestas verdades hasta llegar a un consenso en el cual una ciudad, un país o una sociedad las reconoce como «verdades útiles» y a la sombra de ellas vive. También es cierto que, afortunadamente, más tarde o más temprano aparece en ese consenso una contestación, un *no* como el que introduce en la novela *Historia del cerco de Lisboa* el corrector Raimundo Silva. Ese *no* de la novela es el de alguien que dice basta. Alguien que entiende que otros le están contando una historia, pero una historia oficial.

La Maga, Buenos Aires, 30 de marzo de 1994

Cuando los cruzados ayudaron a tomar Lisboa, a Raimundo Silva [personaje de *Historia del cerco de Lisboa*] se le ocurre decir *no.* Creo que siempre hay que introducir este *no,* porque el *sí* es la rutina, el *sí* es la costumbre, el *sí* es el *sí.* Es cierto, en un punto el *no* se volverá *sí,* pero cuando ello ocurre, habrá que volver a colocar un nuevo *no,* para que nada quede como si debiera durar eternamente, porque nada puede durar eternamente. Ni personas, ni animales, ni conceptos. Todo cambia.

La Época, Santiago de Chile, 15 de octubre de 1995

La palabra más necesaria en los tiempos que corren es *no.* No a muchas cosas, no a una serie de cosas que me abstendré de enumerar.

Zero Hora, Porto Alegre, 12 de abril de 1997

Aunque nosotros no somos poseedores de la verdad, porque esto no existe, somos los que decimos la palabra *no.* El *sí* es rutinario, está siempre allí. Siempre hay que introducir un *no* para enfrentar al *sí,* que es el consenso hipócrita en que más o menos estamos viviendo.

Revista Tres, Montevideo, 18 de septiembre de 1998

Es importante decir *no* a todo lo que está ahí presente y habría que erradicar. Hay que decir que *no* a las cosas insoportables, como al hecho de que en el mundo existan 225 personas que acumulan la misma riqueza de que disponen otros 2.500.000 de personas. No lo digo para que olvidemos términos como la familia, la solidaridad o el bienestar, pero hay que estar alerta y decir *no* al hambre, la intolerancia, la desigualdad.

ABC, Madrid, 9 de octubre de 1998

Estoy convencido de que hay que seguir diciendo *no,* aunque se trate de una voz predicando en el desierto.

Juan Arias, *José Saramago: El amor posible,* Planeta, Barcelona, 1998

Lo peor que puede pasarnos es resignarnos a no saber. Hay que aprender a volver a decir *no,* y a preguntarse por qué, para qué y para quién. Si encontráramos respuestas a estas preguntas, a lo mejor entenderíamos el mundo.

Lancelot, Lanzarote, n.º 896, 22 de septiembre de 2000

Quien piensa sabe decir *no* y esa palabra constituye una revolución, pero ese *no* tiene un sentido cuando se trata de un *no* colectivo, de una voluntad colectiva. No obstante, todos sabemos que también el *no* se corrompe, se acomoda y se convierte poco a poco en un *sí.* Cuando eso ocurre, no hay más remedio que volver a decir otra vez *no.*

Gara, San Sebastián, 22 de noviembre de 2001

La palabra más importante es *no,* saber decir *no* a la injusticia, *no* a la desigualdad.

Turia, Teruel, n.º 57, 2001

Disentir es un derecho que se encuentra y se encontrará inscrito con tinta invisible en todas las declaraciones de derechos humanos pasadas, presentes y futuras. Disentir es un acto irrenunciable de conciencia.

www.cubaencuentro.com, Madrid, 15 de octubre de 2003

Democracia

He aquí un tema central y recurrente en las reflexiones sociales y políticas del autor portugués, origen de un manifiesto malestar. Y motivo también de reiteradas invectivas formuladas mediante un discurso sostenido en un análisis severo, que reprueba el funcionamiento de las democracias actuales mientras reclama un debate a fondo, consciente de abordar una cuestión que suele considerarse intocable. Su elaboración crítica, culminada en el cuestionamiento de los sistemas representativos tal y como los conocemos, parte de dos premisas: el gobierno real del mundo por una plutocracia y el carácter ceremonial de los sistemas basados en el sufragio universal.

A partir de su rechazo a las políticas neoliberales, Saramago atribuía la capacidad efectiva de autoridad a las instituciones financieras, grandes corporaciones trasnacionales y organismos como el FMI o el Banco Mundial, liberados de procedimientos democráticos en lo que concierne a la elección de sus jerarquías y a la toma de decisiones. De ahí, su interés en señalar que los comicios electorales sirven para remover gobiernos, pero no para alterar el poder. La economía, pues, somete a la política y la instrumentaliza, en una correlación de fuerzas asimétricas que, en el fondo, reduce los regímenes de soberanía popular a maquinarias formales hipertrofiadas.

En algunas de sus últimas novelas —particularmente en *Ensayo sobre la lucidez* y *Las intermitencias de la muerte*—, formuló elocuentes metáforas no sólo para poner de manifiesto las corrupciones de las democracias, sino también para fustigar, con acidez y desenvoltura, su naturaleza ilusoria, sus sumideros y sus derivas autoritarias. Su propuesta alternativa se concretaba en la necesidad de invertir la correlación de fuerzas entre economía y política y en reforzar la ética y la justicia como ejes del buen gobierno. En definitiva, sugería reinventar la democracia, tendiendo a su radicalización, esto es, a acentuar el papel participativo de los ciudadanos, llamados a convertirse en los protagonistas de sus espacios de vida y de convivencia.

Desde una perspectiva sistémica, las consideraciones que al escritor le suscitaban la observación de la política, las finanzas, el mercado, el funcionamiento de los medios de comunicación o las relaciones entre realidad y apariencia, condujeron sus análisis sociopolíticos a centrarse en la cuestión de la naturaleza del poder. Dilucidar su estructura, reglas, implicaciones, fines y medios, más allá de la fotografía fija que ofrece la fachada del orden del mundo, se convertía, en su opinión, en un cometido ineludible si se quería comprender qué es lo que sucede, por qué sucede y en beneficio de quién sucede. La tarea intelectual de indagación asumida en esa dirección se convierte, en sí misma, en un ejercicio de contrapoder, con independencia del balance en la cuenta de resultados.

Como buen marxista, asoció sus reflexiones políticas a la crítica del orden económico neoliberal, que, en su opinión, conformaba el auténtico poder real, al margen de reglas de control, sustentado en mecanismos de desregulación y prácticas despóticas, configurando, a su juicio, un verdadero *capitalismo autoritario*. Saramago denunció con tenacidad la sustitución del ciudadano por el consumidor, la implicación social por la enajenación política, los derechos de los trabajadores por la flexibilidad laboral y la economía monetaria por la economía financiera, en el contexto de la *teocracia del mercado*. Esta visión crítica de la sociedad de consumo la articuló literariamente en *La caverna*.

En definitiva, el escritor establecía una clara diferenciación entre poder formal y poder real, considerando que la democracia no pasaba de ser un espejismo de gobierno, una fórmula subalterna. De la asimetría y la inversión entre política y economía, se derivarían entonces, en buena medida, los desequilibrios e injusticias que sufre la humanidad. ¿Cómo desembarazarse de esta ubicua asfixia uniformadora? El escritor proponía como respuesta la indignación, la participación ciudadana y la construcción de nuevas ideas capaces de articular conciencias y democracias sustantivas.

El gran mal que puede suceder a las democracias —y creo que todas ellas lo sufren en mayor o menor grado— es vivir de la apariencia. Es decir, mientras funcionen los partidos, la libertad de expresión en su sentido más directo e inmediato, el Gobierno, los tribunales, la jefatura de Estado, mientras parezca que todo esto funciona con armonía y haya elecciones y todo el mundo vote, la gente se preocupa poco por los procedimientos gravemente antidemocráticos.

Público, Lisboa, 10 de mayo de 1992

Uno de los dramas de nuestro tiempo es que existe un poder —el único poder que hay en el mundo, el financiero— que ¡no es democrático! Y la gente no se da cuenta pese a que siempre se esté hablando de democracia. Tanto más ahora que sabemos que los gobiernos, directa o indirectamente, están ahí para ejecutar políticas que no son las suyas.

Expresso, Lisboa, 7 de agosto de 1993

Hablamos mucho de democracia, pero qué es la democracia. Para los políticos, la democracia son las instituciones, el Parlamento, los partidos, los tribunales... algo que funciona con las elecciones y con el voto. Pero no nos damos cuenta de que, en el mismo momento en que introduce en la urna su voto, el ciudadano está haciendo un acto de renuncia a su derecho y deber de participar, al delegar el poder que tiene en otras personas, que a veces ni siquiera sabe quiénes son. La democracia puede ser sólo una fachada detrás de la cual no haya nada. Por eso, el ciudadano debe hacer de la participación cívica cotidiana una obligación. Yo no diré que la democracia no sea el menos malo de los sistemas políticos, pero sí digo que no es el mejor. Hay que inventar algo mejor y no contentarnos con esto.

Faro de Vigo, Vigo, 20 de noviembre de 1994

No debemos dejar que la democracia se convierta en un puñado de palabras retóricas.

ABC Literario, Madrid, 9 de agosto de 1996

Los hombres no hemos alcanzado la democracia, sino su espejismo. Esto hay que decirlo en voz alta, y estaría bien que lo dijésemos todos los hombres, en coro: no se puede seguir hablando de democracia en un mundo donde el poder que verdaderamente gobierna, el poder financiero, no es democrático. Todo lo demás son espejismos más o menos reales —los parlamentos, los gobiernos—, pero el poder final y último, el poder que determina y decide nuestros destinos no es un poder democrático.

ABC Literario, Madrid, 9 de agosto de 1996

Hemos convertido nuestra democracia occidental en una especie de superstición, la estamos idolatrando, y la hemos exportado a pueblos sin tradición al respecto, la hemos implantado de manera obligada, llegando, incluso, a destrozar sus culturas tradicionales. En cierto modo, se está repitiendo lo que ocurrió con los colonizadores de América, cuando los frailes les decían a los indios: «Vuestros dioses son falsos, yo traigo aquí al verdadero Dios».

Con ello no me declaro en contra de la democracia, pero sí de la democracia con trampa, como vehículo del capitalismo, en la que las propias víctimas se convierten en cómplices, por silencio o abdicación o renuncia a participar.

ABC Literario, Madrid, 9 de agosto de 1996

La democracia no tiene existencia, ni calidad en sí misma: depende del nivel de participación de los ciudadanos.

ABC Literario, Madrid, 9 de agosto de 1996

Yo creo que hay que seguir creyendo en la democracia, pero en una democracia que lo sea de verdad. Cuando yo digo que la democracia en la que viven las actuales sociedades de este mundo es una falacia, no es para atacar a la democracia, ni mucho menos. Es para decir que esto que llamamos democracia no lo es. Y que, cuando lo sea, nos daremos cuenta de la diferencia. Nosotros no podemos seguir hablando de democracia en el plano puramente formal. Es decir, que existan elecciones, un Parlamento, leyes, etcétera. Puede haber un funcionamiento democrático de las instituciones de un país, pero yo hablo de un problema mucho más importante, que es el problema del poder. Y el poder, aunque sea una trivialidad decirlo, no está en las instituciones que elegimos. El poder está en otro lugar.

Lancelot, Lanzarote, n.º 752, 19 de diciembre de 1997

El poder real no es democrático, ¿cómo podemos seguir contentándonos con esta apariencia de democracia? Todo esto nos lleva a algo sorprendente: a un planeta de ricos. No es que no haya pobres, sino que el criterio será la riqueza, no el conocimiento, no la sabiduría, no la sensibilidad.

La Provincia, Las Palmas de Gran Canaria, 15 de abril de 1998

Lo malo es que seguimos llamando democracia a algo que ya no lo es. Es decir, que si nosotros residimos en un mundo en el que la democracia política no va a la par de una democracia cultural o de una democracia económica, entonces lo que tenemos no es una democracia. Porque, a ver, ¿quiénes son los que mandan en este mundo? ¿Mandan los ministros? ¿Los presidentes? No, señor, los que mandan en este mundo son los señores George Soros, Bill Gates y las grandes corporaciones financieras mundiales. Yo digo: la General Motors o la Coca-Cola, por ejemplo, no se presentan a los comicios electorales; entonces ¿por qué seguimos hablando de democracia? Si el poder está en otro nivel, y los poderes económicos y financieros privilegian sus especulaciones sobre cualquier otra cosa, ¿cómo podemos seguir hablando de democracia? La democracia es algo que está fuera de las preocupaciones de los que realmente mandan en este mundo. Una vez más, necesitamos un punto de vista crítico para no hablar más de democracia en estos términos.

Perfil, San José de Costa Rica, 17 de junio de 1998

Lo que hemos llamado «poder político» se ha convertido en mero «comisario político» del poder económico.

Visão, Lisboa, 26 de julio de 2001

Estamos en una situación en que una democracia, que, según la definición antigua, es gobierno del pueblo, para el pueblo y por el pueblo, en esa democracia precisamente está ausente el pueblo.

Jorge Halperín, *Conversaciones con Saramago.*
Reflexiones desde Lanzarote, Icaria, Barcelona, 2002

En las sociedades modernas, que a sí mismas se llaman democráticas, el grado de manipulación de las conciencias ha llegado a un punto intolerable. Eso genera un sistema que es democrático sólo en las formas.

El Correo, Bilbao, 8 de marzo de 2003

El gran problema de nuestro sistema democrático es que permite hacer cosas nada democráticas democráticamente.

El Correo de Andalucía, Sevilla, 11 de marzo de 2003

La democracia está ahí, como un santo en el altar, y sólo tenemos que arrodillarnos a sus pies y rezar para que cuide de nosotros [...] Pero esta santa laica está cubierta de llagas, hiede y, por si fuera poco, es sorda.

O Globo, Río de Janeiro, 20 de marzo de 2004

Sin democracia económica no habrá justicia social; a lo sumo algunos paliativos, pero ninguna solución que deje los problemas resueltos de una vez para siempre. A veces, me acusan de querer quitar la esperanza a la gente, y tal vez sea cierto. Y es que la esperanza es como una aspirina que alivia el dolor, pero que no elimina la causa. Y esa aspirina se distribuye en profusión a aquellos que no están interesados en buscar las causas. Peor aún: incluso conociéndolas, se vuelven agentes o cómplices de éstas.

O Estado de S. Paulo, São Paulo, 20 de marzo de 2004

Soy un comunista que defiende la democracia. Cierto que ésta existe y hay que aceptarla, pero eso no me impide criticar, observar, analizar...

Diário de Notícias, Lisboa, 25 de marzo de 2004

Ya hemos comprobado que el verdadero poder no está en los palacios de los gobiernos: se encuentra en los consejos de administración de las multinacionales que deciden nuestra vida. Eso lo sabemos todos, pero, en nombre de nuestra tranquilidad y conciencia cívica, nos empeñamos en creer que la democracia apenas consiste en esto que tenemos. Si ésta se redujera a lo que vemos en el día a día, la llamaríamos de otra manera —«poder subordinado a otro poder», por ejemplo—, pero no democracia. Vivimos en una plutocracia, porque los ricos son quienes gobiernan y viven.

Jornal de Notícias, Oporto, 27 de marzo de 2004

La democracia no se puede limitar a la simple sustitución de un gobierno por otro. Tenemos una democracia formal, necesitamos una democracia sustancial.

El País, Madrid, 26 de abril de 2004

Los ciudadanos tenemos todas las libertades democráticas posibles, pero estamos atados de manos y pies porque con el cambio de gobierno no podemos cambiar el poder.

El Correo, Bilbao, 27 de abril de 2004

Los sótanos de los regímenes democráticos también están llenos de esqueletos.

La Prensa Literaria, Managua, 1 de mayo de 2004

El problema fundamental es que por encima de lo que llamamos el poder político hay otro poder no democrático, el económico, que desde arriba le determina toda la vida a un poder que está por debajo. Pienso que no se puede decir, con toda la ligereza del mundo, que vivimos en democracia cuando esa democracia no dispone de medios ni de ningún instrumento para controlar o para impedir los abusos del poder económico.

Revista Número, Bogotá, n.º 44, marzo-mayo de 2005

Tenemos que trabajar para detener las guerras, pero ante todo tenemos que rescatar la democracia. Hay que utilizar nuestro derecho a expresarnos, incluso la desobediencia civil si es necesario.

Forja, San José de Costa Rica, junio de 2005

El problema central hoy es la democracia, porque de su reinvención depende nuestro futuro como ciudadanos. Si no se reinventa la democracia, seguiremos en esta farsa periódica electoral.

Semanario Universidad, San José de Costa Rica, 30 de junio de 2005

Si el miedo, la apatía y la resignación van a ser las constantes de este inmenso rebaño de la especie humana, la democracia no tiene ningún instrumento para controlar los abusos del implacable poder económico y financiero, que comete crímenes horribles. Si no hay instrumentos, ¿cómo se puede seguir llamando democracia? Es una democracia de manos y pies atados.

Semanario Universidad, San José de Costa Rica, 30 de junio de 2005

Tengo una visión bastante escéptica de lo que llamamos democracia. En realidad, vivimos bajo una plutocracia, bajo el gobierno de los ricos. Con el neoliberalismo económico, prácticamente han desaparecido ciertas palancas que el Estado poseía para actuar en función de la sociedad. Hoy la democracia no se discute con seriedad. Se han impuesto tantos límites a la democracia, que se impide el desarrollo de otras áreas de la vida humana. Vea el ejemplo del Fondo Monetario Internacional. Se trata de un organismo que no fue elegido por la población, pero que controla buena parte de la economía internacional.

O Estado de S. Paulo, São Paulo, 29 de octubre de 2005

Aristóteles estableció que, en un sistema democrático, el Parlamento debería estar compuesto por una mayoría de pobres y una minoría de ricos. En la actualidad, llego a la conclusión de que Aristóteles debió de ser un precursor del humor negro.

L'Orient-Le Jour, Beirut, 2 de agosto de 2007

No, [la democracia] no está en peligro, más bien ha quedado amputada, se ha descarriado. Se ha convertido en una comedia. Los candidatos hacen promesas y las olvidan al momento. No es cierto que vivamos en democracia. Nadamos en plena plutocracia. Lo que significa que el ciudadano es la primera víctima de la mentira generalizada. ¿Qué es la guerra de Irak, sino una enorme mentira? Vivimos en una época en la que se puede discutir todo, excepto la democracia.

L'Orient-Le Jour, Beirut, 2 de agosto de 2007

Cuando decimos que es un resultado importante el vivir en democracia, decimos también que es un resultado mínimo, porque a partir de ahí comienza a crecer lo que verdaderamente falta, que es la capacidad de intervención del ciudadano en todas las circunstancias de la vida pública. O sea, hacer de cada ciudadano un político. La libertad de prensa, la libertad de organización política es lo mínimo que podemos tener, porque a partir de ahí comienza la riqueza espiritual y cívica del ciudadano auténtico.

Andrés Sorel, *José Saramago. Una mirada triste y lúcida*,
Algaba Ediciones, Madrid, 2007

Iberismo

Es bien conocida la vocación ibérica de Saramago, contrapuesta a su escepticismo europeo. Consciente de la diversidad regional que conforma la Península Ibérica, abogó por la unión de su país y de España bajo una perspectiva plurinacional de cohesión territorial, económica y administrativa, que respetase las singularidades culturales, sobreponiéndose a los recelos entre ambos Estados. Para esa nueva entidad, sugirió el nombre de Iberia. En su opinión, se trataría de una evolución que podría considerarse relativamente natural y razonable desde un punto de vista práctico, pues recompondría al alza, en el contexto europeo, el estatus del nuevo espacio político surgido de la fusión de ambas naciones, además de contribuir a mejorar las condiciones materiales de Portugal.

Sus controvertidas posiciones reavivaron el debate histórico del Iberismo de los siglos XIX y XX. Saramago sabía de sobra que la doctrina iberista trasciende la dimensión estrictamente política para entroncar con cuestiones lingüísticas y culturales. En *La balsa de piedra,* desarrolló metafóricamente estos planteamientos, con el propósito pedagógico de distanciar la Península de Europa, de mostrar un gesto de desafecto —«no nos queréis, pues nos vamos»— subrayando, al mismo tiempo, la vocación Sur de ese territorio emocional compartido. La deriva que sugería se configura como gran símbolo de su *concepción transibérica* de las oportunidades y obligaciones de diálogo, de puente y de fraternidad que la Península tiene con-

437

traídas con África y América Latina. Sin duda, una orientación que podría convertirse en fuerza de arrastre, para favorecer, a su vez, el deslizamiento meridional europeo, como contrapunto a su pulsión septentrional y como reparación natural de las responsabilidades colonizadoras. Pero el tropo de la balsa itinerante materializa, sobre todo, el reconocimiento de una gran comarca de afinidades y relaciones históricas, porque, como escribió Saramago: «La Península Ibérica no podrá ser hoy plenamente entendida fuera de su relación histórica y cultural con los pueblos de ultramar».

En el Sur está el futuro del futuro.

Quimera, Barcelona, n.º 59, 1986

Sí, creo que existe una identidad cultural ibérica que la diferencia claramente del resto de Europa. Se trata de una unidad que no anula, sino que, por el contrario, cohesiona la diversidad cultural propia de los pueblos peninsulares [...] Creo que estas diferencias deben ser defendidas y preservadas, no quiero que se entienda que pretendo ningún tipo de uniformidad; pero, aunque me sea difícil razonarlo, siento que existe una unidad, una identidad cultural que sobrenada en esa diversidad, sobre todo si comparamos lo ibérico con el resto de Europa. Pienso en la Península Ibérica como en un reducto defensivo frente a la invasión informativa y económica que viene del norte de Europa y de los Estados Unidos. La Península conserva todavía valores y referencias culturales que creo que son lo suficientemente propios como para preservar lo que justamente son nuestras diferencias. Europa vive un tiempo de paz generalizada, lo que no quiere decir que no continúe existiendo una guerra económica e informativa [...] Por ello, creo que debemos defendernos, tenemos que armarnos culturalmente para preservar nuestra propia identidad cultural. Éste es el sentido que quiero dar a la unidad cultural ibérica.

ABC, Madrid, 7 de junio de 1989

Existe una afinidad ibérica que podría funcionar. Es imposible una reconsideración política y cultural inmediata, pero inevitablemente acabará llegando. Y que no vengan nuestros políticos a decirnos «España nunca», porque caerán en una contradicción. No se puede decir (con coherencia) que sí a Europa y no a España.

Expresso, Lisboa, 7 de agosto de 1993

En un marco político diferente, por ejemplo el de una España federativa, en un espacio ibérico constituido de esta manera, Portugal tendría la ventaja de representar un quinto de la población.

Expresso, Lisboa, 7 de agosto de 1993

Conviene construir y fomentar un sentido de iberidad cultural común para toda la Península Ibérica [...] Por encima o no de la existencia de fronteras entre España y Portugal, hay que tener una idea compartida del espacio cultural ibérico.

Diario de Córdoba, Córdoba, 27 de octubre de 1994

El transiberismo sería un concepto superador del iberismo tradicional, que englobaría a los países de tradición ibérica en América y en África. Y, de lograr su instauración entre los pensadores y políticos, llegaría a ser la gran creación de una época; pero para ello tendríamos que tener una especial y decisiva visión histórica.

Diario de Córdoba, Córdoba, 27 de octubre de 1994

Me he inventado algo a lo que he llamado transiberismo, una idea que se asienta sobre la siguiente suposición: que en la Península Ibérica existe una vocación de Sur, que siempre ha estado latente, pero que las circunstancias políticas, económicas y geoestratégicas asfixiaron.

Visão, Lisboa, 9 de octubre de 1998

[La balsa de piedra] es consecuencia de un resentimiento histórico. Y la tenía que escribir un portugués, no un español, porque los españoles han tenido otros horizontes. Ese portugués les dice a los europeos: no nos queréis, pues nos vamos. Pero no hubiera tenido sentido desgajar a España de la Península, teníamos que ir unidos. Eso de irnos de Europa cuando se está creando una comunidad europea sería, dicho así, una simplificación. La cosa es más compleja. España y Portugal tienen unas posibilidades de diálogo que Europa no tiene: con América Latina, con países de África. La Península Ibérica, cuando se va en esa isla al Atlántico sur, es como si fuera una especie de remolcador de Europa hacia el Sur, hacia todo lo que supone el Sur, de confrontación con el Norte, con la dualidad de riqueza y pobreza, de superioridad e inferioridad. Esa «balsa de piedra» es una metáfora que intenta expresar una idea: la del transiberismo, que no es un iberismo como el del siglo XIX e incluso del XX, el de la unidad política, que no sería sino una fuente más de conflicto. Es la idea de algo que es nuestro: una manera de vivir y sentir propia, distinta de Europa, que nos debe acercar. No hablo de unión, sino de unidad, la unidad ibérica, que deberíamos llevar con nosotros en esa «balsa de piedra», en esa propuesta de diálogo y encuentro.

Turia, Teruel, n.º 57, 2001

España y Portugal deberían haberse entendido desde hace mucho tiempo. Por parte de Portugal, en una dirección que no fuera esa continua sospecha sobre España, esa desconfianza secular. Y por parte de España, dejando de lado ese cierto complejo de amputación de la parte lateral de la Península. La verdad política es que somos una península y dos países. Pero nos hemos mantenido alejados. Portugal, porque «lo malo siempre vino de España». España, por ese «complejo de amputación», porque ha querido ignorar nuestra existencia. Portugal no existe. Es decir, que, de un lado, ha estado el temor; del otro, la indiferencia, la ignorancia. En consecuencia, ahora, debemos resolver nuestros asuntos comunes, pero debemos hacerlo en un marco más amplio, en el de Europa. En una Europa que es un marco fundamentalmente administrativo. De ahí que, de una hegemonía a la manera antigua, por la guerra, ahora tendremos que aceptar la hegemonía que proviene del poder económico.

Turia, Teruel, n.º 57, 2001

No tengo la certeza de que Portugal exista dentro de cincuenta años. Vivimos un lento proceso de decadencia, con algunos focos de entusiasmo como la República o la Revolución de los Claveles. Eso demuestra una incapacidad para mantener alta nuestra tensión de vivir. Nuestra mentalidad es de una apagada y civil tristeza, que puede no ser suficiente para mantenernos. Puede que existan los portugueses como una comunidad de gente que habla este idioma, pero el Estado portugués podría desvanecerse. No hace mucho desapareció un país que se llamaba Yugoslavia. Nosotros seguiremos estando aquí, claro, pero los cambios geoestratégicos y económicos nos pueden conducir a un grado de subalternidad inédito. Aunque esto no ocurra mañana mismo, tiene que ver con el pujante papel de España como Estado, un país vivo y en progresión. Es lógico que Portugal sea atraído hacia ella y se integre —con un grado altísimo de autogobierno, eso sí— en un nuevo Estado ibérico. Especulo, porque personalmente no estoy a favor ni en contra, pero le diré que incluso podría ocurrir que, como Estado federal junto a España, Portugal adquiriera una importancia que ahora mismo no tiene.

Revista dominical *Magazine,* Barcelona, 8 de enero de 2006

No vale la pena profetizar, pero creo que acabaremos [Portugal] integrándonos. Culturalmente no. Cataluña tiene su propia cultura, que a la vez es común al resto de España, tal como la de los vascos y la gallega. Nosotros no nos convertiríamos en españoles. Cuando miramos hacia la Península Ibérica, ¿qué vemos? Observamos un conjunto que no está partido en fragmentos y que es un todo compuesto de nacionalidades y, en algunos casos, de lenguas diferentes, pero que ha vivido más o menos en paz. ¿Qué pasaría si nos integráramos? No dejaríamos de hablar portugués, no dejaríamos de escribir en nuestra lengua y, desde luego, siendo diez millones de habitantes, tendríamos todas las de ganar en cuanto a desarrollo con esa aproximación e integración territorial, administrativa y estructural.

Diário de Notícias, Lisboa, 15 de julio de 2007

[Portugal] sería eso [una región de España]. Ya existen Andalucía, Cataluña, el País Vasco, Galicia, Castilla-La Mancha... y luego vendría Portugal. Probablemente [España] tendría que cambiar de nombre y pasar a llamarse Iberia. Si España ofende nuestro orgullo, será cuestión de negociar. ¿Acaso Ceilán no se llama ahora Sri Lanka, acaso muchos países de Asia no han cambiado de nombre y acaso la Unión Soviética no se ha convertido en la Federación Rusa?

Diário de Notícias, Lisboa, 15 de julio de 2007

Latinoamérica

La natural vocación atlántica lusófona de Portugal, pero también la *concepción transibérica* que Saramago defendió para la Península Ibérica, proyectándola hacia África y hacia América del Sur como ámbitos propios de relaciones político-culturales, favorecieron la implicación del autor en el entorno latinoamericano, donde su obra y su pensamiento tienen amplia difusión. A la penetración y aceptación de sus novelas y sus ideas, no resulta ajeno el signo de sus opiniones políticas ni la sensibilidad social que impregna sus pronunciamientos.

Saramago se convirtió en firme valedor de los derechos de los pueblos nativos poniendo de manifiesto las exclusiones y desigualdades de que son víctimas, reclamando el respeto a su dignidad e instando a las autoridades del continente a «resolver la cuestión indígena», desde el Río Grande hasta la Patagonia. A su juicio, esta causa debía consignarse como una prioridad en la agenda de los gobernantes de América Latina. Sin embargo, se veía condenada a la insignificancia y al silencio y, por consiguiente, a la invisibilidad. Expulsados de la propiedad de la tierra desde hace quinientos años, en opinión del Premio Nobel de Literatura, los indígenas han sufrido un genocidio lento, mediante la eliminación de etnias, comunidades, culturas, idiomas y gentes.

El autor de *Levantado del suelo,* que se implicó activamente en favor del movimiento zapatista de Chiapas, reprobó las opresiones discriminatorias, demandó la igualdad de las muje-

res, fustigó la violencia, rechazó las actividades del narcotráfico
—que consideraba «un Estado dentro del Estado»— y conde-
nó los secuestros y asesinatos de grupos armados guerrilleros
como las FARC de Colombia. Insatisfecho con la denominación de Latinoamérica, frente al criterio de ascendencia
colonial, propuso como designación para el continente la fórmula aséptica geográfica de América del Sur, que juzgaba más
adecuada en relación con la diversidad de la región.

Cuando se trataba de analizar la realidad política y económica, el escritor subrayaba la influencia negativa desempeñada
por Estados Unidos con sus estrategias de control y dominio,
un hecho que, según su criterio, impedía el libre desarrollo de
los países. En relación a Cuba, siempre manifestó su simpatía
por la Revolución y, más matizada en los últimos años, por su
líder, de quien, en abril de 2003, se distanció públicamente,
sin que ese alejamiento lo trasladara al pueblo cubano —cada
vez que tuvo oportunidad, denunció el *bloqueo*— ni a los ideales que orientaron el movimiento revolucionario de 1968.
Unos países y otros —Brasil, Argentina, México, Colombia,
Venezuela, Guatemala...— merecieron sus comentarios y reflexiones, además de su fraternidad, confrontando a las carencias de los gobiernos el deseo de que se respetase a la sociedad
civil y se avanzara en la democracia económica y en la justicia
social. Con insistencia, se reiteró en su demanda de reacción
cívica por parte de las comunidades, en cuya implicación de-
positaba su confianza para que Latinoamérica pudiese superar
las limitaciones y severas desigualdades del presente.

Las responsabilidades de esta región de Europa [Portugal y España] en cuanto a América Latina son muy grandes y estamos dimitiendo de ellas. No tendremos una vida muy larga, desde un punto de vista cultural, si no nos alineamos con América Latina. No nos damos cuenta de que estamos ligados por algún motivo, que, en el fondo, pienso que nos une tanto a los españoles y portugueses. Nos liga tanto como nos liga a Europa. Es como si América Latina hubiera sido abandonada esperando la caída completa para después recoger los restos e imponer nuestra propia ley. Ahora, en la medida de lo que estuviera a nuestro alcance, deberíamos fomentar lo más posible, portugueses y españoles, el diálogo con América Latina, por todos los medios, al estar en la Comunidad. No vamos a poder tener políticas económicas diferenciadas, ni de defensa, pero aún queda un campo que es el cultural. Tenemos que defenderlo y, si dimitimos de esa tarea, que en términos de prioridad debería ser justamente la relación con América Latina, entonces vamos a perder algo que es nuestra propia justificación, nuestro propio lugar en el mundo.

Diario 16 (Suplemento *Culturas*), Madrid, 11 de febrero de 1989

Levantar el embargo internacional a Cuba es algo inaplazable. Hay una hipocresía mundial en lo que se refiere a Cuba que resulta vergonzosa, aunque parece que no existe manera de acabar con esto. Pero es evidente que hay que hacer algo, y ya.

Brasil Agora, São Paulo, 15-28 de junio de 1992

[El continente americano] lo miro como un todo. Desde luego, hay países: Argentina, Chile, Paraguay, Bolivia, Perú y demás; pero veo al continente como un territorio que debería considerarse como un todo.

La Jornada Semanal, México D. F., 8 de marzo de 1998

Si alguna vez hubo en la historia de la humanidad una guerra desigual, no la hubo nunca como ésta [de Chiapas]. Es una guerra de desprecio, de desprecio hacia los indígenas. El Gobierno esperaba que con el tiempo se acabaran todos, simplemente eso.

La Revista de *El Mundo,* Madrid, marzo de 1998

[Los indígenas de Chiapas] sobreviven alimentándose de su propia dignidad. No tienen nada, pero lo son todo. Enfrentan la guerra con ese estoicismo que me impresionó tanto, un estoicismo casi sobrehumano que no aprendieron en la universidad, que consiguieron tras siglos de humillación. Han sufrido como ninguno y mantienen esa fuerza interior, una fuerza que se expresa con la mirada... La mirada de ese niño al que le han destrozado para siempre la vida... es algo que no se me borrará jamás de la memoria... Las miradas serias, severas, recogidas de las mujeres, de los hombres... son algo que está por encima de todo. Los indígenas no tienen nada, pero lo son todo. ¿Cómo es posible que después de tanto sufrimiento ese mundo indio mantenga una esperanza? ¿Cómo puede sonreír ese hombre de Polhó que nos acaba de decir: «Mañana puede que nos maten a todos, pero bueno, aquí estamos»? Es algo que no alcanzo a entender.

La Revista de *El Mundo,* Madrid, marzo de 1998

Acteal es un lugar de la memoria que no puede de ninguna manera desaparecer. Sabemos lo que ocurrió y no lo queremos olvidar. Chiapas es el cuerpo de México. La sociedad civil debería admirar no sólo a los indios, sino a los que se levantaron para defender a esos mismos indígenas.

La Revista de *El Mundo,* Madrid, marzo de 1998

De Chiapas me llevo no sólo el recuerdo, me llevo la palabra misma... Chiapas... La palabra Chiapas no faltará ni un solo día de mi vida. Si tenemos conciencia, pero no la usamos para acercarnos al sufrimiento, ¿de qué nos sirve la conciencia?

La Revista de *El Mundo,* Madrid, marzo de 1998

En realidad, se trata de eso: de comprender. Comprender la expresión de esas miradas [de los habitantes de Chiapas], la gravedad de esos rostros, la manera simple de estar juntos, de sentir y de pensar juntos, de llorar juntos las mismas lágrimas, de sonreír con la misma sonrisa. Comprender la forma en que las manos del único superviviente de una masacre se colocan como alas protectoras sobre la cabeza de sus hijas. Comprender esa corriente sin fin de vivos y muertos, esa sangre derramada, esa esperanza recobrada, ese silencio de quien reivindica, desde hace siglos, respeto y justicia, esa cólera contenida de quien, finalmente, ha dejado de esperar.

La Revista de *El Mundo,* Madrid, marzo de 1998

Si el escritor tiene algún papel, es intranquilizar, y Chiapas es un buen motivo para que nos intranquilicemos.

La Provincia, Las Palmas de Gran Canaria, 15 de abril de 1998

El Descubrimiento no fue un diálogo de culturas ni un encuentro de pueblos, fue violencia, depravación y conquista.

Jornal do Brasil, Río de Janeiro, 27 de septiembre de 1998

Un ciudadano —extranjero— [José Saramago] que se emociona con lo que ocurre en Chiapas, como muchísimos ciudadanos que han venido a este país, viene aquí porque quiere mostrar solidaridad. ¿Eso es injerencia? Donde va el escritor, va el ciudadano.

La Jornada, México D. F., 9 de octubre de 1998

No hay dudas sobre los inconvenientes de un partido único. Lo digo con todo respeto. Yo he estado en Cuba algunas veces. Conozco a la gente, me gusta la revolución cubana, admiro la revolución cubana, estoy con la revolución cubana. En Oporto, en la Cumbre de los Estados Iberoamericanos, al lado de Fidel Castro, he dicho: «El Premio Nobel de 1998 está al lado de la revolución cubana». Lo sigo diciendo. Eso no me impide ser crítico, en algunos casos, por las mismas razones que he sido crítico respecto a la Unión Soviética, en otros, por razones que son propias de Cuba. Pero, insisto, ¿qué sería de Cuba hoy si no existiera el bloqueo? Pueden decir: «No me interesa, no me interesa». ¿Cómo, no me interesa? Cuba es el único pueblo del mundo, el único país del mundo que sufre un bloqueo. Ya son cuarenta años.

El Interpretador. Literatura, arte y pensamiento,
Buenos Aires, n.º 12, marzo de 2005
(Charla con Noél Jitrik y Jorge Glusberg, 21 de agosto de 1999)

América Latina está necesitando una nueva vibración. No hablo de revoluciones, hablo de esa vibración, del despertar, de movimientos ciudadanos, porque esta región ya es suficientemente adulta para emanciparse de su gran tutor. No podemos decir solamente que somos víctimas, porque hay complicidades y existe ya posibilidad de actuar en forma libre, consciente... Tenemos problemas muy serios porque no tenemos ideas. La gente se puede organizar, se pueden hacer muchos movimientos, pero faltan las ideas.

La Jornada, México D. F., 13 de diciembre de 2000

Lo que me sorprende es la tremenda insensibilidad, por no decir algo más fuerte. Y también me pregunto qué lugar ocupa la conciencia ciudadana en todo esto. Por eso insisto en dejar un mensaje al pueblo [argentino] para que tome conciencia, ya que hay muchos casos que requieren su atención, no sólo los presos de La Tablada, sino lo que está sucediendo con muchas personas que son víctimas, como se es víctima del desempleo. Yo quiero recordar que no pueden esperar a que haya muertes porque eso estará para siempre en la conciencia de unos y otros, del gobierno, de los políticos, de los legisladores, de cada uno que no hizo nada para evitar esto y para cumplir con la ley.

La Jornada, México D. F., 13 de diciembre de 2000

El zapatismo es hoy a todas luces una posibilidad de cambio en medio de la fatuidad de un mundo dominado por los grandes consorcios mundiales que han hecho del consumismo y el éxito la ideología dominante.

Unomásuno, México D. F., 26 de febrero de 2001

Lo que el zapatismo propone es la prioridad absoluta del ser humano, sean éstos indígenas o no, frente a un modelo de crecimiento que precisamente ha obviado al hombre. Y este deseo, que se puede enunciar en tan pocas palabras, es una tarea gigantesca, que será el trabajo de muchas generaciones.

Unomásuno, México D. F., 26 de febrero de 2001

Nadie debería ignorar que los pueblos indígenas, no sólo de México, sino también de toda América, hasta el sur de Chile, han sido humillados, explotados, reducidos a una condición casi infrahumana, abandonados a su suerte.

Página/12, Buenos Aires, 12 de marzo de 2001

¿Qué es lo que ha pasado, qué es lo que está pasando [con el zapatismo]? Se puede decir Marcos, sí, claro que sí, Marcos, pero no es sólo Marcos, es todo un espíritu de resistencia verdaderamente sorprendente. La resistencia de los indígenas siempre ha sido un fenómeno que quizás tenga aspectos incomprensibles para nosotros, pero es finalmente la resistencia de quien está y quiere seguir estando. Creo que más allá de los levantamientos y las luchas armadas hay algo mucho más fuerte: una suerte de conciencia de sí mismo que tiene el indígena y su sentido de comunidad. Cada uno de ellos es un individuo, pero un individuo que no puede vivir fuera de la comunidad, la comunidad es su fuerza, y eso explica que su resistencia haya creado este momento en que nos encontramos.

Página/12, Buenos Aires, 12 de marzo de 2001

Marcos y los zapatistas merecen todo el crédito que les da una larga resistencia, una coherencia ideológica y política ejemplar, un sentido estratégico verdaderamente notable: Marcos ha gestionado los silencios con la misma maestría con que ha gestionado las palabras. Cuando se decía que no hablaba, que pasaban los meses y no hablaba, la palabra necesaria surgía siempre en el momento justo, preciso, indispensable.

Página/12, Buenos Aires, 12 de marzo de 2001

Se debe poner fin a la falta de respeto humano que padecen los indígenas de América.

Página/12, Buenos Aires, 12 de marzo de 2001

Yo no me he distanciado de la revolución cubana. Es la revolución cubana la que se ha distanciado de sí misma. Entendí que, por mi responsabilidad social, tenía que hacer una declaración [la carta abierta «Hasta aquí he llegado», publicada en *El País* el 14 de abril de 2003] y hablar en mi propio nombre. Mi solidaridad con el pueblo cubano sigue intacta.

La Nación, Buenos Aires, 2 de mayo de 2003

El debate político en la Argentina es del pasado, no de hoy. La mística nacional sobre Perón y Eva Perón no tiene que ver con la realidad concreta actual.

La Nación, Buenos Aires, 2 de mayo de 2003

Estados Unidos tiene muy claro que América Latina es su patio de atrás.

O Globo, Río de Janeiro, 10 de mayo de 2003

Esta América, vuelvo a decirlo, tiene un problema, que es el indígena. Y es como si no pasara nada, en el sentido de que, a lo mejor, se acaba el mundo indígena que está «molestando» o «impidiendo» que todo esto se vuelva un país más capitalista, cuando tiene otros modos de entenderse. Me sorprende no encontrar en los medios la gravedad y la importancia de la problemática indígena, no sólo en México, sino en toda América.

La Jornada, México D. F., 15 de mayo de 2003

[En Argentina] tienen que surgir nuevas generaciones con nuevas ideas, con nuevos valores. La desaparición de miles de personas jóvenes, inteligentes y preparadas es una ausencia terrible para el país. La generación de izquierda, que tendría ahora cincuenta años, desapareció. Los que podrían formar esas alternativas no están. Fueron asesinados, torturados, desaparecieron. Hay un vacío generacional. Es necesario que la juventud comprenda que tiene un lugar que ocupar. Un lugar que está vacío y que no puede ser entregado a vestigios del pasado que gerenciaron el país como si fuese una cosa suya.

2do. enfoque, Buenos Aires, agosto de 2003

Yo no he roto con Cuba. Sigo siendo un amigo de Cuba, pero me reservo el derecho de decir lo que pienso, y decirlo cuando entiendo que debo decirlo.

La República, Montevideo, 26 de octubre de 2003

El movimiento indígena no es un peligro para la democracia. Es la democracia de los blancos la que es un peligro para las comunidades indígenas.

El Comercio, Quito, 22 de febrero de 2004

Yo dije en abril del año pasado, luego de los fusilamientos de los tres cubanos que secuestraron un ferry en La Habana, que Cuba no había ganado ninguna batalla heroica fusilando a esos tres hombres, pero que sí había perdido mi confianza, dañado mis esperanzas y defraudado mis sueños. Sigo pensando igual. Dije que, a partir de ese momento, Cuba seguiría su camino y yo me quedaba. Hasta aquí he llegado, dije, y hasta ahí llegué.

El Tiempo, Bogotá, 28 de noviembre de 2004

Este genocidio lento contra los verdaderos dueños de la tierra americana [los indígenas] empezó en el año de 1492 y sigue implacable. No hablo sólo de Colombia, hablo de los indígenas de Chenalhó en Chiapas (México) o de los mapuches del sur. Me deja sin ánimo que a la gente no le importe nada lo que pase con los indígenas. Es la señal de la marca del colonizador. De seguir así, un día se acabará con los indígenas de América, como si fueran una especie de animales que un día se extingue, y la gente dirá: «Fue un crimen más, para añadir a los otros crímenes que se han cometido contra los indígenas».

El Tiempo, Bogotá, 28 de noviembre de 2004

El concepto de guerrilla tiene algún sentido de nobleza, es decir, ciudadanos que se organizan para resistir al invasor. No creo que ése sea el caso de Colombia. Aquí no hay guerrilla, sino bandas armadas.

El Tiempo, Bogotá, 28 de noviembre de 2004

En Centroamérica, es importante el problema de la violencia y la inseguridad ciudadana; pero es un tema que no se puede sacar de contexto. Se tiene que entender a partir de las condi-

ciones sociales y económicas que viven las mayorías en estos
países y en todos los países pobres del mundo.

Forja, San José de Costa Rica, junio de 2005

El Tratado de Libre Comercio es un mecanismo más por medio del cual Estados Unidos pretende dominar Centroamérica.

Forja, San José de Costa Rica, junio de 2005

Cuando ya se ha arrasado el trece por ciento del Amazonas,
sabemos hasta dónde puede llegar la locura. No obstante, no
se trata de locura. Es, ante todo, algo fríamente calculado.
Vivimos según la ley del lucro. A nadie le preocupa ya el destino del planeta. Sobre todo a esa gente que corta árboles de
una forma indiscriminada en el Amazonas ante la impotencia
del Gobierno brasileño, que es el propietario.

Público, Lisboa, 11 de noviembre de 2005

Yo siempre digo: «Los indígenas pertenecen al continente, son
los auténticos dueños de la tierra». Cometemos un crimen sin
perdón cuando no lo pensamos todos los días. Creo que si
América tiene alguna posibilidad de salir de muchas de las situaciones difíciles y complicadas en las que está, quizá sea el
día en que se haga una inmersión en sus pueblos indígenas,
que son muchos: los chiros, los mapuches, los quechuas, los
mayas... Y no me refiero a la idea falsa de que tienen que inte-
grarse, porque ésa es la del lenguaje del *culto* y *civilizado,* cuando dice: «Nosotros somos muy tolerantes, estamos dispuestos
a integrarte». Pero ¿y si yo no quiero integrarme? ¿Por qué tengo yo que integrarme forzadamente por el hecho de que determinada parte de la sociedad sea más poderosa? La integración,
una auténtica integración, significaría que cada una de las par-

tes se integrara en la otra. Pero decir: «Venga, que yo ya decidiré en qué condiciones permitiré a usted que entre», eso no lo es.

El Universal, México D. F., 2 de diciembre de 2006

Nadie se atreve a intentar resolver el problema indígena en América. Si mañana esto explota, entonces no digan que no lo sabían.

El Universal, México D. F., 2 de diciembre de 2006

En Cuba habrá una transición. Esperemos que se produzca únicamente por obra de los cubanos (los de dentro y los de fuera), sin intromisiones extrañas, directas o indirectas, con total respeto hacia la dignidad del pueblo cubano, demostrada de manera ejemplar con la Revolución y en los años transcurridos desde entonces.

La Repubblica, Roma, 3 de julio de 2007

Quizá la posibilidad de que cambie esta situación [de violencia] es que la sociedad civil colombiana intervenga. El primer paso es salir de la aparente apatía en que se encuentra. Moverse, conmoverse. El día que la tierra colombiana empiece a vomitar sus muertos, esto quizá pueda cambiar. No los vomitará materialmente, claro, sino en el sentido de que los muertos cuenten. Que vomite sus muertos para que los vivos no hagan cuenta de que no está pasando nada.

El Tiempo, Bogotá, 9 de julio de 2007

Yo no diría que se llegó al comunismo en Cuba, aunque adelantó mucho en esa dirección. No sabemos bien cómo se manifestará un comunismo real en la práctica ni sabemos hasta dónde puede llegar. En Cuba, efectivamente, hay una visión muy clara de lo que podría ser. Se han logrado mejoras sociales, tiene uno de los mejores servicios de salud del mundo, la instrucción es notable, no hay analfabetismo... Alguna cosa se ha logrado, pero no todo.

El Tiempo, Bogotá, 14 de julio de 2007

Por su culpa [de la guerrilla], es asombroso cómo en Colombia dos generaciones se han perdido. Su existencia sólo ha producido muerte, cantidad de desaparecidos y tres mil o cuatro mil secuestrados. Así fuera sólo por secuestros, la acción de las FARC es condenable. Ninguna guerrilla política vive de secuestros durante años y menos mantiene durante años a inocentes secuestrados. Esto no es luchar por ideales. Lo peor es que ya no pueden vivir de otra forma. En otras partes, la guerrilla fue política y se integró a la vida de todos los días. Aquí no.

El Tiempo, Bogotá, 14 de julio de 2007

Colombia tiene todas las condiciones, económicas, sociales, culturales, para convertirse en un gran país; pero tiene el cáncer de la guerrilla y el conformismo de la sociedad con ella. Probablemente, en el momento de su aparición tenía una razón: quizás liberar a Colombia de un poder casi feudal, de caciquismos multimillonarios. Pero se pervirtió para convertirse en un ejército de bandidos, narcotraficantes y secuestradores. Ejercen una acción que, desde todos los puntos de vista, es despreciable. A mí me duele Colombia. Hay un pueblo culto que busca cultivarse con mucha seriedad, con mucha convicción. Es un país que cree que la cultura es realmente necesaria, que no es sencillamente un adorno como un collar de perlas.

Si logra liberarse del horror de la guerrilla, Colombia tiene todo para convertirse en una gran nación.

El Tiempo, Bogotá, 14 de julio de 2007

La sociedad civil colombiana no puede limitarse a ser espectadora de un desastre, de una calamidad, del horror, que es lo que está pasando en el propio corazón de Colombia. La sociedad civil tiene que manifestar su presencia, su repudio, su indignación, pero de modo concreto, como se ha hecho hace pocos días con una manifestación importantísima por la posibilidad de un acuerdo humanitario. Ojalá ese acuerdo se haga, triunfe y prospere, para salvar muchas vidas [...] En mi opinión, la sociedad civil colombiana tiene que manifestar de una forma visible y activa su exigencia de una solución, o algo que se imponga a la guerrilla pero que también se imponga al Gobierno. La sociedad no puede ser espectadora como si no tuviera nada que ver.

El Tiempo, Bogotá, 14 de julio de 2007

Es Latinoamérica porque así lo llamaron, pero esta denominación no resiste ni siquiera el menos exigente de los análisis. En primer lugar, porque ignora deliberadamente la multiplicidad y la diversidad étnicas que componen el mosaico sudamericano. En segundo lugar, porque se está imponiendo, gracias a una más que fantasiosa manipulación lingüística, lo que no pasa de una mal disimulada nostalgia colonial. El único nombre suficientemente neutro para respetar la realidad no sólo física sino también cultural y étnica de la región sería América del Sur. Americanos todos, pero cada uno con su identidad propia, personal y colectivamente hablando. Cualquier cosa que no sea esto será falsear los hechos y sus intrínsecas y siempre problemáticas verdades.

Contrapunto de América Latina, Buenos Aires, n.º 9, julio-septiembre de 2007

Tantas veces los hemos engañado [a los indígenas] que han perdido la confianza, si es que alguna vez la tuvieron plenamente. Han optado por una desconfianza sistemática como manera de sobrevivir en un mundo que no quiere entenderlos.

Contrapunto de América Latina, Buenos Aires, n.º 9, julio-septiembre de 2007

Aunque yo esté dotado de alguna imaginación, no consigo ver un aimará de Perú, un totzil de México, un mapuche de Chile o un afrodescendiente de Angola poniendo una crucecita en la papeleta de *iberoamericano,* negando así su pasado, sus muertos y las vergonzosas humillaciones de todo tipo que prosiguen. Y también las carnicerías que se repiten y repiten. No se puede pedir tanto a un ser humano.

Contrapunto de América Latina, Buenos Aires, n.º 9, julio-septiembre de 2007

Brasil —salvo mejor opinión— está, a la vez, dentro y fuera de América. No me atrevería a decir que Brasil sea un cuerpo extraño en relación al conjunto de los restantes países, pero no tengo dudas de que existe allí un problema de conocimiento, necesidad mutua y convivencia que tendrían que resolver.

Contrapunto de América Latina, Buenos Aires, n.º 9, julio-septiembre de 2007

Es muy fácil decir, por ejemplo, que América del Sur necesita conciencia cívica como el pan para la boca; pero la conciencia cívica no es una panacea, como lo puede ser una pastilla para el resfriado. Formar una conciencia cívica es trabajo de generaciones y, en mi opinión, la tarea no va muy adelantada. Millones y millones de pobres —¿cómo hablarles de conciencia cívica?, ¿qué es eso?—, desigualdades sociales aterradoras, caciquismos personales y empresariales, corrupción en todos los niveles de los Estados, droga, narcotráfico... La única realidad es que la vida de las llamadas clases humildes en América del Sur siempre ha sido una pesadilla.

Contrapunto de América Latina, Buenos Aires,
n.º 9, julio-septiembre de 2007

Ante el fusilamiento de tres chicos [en Cuba el 11 de abril de 2003], escribí ese texto [la carta abierta titulada «Hasta aquí he llegado» publicada en *El País* el 14 de abril de 2003]. Me afectó mucho, después me invitaron a ir a la isla, acepté y, allí, repetí mis argumentos contra la pena de muerte. Podía haber sido una ruptura, pero la verdad es que los cubanos no quisieron romper conmigo, ni yo tampoco con ellos, y me aceptaron con esas críticas incluidas. No estoy peleado con Cuba. Es una diferencia seria que he tenido con alguien de mi propia familia.

La Vanguardia, Barcelona, 10 de diciembre de 2008

Lo siento muchísimo, pero México es un país que no logro entender. Un país con una cultura extraordinaria, de potencia material y espiritual, y en el que, como en otros, todo está contaminado por la corrupción: la policía, las autoridades... sin un movimiento social y popular que pueda manifestarse con fuerza. Si esto existiera, creo que los políticos tendrían que hacer algo que le hiciera justicia al país. La esperanza es que todavía existe algo honesto, progresista y avanzado. Espero que algo ocurra. En los últimos años, se presenta el poder del narcotráfico, que todo lo condiciona. Existe ahora un poder dentro del Estado y la sociedad mexicanos que es el narcotráfico. Mientras no se arranque este mal, no sé qué podrían hacer ustedes, que son los que están sufriendo.

Milenio, México D. F., 31 de enero de 2009

El poder tiene sus riesgos y la posibilidad de una gobernación larga puede hacer que se constituya una casta del poder que pierda comunicación con el pueblo. Le diría al presidente [Hugo] Chávez que ¡ojo! con el poder, porque hay que usarlo para la mejora de las condiciones sociales del pueblo venezolano. [No creo] que le pueda ocurrir al presidente Chávez, ojo; pero el presidente no está solo al frente de la política de Venezuela, tiene sus colaboradores, ministros y sus asesores. Ahí es donde digo, ojo, ojo, que el poder no necesita ser absoluto para corromper.

El Informador, Guadalajara-Jalisco, 16 de febrero de 2009

Los indios de América del Sur, en cualquier país desde México hasta Chile, no son agentes de la Historia. Son pueblos que ya estaban allí cuando llegaron los europeos y que a partir de ese momento fueron víctimas de todo tipo de humillaciones, cuando no se trató de simple genocidio. No son agentes de la Historia, y ahora la discriminación consiste en mantenerlos en su sitio, no permitirles que tomen aquello que sería natural. Hay una integración que no es integración porque, si lo fuera, bien entendida tiene dos sentidos, no sólo uno.

João Céu e Silva, *Uma Longa Viagem com José Saramago,*
Porto Editor, Oporto, 2009

No quiero decir que Brasil sea un cuerpo extraño en América, sino que es otra cultura y otra lengua, tiene otras costumbres y otros hábitos que han mantenido al país que allí existe pero que a la vez no forma parte de aquello. Y hasta ahora Brasil no ha sabido o no ha querido dejar claro que no forma parte de aquello por posición o por naturaleza. El país ha dicho «estamos aquí y aquí seguiremos, resolviendo las cosas y trabajando juntos», aunque esto resulte algo retórico. Por lo tanto, en las proyecciones que puedan hacerse a partir de la economía brasileña, se sabe que ésta tiene buenas condiciones para funcionar y desempeñar allí un papel importantísimo. Pero sólo reconocemos esas cosas cuando suceden o se confirman...

João Céu e Silva, Uma Longa Viagem com José Saramago,
Porto Editor, Oporto, 2009

El gran problema reside en que ellos [los indios] no creen en nosotros. Nosotros podemos hablar de solidaridad, hablar de esto y de aquello con palabras y conceptos bonitos, pero ellos no se lo creen. Después de quinientos años de engaño llevado hasta el último extremo, no creen en nosotros y hay una especie de muro que no nos permite llegar a su conciencia.

João Céu e Silva, Uma Longa Viagem com José Saramago,
Porto Editor, Oporto, 2009

Tenemos que volver a entendernos colectivamente para ver si conseguimos comprender lo que somos y seremos, un futuro que no pasa, desde luego, por la CEE. No tenemos nada que ver con Europa. Los intentos de disolvernos para siempre en la Comunidad Europea, en términos culturales y económicos, pueden anular para siempre nuestra identidad.

Diário de Lisboa, Lisboa, 30 de octubre de 1982

No somos [Portugal], y la Península Ibérica, en general, no es, un país europeo. El motivo de que no nos veamos como europeos no es que nos separen de Europa los Pirineos, ni nuestra aventura atlántica. Creo que no tenemos nada que ver con Europa. Fuimos (y pienso que todavía lo somos) un país del tercer mundo, no en un sentido geopolítico, sino geocultural. Casi me apetece decir que, cuando los continentes se separaron, esta parte de los Pirineos quedó unida a Europa por error. Tendría que haberse unido a Norteamérica, pero a las Antillas. Y creo que nuestra afirmación futura se orientará más por vía de la autonomía con respecto a Europa. No como decía Fernando Pessoa —que lo ibérico será la incivilización de la civilización europea—, sino como una especie de primera nacionalidad, precisamente la de la autonomía con respecto a Europa. Claro que a todos nos han hecho leer a Descartes y a Lutero. Generalmente entendemos mal todo eso porque no tenemos espíritu cartesiano. Somos barrocos, y ya lo éramos antes de que el barroco existiera. Tengo la impresión de que la expresión cultural del barroco en el ámbito de la lengua, del arte, se da precisamente en el tercer mundo, no en culturas agotadas, casi esterilizadas, como lo son las que nos vienen en este momento de Europa Occidental.

Jornal do Brasil, Río de Janeiro, 21 de mayo de 1983

Yo no hablo contra Europa, hablo concernido, desde los márgenes de Europa. De acuerdo, tenemos una cultura, una historia, un derecho en común y creo que es indudable que Portugal forma parte de Europa, en mayor grado, por ejemplo, que Dinamarca. Pero tengo asimismo perfectamente claro que Europa no es por ahora más que una abstracción, o una mistificación. Quieren llenarnos la cabeza de lugares comunes para ocultar una cuestión primordial: que la Comunidad ha sido creada por los países más ricos y en función de sus necesidades. Me siento manipulado. No creo que sea ése el camino de Portugal.

La Repubblica, Roma, 28 de febrero de 1986

Lo que pretendo decir en *La balsa de piedra,* en el fondo, es que la Península Ibérica tiene una identidad cultural muy profunda, muy caracterizada, la cual corre graves riesgos en el proceso de integración en la CEE. Esta situación es tanto más peligrosa por cuanto Europa no sabe exactamente quién es [...] Mi actitud no es aislacionista. En nuestros días no se puede hablar de aislamiento. Tampoco soy antieuropeo. Sólo quiero subrayar que los pueblos de la Península Ibérica deberíamos comportarnos de acuerdo con nuestras ligazones. Es evidente que tenemos unas primeras raíces europeas, pero no hay que olvidar nuestras segundas raíces históricas, que nos vinculan al área lingüística y cultural hispanoportuguesa de América Latina. Creo que los peninsulares deberíamos establecer con esas regiones unos vínculos más estrechos [...] *[La balsa de piedra]* posee un objetivo: demostrar que, si existe una vocación histórica en los pueblos de la Península, sería la de una ligazón profunda con los pueblos del área cultural iberoamericana e iberoafricana. Éste sería un gran proyecto peninsular para el futuro.

Quimera, Barcelona, n.º 59, 1986

La Península Ibérica pretende ligarse a un Norte que seguirá estando orientado y dirigido por tres potencias medias —Alemania, Gran Bretaña y Francia—, mientras los países restantes no alterarían su condición de satélites. En el fondo, eso es lo que define la política económica de la Comunidad. La CEE, en treinta años, no ha conseguido otra cosa que intentar definir su política económica. No existe una política europea. La propia organización económica de Europa, como sabemos, es muy precaria y, de cualquier forma, está orientada por esas tres potencias medias, siendo el resto sólo periferia. Pienso que no se deben perder todos los vínculos con Europa, pero debemos buscar más hacia el Sur.

Quimera, Barcelona, n.º 59, 1986

La actitud vital, la mirada profunda del pueblo ibérico no es para nada europea. Se fija mucho antes en su comunidad más enraizada, iberoamericana e iberoafricana, que en Europa, esa pretendida unidad que, por lo demás, al margen de un formalismo económico, meramente superestructural, no se sabe muy bien lo que es.

El Independiente, Madrid, 29 de agosto de 1987

Para mí, lo importante sería que las culturas de Europa se conocieran hasta el último detalle, que hubiese una corriente cultural continua pasando de país en país, cuando lo que se está haciendo es una amalgama que diluirá las diferencias para hacer algo que tiene un patrón. ¿Cuál es ese patrón? Nadie me responde nunca a esa pregunta.

La Vanguardia, Barcelona, 13 de octubre de 1987

Pienso que lo que nos distingue de Europa [a los ibéricos] —y no tengo nada contra Europa, no quiero atacar a nadie, sólo quiero defenderme—, lo que nos diferencia es una cierta capacidad de soñar, un deseo de aventura, una ingenuidad, un cierto modo de ser ingenuo que nos aparta del sentido eminentemente práctico que caracteriza a Europa.

ABC, Madrid, 7 de junio de 1989

No diría que el Mercado Común suponga con el tiempo la muerte de la democracia política en Europa. Pero sí diré que la democracia política pasará a estar condicionada por los intereses y por la lógica de ese mismo sistema económico que —a menos que se condene a sí mismo— no puede admitir veleidades de contradicciones en su seno.

Vida Mundial, Lisboa, 7-14 de junio de 1989

La cohesión económica y administrativa [de Europa] no debe afectar a la esfera de la cultura, pues significaría la indefensión acrítica. Crear una amalgama cultural europea supondría la aceptación de que alguna de las culturas prevalece sobre las demás, como meros satélites. Por el contrario, las culturas respectivas son la única arma con que contamos para garantizar la Europa de la diversidad, de la pluralidad.

ABC, Madrid, 24 de abril de 1993

Siempre se ha hablado de Europa como de un mercado con no sé cuántos millones de consumidores. Nadie ha hablado de la Europa de los ciudadanos que necesitan medicamentos, pensiones de vejez dignas, asistencia hospitalaria, sistemas educativos modernos. Es dudoso que, en cuarenta años de construcción europea, no haya nada en la Comunidad que apunte en ese sentido. De lo que se habla es de reducir los beneficios sociales. Si se me permite decirlo, pasamos del ideal de estado-providencia al estado-soez.

Expresso, Lisboa, 7 de agosto de 1993

Mis opiniones ya se conocen y nada de lo que está ocurriendo en Europa contribuye a modificarlas. Es una nueva forma de colonialismo: si un país no cuenta con una política o una economía fuertes para competir con los otros, no tendrá más remedio que ser un país subordinado. Por eso, no podemos hacernos ilusiones, ni el mundo puede esperar que los portugueses aporten creaciones culturales maravillosas, cuando la Unión Europea nos despojará de nuestra identidad. En esa oleada de europeización, estamos dejando de ser lo que somos, portugueses y españoles.

Jornal do Brasil, Río de Janeiro, 27 de enero de 1994

No estoy desengañado, soy totalmente escéptico. La Comunidad [Económica Europea] es un consejo de administración de un espacio económico, sobre todo económico. Y, como ocurre siempre en los consejos de administración, quien manda es quien tiene más acciones. Cada miembro de ese consejo se sienta en un paquete de acciones y, cuanto más alto sea ese paquete, más fuerza y más poder tiene, porque posee más acciones. Aunque nosotros —cuando hablo de nosotros, me refiero a los portugueses— nos sentemos allí, lo hacemos como una parte menor, porque la relación de poder y de fuerza en el interior de Europa se mantiene. En pocos años, Europa será administrada por Alemania y nosotros sólo seremos una especie de satélites del Bundesbank. Y aunque esa relación de poder entre el fuerte y el débil ha existido siempre, muchos hemos luchado para que eso no sea un escándalo. No hablo de España porque soy extranjero, pero en Portugal, a la agricultura que teníamos, que era pobre, la más atrasada de Europa, se le dio el golpe definitivo.

Canarias 7, Las Palmas de Gran Canaria, 20 de febrero de 1994

En Portugal, en Francia, en España, nadie tiene una idea clara de Europa. Sí hay alguien que tiene una idea de Europa: es Alemania, los nuevos señores de Europa.

ABC, Madrid, 13 de mayo de 1995

Lo que está clarísimo es que en el interior de esta Europa, supuestamente unida, las relaciones de poder no han cambiado nada, sigue mandando quien mandaba antes y sigue obedeciendo quien antes, históricamente, ya estaba obedeciendo.

Juan Arias, *José Saramago: El amor posible,* Planeta, Barcelona, 1998

Es una ingenuidad imaginar que Europa es una especie de continente, particular y privilegiado, donde podemos resolver todos los problemas, y que lo que ocurre a su alrededor no le influye. Lo que pasará en Europa y en el mundo en los próximos años dependerá de lo ocurrido el 30 de noviembre [de 1999] en Seattle. Allí decidieron hasta dónde llega el poder de las trasnacionales, y hasta dónde llegaremos nosotros. Lo que ha costado siglos construir, como es la idea de ciudadanía, de responsabilidad cívica, va a cambiar radicalmente: nos vamos a convertir todos en consumidores influyentes. La soberanía nacional no es más que papel mojado.

El Mundo, Madrid, 3 de enero de 2000

A Europa no la ha hecho la riqueza mercantil. La ha hecho la riqueza mental, la intelectual, su capacidad de crear. Europa no debe tener un futuro de mercaderes, sino de creadores. Si no, no habrá futuro para este continente.

Turia, Teruel, n.º 57, 2001

No me gusta la Europa que se está construyendo ni que los ciudadanos, como meros espectadores de ese proceso, se estén convirtiendo en cómplices de sus resultados.

Turia, Teruel, n.º 57, 2001

No es sólo el pensamiento correcto, es que ahora todo se está convirtiendo en correcto, hay que comportarse según unas normas que nadie sabe quién determinó. Yo reivindico la diferencia, pero cada vez nos estamos haciendo más iguales, en el sentido menos bueno, menos creativo y menos contestatario, perdiendo así la capacidad de discutir. A pesar de sentirme dentro de la cultura europea, no me gusta que Europa se esté transformando en un imperio. Empiezo a sospechar que todo es igual y me parece sorprendente que no nos demos cuenta de que, en esta Europa, da lo mismo que los gobiernos sean socialistas, conservadores y, mañana, hasta neofascistas. Mientras eso ocurre, las preguntas —por qué, cómo y para qué—, que deberían estar todo el día en boca de los ciudadanos, no lo están.

Turia, Teruel, n.º 57, 2001

La UE es un hecho consumado. Hay argumentos que antes eran válidos y que hoy ya no merece la pena invocar. La cuestión es que, hasta ahora, lo único que queda de la llamada Europa es una moneda, nada más, cuando la moneda debía haber sido probablemente la última cosa en instituirse. Lo que vemos es que cada país defiende sus propios intereses. ¿Y qué pasará si energúmenos, o personas que nada tienen de demócratas como el señor Berlusconi, dominan la UE? ¿Cómo es posible que personas honradas, como muchas lo son, se sienten a la misma mesa a dar palmaditas en la espalda a personas que no lo son? ¿Cómo es posible que determinados países de la UE actúen más como «funcionarios» de Estados Unidos que como miembros de una unión que debería tener una identidad y una voluntad política propias? Daré tres ejemplos de ello: España, Inglaterra y Portugal. La UE se ha convertido en una extensión de Estados Unidos.

Visão, Lisboa, 16 de enero de 2003

Europa no está definida, no sabe lo que es y, al fin y al cabo, es un proyecto social que ha fracasado. [Cada país] está tirando por su lado.

Agencia EFE, Madrid, 25 de diciembre de 2006

Esta Europa de los 27 va a ser un permanente dolor de cabeza. No se ha resuelto ninguna de las exigencias de Polonia, siempre habrá conflictos —como es lógico—, pero no hay una especie de idea europea formada en la cabeza de la gente que vive en este continente y que está dentro de esta organización. Seguimos siendo todos lo que somos: los checos, los eslovacos, los franceses, los italianos, los ingleses... Seguimos siendo exactamente aquello que éramos —al final con algún que otro

472

cambio— y en la medida de lo posible, por usar un dicho popular, cada uno arrimará el ascua a su sardina.

João Céu e Silva, *Uma Longa Viagem com José Saramago,*
Porto Editor, Oporto, 2009

Europa no tiene una idea coherente sobre su destino. Se ha
aventurado con ampliaciones absurdas, fruto de situaciones y
procesos que no estaban realmente maduros y, con esa huida
asustada hacia delante y, como sucede tantas veces a quien va
derecho a la ruina, esa política y esa forma de vivir persisten
porque no encuentran otra.

João Céu e Silva, *Uma Longa Viagem com José Saramago,*
Porto Editor, Oporto, 2009

Política

Militancia y planteamientos políticos forman parte consustancial de la arquitectura ideológica de Saramago. Tanto la personalidad del escritor como la del ciudadano habituado a intervenir están marcadas por la impronta sociopolítica que determinó su interpretación de la realidad. Afiliado al Partido Comunista Portugués (PCP), se mostró crítico con los modos que caracterizan el ejercicio del poder público y con el rol que desempeñan los partidos. Precisamente por el valor que le concedía a la política en el orden de las actividades sustantivas de los seres humanos, reaccionó contra su sometimiento a la economía, al tiempo que no ocultó su desafecto a la profesionalización de los cargos representativos. De sus dardos, no se libró la izquierda, a la que reprochaba su incapacidad para recomponerse sobre nuevas claves contemporáneas, la mala relación que mantiene con el desempeño del poder, su destructiva tendencia a la fragmentación o la pérdida de ideales que sufre.

Severo censor de la mundialización financiera y económica, no cesó de pronunciarse contra sus efectos más nocivos. Si el orden productivo mundial, amparado en las políticas neoliberales, se comporta como una ingeniería de exclusión, injusticia y desigualdades, que concentra la riqueza mientras acrecienta la pobreza, el autor de *El año de 1993* advertía que también constituye una permanente intromisión y agresión a la democracia, limitando su alcance real.

En el nuevo rostro tardomoderno del capitalismo, encarnado en las multinacionales, identificaba una renovada forma de totalitarismo, que determina las políticas públicas, convirtiendo a los gobiernos en *comisarios* del poder económico. Frente a las tendencias uniformadoras, acostumbraba a señalar la paradoja de los repliegues identitarios y los fenómenos de atomización que surgen como contrapunto, estimulados por la impetuosa energía globalizadora, mientras lamentaba la acelerada desaparición de culturas y de diversidad, consecuencia de las prácticas de absorción y homogeneización connaturales a este intenso proceso transfronterizo. No exento de sorna, solía declarar que, de tratarse de universalizar los derechos humanos, en él se hallaría el más fiel partidario de la globalización.

Si en su novela *Ensayo sobre la lucidez* (2004), articuló, a través de la alegoría, su desconfianza hacia la democracia, en las declaraciones que, con frecuencia, realizaba a los medios o en sus intervenciones públicas, se pronunció abiertamente sobre aspectos políticos del más variado carácter. Sin eludir la expresión de sus opiniones en torno a asuntos domésticos cuando visitaba unos y otros países, su voz se escuchó adentrándose en juicios y valoraciones que recorrían desde los riesgos del nacionalismo y los populismos a la pérdida de carácter de los sindicatos, pasando por múltiples inquietudes referidas a América Latina, a Israel, a la Unión Europea, al imperialismo norteamericano o a los conflictos armados en Palestina, los Balcanes y Oriente Medio. La dinámica interna de su país, también la propia de España o la actualidad cotidiana del mundo centraron algunos de sus intereses y se convirtieron en objeto de sus comentarios, de los que no quedó al margen su apoyo a causas políticas, humanitarias, de paz o contra el terrorismo.

Directo en la comunicación de sus ideas, Saramago se alineó a favor del principio de injerencia en función de sus ideales humanistas y del universalismo de su pensamiento. Procuraba alejarse de la demagogia y del sectarismo, mientras planteó la reprobación del ejercicio de la política institucional tal y como se practica en el presente, pero también del debilitamiento y disolución de las ideologías convencionales, elaborando una suerte de discurso higienista reivindicador de la justicia social y el buen gobierno de lo público como una actividad esencial para el sistema vascular de la humanidad. La implicación ciudadana directa en la vida pública resultaba, a su juicio, imprescindible para encarar perspectivas de regeneración.

Cuando la izquierda llega al poder, no usa las razones por las cuales ha llegado. La izquierda deja de serlo muchas veces cuando llega al poder y eso es dramático.

La Vanguardia, Barcelona, 25 de febrero de 1986

Es verdad que estoy en contra de cualquier forma de nacionalismo como ideología, pero no estoy en contra de todo —incluso estoy a favor— lo que se parezca a una afirmación nacional.

Expresso, Lisboa, 8 de noviembre de 1986

No son los políticos los que gobiernan el mundo. Los lugares del poder, aparte de ser supranacionales, multinacionales, son invisibles.

Expresso, Lisboa, 7 de agosto de 1993

Sin política no se puede organizar una sociedad. El problema es que la sociedad está en manos de políticos profesionales.

Jornal do Brasil, Río de Janeiro, 27 de enero de 1994

Sólo se nos pide el voto para homologar cantidad de cosas, en cuya definición no tenemos ninguna parte. Sólo nos piden el voto, no nos piden que participemos. Y cada cuatro años, acudimos a votar muy contentos, creyendo que estamos haciendo algo importante, pero lo importante ocurrió entre esos cuatro años. Con esto no estoy condenando a los políticos, pues la política es algo vital y tenemos que ejercerla todos.

Canarias 7, Las Palmas de Gran Canaria, 20 de febrero de 1994

Si el mundo sólo se hubiese mostrado indiferente frente a la guerra de Bosnia, podríamos pensar que estaba distraído; pero en Timor, en Angola, en Mozambique se está produciendo un genocidio constante y lento y el mundo no quiere enterarse... Se ha acostumbrado a la carnicería.

La Verdad, Murcia, 15 de marzo de 1994

Sarajevo es el símbolo de la insensibilidad general. Tenemos mucha información, nos asaltan los muertos despedazados a la hora de la cena, pero la información se agota en sí misma; parece que nos damos por satisfechos por el hecho de conocer. Hace treinta años, lo que ocurre en Sarajevo hubiese movilizado a miles y miles de personas. Ahora nadie protesta.

La Verdad, Murcia, 15 de marzo de 1994

Tal y como están planteados, los nacionalismos son absolutamente insolidarios. En cambio, creo que el sentimiento de pertenencia de las personas, que me gusta más que decir nacionalismo, es real por mucho que parezca irracional. Parece que la Historia ha demostrado que todos necesitamos un lugar al que pertenecer y parece que eso es una realidad. Uno de los errores de la izquierda, con su conocido internacionalismo, es creer que el nacionalismo es una cosa de derechas, cuando realmente no se puede borrar de las mentes de los pueblos y de las personas su cultura, su religión, su lengua, etcétera, por mucho que, desde el punto de vista racional, no tenga ningún sentido.

Lancelot, Lanzarote, n.º 752, 19 de diciembre de 1997

Sigo creyendo que, si uno no tiene ideas, no tiene nada, y que no basta tener ideas en general: hay que tener una idea del mundo, una idea del hombre, de la sociedad, de la relación entre las personas, que se orienta en un sentido o en otro, según uno esté a la izquierda o a la derecha, con todos los errores de la izquierda, con todos sus crímenes, con todo lo horroroso que pasó; pero, de todas formas, había algo luminoso allí. No quiero decir que, en la derecha, sea todo oscuridad, no estoy diciendo eso; pero no quiero que me pongan delante una atmósfera gris en la que todo es igual.

Juan Arias, *José Saramago: El amor posible,* Planeta, Barcelona, 1998

La amenaza constante hoy es perder el puesto de trabajo y eso condiciona la intervención pública de mucha gente que se autolimita. No desprecio la tarea de los sindicatos, pero van poco más allá de pedir un 0,5% más de aumento de sueldo, mientras las multinacionales lo dominan todo.

El País, Madrid, 11 de enero de 2001

Si toda política necesita una economía, la economía determina una política; eso es lo que está pasando [con la globalización].

Época, Madrid, 21 de enero de 2001

Una bala nunca es un argumento político.

Diario de Noticias, San Sebastián, 25 de marzo de 2002

La globalización económica es un eufemismo para encubrir el sistema político que están imponiendo las grandes multinacionales: el capitalismo autoritario.

Diario de Noticias, San Sebastián, 25 de marzo de 2002

Lo que hay que hacer es dar la alarma en todo el mundo para decir que lo que ocurre en Palestina es un crimen que podemos detener. Podemos compararlo con lo que ocurrió en Auschwitz. Es lo mismo, aunque guardamos en mente las diferencias de tiempo y de lugar.

La Jornada, México D. F., 26 de marzo de 2002

Esto que está pasando en Israel contra los palestinos es un crimen contra la humanidad. Los palestinos son víctimas de crímenes contra la humanidad cometidos por el Gobierno de Israel con el aplauso de su pueblo.

BBC Mundo, Londres, 30 de marzo de 2002

Si la llamada comunicación social estuviera interesada en divulgar lo que dije en Palestina [el día 25 de marzo de 2002], diciendo la verdad, tendría que informar de que no comparé los hechos de Ramala con los hechos de Auschwitz, sino que comparé el espíritu de Auschwitz con el espíritu de Ramala... Entonces ya era evidente para cualquiera a quien la prudencia no hiciera cerrar los ojos. Sin ser la prudencia una de mis virtudes, me limité a anticipar algo que el ejército israelí (el mismo que un gran intelectual judío, el profesor Leibowitz, deno-

minó, a principios de los años noventa, judío-nazi) confirmó
después.

Público, Lisboa, 27 de mayo de 2002

El Holocausto es la gran y permanente autojustificación de los
israelíes. Piensan que, por mucho mal que ellos puedan infligir
ahora a quien sea, nunca será comparable con el que sufrieron
ellos. En su conciencia patológica de pueblo escogido, creen
que el horror que padecieron los exime de cualquier culpa por
los siglos de los siglos. No conceden a nadie el derecho a juz-
garlos, porque ellos fueron torturados, gaseados e incinerados.

Además, y a la vez, quieren que todos nos sintamos corres-
ponsables del Holocausto y que expiemos nuestra supuesta
culpa aceptando sin rechistar cuanto hagan o dejen de hacer.
Se han convertido en rentistas del Holocausto, pero lo cierto
es que ni nosotros tenemos culpa alguna en aquella barbarie ni
ellos pueden hablar en nombre de las víctimas que aquel horror generó.

José Saramago en *¡Palestina existe!*, Foca Ediciones, Madrid, 2002

Dos horrores les impiden a los judíos mirarse al espejo: el de
Auschwitz y el de su propia conciencia ahora.

José Saramago en *¡Palestina existe!*, Foca Ediciones, Madrid, 2002

La guerra de Estados Unidos contra Irak no se justifica porque
no se ha demostrado ninguna de las acusaciones que se han
hecho al país. Y no vale decir que Estados Unidos ha interve-
nido en Irak para acabar con el tirano, porque no han in-
tervenido en muchísimos otros países donde han sido los responsables de establecer en el poder a sus respectivos tiranos.
De modo que acabemos con esa hipocresía. Sabemos muy

bien que Estados Unidos necesitaba controlar el petróleo de
Irak. Y no sólo eso. Es el control de todo Oriente Medio. Controlar la región significa abrir las puertas a Asia, donde hay un
país llamado China, con el que tarde o temprano Estados Unidos tendrá que enfrentarse. Por otra parte, esa formación del
imperio americano empezó a diseñarse en los años veinte, después de la Primera Guerra Mundial.

O Globo, Río de Janeiro, 10 de mayo de 2003

Los judíos salieron del gueto felizmente. Sufrieron persecu-
ciones de todo tipo durante siglos. Y ahora, en vez de respetar el sufrimiento de sus antepasados evitando hacer sufrir a
otros como ellos sufrieron, cometen los mismos excesos, los
mismos crímenes, los mismos abusos de los que fueron víctimas.

O Mundo, São Paulo, 4 de octubre de 2003

Los políticos siempre tienen que decir que van a hacer más de
lo que luego hacen. A veces, los primeros que se sorprenden
de esto son ellos mismos. Porque al final no pueden hacer
aquello que les gustaría haber hecho.

O Globo, Río de Janeiro, 14 de octubre de 2003

Yo sería un pésimo gobernante porque sería el primero en dudar de aquello que estuviera haciendo. Y los políticos en general nunca tienen dudas.

O Globo, Río de Janeiro, 14 de octubre de 2003

El juez Antonio di Pietro decía hace un año [2002] que en
Italia la corrupción política había terminado. ¿Cómo es eso?,

le preguntaban. Y él lo explicaba de forma clarísima: el poder económico necesitaba corromper a los políticos para que éstos hicieran lo que al poder económico le venía bien. Pero ahora se acabó, porque el poder económico ocupó el poder político. Por tanto, ya no tiene necesidad de corromper a nadie. Él es el poder.

La República, Montevideo, 26 de octubre de 2003

Si mañana me dicen que van a globalizar el pan, no encontraréis globalizador más entusiasta que yo. Y si me dicen —y lo hacen— que van a globalizar todo cuanto miles de millones de seres humanos están necesitando para vivir dignamente, entonces os aseguro que me veréis convertido en un fanático de ella. Pero la globalización está añadiendo miseria a la miseria, hambre al hambre, explotación a la explotación.

Vistazo, Guayaquil, 19 de febrero de 2004

El poder tiene esas cosas: da la vuelta a los políticos como si fueran un calcetín. La primera vuelta se llama pragmatismo; la segunda, oportunismo; y la tercera, conformismo. A partir de aquí, es mejor dejar de contar.

O Globo, Río de Janeiro, 20 de marzo de 2004

Cuando un político miente, destroza la base de la democracia.

Clarín, Buenos Aires, 12 de abril de 2004

Por detrás de esta idea aparentemente simple de una globalización económica, se esconde, hoy ni siquiera se esconde, una ambición imperialista que nos muestra los sueños de poder de Estados Unidos, el sistema capitalista que, en fin, tiene un objetivo claro. La globalización económica es un arma nueva de un proyecto imperialista que pasa, con certeza, por un nuevo tipo de explotación mundial.

www.aporrea.org, Caracas, 25 de enero de 2005

Un partido de pobres nunca ganaría una elección, porque los pobres no tienen nada que prometer. Quienes hacen promesas son los ricos o, para ser más exactos, el poder.

Visão, Lisboa, 25 de marzo de 2005

Si no cambiamos, no nos cambiamos; es decir, si no cambiamos de vida, no cambiamos la vida. Cuando digo cambiar de vida, no es dejar de ser albañil para pasar a ser médico. No es eso. Hay que cambiar la forma de entender el mundo. El mundo necesita acción; pero no se llega a la acción sin que eso haya sido elaborado por el espíritu. Uno de los grandes males que tiene nuestra época es que no tenemos ideas y parece que los políticos —y hablo de los políticos de izquierda— no se dan cuenta de una realidad: la derecha no necesita ideas; pero la izquierda no va a ninguna parte si no las tiene. Ése es el problema.

Juventud Rebelde, La Habana, 19 de junio de 2005

La fisonomía fascista de Estados Unidos hoy es bastante completa. Lo que antes sería objeto más o menos disfrazado hoy está ahí con toda claridad y toda rotundidad.

Juventud Rebelde, La Habana, 19 de junio de 2005

En el fondo, la globalización es un totalitarismo *soft,* es decir, nos promete todo, nos vende su felicidad y crea necesidades que no teníamos. Es una forma de dominio político, pero los ciudadanos no se dan cuenta o no encuentran forma de reaccionar.

El Diario Montañés, Santander, 11 de julio de 2006

Creo que no vamos a ninguna parte con la Alianza de las Civilizaciones. La Alianza es una buena idea, es generosa, pero es imprescindible que haya un pacto de no agresión entre el islam y el cristianismo.

Público, Lisboa, 29 de septiembre de 2006

La derecha nunca ha dejado de ser de derechas, pero la izquierda ha dejado de ser de izquierdas. La explicación puede parecer simplista, pero es la única que abarca todos los aspectos de la cuestión. Para convertirse en partícipes más o menos tolerados de los juegos del poder, los partidos de izquierda se han desplazado todos hacia el centro, donde, infaliblemente, se han topado con una derecha política y económica ya asentada que no tenía necesidad de camuflarse de centro. Hemos entrado así en la farsa carnavalesca de denominaciones caricaturescas como las de centro-izquierda o centro-derecha. Así sucede en Portugal, en Italia, en Europa.

La Repubblica, Roma, 23 de junio de 2007

Aguardo el día en que sean llevados ante un Tribunal Internacional los políticos y militares de Israel responsables del genocidio del que ha sido víctima el pueblo palestino en los últimos sesenta años. Porque, como escribí hace algunos meses, «mientras haya un palestino vivo, el holocausto continuará».

La Repubblica, Roma, 3 de julio de 2007

Hoy no veo nada más estúpido que la izquierda. Sufre de una especie de tentación maligna, que es la fragmentación. Unos enfrentados a otros, por grupos, por partidos, por opciones. Viven en medio de la confusión porque son conscientes de que el poder se les escapó. Hay una tentación autoritaria en muchos. De los ideales, no queda nada.

El Tiempo, Bogotá, 9 de julio de 2007

Nunca he dicho que la izquierda es definitivamente estúpida, he dicho, sí, que ahora mismo no veo nada más estúpido que la izquierda. ¿Por qué? Porque hace más de cincuenta años que no produce una sola idea que se diga de izquierda, porque, incluso cuando parecía tenerlas, no estaba haciendo más que remasticar ideas del pasado sin tomarse el elemental trabajo de hacerlas vivir bajo la luz de la actualidad y de sus transformaciones. Estúpida es también la izquierda porque es incapaz de resistir a la tentación morbosa que la lleva a dividirse y subdividirse sin parar. ¿Cuántas veces hay que decir que la izquierda, si quiere serlo, no puede vivir sin ideas?

Contrapunto de América Latina, Buenos Aires, n.º 9, julio-septiembre de 2007

Los Estados Unidos son realmente odiados por una parte del mundo y objeto de desconfianza y recelo por la otra parte. Se lo han ganado a pulso con sus torpezas y arbitrariedades, con sus soberbias e insolencias, con sus mentiras y abusos, con su *todo lo quiero y todo lo mando*. Y ahora se quejan. Se necesita ser hipócrita.

Contrapunto de América Latina, Buenos Aires, n.º 9, julio-septiembre de 2007

Creo que Obama puede considerarse una demostración práctica del poder de la palabra. Porque lo que ha entusiasmado a los americanos ha sido el uso de la palabra. Él no ha inventado nada. Simplemente ha restituido la dignidad a la palabra.

Jornal de Letras, Artes e Ideias, Lisboa, n.º 994, 5-18 de noviembre de 2008

El sindicalismo está domesticado y ésa ha sido la gran operación del sistema capital[ista]: la domesticación. Y a la vez nos dice que somos libres, eso sí que es cruel.

Público, Madrid, 20 de noviembre de 2008

La participación política me ha dado algo muy importante, un sentimiento solidario muy fuerte, la conciencia de tomar parte en una lucha por la humanidad, con todas las sombras históricas que esa lucha ha tenido.

El País Semanal, Madrid, 23 de noviembre de 2008

Nadie en el mundo que se considere humano aprueba el secuestro de personas para alcanzar objetivos políticos.

El Espectador, Bogotá, 21 de febrero de 2009

Medios de comunicación

La biografía de Saramago incluye un capítulo relevante relacionado con su vinculación a la prensa escrita, aunque nunca trabajara estrictamente como periodista de redacción. Entre 1968 y finales de la década siguiente (1978), publicó abundantes crónicas literarias y políticas en los periódicos de su país —*A Capital, Jornal do Fundão, Diário de Lisboa, Extra...*—, que más tarde recogería en cinco libros: *De este mundo y del otro* (1971), *El equipaje del viajero* (1973), *As Opiniões que o DL Teve* (1974), *Os Apontamentos* (1976) y *Folhas Políticas* (1999). Si los tres últimos títulos recogen colaboraciones centradas en cuestiones sociopolíticas, los dos primeros están dedicados a recopilar crónicas, un género que el propio autor valoró y singularizó en el contexto de su obra: «Las crónicas (y probablemente más que la obra que vino luego) dicen todo aquello que soy como persona, como sensibilidad, como percepción de las cosas, como entendimiento del mundo: todo *está* en las crónicas». Además de escribir artículos, dirigiría el suplemento literario de *Diário de Lisboa* (1973), rotativo en el que ejerció como editorialista, y, en 1975, tras la Revolución, desempeñaría la función de director adjunto de *Diário de Notícias* durante ocho meses (entre abril y noviembre), en un periodo conflictivo que dejó cicatrices tanto en su memoria personal como en la de su país.

No obstante, Saramago nunca se consideraría a sí mismo periodista, si bien atribuía a su contacto profesional con la prensa haber aprendido, en momentos de censura, a escribir entre líneas y a redactar textos ceñidos al principio de economía lingüística. Por otro lado, desde que, a partir de los ochenta, su creciente notoriedad como novelista le situara en el centro de los focos, se vio requerido continuamente por los medios, de los que, en buena medida, se convertiría en un icono cultural contemporáneo, constituyéndose en objeto de atención más que en sujeto actor.

En el ejercicio del pensamiento crítico que le era característico, el cuestionamiento del periodismo encontró también su espacio de atención. Saramago, que negaba el mito de la objetividad profesional, ponía en duda el presunto interés en servir a la verdad, expresando su desconfianza hacia la información que recibimos, filtrada, por lo general, y modelada por intereses ocultos y sectarios. Desaprobaba, asimismo, su pérdida de credibilidad, el *camaleonismo* acomodaticio practicado por no pocos periodistas, y lo que denominó el *concubinato* de la cadena de intereses conformada por medios, política y poder económico, del que se deriva la dependencia de los órganos de comunicación, convertidos hoy en día en auténticas empresas. De sus reproches no quedaron al margen ni la renuncia de la prensa a la función crítica independiente, ni su adocenamiento y culto a la banalización y el espectáculo, ni la tiranía de las audiencias, que fomentan fenómenos como la telebasura, ni, finalmente, la desinformación provocada por la sobreabundancia de noticias de mala calidad. En *Ensayo sobre la lucidez* plantearía algunas de estas cuestiones en el contexto del deterioro de la democracia.

Lo peor es que se está armando un sistema en el que las pequeñas cosas son las que ocupan los espacios, la información y la preocupación de la gente. Los grandes temas aparecen entonces diluidos, por detrás, y no los vemos.

Alphalibros, Mendoza, 2000

Se ha establecido y orientado una tendencia a la pereza intelectual y en esa tendencia los medios de comunicación tienen una responsabilidad.

El País, Madrid, 11 de enero de 2001

Hay en este momento, y deliberadamente establecida, una actitud de no pensar, no criticar, no reaccionar; una situación de acriticismo en la que los medios de comunicación tienen una responsabilidad.

Época, Madrid, 21 de enero de 2001

Hay un problema en el mundo que es el problema de la información, que nos están controlando la información. Hoy, las palabras más constructivas, las más limpias que se puedan pronunciar, puede que no lleguen a ninguna parte, porque los medios se encargan de hacer que no lleguen.

Veintitrés, Buenos Aires, 7 de febrero de 2002

Es el dominio de la gran empresa sobre los diarios y la relación de concubinato entre la gran empresa y el gobierno de turno. Todo eso forma una cadena de intereses cuya punta extrema es el diario. Es común que el diario se limite a informar sin correr riesgos. Cuando se arriesga, está suficientemente protegido para dar la opinión que conviene al poder. A veces, arriesga si tiene la esperanza de que el poder sea sustituido. Es la apuesta por el poder que viene. Hay siempre una relación perversa en ese trinomio Estado-empresa-diario. Se puede decir que, en rigor, ya no existen diarios: hay empresas periodísticas.

2do.enfoque, Buenos Aires, agosto de 2003

Decir «medios de comunicación» sin más ni menos es una abstracción. Lo que cuenta son los periodistas, las personas. Y éstas son buenas o malas, inteligentes o estúpidas, honestas o deshonestas, como todo el mundo. El peor periodista es aquel que se comporta como un camaleón, que siempre está dispuesto a cambiar de color según el medio que lo rodea. La lógica empresarial de las tiradas y las audiencias invita inevitablemente al sensacionalismo, a la maniobra rastrera, al compadreo, a los pactos ocultos. No hay mucha política en las columnas de los periódicos, lo que hay son muchos políticos. Ambiciones en vez de ideas.

O Estado de S. Paulo, São Paulo, 20 de marzo de 2004

Lo que más me cuesta aceptar es el apetito camaleónico de algunos, que los lleva a adaptarse con demasiada facilidad a lo que se les impone. Me dediqué al periodismo durante tres años. Todavía recuerdo la censura que debíamos imponernos para poder publicar lo que queríamos. Pero la situación nos ayudó a escribir entre líneas, cosa que no sucede ahora.

Jornal de Notícias, Oporto, 27 de marzo de 2004

No se habla del cordón umbilical que une la prensa a las empresas. Ningún periódico puede rechazar la publicidad, de modo que es cierto que los periódicos sirven para vender clientes a los anunciantes, ya sean los anuncios grandes o pequeños.

Público, Lisboa, 31 de julio de 2004

[El periodista] es como un camaleón que debe disimular lo que piensa con el color del medio en el que trabaja. En realidad, preferiría no tener ninguna opinión para que le resultara menos doloroso cambiar sus ideas por las de otros.

Público, Lisboa, 31 de julio de 2004

Toda la información es subjetiva y no puede evitarlo. Subjetiva en su origen, en su transmisión y en su recepción, porque existen tantos entendimientos como receptores.

El País, Madrid, 31 de julio de 2004

La sobreabundancia de información puede hacer del ciudadano un ser mucho más ignorante. Me explico. Creo que las posibilidades tecnológicas para desarrollar la masificación de la información han ido muy rápidas. Sin embargo, el ciudadano no dispone de los elementos y la formación adecuados para saber elegir y seleccionar, lo que deriva en que ande perdido en esa selva. Precisamente, en ese desnivel es donde se produce la instrumentalización en perjuicio del individuo, y, por tanto, la desinformación.

La Jornada, México D. F., 30 de noviembre de 2004

Muchas veces, los periódicos son amplificadores, órganos de propaganda o pelotones de grupos con intereses diversos, de carácter económico o político. El ejemplo de Berlusconi es el más flagrante. Periódicos con auténtico debate, en los que se crucen opiniones, ya casi no existen.

Visão, Lisboa, 25 de marzo de 2005

Yo creo mucho en que, si hay un debate, se pueden cambiar las cosas, pero no puede limitarse a ese debate que a veces aparece en los medios de comunicación, porque es una cosa entre una familia determinada de comunicadores, de periodistas, de políticos también, que, en el fondo, manipulan los conceptos.

Revista Número, Bogotá, n.º 44, marzo-mayo de 2005

Si lo único que le ofreces a la gente es telebasura y obvias que existen otras cosas, ellos creerán que no hay nada más allá de la basura. En estos momentos, la audiencia es la reina y por ella es lícito hasta matar a tu abuela. Los medios tienen gran parte de responsabilidad en esto, aunque es necesario preguntar quién mueve sus hilos. Siempre hay detrás un banco o un gobierno. ¿Un periódico independiente? ¿Una radio libre? ¿Una televisión objetiva? Eso no existe. Esta mezcla, la telebasura y los medios dependientes, provoca que la sociedad esté gravemente enferma.

El Diario Montañés, Santander, 11 de julio de 2006

La prensa es un peligro. Sobre todo cuando no entiende aquello que se le dice.

Visão, Lisboa, 9 de noviembre de 2007

Los periódicos son palabras. No tienen nada que ver con la realidad.

Ler, Lisboa, n.º 70, junio de 2008

No es raro que los medios de comunicación social alimenten lo peor que la sociedad manifiesta.

Única, Lisboa, 11 de octubre de 2008

El periodismo contribuye a formar la realidad que le conviene, a dar la imagen que le conviene. La información que nos falta a los ciudadanos es tanta que la gente tiende a perder interés por el esfuerzo que exige comprender el mundo en el que vive.

Única, Lisboa, 11 de octubre de 2008

El periódico que compramos todos los días es, por así decirlo, una fachada; no sabemos qué hay detrás, qué intereses hacen que una vertiente de un asunto se desarrolle más y otras se escamoteen.

Única, Lisboa, 11 de octubre de 2008

Los medios de comunicación deben denunciar, asumir su parte de responsabilidad en la mejora del planeta.

La Vanguardia, Barcelona, 10 de diciembre de 2008

Derechos humanos

El día 10 de diciembre, con ocasión del banquete de los Premios Nobel 1998, tras la entrega oficial de la medalla, el escritor dedicó su discurso a denunciar el incumplimiento de la Declaración Universal de los Derechos Humanos por parte de los gobiernos, coincidiendo con el 50 aniversario de la Carta. Sin duda, un gesto que subrayaba su interés en colocar el asunto en un lugar relevante de su agenda crítica, pero también en trasladar su preocupación por la vulnerabilidad y miseria en que se desenvuelve la vida de miles de millones de personas, ante la pasividad del mundo.

Para Saramago, los derechos humanos forman un binomio inseparable con los deberes humanos, representando la otra cara de la moneda de la democracia. Desplazando la cuestión de la grave desatención a la Declaración hacia la responsabilidad de los individuos y las instituciones, señalaba que la satisfacción de nuestras obligaciones éticas exigiría hacer frente a las lacerantes consecuencias de la insolidaridad, la desigualdad, la injusticia y la privación de libertades instaladas en los cinco continentes, en distintos grados y formas.

El autor de *Casi un objeto* dirigió sus reconvenciones, en particular, a las autoridades por su hipocresía, pero también a los ciudadanos, cuyo silencio cómplice le disgustaba, al tiempo que reclamaba su rebelión ante el sufrimiento, instando a abandonar la indiferencia. Saramago orientó su beligerancia contra una situación de fracaso que conceptuaba calamitosa e incongruente con la deseable dignidad de las democracias occidentales. Sostuvo, asimismo, que la globalización neoliberal resultaba incompatible con los derechos humanos, como probaban el hambre, la exclusión, las desigualdades, el dominio y la violencia que azotan el mundo.

En términos proactivos, le sugería a la izquierda que la orientación de cualquier programa político progresista estaba contenida en la Declaración, que, de darse cumplimiento, sería en sí misma un proyecto suficiente de garantías y de restauración de la justicia. La regeneración de la democracia y el respeto a los derechos humanos constituían, a su juicio, los dos objetivos estratégicos del siglo para la humanidad.

Todo el mundo habla de derechos y nadie de deberes, quizás fuera una buena idea inventar un Día de los Deberes Humanos.

ABC, Sevilla, 11 de diciembre de 1993

Para mí, está clarísimo que entre los derechos humanos de que tanto se habla, hay uno que no se puede olvidar: el derecho a la herejía, a elegir otra cosa.

El Mercurio, Santiago de Chile, 26 de junio de 1994

La filosofía debería incluirse entre los derechos humanos, y todo el mundo tendría derecho a ella.

A Capital, Lisboa, 5 de noviembre de 1997

Lo que yo temo, y creo que es algo que ocurre ya, es que entremos en una era donde los derechos humanos, desde un punto de vista formal, aparezcan recogidos, plasmados; pero que, en el fondo, estemos siendo condicionados por la invisibilidad pública, por la burocracia total... Es decir, cuando yo estoy en Tokio y compro algo y lo pago con la tarjeta de crédito, alguien sabe lo que he adquirido y está claro que dentro de dos años tendrá mi perfil de consumidor. Creo que la intimidad se

497

está acabando, y todo eso nos puede llevar a una dictadura que no tiene la cara de la otra, que era obvia, terrible, pero que, en cambio, sabíamos dónde estaba y ello nos permitía luchar. Sin embargo, ésta no es así... No nos engañemos.

Revista dominical *Magazine,* Barcelona, 10 de mayo de 1998

Se habla de derechos humanos y está bien, y hay que seguir hablando, pero hablamos poco de los deberes humanos. ¿Deberes de qué? De solidaridad, sobre todo. De respeto humano, sobre todo. Estamos olvidando un poco que los derechos se compaginan con los deberes. Hacerse cargo de la necesidad de hablar de esto es a lo que yo me refiero con «compromiso ético» y «compromiso crítico».

Perfil, San José de Costa Rica, 17 de junio de 1998

Cuando uno relee la Declaración [de los Derechos Humanos], llega a la conclusión de que todo eso es papel mojado... Nada de aquello se cumple. La Declaración fue firmada por representantes de todos los países, pero esos mismos países no cumplen con los principios de la Declaración.

El Cronista, Buenos Aires, 11 de septiembre de 1998

Los derechos humanos... ¿cuántos se cumplen?, ¿por qué no se cumplen?, ¿de quién es la responsabilidad de no cumplirlos? La batalla que vale la pena en el siglo que entra es la batalla por los derechos humanos, y la tendencia es a perderla si no reaccionamos a tiempo [...] Hay una incompatibilidad radical entre globalización económica y derechos humanos.

Revista *In Formación,* Madrid, n.º 8, julio de 2000

En 1998, se celebró el 50 aniversario de la firma de la Carta de los Derechos Humanos en Nueva York. Muchos congresos, simposios, carteles... pero, un año después, no ha pasado nada. Somos unos hipócritas. Cuando se estaban produciendo todas las celebraciones, nadie creía en ello, porque, de lo contrario, al día siguiente, todos habrían bajado a la calle a reivindicar efectivamente los derechos humanos. Sin embargo, acontecimientos como los de Seattle todavía nos permiten pensar que no todo está perdido. Permanece una cierta capacidad de protesta, aunque en Europa las perspectivas son menos halagüeñas.

Revista In Formación, Madrid, n.º 8, julio de 2000

Los partidos políticos, y sobre todo los de la izquierda, deberían meter sus programas en un cajón y poner sobre la mesa, poner en práctica, una cosa tan simple como la Declaración de los Derechos Humanos.

Público, Lisboa, 11 de noviembre de 2000

Después de milenios de civilizaciones y culturas, los deberes humanos se encuentran inscritos en las conciencias, incluso cuando aparentamos ignorarlos o despreciarlos. No hay que escribir una Carta de los Deberes Humanos, hay que apelar a las conciencias libres para que la manifiesten y la asuman.

El Semanal de ABC, Madrid, 7-13 de enero de 2001

Deberíamos llevar inscrita en la frente la frase de Marx y Engels en La sagrada familia: «Si el hombre está formado por las circunstancias, hay que formar las circunstancias humanamente». Ahí está el espíritu y la letra de los derechos humanos. Todo lo que un partido humanamente preocupado debería perseguir es la Carta de los Derechos Humanos, que, por otra parte, es algo moderado, algo que, hace años, parecía burgués, por eso no la firmó la Unión Soviética. Y si se me pregunta si en la antigua URSS las circunstancias eran humanas, yo digo rotundamente que no.

Época, Madrid, 21 de enero de 2001

Si no nos defendemos, el gato de la globalización acabará engullendo al ratón de los derechos humanos. La globalización es un totalitarismo.

Visão, Lisboa, 26 de julio de 2001

¿La globalización económica es compatible con los derechos humanos? Hemos de hacernos esta pregunta y ver que la respuesta es que o hay globalización o hay derechos, por más que los poderes tengan la hipocresía de decir que la globalización favorece los derechos humanos, cuando lo que hace es fabricar excluidos. La globalización es sencillamente una nueva forma de totalitarismo, que no tiene que llegar siempre con una camisa azul, marrón o negra y con el brazo en alto; tiene muchas caras y la globalización es una de ellas. Habría que volver a Marx y Engels para revertir la situación, aunque es poco menos que políticamente incorrecto referirse a estos cadáveres de la Historia cuando la ideología parece que ha muerto.

Turia, Teruel, n.º 57, 2001

El cumplimiento de los derechos humanos es incompatible con lo que está pasando en el mundo. Pues, entonces, si los reivindicas, vas a tener que oponerte a lo que está pasando.

Jorge Halperín, *Conversaciones con Saramago.*
Reflexiones desde Lanzarote, Icaria, Barcelona, 2002

Sin democracia no puede haber derechos humanos, pero sin derechos humanos tampoco habrá democracia. Estamos en una situación en que se habla mucho de democracia y nada de derechos humanos. Creo que ésas son dos grandes batallas para este siglo. Y si no las libramos, el siglo será un desastre.

O Globo, Río de Janeiro, 10 de mayo de 2003

La batalla de los derechos humanos no entiende de derechas ni de izquierdas. Pero es algo en lo que la gente honesta puede ponerse de acuerdo. ¿Y qué contiene [la Declaración]? Treinta derechos reconocidos de manera unánime como derechos fundamentales del ser humano. Y no se cumplen.

O Globo, Río de Janeiro, 14 de octubre de 2003

Les diría a los partidos de izquierda que todo lo que se le puede proponer a la gente está contenido en un documento burgués que se llama Declaración de los Derechos Humanos, aprobado en 1948 en Nueva York. No se cansen con más propuestas. No se cansen con más programas. Todo está dicho allí. Háganlo: cúmplanlo.

La República, Montevideo, 26 de octubre de 2003

Los derechos humanos no se cumplen en ninguna parte. Derecho a la vida, a la existencia decorosa, a comer y trabajar, a la salud y la educación. La gran batalla de la ciudadanía debe ser la batalla por los derechos humanos.

El Tiempo, Bogotá, 28 de noviembre de 2004

Los gobiernos no los cumplen [los Derechos Humanos]. A las empresas multinacionales y a las nacionales no les importan.

La ciudadanía está apática. Los derechos humanos siguen siendo una especie de comedia, peor que una comedia, una farsa y, peor que una farsa, una tragedia, porque sólo sirven para la retórica parlamentaria o política cuando conviene; pero luego se les pone una piedra encima y se acabó.

El Tiempo, Bogotá, 28 de noviembre de 2004

Cuando empezó la guerra [contra Irak], una amiga en España me preguntó: «¿Y ahora qué hacemos?». Y yo le respondí: «¿Quieres otra causa? Aquí la tienes: se llama Derechos Humanos». Es una de las farsas más trágicas de nuestro tiempo: tenemos treinta derechos consignados en una Carta, y si los leyéramos, nos reiríamos a carcajadas o nos echaríamos a llorar.

Jornal de Letras, Artes e Ideias, Lisboa, n.º 994, 5-18 de noviembre de 2008

Pensamiento crítico

Brillante provocador intelectual, conciencia insatisfecha, recio polemista y espoleador de conformismos, además de fino analista y avezado observador de su tiempo, Saramago puso en pie, con manifiesta energía a partir de la década de los noventa, la función crítica del hombre de cultura involucrado en el latido de su tiempo. Concernido por el mundo y por la naturaleza del ser humano, asumió la tarea de desestabilizar, mediante el cuestionamiento, una realidad que catalogaba como opaca, confusa e injusta. Tal y como corresponde a actitudes vitales que se aferran al método de la razón, amparada en un fuerte componente ético, el escritor adoptó la interrogación y el juicio como instrumentos de relación con el mundo.

Subrayaba «la necesidad de abrir los ojos» y, al igual que Aristóteles, se afirmó en la obligación de llevar el juicio a la mayor lucidez posible. Esa exigente búsqueda de las facetas ocultas de la verdad —«las verdades únicas no existen: las verdades son múltiples, sólo la mentira es global», aseguraba— le conduciría a explorar el otro lado de lo visible, circulando por caminos al margen de la costumbre. Se trataba, en definitiva, de procurar ver con claridad, para lo que resultaba ineludible emprender la tarea de desvelar y rescatar las omisiones. Iluminar y esclarecer lo real constituía una aspiración central del pensamiento saramaguiano, acciones asociadas a la reprobación de la mentira y del poder mistificador.

Asentado en tales presupuestos, se confrontó al *pensamiento único* —*pensamiento cero,* lo denominaría—, ofreciendo la resistencia de una auténtica barricada moral e intelectual. Sus visiones alternativas fueron expresadas con la claridad y la autonomía de un librepensador que reacciona contra las deformaciones de los mitos y las limitaciones de las versiones oficiales. Así, su voz resonó, con energía creciente, desentrañando y denunciando cuestiones tan variadas como el azote atroz del hambre, los genocidios, la violencia, el incumplimiento de los derechos humanos, la banalización, la irracionalidad, la ideología del consumo, la ritualización y desvitalización de la democracia, el poder económico no democrático, el capitalismo y el mercado, el ultraliberalismo, la devastación del planeta, el declive de la ética, el egoísmo, la Iglesia, el vaciamiento del lenguaje, las carencias de su propio país, las flaquezas de la justicia, el imperialismo, la escasez de ideas, los fracasos del comunismo y de la izquierda... Sus críticas se extienden, asimismo, a la indiferencia y la insensibilidad con que los ciudadanos del mundo reaccionan ante ese panorama, mientras exigía impaciencia e implicación. Refinado volteriano, como el filósofo francés practicó la duda sistemática y, con agudeza y hondura, se refugió en la iconoclasia, el pesimismo, la razón implacable y el respeto al ser humano, reaccionando con firmeza frente a la indolencia del «sabio es quien se contenta con el espectáculo del mundo», en la que se amparaba el heterónimo pessoano Ricardo Reis.

El día que nos neguemos a seguir encubriendo determinadas situaciones con las palabras que pretendidamente las definen, pero que sólo sirven para ocultarlas, empezaremos a ver claro. Primero hay que desmitificar y desmitificar. Después, construir. Pero hay que realizar esas tres operaciones en conjunto, sin ilusiones populistas ni caducos feudalismos.

Extra, Lisboa, 1978

El intelectual no puede estar con el poder.

Lusitano, Lisboa, 15 de marzo de 1990

El drama no es que la gente tenga opiniones, sino que las tenga sin saber de qué habla.

Diário de Notícias, Lisboa, 12 de julio de 1992

Al poder, no le pido nada porque nunca da nada. Al poder hay que arrancarle el poder, reducirlo, porque no necesita ser absoluto para corromper absolutamente.

Cambio 16, Lisboa, 9 de agosto de 1993

A las desgracias de África no hacía falta añadir la gula asesina del hombre blanco.

Cambio 16, Lisboa, 9 de agosto de 1993

La cultura no es un fin en sí misma y no puede ser usada como refugio para egoísmos o cobardías personales.

La Gaceta de Canarias, Las Palmas de Gran Canaria, 13 de octubre de 1993

Ya no hay indignación espontánea, que es la buena, la verdadera indignación. Existe una enfermedad del espíritu: el mal de la indiferencia ciudadana. Todos estamos moralmente enfermos.

La Verdad, Murcia, 15 de marzo de 1994

Uno no debe contentarse con lo que le dicen. Debe averiguar si es verdad. Saber si es la única verdad y cotejarla con la verdad de los demás. Hay que buscar siempre el otro lado de todo.

La Voz de Asturias, Oviedo, 14 de junio de 1995

Con la corrupción no se puede pactar. No se puede pactar con un cáncer, haciendo como que no lo tenemos.

La Voz de Asturias, Oviedo, 14 de junio de 1995

[El mundo del fin de milenio es] un mundo con dos tendencias opuestas: la globalización y la fragmentación. Un hombre está en su casa, alejado de todo contacto humano, y puede llegar a través del ordenador, del módem, del fax, a todas partes. Cada vez estamos más cerca y más lejos de todo. La tecnología nos permite tenerlo todo sin salir de casa. Y, si no estoy satisfecho con la realidad, puedo vivir en otra realidad: la virtual.

Expresso, Lisboa, 28 de octubre de 1995

Hay una cultura de la banalización. Todo es banal, todo está sujeto al consumo.

Zero Hora, Porto Alegre, 12 de abril de 1997

No quiero ser apocalíptico, pero el espectáculo ha tomado el lugar de la cultura. El mundo se ha convertido en un gran escenario, en un enorme show. La mitad de la población mundial vive de dar un espectáculo a la otra mitad. Y probablemente llegará un día en que ya no habrá público y todos serán actores, y todos serán músicos.

Zero Hora, Porto Alegre, 12 de abril de 1997

Entramos en la era de la burocracia absoluta, caminamos irremediablemente a la ignorancia. El hombre, cercado de información, perplejo, pierde su capacidad de indignación, de respuesta: la racionalidad mínima. ¿Estamos todos neuróticos?

La Revista de *El Mundo*, Madrid, 25 de enero de 1998

El nombre no es más que una especie de muro no voluntario que impide saber quién es el otro. Después, los nombres que tenemos son cada vez menos importantes. Lo que hoy cuenta verdaderamente en el sistema que nos gobierna, y que no sabemos identificar bien, es el número de la tarjeta de crédito.

La Revista de *El Mundo*, Madrid, 25 de enero de 1998

¿Tiene sentido que se esté enviando al espacio una sonda para que explore Plutón mientras aquí la gente se muere de hambre? Estamos neuróticos. No sólo hay desigualdad en la distribución de la riqueza, sino en la satisfacción de las necesidades básicas. No nos orientamos por un sentido de la racionalidad mínima. La Tierra está rodeada de miles de satélites, podemos tener en casa cien canales de televisión, pero de qué nos sirve eso en este mundo donde mueren tantos. Es una neurosis colectiva. La gente ya no sabe lo que le conviene esencialmente para su felicidad.

La Revista de *El Mundo,* Madrid, 25 de enero de 1998

En este momento, hay una especie de fragmentación, de pulverización, en la que las ideas no tienen consistencia, en que todo se nos escapa de las manos. Es un periodo negro. Está claro que es un periodo negro, pero esto no es definitivo.

La Provincia, Las Palmas de Gran Canaria, 15 de abril de 1998

Lo que me preocupa no es tanto lo que ocurrirá —posiblemente yo ya no estaré aquí—, sino que la gente no se preocupe.

La Gaceta de Canarias, Las Palmas de Gran Canaria,
7 de junio de 1998

Estamos destruyendo el planeta y el egoísmo de cada generación no se preocupa de preguntar cómo van a vivir los que vienen después. Lo único que importa es el triunfo del ahora. Es esto lo que yo llamo la «ceguera de la razón».

El Cronista, Buenos Aires, 11 de septiembre de 1998

Los hipermercados no sólo han ocupado el lugar de las catedrales, también son las nuevas escuelas y las nuevas universidades, abiertas a mayores y pequeños sin distinción, con la ventaja de que no existen los exámenes de acceso ni las notas máximas, salvo aquellas que contenga la cartera y que la tarjeta de crédito cubra.

Visão, Lisboa, 9 de octubre de 1998

Ningún país tiene derecho a presentarse como guía cultural de los demás. Las culturas no deben considerarse mejores ni peores, todas son culturas y basta.

Jornal do Brasil, Río de Janeiro, 27 de septiembre de 1998

Estamos en un tiempo al que llamamos de pensamiento único, aunque parece que se acerca muy peligrosamente a un pensamiento cero.

La Jornada, México D. F., 10 de octubre de 1998

Si la preocupación está en tener, tener, tener, cada vez se preocupará uno menos por ser, ser y ser.

El Mundo, Madrid, 6 de diciembre de 1998

Habría que plantearse este tema de los animales con mucha seriedad. Hay que preguntarse cuál es su destino, su futuro. No es justo, si hay un cielo para la humanidad, que no haya un cielo para todos los animales, porque la vida es la vida. Yo diría que también para los animales y para las plantas. Los árboles que se secan y mueren, ¿por qué no pueden ir a otro lugar? Es que nosotros hemos inventado un cielo para nosotros solos porque el miedo lo tenemos nosotros, pero no lo tienen los árboles y, por tanto, no tienen ninguna necesidad de inventarse un dios y muchísimo menos una religión, ni tampoco una Iglesia. Ni mis perros la desean.

Juan Arias, *José Saramago: El amor posible,* Planeta, Barcelona, 1998

El problema no es que acabe un siglo, el problema es que está acabando una civilización. El siglo es un convencionalismo, como lo es el milenio, porque para cantidad de seres humanos que se rigen por otros calendarios, el milenio no tiene ningún sentido. Lo que sí está claro es que hemos llegado al final de una civilización. Nosotros somos los últimos de una forma de vivir, de entender el mundo, de entender las relaciones humanas, que ha llegado al final.

Juan Arias, *José Saramago: El amor posible,* Planeta, Barcelona, 1998

La gran guerra es la que enfrentará a los que poseen bienes y a los que carecen de todo. Lo que pasa es que los pobres, pobres de ellos, no pueden ni saben organizarse. Para hacerlo se necesita poder y no lo tienen. Ahora mismo, el único poder organizado es el poder financiero y económico, al que todo da igual: religión, ideología, cultura, idiomas, todo. El problema ya no son los blancos y los negros, porque entre un negro rico y un blanco rico no hay ninguna diferencia. Hoy un blanco pobre es el negro de ayer.

Juan Arias, *José Saramago: El amor posible,* Planeta, Barcelona, 1998

Es una falacia hablar de una globalización en la que todas las culturas se mezclarían, dando paso a una situación multicultural. Lo que está sucediendo ahora es una laminación de las culturas pequeñas por una cultura imperial, que es la occidental, y sobre todo la norteamericana. ¿Qué ocurre? Que las culturas que se saben amenazadas se resisten.

Juan Arias, *José Saramago: El amor posible,* Planeta, Barcelona, 1998

No me parece que el hecho de que yo sea como soy pueda ser una causa directa de un conflicto con alguien que es otro. Si reconozco al otro como otro, tengo, por razón ética, que respetarle, en cuyo caso no habría ningún conflicto. Porque cuando lo que llamamos identidad se convierte en agresividad no es por culpa de la diferencia sino por la necesidad de poder. Si me vuelvo agresivo en mi afirmación de identidad, en relación con el otro, no es porque seamos distintos, sino porque quiero ejercer poder sobre él.

Juan Arias, *José Saramago: El amor posible,* Planeta, Barcelona, 1998

En mi opinión, es el poder quien decide quién es el diferente.

Juan Arias, *José Saramago: El amor posible,* Planeta, Barcelona, 1998

El problema no está en ser distintos. Está en que cuando hablamos de diferencias, de distintos, involuntariamente estamos introduciendo otro concepto, el concepto de superior y el de inferior. Ahí es donde las cosas se complican.

Juan Arias, *José Saramago: El amor posible,* Planeta, Barcelona, 1998

Jamás en la historia de la humanidad estuvimos tanto en una caverna mirando sombras como ahora mismo. No tiene tanto que ver con que la imagen predomine sobre la palabra, sino con que estamos viviendo de lleno en algo que se puede llamar la cultura de la banalidad, de la frivolidad, y ninguna de ellas debe ser usada para eso. Hay una especie de desierto en lo que tiene que ver con las ideas.

La Provincia, Las Palmas de Gran Canaria, 7 de enero de 1999

La diferencia [entre la dictadura convencional y la del capitalismo] reside en que [ésta] no es una dictadura como la conocemos. Es lo que yo denomino *capitalismo autoritario*. La dictadura tenía cara, y decíamos es aquél, o aquellos militares, o Hitler, o Franco, o Pinochet... pero ahora no tiene cara. Y como no tiene cara, no sabemos contra quién luchar. No hay contra quién luchar. El mercado no tiene cara, sólo tiene nombre. Está en todas partes y no podemos identificarlo, no podemos decir «eres tú». Incluso quienes lucharon contra la dictadura y entraron en la democracia creen que no tienen nada más por lo que luchar. Y los problemas están todos ahí. El mercado puede convertirse en dictadura.

O Globo, Río de Janeiro, 14 de agosto de 1999

No, no tengo la receta. La cuestión que propongo es la siguiente: criticar y preguntarnos si no podemos cambiar, si no podemos tener una vida más digna que la que tenemos, si no tenemos que ser menos egoístas, si no podemos tener menos interés en aquello que es nuestro, todo ello, evidentemente, sin perder el aprecio humano que todos tenemos por lo que nos pertenece. Pero sin convertir ese aprecio en un arma contra los demás.

O Globo, Río de Janeiro, 14 de agosto de 1999

Es preocupante ver que la sociedad entera es una sociedad amorfa, abúlica. Las capas medias y altas sólo se preocupan por su propia satisfacción frente a un mundo destrozado, donde la diferencia entre los que tienen y los que no tienen, los que saben y los que no saben, es cada vez mayor.

O Globo, Río de Janeiro, 14 de agosto de 1999

Estamos construyendo una sociedad de egoístas. Si a ti te dicen que lo que importa es lo que compras, y según lo que compras te consideran más o menos, te conviertes en un ser que no piensa sino en satisfacer sus gustos, sus deseos y nada más. En ninguna facultad hay una asignatura de egoísmo, pero no es necesario, la propia experiencia social es la que nos está haciendo así. Las iglesias y las catedrales, a lo largo de la Historia, eran los lugares donde se buscaba un valor espiritual determinado. Ahora los valores se adquieren en los centros comerciales. Son las catedrales de nuestro tiempo.

El Mundo, Madrid, 3 de enero de 2000

Con la globalización, la OMC va a convertir todo en un gran mercado. Ya no se trata del pensamiento único, sino del pensamiento cero. Y quizá parezca catastrofista, pero qué es lo que promete una situación como ésta.

El Mundo, Madrid, 3 de enero de 2000

Cada día hay más iniciativa privada que acaba por ocupar terrenos que, en principio, no deberían ser los suyos. Los Estados incumplen sus obligaciones, y los medios de comunicación no funcionan porque no denuncian este estado de cosas. Hay que ser crítico en el análisis de la realidad social. El poder real no está en manos de los gobiernos, puesto que no es democrático. Los gobiernos no son más que unos comisarios del poder real: Coca-Cola, Mitsubishi, General Motors... Las multinacionales son las que gobiernan el mundo. ¿Alguna vez la Coca-Cola se presentó a las elecciones? No lo necesitan, porque el poder ya lo tienen. Hablar de democracia en este contexto es una pérdida de tiempo. Esta democracia es un engaño. La ciudadanía está anestesiada, el consumismo es la nueva ideología. Sería interesante hacer una encuesta para saber qué es lo que hacen, qué es lo que piensan, en definitiva dónde están los chicos y chicas que salieron a la calle en Mayo del 68 y que ahora tienen cincuenta años.

Revista *In Formación,* Madrid, n.º 8, julio de 2000

La mentalidad del odio al otro, al extranjero, al guiri, al godo, al negro es una enfermedad mortal.

La Isla, Lanzarote, 13-19 de octubre de 2000

La cultura, el sentido cultural, ahora tiene mucho más que ver con el espectáculo que con la cultura reflexiva, ponderada, que hace pensar. Todo se convirtió en espectáculo.

Todos los días desaparecen especies animales, vegetales, idiomas, oficios. Los ricos son cada vez más ricos y los pobres más pobres. Cada día, hay una minoría que sabe más y una mayoría que sabe menos. La ignorancia se está expandiendo de forma aterradora. Tenemos un grave problema en la redistribución de la riqueza. La explotación ha alcanzado una exquisitez diabólica. Las multinacionales dominarán el mundo [...] No sé si las sombras o las imágenes nos ocultan la realidad. Eso se puede debatir indefinidamente, pero estamos perdiendo la capacidad crítica de lo que pasa en el mundo [...] Estamos abandonando nuestra responsabilidad de pensar, de actuar.

Andrés Sorel, *José Saramago. Una mirada triste y lúcida,* Algaba Ediciones, Madrid, 2007

No son sólo las pequeñas librerías las que están llegando a su final, es todo el pequeño comercio. ¿Qué se quiere?, ¿que la gente se solidarice con el pequeño comercio? No, la gente va a sus intereses, y si lo encuentra todo en el centro comercial, compra en el centro comercial. Hay algo que no se dice, y es que en el centro comercial no hace falta hablar, al contrario que en las tiendas, uno coge lo que necesita, paga y se va. Hay que asumir que hay cosas que ya no son necesarias, y el mundo no puede convertirse en un museo. El problema no está tanto en la existencia del centro comercial; todo está en el desplazamiento del poder. Son las multinacionales las que mandan y los centros comerciales son puntos de implantación de un sistema económico, el nuestro. Lo que se plantea es qué tipo de vida queremos. El único lugar público seguro que existe es el centro comercial, como antes lo era el parque, la calle, la plaza. No añoro otros tiempos, pero para entender el presente hay que referirse al pasado. El centro comercial es la nueva catedral y la nueva universidad: ocupa el espacio de formación de la mentalidad humana. Los centros comerciales son un símbolo. No tengo nada contra ellos, de lo que estoy en contra es de una forma de ser, de un espíritu casi autista de consumidores obsesionados por la posesión de cosas. Es aterradora la cantidad de cosas inútiles que se fabrican y se venden, y las Navidades son una ocasión estupenda para comprobarlo.

Época, Madrid, 21 de enero de 2001

Nada me provoca más grima que oír a un político decir que no hay que causar alarma social. La sociedad tiene que estar alarmada, que es su forma de estar viva.

Época, Madrid, 21 de enero de 2001

No hay cosa más sin sentido que eso de la realidad virtual. Si es real, no es virtual. Los conceptos los estamos manipulando y vaciando de contenido. Y si llegamos a esto, a quitarle el sentido a las palabras, las palabras dejarán de tener importancia. Las palabras se están volviendo huecas. La razón rechaza el concepto realidad virtual, pero ahora nadie se para a pensarlo porque todo el mundo cree saber lo que significa, y no nos molestamos en preguntarnos, y en preguntar a las cosas.

Planeta Humano, Madrid, n.º 35, enero de 2001

Desde mi punto de vista, la globalización económica es la nueva forma que adoptó el totalitarismo. El llamado neoliberalismo es un capitalismo totalitario.

Planeta Humano, Madrid, n.º 35, enero de 2001

El centro [comercial] es un lugar de ideología. Es eso lo que lleva a la gente al centro comercial. Los que dicen que se acabaron las ideologías en realidad lo que están diciendo es que se acabó «una» ideología. No es cierto que la gente no tenga una ideología. Pero es nueva: consumir, consumir, consumir. Antes comprábamos, ahora consumimos.

Planeta Humano, Madrid, n.º 35, enero de 2001

No se pueden hacer revoluciones si no hay ideas, y en este momento no las encuentro.

Unomásuno, México D. F., 26 de febrero de 2001

Estaba clarísimo que las desigualdades iban a intensificarse, que un abismo iba a separarnos. Y no sólo el abismo del tener, sino también el abismo del saber. Porque el saber se concentra en una minoría escasísima. No hacemos más que repetir, *mutatis mutandis,* el modelo de la Edad Media, en que el saber existente estaba concentrado en una gruta de teólogos y unos pocos más, mientras el resto era una masa ignorante.

Seara Nova, Lisboa, n.º 72, abril-junio de 2001

¿Cómo se puede decir que la globalización aporta beneficios cuando los propios teóricos reconocen que crea desigualdades terribles? La globalización no resolverá los problemas mundiales. Puede resolver los problemas de una capa determinada de la población mundial, pero seguramente ésta no serán los tres mil millones de personas que viven con dos dólares al día.

Seara Nova, Lisboa, n.º 72, abril-junio de 2001

[La globalización], por una parte, fragmenta todo lo que tiene que ver con la vida de la gente, pero, por otra, concentra todo lo que la organiza.

El Mundo, Madrid, 19 de mayo de 2001

Estamos en manos de corporaciones desenfrenadas que no tienen otra idea en mente que el lucro inmediato y la explotación destructiva.

Visão, Lisboa, 26 de julio de 2001

La pobreza es una humillación.

Revista Universidad de Antioquia, Medellín, n.º 265,
julio-septiembre de 2001

Lo que es realmente obsceno es que se pueda morir de hambre.

ABC, Madrid, 22 de septiembre de 2001

El pensamiento correcto es un contrasentido, porque todo pensamiento es incorrecto.

Gara, San Sebastián, 22 de noviembre de 2001

El pensamiento correcto es un veneno social.

Gara, San Sebastián, 22 de noviembre de 2001

Siempre he creído que, además de la antropofagia directa, hay otra forma de devorar al prójimo: la explotación del hombre por el hombre. En este sentido, la historia de la humanidad es la historia de la antropofagia. Esto nos obliga a un compromiso activo. En primer lugar, tenemos la obligación de no permitir que nos cieguen, pues si nos dejan ciegos, nos comportaremos, aún más que ahora, como miembros de un rebaño, un rebaño que avanza hacia el suicidio.

Turia, Teruel, n.º 57, 2001

No poner fin a lo que tiene remedio y denunciar las cosas con un simple murmullo nos hace cómplices de nuestra miseria.

Turia, Teruel, n.º 57, 2001

Creímos que con la democracia abandonábamos ciertos miedos, pero los hemos cambiado por otro miedo colectivo y general que nada tiene que ver con la tortura o la censura. Es el constante temor a perder el empleo, un miedo que limita y condiciona totalmente la vida de quien lo padece. Y ese miedo lo alimenta el verdadero gobierno del mundo de hoy, el poder de las multinacionales que lo conforma todo a su propia lógica. Una lógica que impone un peligroso acriticismo que crece como una mancha de aceite por todo el mundo. Parece que la norma sea no pensar, no reaccionar, no criticar.

Turia, Teruel, n.º 57, 2001

Lo que debemos hacer cada uno de nosotros, pues no tenemos más remedio, en primer lugar, es respetar nuestras propias convicciones, no callar, donde sea, como sea, conscientes de que eso no cambia nada, pero, al hacerlo, por lo menos, tengo la seguridad de que yo no estoy cambiando.

Veintitrés, Argentina, 7 de febrero de 2002

Resulta mucho más fácil educar a los pueblos para la guerra que para la paz. Para educar en el espíritu bélico, basta con apelar a los más bajos instintos. Educar para la paz implica enseñar a reconocer al otro, a escuchar sus argumentos, a entender sus limitaciones, a negociar con él, a llegar a acuerdos. Esa dificultad explica que los pacifistas nunca cuenten con la fuerza suficiente para ganar... las guerras.

José Saramago en *¡Palestina existe!,* Foca Ediciones, Madrid, 2002

Los gobiernos occidentales reservan la catalogación de terrorista para los actos de violencia indiscriminada realizados por activistas que no actúan encuadrados en una organización estatal, y se niegan a reconocer la existencia de terrorismo de Estado. Se aprovechan del hecho de que el terrorismo a secas no pretende esconderse —al contrario, se esfuerza al máximo para que la sociedad se entere de su existencia—, en tanto que el terrorismo de Estado hace todo lo posible por volverse «invisible», porque es tanto más eficaz cuanto más desapercibido pasa.

José Saramago en *¡Palestina existe!,* Foca Ediciones, Madrid, 2002

Las manos sucias de los Estados gastan muchos guantes.

José Saramago en *¡Palestina existe!,* Foca Ediciones, Madrid, 2002

Un golpe de efecto genial en las sociedades modernas ha sido convertirnos a todos en actores. Todo hoy es un gran escenario: es la panacea universal, porque ha hecho que todos estemos interesados en aparecer como actores. Y desvelamos nuestra intimidad sin pudor: se relatan miserias morales y físicas, porque pagan. Vivimos en un mundo que se ha convertido en un espectáculo bochornoso, en el que se muestra en directo la muerte, la humillación...

El Correo, Bilbao, 8 de marzo de 2003

La amenaza de la seguridad mundial está en este momento centrada en Estados Unidos. La más peligrosa amenaza a la seguridad mundial está en ese país.

La Jornada, México D. F., 15 de mayo de 2003

Siempre he pensado que llegará un tiempo en que la justicia no sea esa vergüenza de mundo al que asistimos todos los días.

Rebelión, Cuba, 12 de octubre de 2003

Si la presencia del turista no se orienta de manera que respete el lugar que visita, puede producirse una pérdida de la propia identidad.

Jornal de Notícias, Oporto, 27 de octubre de 2003

Todo tiene su tiempo y su razón de ser. Ya ha pasado la época del derribo tradicional de los regímenes. Hoy todo es más subterráneo. Lo que no deja de ser una contradicción curiosa: mientras la circulación va a gran velocidad, hay corrientes submarinas que no percibimos, en las que se decide todo. La transformación, sea cual sea, es siempre lenta.

Jornal de Notícias, Oporto, 27 de marzo de 2004

El mundo nunca ha sido un lugar tan peligroso como lo es en
la actualidad.

Jornal de Notícias, Oporto, 27 de marzo de 2004

La idea de la toma de conciencia pertenece a otra era, otra civilización, diría. Es heredera del siglo XVIII, del espíritu de la
Enciclopedia, de la Ilustración. Todo eso está terminando ya.
Estamos entrando en la era del dominio de la tecnología, y no
siempre al servicio de la humanidad. Lo que prima es el interés
personal, el lucro a toda costa, la indiferencia, la ignorancia, la
cerrazón. Lo que está cambiando es una mentalidad que con-
fiaba en la toma de conciencia como motor para mejorar la
sociedad. La toma de conciencia hoy no es garantía de nada:
muchos optaron por una actitud cínica. Pero ser conscientes es
el comienzo a partir del cual podemos pensar un hombre realmente humano. Aunque se nos diga que no hay más ideologías, la sombra de la ideología está siempre acechando. Y el cinismo es una ideología poderosa.

Clarín, Buenos Aires, 12 de abril de 2004

Hemos perdido la capacidad de indignación.

Clarín, Buenos Aires, 12 de abril de 2004

Hablemos de generaciones y no del pueblo, porque algunas merecen todo el respeto. Yo estoy harto de que me hablen del pueblo.

El País, Madrid, 26 de abril de 2004

La cuestión fundamental en el poder es saber quién lo tiene,
cómo llegó a él y para qué o para quiénes lo usa.

La Prensa Literaria, Managua, 1 de mayo de 2004

Los abusos del poder económico amenazan la vida del planeta.

www.voltairenet.org, 25 de noviembre de 2004

Uno llega a convertirse en un cómplice de lo que está ocurriendo, aunque en cómplice no activo. Nos convertimos en consumidores compulsivos. Estamos siendo bombardeados todo el tiempo por la información, y nos olvidamos de que somos seres racionales, de que tenemos lo que nos distingue de las demás especies del planeta: el pensar. Vivimos rodeados de mentiras, y ésta es un arma política de muy alta precisión.

La Voz del Interior On line, Córdoba, Argentina, noviembre de 2004

Asistimos todos los días a la explotación criminal del planeta, reduciéndolo a basura. Un ejemplo es el Tratado de Kyoto. Nadie le da importancia. Estados Unidos ni siquiera lo firmó.

La Voz del Interior On line, Córdoba, Argentina, noviembre de 2004

Nosotros vivimos en lo que se puede llamar hoy, sin ninguna exageración, un desierto de ideas. No hay ideas, no hay ideas nuevas, no hay ideas que movilicen, no hay ideas que hagan levantarse a las personas de su resignación, pues todos nos hemos resignado a una especie de fatalidad que no acepta cambios. Pero las ideas tampoco nacen así como así, es la propia sociedad la que tiene que generar eso, y, cuando ocurra, empezaremos a hacer algo.

Revista Número, Bogotá, n.º 44, marzo-mayo de 2005

Nosotros vivimos hoy en un mundo que Marx no conoció, vivimos en un mundo vigilado, somos vigilados. Se acabó la privacidad. Si la vida privada se acabó de alguna forma, la conciencia privada, por usar el mismo término, ha sufrido un atentado similar. La libertad, y ahora hablo de la libertad de conciencia, a veces se arriesga a convertirse en algo utópico, con muy poco contenido.

Revista Número, Bogotá, n.º 44, marzo-mayo de 2005

Mi esperanza es que la opinión pública mundial, que a veces es una cosa muy abstracta, logre algo similar a lo que pasó con Vietnam, que paró la guerra. Despertar un gran movimiento en la opinión pública que frene el fascismo es algo posible, si la gente se toma con gusto pensar que, con su persona y con la persona de su vecino, puede hacer algo.

Juventud Rebelde, La Habana, 19 de junio de 2005

Todo en este mundo, o casi todo, lleva por delante dos palabras: *mandar* y *matar.* Hay que romper esa lógica.

Juventud Rebelde, La Habana, 19 de junio de 2005

Se perfila una forma de entender el mundo definida por tres vectores muy claros: la neutralidad, el temor y la resignación.

Semanario Universidad, San José de Costa Rica, 30 de junio de 2005

Hay que cambiar el concepto de la movilidad social por movilización social y desobediencia civil.

Semanario Universidad, San José de Costa Rica, 30 de junio de 2005

Vivimos en una época de gregarismo y con la sensación de que el mundo se ha vuelto inseguro; así, no se vislumbra cómo salir de todo ello porque la razón y la respuesta es una de las palabras más viejas del mundo: el poder.

Semanario Universidad, San José de Costa Rica, 30 de junio de 2005

A la paciencia divina tendremos que oponer la impaciencia humana. Para cambiar las cosas, la única forma es ser impaciente.

Clarín, Buenos Aires, 23 de octubre de 2005

El planeta está sufriendo un saqueo de sus recursos naturales. Como no tenemos otra despensa que la propia Tierra, esa explotación tiende a agotar nuestras reservas naturales. El hombre se ocupa de destruirse a sí mismo.

Época, São Paulo, 31 de octubre de 2005

Está en nuestras manos que esto se acabe mañana o pasado mañana.

Público, Lisboa, 11 de noviembre de 2005

El problema principal es siempre el de la libertad. Para un escritor, en el fondo, es fácil tomarla con algo: somos bufones de corte. Pero liberarse realmente de los condicionamientos, ésa es la hazaña: el verdadero problema, con la libertad, es ponerla en práctica.

L'Unità, Roma, 15 de noviembre de 2005

Siempre se dice que una imagen vale más que mil palabras, pero eso no es cierto. Una imagen tiene límites, el encuadre desprecia lo que está fuera de él. Lo que no vemos en una fotografía puede ayudar a entender lo que está en la imagen.

El Diario Montañés, Santander, 11 de julio de 2006

Hay que tener en cuenta que la distancia entre los que tienen y los que no tienen sólo guarda paralelismo con la distancia que existe entre los que saben y los que no saben, y los que no tienen son los que no saben: son condenados desde que nacen.

Agencia EFE, Madrid, 25 de diciembre de 2006

Ese río de mi infancia, el Almonda, es ya una cloaca, y me da tanta pena... La acción del hombre lo cambia todo. Pero lo malo es que, al cambiarlo, lo mata. El tiempo urge. Hace unos años parecía que nunca nos iba a afectar el calentamiento global, y ya está aquí. Si se derriten los hielos de Groenlandia, el nivel del mar subirá siete centímetros, desaparecerán ciudades... El planeta está en peligro. Por ejemplo, no me sorprendería que, en un futuro, el agua sea motivo de guerras. A veces, la gente no tiene muy claro qué aportar, pero tiene que pensar: «Yo puedo cambiar mi pequeño espacio».

Elle, Madrid, n.º 246, marzo de 2007

El gran problema hoy es que los chicos y las chicas no tienen pasado. Sólo tienen presente.

El Tiempo, Bogotá, 9 de julio de 2007

Hay tres sexos: femenino, masculino y el poder. El poder cambia a las personas.

El Tiempo, Bogotá, 9 de julio de 2007

La Tierra se romperá, podemos tenerlo por seguro, pero no será para mañana. Lo que estamos necesitando es un buen susto. Quizá despertaríamos para la acción salvadora.

Contrapunto de América Latina, Buenos Aires, n.º 9, julio-septiembre de 2007

Habría que averiguar cómo el capitalismo autoritario que nos rige [...] va en cada momento decidiendo sobre lo que más le conviene y cómo reúne y organiza los medios para conseguirlo. Sería una gran equivocación nuestra si pensáramos que ellos se contentan con ganar dinero. El dinero no da todo el poder y ellos quieren todo el poder.

Contrapunto de América Latina, Buenos Aires, n.º 9, julio-septiembre de 2007

Hablar de la identidad de un pueblo es lo mismo que hablar de la identidad de las nubes, unas veces tienen una forma, otras tienen otra, otra vez están ausentes, otra se deshacen en agua. Es decir, ¿adónde lleva esto? A un escepticismo radical.

La Jiribilla, La Habana, 22 de septiembre de 2007

Se ha introducido en nuestras mentes esa idea nueva de que si no consumes no eres nada. Si no consumes, tú no eres nadie. Y eres tanto más cuanto eres capaz de consumir. A partir de que el ser humano se mira a sí mismo como un consumidor, todas sus capacidades disminuyen, porque todas van a ser puestas al servicio de una mayor posibilidad de consumir.

La Jiribilla, La Habana, 22 de septiembre de 2007

Las industrias culturales de nuestro tiempo, servidas por máquinas de promoción y propaganda, apuntadas a tácticas y estrategias de prominencia ideológica que, de alguna manera, convierten en obsoleto el recurso a las acciones directas, vienen reduciendo a los países menores a un mero papel de figurantes, induciéndolos a un primer grado de invisibilidad, de inexistencia.

Andrés Sorel, *José Saramago. Una mirada triste y lúcida,*
Algaba Ediciones, Madrid, 2007

No nos importa vivir en la basura, porque salimos a la calle perfumados.

Andrés Sorel, *José Saramago. Una mirada triste y lúcida,*
Algaba Ediciones, Madrid, 2007

La época de las verdades plurales ha terminado. Ahora vivimos en la época de la mentira universal. Nunca se ha mentido tanto. Vivimos en la mentira todos los días.

Tabu, Lisboa, n.º 84, 19 de abril de 2008

Vivimos en un sistema de mentiras organizadas, entrelazadas las unas con las otras. Y el milagro es que, a pesar de todo, consigamos construir nuestras pequeñas verdades, con las que vivimos y de las que vivimos.

Tabu, Lisboa, n.º 84, 19 de abril de 2008

Vivimos en una época de esquizofrenia, con un pie en el hoy, e incluso, en algunos casos, vivimos con un pie en el mañana, cuando el otro ha quedado atrás.

Única, Lisboa, 11 de octubre de 2008

Hemos llegado a la conclusión de que la riqueza se alimenta de la pobreza, pero de pobres vivos.

Única, Lisboa, 11 de octubre de 2008

Esta crisis [que empezó en 2007] está consiguiendo desmoronar muchos principios liberales o neoliberales. Parece que, al final, el mercado no se regula solo, que puede colapsarse y, entonces, ¡oh!, hay que llamar al Estado... Es evidente: se privatizan los lucros, y todos asumimos las pérdidas. Parece que esta crisis acabará dándole una vuelta al Estado mediante un liberalismo que se vendía como la salvación, el fin de la Historia... Aunque también podría suceder que cambie alguna cosa para que todo se quede de la misma manera.

Única, Lisboa, 11 de octubre de 2008

Es necesario que todos pensemos en la situación real, sin ilusiones, y que tengamos una propuesta de transformación que responda a cosas tan elementales como la justicia social. Hay una frase hecha que se repite: un mundo más justo. Pero de lo que se trata es simplemente de que haya un mundo justo. Estamos tan acostumbrados a no poder tener aquello a lo que tenemos derecho, que nos limitamos a pedir un poquito más. Hasta el propio lenguaje político está contaminado.

Jornal de Letras, Artes e Ideias, Lisboa, n.º 994, 5-18 de noviembre de 2008

Hay una cosa de la que tenemos que defendernos: el mesianismo.

Jornal de Letras, Artes e Ideias, Lisboa, n.º 994, 5-18 de noviembre de 2008

Querría pedir a los políticos —empezando por los nuestros— que, por favor, se dejen de conversaciones. Ya hemos oído muchas veces lo que tienen que decir, y es angustioso. Hay ciertas palabras que deberían quemarles la lengua. En los calabozos de la Inquisición, los condenados eran torturados «con mucha caridad», como solía decirse. Tal era la expresión de la Iglesia, con el sentido de que lo hacían para salvar sus almas. Supongo que nadie vio nunca ninguna. Hay un abuso de los conceptos y las palabras y todo eso. Para usar una idea de Gil Vicente, es una comedia de engaños. Y lo peor es que después muchos de los engañados entran en el mundo de los que engañan. Todos engañan a todos.

Jornal de Letras, Artes e Ideias, Lisboa, n.º 994, 5-18 de noviembre de 2008

Lo que la gente no ha conseguido (y algo de razón tienen) es vencer el miedo a perder el empleo. Y el resultado es la neutralización del espíritu militante que durante generaciones ha caracterizado a la clase obrera.

Jornal de Letras, Artes e Ideias, Lisboa, n.º 994, 5-18 de noviembre de 2008

Lo que hay es un adormecimiento a todos los niveles de la sociedad. Este sistema nos adormece, y ahora, simplemente se ríe de nosotros.

Jornal de Notícias, Oporto, 5 de noviembre de 2008

A la gente le gusta dejarse convencer de que dos más dos son cinco. Y si aparece alguien que les dice que dos y dos son cuatro, es un hereje. O un aguafiestas. Sobre todo un aguafiestas.

Visão, Lisboa, 6 de noviembre de 2008

Ideología ya tenemos. Es la ideología del consumidor. La facilidad de consumir forma o deforma la conciencia de la persona. ¡Eso acaba con todo! Porque ocupa el espacio de una ideología determinada, sea ésta la que sea. Ya no es un ciudadano, es un consumidor, un cliente. A partir de ahí, el individuo cumplirá las obligaciones inherentes a ese hecho: comprará y comprará y comprará. Eso acaba ocupando todo el espacio mental en su vida.

Visão, Lisboa, 6 de noviembre de 2008

«Estado de bienestar» es más retórica política que realidad social. El Estado de bienestar ha estado unido a la superproducción de bienes de consumo de todo tipo y eso no es un Estado de bienestar. El lenguaje sirve para todo y sirve, muchas veces, de máscara de la realidad.

Público, Madrid, 20 de noviembre de 2008

Vamos camino del nacimiento de un nuevo puritanismo autoritario que impondrá unas reglas mínimas de convivencia. Hace falta una reacción.

Canarias 7, Las Palmas de Gran Canaria, 21 de diciembre de 2008

Al igual que la religión no puede vivir sin la muerte, el capitalismo no sólo vive de la pobreza sino que la multiplica.

Éxodo, Madrid, n.º 96, diciembre de 2008

El capitalismo ya tiene la piel dura y además aprendió a gestionar sus propias crisis, sobre todo ahora, cuando no se enfrenta a ninguna alternativa política viable. Ha tenido la suprema habilidad de hacer creer que fuera del sistema no hay salvación.

Éxodo, Madrid, n.º 96, diciembre de 2008

El dinero corrompe, y el que llega de repente mucho más.

www.diariodelanzarote.com, Lanzarote, 28 de marzo de 2009

Se espera que la escuela eduque, y la escuela no puede hacerlo porque no sabe y, aunque supiera, no dispone de los medios que serían necesarios. ¡La educación es otra cosa! Antes formaba parte de las obligaciones de la familia, digámoslo así, y, de alguna forma también, de una sociedad educada que necesariamente produciría ciudadanos más o menos educados. Ahora vivimos en una sociedad maleducada, vivimos en un proceso de mala educación integral [...] Llega al extremo —y eso me deja perplejo— de que los profesores son objeto de agresiones.

João Céu e Silva, *Uma Longa Viagem com José Saramago,*
Porto Editor, Oporto, 2009

No quiero decir que Mayo del 68 tenga la culpa de todos los males que estamos sufriendo en este caso particular, pero en el fondo, una palabra de orden —por decirlo así— que estaba muy extendida y que se enalteció como algo trascendente para su realización era esa frase que decía «Está prohibido prohibir». Pues lo cierto es que hemos llegamos exactamente a la situación en que esto se ha asentado en la cabeza de los jóvenes: está prohibido prohibir, aun cuando no hayan leído nada sobre Mayo del 68. ¡Pero es que no está prohibido prohibir! ¿En nombre de qué se dice que está prohibido prohibir? ¿En el de un ideal de sociedad de tipo anarquista, libertario, en el que todas las voluntades individuales se reunían armoniosamente en el mismo proyecto?... ¿Es eso? Sabemos que no.

João Céu e Silva, *Uma Longa Viagem com José Saramago*, Porto Editor, Oporto, 2009

Hay una regla fundamental cuando se vive como nosotros vivimos —en sociedad, porque somos animales gregarios—, que es simplemente no callar. ¡No callar! Que eso pueda costar en distintos ámbitos la pérdida del empleo o malas interpretaciones, ya lo sabemos; pero tampoco estamos aquí para gustar a todos. Primero, porque es imposible. Y segundo, porque, si la conciencia nos dice que éste es el camino, sigámoslo, y ya veremos luego las consecuencias.

João Céu e Silva, *Uma Longa Viagem com José Saramago*, Porto Editor, Oporto, 2009

Referencias bibliográficas

A Capital, Lisboa, 4 de noviembre de 1995 [Entrevista de António Rodrigues]
—, 5 de noviembre de 1997 [Entrevista de António Rodrigues]
—, 9 de octubre de 1998 [Reportaje de Alexandra Carita]
ABC, Madrid, 20 de abril de 1989 [Entrevista de Jesús Fonseca]
—, 7 de junio de 1989 [Entrevista de Antonio Maura]
—, 24 de abril de 1993 [Noticia de Antonio Puente]
—, 13 de mayo de 1995 [Noticia de Antonio Astorga]
—, 9 de octubre de 1998 [Entrevista de Dolors Massot]
—, 22 de septiembre de 2001 [Noticia de Fulgencio Arias]
—, Sevilla, 11 de diciembre de 1993 [Noticia de Pilar García]
ABC Literario, Madrid, 9 de agosto de 1996 [Entrevista de Juan Manuel de Prada]
Agencia EFE, Madrid, 25 de diciembre de 2006
—, enero de 2007 [Entrevista de Ana Mendoza]
—, 13 de junio de 2007
Al Margen, Las Palmas de Gran Canaria, n.º 1, octubre-noviembre de 1997 [Entrevista de Alberto Rodríguez Herrera y Helena Tur Planells]
Alphalibros, Mendoza, 2000 [Entrevista de Jorge Enrique Oviedo]

Baleares, Palma de Mallorca, 20 de abril de 1994 [Reportaje de Pilar Lillo]
BBC Mundo, Londres, 30 de marzo de 2002 [Entrevista de José Vericat]
Biblioteca Nacional de Argentina-Sala virtual de lectura, Buenos Aires, 12 de diciembre de 2000 [Entrevista de José Luis Moure]

Brasil Agora, São Paulo, 15-28 junio de 1992 [Entrevista de Ivana Jinkings]

Bravo!, São Paulo, año 2, n.º 21, 1999 [Entrevista de Jefferson Del Ríos, Beatriz Albuquerque y Michel Laub]

Cambio 16, Lisboa, 9 de agosto de 1993 [Entrevista de María Luisa Blanco]

—, Madrid, 12 de junio de 1995 [Entrevista de Ramón F. Reboiras]

Canarias 7, Las Palmas de Gran Canaria, 20 de febrero de 1994 [Entrevista de Esperanza Pamplona]

—, 13 de octubre de 1998 [Noticia de Esperanza Pamplona]

—, 4 de febrero de 2007 [Entrevista de Victoriano Suárez Álamo]

—, 21 de diciembre de 2008 [Entrevista de Victoriano Suárez Álamo]

Clarín, Buenos Aires, 12 de abril de 2004 [Entrevista de Flavia Costa]

—, 23 de octubre de 2005 [Entrevista de Patricia Kolesnikov]

—, 14 de octubre de 2006 [Entrevista de Patricia Kolesnicov]

—, 20 de octubre de 2007 [Entrevista de Patricia Kolesnikov]

Contrapunto de América Latina, n.º 9, Buenos Aires, julio-septiembre de 2007 [Entrevista de Pilar del Río]

Conversaciones con Saramago. Reflexiones desde Lanzarote. Jorge Halperlín, Icaria, Barcelona, 2002.

Correio do Minho, Braga, 12 de febrero de 1983 [Entrevista de Baptista-Bastos]

Diálogos com José Saramago, Carlos Reis, Caminho, Lisboa, 1998

Diario 16 (Suplemento *Culturas*), Madrid, 11 de febrero de 1989 [Entrevista de César Antonio Molina] [Publicada también en César Antonio Molina, *Sobre el iberismo, y otros escritos de literatura portuguesa,* Akal, Madrid, 1990, pp. 247-275 (Prólogo de José Saramago y Epílogo de Ángel Crespo)]

Diario de Córdoba, Córdoba, 27 de octubre de 1994 [Artículo de C. de Malveolo]

Diário de Lisboa, Lisboa, 8 de marzo de 1980 [Entrevista de Mário Vieira de Carvalho]

—, 8 de marzo de 1980 [Entrevista conducida por Ernesto Sampaio]

—, 30 de octubre de 1982 [Entrevista de Lourdes Féria]

Diario de Mallorca, Palma de Mallorca, 28 de octubre de 1994 [Entrevista de Héctor A. de los Ríos]

Diário de Notícias, Lisboa, 2 de junio de 1982

—, 25 de marzo de 2004 [Entrevista de Ana Marques Gastão]

—, 9 de noviembre de 2005 [Entrevista de Isabel Lucas]

—, 15 de julio de 2007 [Entrevista de João de Céu e Silva]

—, 5 de noviembre de 2008 [Entrevista de João Céu e Silva]

Diario de Noticias, San Sebastián, 25 de marzo de 2002 [Reportaje de Joseba Santamaría]

Diário de Notícias da Madeira, Madeira, 27 de abril de 1991 [Reportaje de Tolentino de Nóbrega]

Diário Popular, Lisboa, 6 de abril de 1978

—, 11 de marzo de 1985 [Entrevista de Orlando Raimundo]

El Correo de Andalucía, Sevilla, 11 de marzo de 2003 [Reportaje de Amalia Bulnes]

El Correo, Bilbao, 8 de marzo de 2003 [Entrevista de César Coca]

—, 27 de abril de 2004 [Noticia de Sergi Olego]

El Cronista, Buenos Aires, 11 de septiembre de 1998 [Entrevista de Osvaldo Quiroga]

El Día, Tenerife, 15 de enero de 2003 [Noticia de la Agencia EFE]

El Diario Montañés, Santander, 11 de julio de 2006 [Entrevista de Gonzalo Sellers]

El Diario Vasco, San Sebastián, 3 de octubre de 2006 [Noticia de Jorge Sainz]

El Espectador, Bogotá, 21 de febrero de 2009 [Entrevista de Nelson Fredy Padilla]

El Imparcial, Madrid, 26 de octubre de 2006

El Independiente, Madrid, 29 de agosto de 1987 [Reportaje de Antonio Puente]

El Interpretador. Literatura, arte y pensamiento, Buenos Aires, n.º 12, marzo de 2005 [Charla con Noél Jitrik y Jorge Glusberg en el Museo Nacional de Bellas Artes, Buenos Aires: 21 de agosto de 1999]

El Mercurio, Santiago de Chile, 20 de noviembre de 1994

—, 26 de junio 1994 [Entrevista de Beatriz Berger]

El Mundo, Madrid, 2 de noviembre de 1994 [Artículo de Emma Cohen]

—, 22 de mayo de 1996 [Noticia de Emma Rodríguez]

—, 6 de diciembre de 1998 [Entrevista de Manuel Llorente]

—, 3 de enero de 2000 [Reportaje de Paula Izquierdo]
—, 19 de mayo de 2001 [Noticia de la Agencia EFE]
—,11 de enero de 2009 [Entrevista de Antonio Lucas]
—, Edición de León, 5 de octubre de 2008 [Noticia de Eloísa Otero]
El País, Madrid, 20 de febrero de 1987 [Entrevista de Carlos G. Santa Cecilia]
—, 22 de mayo de 1996 [Noticia de Pedro Sorela]
—,10 de octubre de 1998 [Noticia de Elsa Fernández-Santos]
—, 11 de enero de 2001 [Reportaje de Miguel Ángel Villena]
—, 26 de abril de 2004 [Entrevista de María Luisa Blanco]
—, 27 de abril de 2004 [Noticia de Rosa Mora]
—, 31 de julio de 2004 [Noticia de Raquel Garzón]
—, 12 de noviembre de 2005 [Entrevista de Miguel Mora]
—, 12 de enero de 2006 [Reportaje de Santiago Belausteguigoitia]
—, 21 de abril de 2007 [Reportaje de Elena Sevillano]
—, 24 de abril de 2008 [Entrevista de Juan Cruz]
—, Edición Andalucía, 13 de mayo de 2006 [Noticia de Alberto Belausteguigoitia]
—, Suplemento cultural, Montevideo, 24 de junio de 1994 [Entrevista de Christian Kupchik]
El País Semanal, Madrid, 23 de abril de 1989 [Entrevista de Sol Alameda]
—, 29 de noviembre de 1998 [Entrevista de Sol Alameda]
—, 23 de noviembre de 2008 [Entrevista de Manuel Rivas]
El Periódico de Aragón, Zaragoza, 15 de enero de 2003 [Noticia de Luz Sanchís Madrid]
El Semanal de *ABC,* Madrid, 28 de mayo de 1995 [Entrevista de Tomás García Yebra]
—, Madrid, 30 de junio de 1996 [Entrevista de César Alonos de los Ríos]
—, Madrid, 7-13 de enero de 2001 [Entrevista de Pilar del Río]
El Tiempo, Bogotá, 28 de noviembre de 2004 [Entrevista de Yamid Amat]
—, 9 de julio de 2007 [Entrevista de María Paulina Ortiz]
—, 14 de julio de 2007 [Entrevista de Yamid Amat]
El Universal, México D. F., 16 de mayo de 2003 [Entrevista de Alejandro Toledo]
—, 2 de diciembre de 2006 [Entrevista de Roberto Domínguez]
Elle, Madrid, n.º 246, marzo de 2007 [Entrevista de Gema Veiga]

Época, Madrid, 21 de enero de 2001 [Entrevista de Ángel Vivas]

Época, São Paulo, 29 de mayo de 2006 [Entrevista de Luis Antônio Giron]

—, 31 de octubre de 2005 [Entrevista de Luís Antônio Giron]

Éxodo, Madrid, n.º 96, diciembre de 2008 [Entrevista Equipo de redacción de *Éxodo*]

Expresso, Lisboa, 24 de noviembre de 1984 [Entrevista de Augusto M. Seabra]

—, 8 de noviembre de 1986 [Entrevista de Clara Ferreira Alves, Francisco Bélard y Augusto M. Seabra]

—, 22 de abril de 1989 [Entrevista de Clara Ferreira Alves]

—, 2 de noviembre de 1991 [Entrevista de Clara Ferreira Alves]

—, 7 de agosto de 1993 [Entrevista de Clara Ferreira Alves]

—, 28 de octubre de 1995 [Entrevista de Clara Ferreira Alves]

—, 27 de octubre de 2008 [Agencia Lusa]

Extra, Lisboa, 1978 [Entrevista de G. F.]

Faro de Vigo, Vigo, 20 de noviembre de 1994 [Entrevista de Rogelio Garrido]

Folha de S. Paulo, São Paulo, 2 de diciembre de 1986 [Entrevista de Ângela Pimenta]

—, 31 de octubre de 1991 [Entrevista de Jair Rattner]

—, 18 de octubre de 1995 [Reportaje de Bia Abramo]

—, 29 de noviembre de 2008

Forja, San José de Costa Rica, junio de 2005 [Reportaje de Manuel Bermúdez]

Gara, San Sebastián, 22 de noviembre de 2001 [Reportaje de Joxean Agirre]

Granada Hoy, Granada, 27 de diciembre de 2008 [Noticia de Manuela de la Corte]

Hojas Universitarias, n.º 47, Universidad Central, Bogotá, abril de 1999 [Reportaje de Tamara Andrea Peña Porras]

Hoy, Santo Domingo, 21 de febrero de 2001 [Reportaje de Miryam López]

Il Manifesto, Italia, 13 de junio de 1996 [Entrevista de Irina Bajini]

In Formación, Madrid, n.º 8, julio de 2000

Ípsilon, Público, Lisboa, 7 de noviembre de 2008 [Entrevista de Anabela Mota Ribeiro]

Jornal da Madeira, Madeira, 15 de mayo de 2002 [Noticia de Carla Ribeiro]

Jornal de Letras, Artes e Ideias, Lisboa, n.º 50, 18 de enero de 1983 [Entrevista de Fernando Dacosta]

—, Lisboa, n.º 121, 30 de octubre de 1984 [Entrevista de Francisco Vale]

—, n.º 227, 10-16 de noviembre de 1986 [Entrevista de Inês Pedrosa]

—, n.º 354, 18 de abril de 1989 [Entrevista de José Carlos de Vasconcelos]

—, nº 487. 5 de noviembre de 1991 [Entrevista de José Carlos de Vasconcelos]

—, n.º 613, 13 de abril de 1994 [Entrevista de José Carlos de Vasconcelos]

—, n.º 690, 26 de marzo de 1997 [Entrevista de Rodrigues da Silva]

—, n.º 761, 1 de diciembre de 1999 [Entrevista de José Manuel Rodrigues da Silva]

—, n.º 873, 17 de marzo de 2004 [Entrevista de Bruno Caseirão]

—, n.º 994, 5-18 de noviembre de 2008 [Entrevista de Maria Leonor Nunes]

Jornal de Notícias, Oporto, 8 de julio de 1984

—, 27 de octubre de 2003 [Noticia de Eduardo Pinto]

—, 27 de marzo de 2004 [Entrevista de Sérgio Almeida]

—, 5 de noviembre de 2008 [Entrevista de Ana Vitória]

Jornal do Fundão, Fundão, 1992 [Reportaje de F. P. N.]

Jornal do Brasil, Río de Janeiro, 21 de mayo de 1983 [Entrevista de Araújo Neto]

—, 2 de noviembre de 1991 [Entrevista de Norma Curi]

—, 27 de enero de 1994 [Entrevista de Norma Curi]

—, 27 de septiembre de 1998 [Tomado de *El País,* Madrid, información de Francesc Arroyo]

—, 10 de octubre de 1998

—, 1 de noviembre de 2008 [Entrevista de Bolívar Torres]

José Saramago. Aproximação a um Retrato, Armando Baptista-Bastos, Publicações Dom Quixote, Lisboa, 1996.

José Saramago: El amor imposible, Juan Arias, Planeta, Barcelona, 1998.

José Saramago. Una mirada triste y lúcida, Algaba Ediciones, Madrid, 2007.

Juventud Rebelde, La Habana, 19 de junio de 2005 [Entrevista de Rosa Miriam Elizalde]

L'Orient-Le Jour, Beirut, 2 de agosto de 2007 [Entrevista de Lucie Geffroy]

L'Unità, Roma, 15 de Noviembre de 2005 [Reportaje de María Serena Palieri]

La Época, Santiago de Chile, 15 de octubre de 1995 (Tomado de *El País,* Montevideo, septiembre de 1995) [Entrevista de Christian Kupchik]

La Gaceta de Canarias, Las Palmas de Gran Canaria, 13 de octubre de 1993 [Entrevista de J. F.]

—, 7 de junio de 1998 [Noticia de la Agencia EFE]

La Isla, Lanzarote, 13 a 19 de octubre de 2000 [Reportaje de Myriam Ybot]

La Jiribilla, La Habana, 22 de septiembre de 2007 [Entrevista de Omar Valiño]

La Jornada, México D. F., 10 de octubre de 1998 [Reportaje de Juan Manuel Villalobos]

—,18 de octubre de 1998 [Entrevista de Tununa Mercado]

—, 3 de diciembre de 1998 [Entrevista de Juan Manuel Villalobos]

—,11 de diciembre de 1998 [Reportaje de Pablo Espinosa]

—, 13 de diciembre de 2000 [Noticia de Stella Calloni]

—, 15 de mayo de 2003 [Noticia de César Güemes]

—, 30 de noviembre de 2004 [Entrevista de Armando G. Tejeda]

—, 2 de diciembre de 2004 [Reportaje de Ángel Vargas]

—, 27 de noviembre de 2006 [Reportaje de Erica Montaño Garfias]

La Jornada Semanal, México D. F., 8 de marzo de 1998 [Entrevista de Juan Manuel Villalobos]

—, 9 de octubre de 1998 [Reportaje de Mónica Mateos]

—, 24 de junio de 2007 [Entrevista de Carlos Payán]

La Maga, Buenos Aires, 30 de marzo de 1994 [Entrevista de Miguel Russo]

—, 16 de septiembre de 1998

La Nación, Buenos Aires, 21 de enero de 1996 [Reportaje de Saba Lipszyc]

—, 13 de diciembre de 2000 [Entrevista de Susana Reinoso]

—, 11 de mayo de 2003 [Entrevista de Susana Reinoso]

—, 2 de mayo de 2003 [Noticia de Susana Reinoso]

La Opinión de Granada, Granada, 27 de diciembre de 2008 [Reportaje de M. Ochoa]

—, 12 de marzo de 2009 [Entrevista de Dani R. Moya]

La Prensa Gráfica, San Salvador, 1 de junio de 2005 [Entrevista de Élmer L. Menjívar]

La Prensa Literaria, Managua, 1 de mayo de 2004 [Reportaje de Pablo Gámez]

La Provincia, Las Palmas de Gran Canaria, 11 de marzo de 1993 [Reportaje de Víctor Álamo de la Rosa]

—, 3 de marzo de 1994 [Entrevista de Javier Durán]

—, 20 de julio de 1997 [Entrevista de Mariano de Santa Ana]

—,15 de abril de 1998 [Reportaje de Ángeles Arencibia]

—, 13 de octubre de 1998 [Reportaje de Aránzazu Fernández]

—,15 de octubre de 1998

—, 7 de enero de 1999 [Noticia de Sixto Martínez]

—, 3 de febrero de 2007 [Reportaje de Gregorio Cabrera]

—, 28 de marzo de 2009 [Noticia de Gregorio Cabrera]

La Repubblica, Roma, 28 de febrero de 1986 [Entrevista de Stefano Malatesta]

—, 23 de junio de 2007 [Entrevista de Leonetta Bentivoglio]

La República, Montevideo, 26 de octubre de 2003 (Tomado de *Juventud Rebelde, Cubarte* y *La Jornada*) [Entrevista de Rosa Miriam Elizalde]

La Revista de *El Mundo,* Madrid, 25 de enero de 1998 [Entrevista de Elena Pita]

—, marzo de 1998 [Transcripción de Javier Espinosa]

La Stampa, Turín, 25 de Fevereiro de 2003 [Entrevista de Michela Tamburrino]

La Tribuna, Tegucigalpa, 7 de noviembre de 1998 [Entrevista de Antonio Dopacio]

La Vanguardia, Barcelona, 25 de febrero de 1986 [Entrevista de José Martí Gómez]

—, 13 de octubre de 1987 [Entrevista de José Martí Gómez y Josep Ramoneda]

—, 1 de septiembre de 1997 [Entrevista de Ima Sanchís]

—, 12 de noviembre de 2005 [Noticia de Xavi Ayén]

—, 10 de diciembre de 2008 [Entrevista de Xavi Ayén]

La Verdad, Murcia, martes 15 de marzo de 1994 [Entrevista de Gontzal Díez]

La Voz de Asturias, Oviedo, 14 de junio de 1995 [Entrevista de Georgina Fernández]

La Voz de Lanzarote, Lanzarote, 25 de junio de 1996 [Reportaje de Montse Cerezo]

La Voz del Interior (edición on line), Córdoba, noviembre de 2004 [Reportaje de Alejandro Mareco y Edgardo Litvinoff]

Lancelot, Lanzarote, n.º 731, 25 de julio de 1997

—, n.º 752, 19 de diciembre de 1997 [Entrevista de Jorge Coll]

—, n.º 896, 22 de septiembre de 2000 [Reportaje de María José Constanz]

Libération, París, 1 de marzo de 1989 [Artículo de Basilio Losada]

Ler, Lisboa, n.º 6, primavera de 1989 [Entrevista de Francisco José Viegas]

—, n.º 70, junio de 2008 [Entrevista de Carlos Vaz Marques]

Lusitano, Lisboa, 15 de marzo de 1990 [Entrevista de António Sousa Duarte]

Magazine, Barcelona, 10 de mayo de 1998 [Entrevista de Javier Durán]

—, 8 de enero de 2006 [Entrevista de Xavi Ayén]

Magna Terra, Guatemala, n.º 8, marzo-abril de 2001 [Entrevista de J. L. Perdomo Orellana y Maurice Echeverría]

Máxima, Lisboa, octubre de 1990 [Por Leonor Xavier]

Mil Folhas, Público, Lisboa, 12 de noviembre de 2005 [Entrevista de Adelino Gomes]

Milenio (edición on line), México D. F., 31 de enero de 2009 [Reportaje de Mauricio Flores]

Nova Gente, Lisboa, n.º 437, 30 de enero de 1985

NT, Lisboa, 23 de mayo de 1984 [Entrevista de Alexandre Correia]

Ñ, Clarín, Buenos Aires, 22 de noviembre de 2008 [Entrevista de Ezequiel Morales]

O Diário, Lisboa, 17 de febrero de 1979
O Diário, Lisboa, 25 de mayo de 1980 [Entrevista de José Jorge Letria]
—, 21 de noviembre de 1982 [Entrevista de José Jorge Letria]
—, 29 de septiembre de 1985 [Reportaje de António Arnaldo Mesquita]
O Estado de S. Paulo, São Paulo, 12 de abril de 1994 [Entrevista de Cristina Durán]
—, 18 de octubre de 1995 [Entrevista de Antonio Gonçalves Filho]
—, 21 de septiembre de 1996 [Entrevista de José Castello]
—, 20 de marzo de 2004 [Entrevista de Ubiratan Brasil]
—, 29 de octubre de 2005 [Entrevista de Ubiratan Brasil]
O Ferroviário, Lisboa, 1982
O Globo, Río de Janeiro, 27 de junio de 1993 [Entrevista de Sandra Cohen]
—, 18 de octubre de 1995 [Entrevista de Hugo Sukman]
—, 28 de septiembre de 1996 [Entrevista de Madalena Vaz Pinto]
—, 17 de octubre de 1997 [Entrevista de Paulo Roberto Pires]
—, 14 de agosto de 1999 [Entrevista de Cecilia Costa]
—, 10 de mayo de 2003 [Entrevista de Manya Millen]
—, 14 de octubre de 2003 [Entrevista de Adauri Antunes Barbosa]
—, 20 de marzo de 2004 [Entrevista de Daniela Birman]
—, 29 de octubre de 2005 [Entrevista de Cristina Zazur]
O Jornal, Lisboa, 28 de enero de 1983 [Entrevista de Francisco Vale]
—, 8 de enero de 1991
O Jornal Ilustrado, Lisboa, n.º 739, 21-27 de abril de 1989 [Entrevista de João Garcia]
O Mundo, São Paulo, 4 de Outubro de 2003 [Entrevista de Adauri Antunes Barbosa]
Opiniones, La Habana, 18 de junio de 2005

Página/12, Buenos Aires, 12 de marzo de 2001 [Entrevista de Juan Gelman]
¡Palestina existe!, «Israel es rentista del Holocausto», Madrid, Foca, 2002 [Prólogo y edición de Javier Ortiz] [Entrevista de Javier Ortiz]

Pensar, Brasilia, 25 de octubre de 1998 [Selección de Liana Carvalho]

Perfil, San José de Costa Rica, 17 de junio de 1998 [Entrevista de Leonardo Tarifeño]

Planeta Humano, Madrid, n.º 35, enero de 2001 [Entrevista de Ana Tagarro]

Playboy, Edición Brasil, São Paulo, octubre de 1998 [Entrevista de Humberto Werneck]

Público, Lisboa, 9 de mayo de 1991 [Reportaje de Maria João Avillez]

—, 2 de noviembre de 1991 [Entrevista de Torcato Sepúlveda]

—, 10 de mayo de 1992 [Entrevista de Torcato Sepúlveda]

—, 3 de junio de 1995 [Reportaje de Teresa Firmino]

—, 14 de octubre de 1998 [Entrevista de Alexandra Lucas Coelho]

—, 11 de noviembre de 2000 [Entrevista de Alexandra Lucas Coelho]

—, 27 de mayo de 2002 [Entrevista de Adelino Gomes]

—,11 de noviembre de 2005 [Entrevista de Adelino Gomes]

—, 29 de septiembre de 2006 [Noticia de Alexandra Prado Coelho]

—, Madrid, 20 de noviembre de 2008 [Entrevista de Peio H. Riaño]

Quimera, Barcelona, n.º 59, 1986 [Entrevista de Jordi Costa]

Rebelión, Cuba, 12 de octubre de 2003 [Entrevista de Rosa Miriam Elizalde]

Reforma, México D. F., 10 de octubre de 1998

—, 8 de diciembre de 1998

Revista de estudios literarios, Facultad de Ciencias de Información de la Universidad Complutense, Madrid, n.º 19, noviembre de 2001-febrero de 2002 [Entrevista de Luis García]

Revista Diário, Madeira, 19 de junio de 1994 [Entrevista de Luis Rocha]

Revista Número, Bogotá, n.º 44, marzo-mayo de 2005 [Entrevista de Jorge Orlando Melo]

Revista Tres, Montevideo, 18 de septiembre de 1998 [Reportaje de Omar Prego Gadea]

Revista Trespuntos, Buenos Aires, 14 de octubre de 1998 [Entrevista de Silvia Hopenhayn]

Revista Universidad de Antioquia, Medellín, n.º 265, julio-septiembre 2001 [Entrevista de Amparo Osorio y Gonzalo Márquez Cristo]

Sábado, Lisboa, 25 de noviembre de 2005 [Entrevista de Sílvia Gonçalves]
Seara Nova, Lisboa, n.º 72, abril-junio de 2001
Segundo Caderno, Porto Alegre, 26 de abril de 1989 [Entrevista de Juremir Machado da Silva]
Semanario Universidad, San José Costa Rica, 30 de junio de 2005 [Entrevista de Vinicio Chacón]
Setembro, Lisboa, n.º 1, enero-marzo de 1993 [Entrevista de José Manuel Mendes]
Siempre!, México D. F., 25 de febrero de 1999 [Entrevista de Adriana Cortes]
Sur, Málaga, 25 de febrero de 1993 [Noticia de María Dolores Tortosa]

Tabu, Lisboa, n.º 84, 19 de abril de 2008 [Entrevista de Ana Cristina Câmara y Vladimiro Nunes]
TAM nas nuvens, São Paulo, n.º 11, noviembre de 2008 [Reportaje de Adriana Carvalho]
Tempo, Lisboa, 7 de diciembre de 1984 [Entrevista de Pedro Correia]
Tempo, Lisboa, 7 de enero de 1982
The Guardian, Londres, 22 de noviembre de 2008 [Entrevista de Maya Jaggi]
The Independent, Londres, 31 de julio de 1993 [Reportaje de Isabel Hilton]
The New York Times, Nueva York, 26 de agosto de 2007 [Reportaje de Fernanda Eberstadt]
The Observer, Londres, 30 de abril de 2006 [Reportaje de Stephanie Merritt].
Turia, Teruel, n.º 57, 2001 [Entrevista de Juan Domínguez Lasierra]

Uma Longa Viagem com José Saramago, João Céu e Silva, Porto Editor, Oporto, 2009
Única, Expresso, Lisboa, 11 de octubre de 2008 [Entrevista de Pilar del Río]

Uno, Mendoza, 13 de septiembre de 1998 [Entrevista de Jaime Correas]

Unomásuno, México D. F., 26 de febrero de 2001 [Reportaje de Jorge Luis Espinosa]

Veintitrés, Buenos Aires, 7 de febrero de 2002 [Entrevista de Eduardo Mazo]

Vida Mundial, Lisboa, 7-14 de junio de 1989 [Entrevista de Cristina Gomes]

Visão, Lisboa, 9 de octubre de 1998 (Tomado de *Expresso*, Lisboa, agosto de 1993)

—, 16 de enero de 2003 [Entrevista de José Carlos de Vasconcelos]

—, 3 de noviembre de 2005 [José Carlos de Vasconcelos]

—, 9 de noviembre de 2007 [Entrevista de Sara Belo Luís]

—, 6 de noviembre de 2008 [Entrevista de Sílvia Souto Cunha]

Vistazo, Guayaquil, 19 de febrero de 2004 [Entrevista de Lola Márquez]

www.aporrea.org, Caracas, 25 de enero de 2005 [Reportaje de Adital/Kaosenlared]

www.elmundo.es, Madrid, 23 de octubre de 2005

www.lavanguardia.es, Barcelona, 26 de diciembre de 2008 [Noticia de la Agecia EFE]

www.literaturas.com, Madrid, Septiembre de 2001 [Entrevista de Luis García

www.voltairenet.org, 25 de noviembre de 2004 [Noticia de Claudia Jardín]

Zero Hora, Porto Alegre, 12 de abril de 1997 [Entrevista de Eduardo Sterzi y Jerônimo Teixeira]

2do.enfoque, Buenos Aires, agosto de 2003 [Marcio Resende]

Este libro terminó de imprimirse en agosto de 2010
en Editorial Penagos, S.A. de C.V., Lago Wetter
num. 152, Col. Pensil, C.P.11490, México, D.F.

CAÍN
José Saramago

Qué diablo de Dios es éste que, para enaltecer a Abel,
desprecia a Caín.

Si en *El Evangelio según Jesucristo* José Saramago nos dio su
visión del Nuevo Testamento, en *Caín* regresa a los primeros
libros de la Biblia. En un itinerario heterodoxo, recorre
ciudades decadentes y establos, palacios de tiranos y campos
de batalla de la mano de los principales protagonistas del
Antiguo Testamento, imprimiéndole la música y el humor
refinado que caracterizan su obra.

Caín pone de manifiesto lo que hay de moderno y
sorprendente en la prosa de Saramago: la capacidad de hacer
nueva una historia que se conoce de principio a fin. Un
irónico y mordaz recorrido en el que el lector asiste a una
guerra secular, y en cierto modo, involuntaria, entre el
creador y su criatura.

Alfaguara es un sello editorial del Grupo Santillana

www.alfaguara.com

Argentina
Av. Leandro N. Alem, 720
C 1001 AAP Buenos Aires
Tel. (54 11) 41 19 50 00
Fax (54 11) 41 19 50 21

Bolivia
Calacoto, calle 13 n° 8078
La Paz
Tel. (591 2) 279 22 78
Fax (591 2) 277 10 56

Chile
Dr. Aníbal Ariztía, 1444
Providencia – Santiago de Chile
Tel. (56 2) 384 30 00
Fax (56 2) 384 30 60

Colombia
Calle 80, n° 9 – 69
Bogotá
Tel. y fax (57 1) 639 60 00

Costa Rica
La Uruca
Del Edificio de Aviación Civil 200 metros
Oeste
San José de Costa Rica
Tel. (506) 22 20 42 42 y 25 20 05 05
Fax (506) 22 20 13 20

Ecuador
Avda. Eloy Alfaro, N 33-347 y Avda. 6 de
Diciembre
Quito
Tel. (593 2) 244 66 56
Fax (593 2) 244 87 91

El Salvador
Siemens, 51
Zona Industrial Santa Elena
Antiguo Cuscatlán – La Libertad
Tel. (503) 2 505 89 y 2 289 89 20
Fax (503) 2 278 60 66

España
Torrelaguna, 60
28043 Madrid
Tel. (34 91) 744 90 60
Fax (34 91) 744 92 24

Estados Unidos
2023 N.W. 84th Avenue
Miami, FL 33122
Tel. (1 305) 591 95 22 y 591 22 32
Fax (1 305) 591 91 45

Guatemala
7ª Avda. 11-11, Zona n° 9
Guatemala CA
Tel. (502) 24 29 43 00
Fax (502) 24 29 43 03

Honduras
Colonia Tepeyac Contigua a Banco Cuscatlán
Boulevard Juan Pablo Segundo Frente Iglesia
Adventista del Séptimo Día, Casa 1626
Tegucigalpa, M. D. C.
Tel. (504) 239 98 84

México
Avda. Universidad, 767
Colonia del Valle
03100 México D.F.
Tel. (52 5) 554 20 75 30
Fax (52 5) 556 01 10 67

Panamá
Vía Transísmica, Urb. Industrial Orillac,
Calle segunda, local 9
Ciudad de Panamá
Tel. (507) 261 29 95

Paraguay
Avda. Venezuela, 276,
entre Mariscal López y España
Asunción
Tel./fax (595 21) 213 294 y 214 983

Perú
Avda. Primavera 2160
Santiago de Surco
Lima 33
Tel. (51 1) 313 40 00
Fax (51 1) 313 40 01

Puerto Rico
Avda. Roosevelt, 1506
Guaynabo 00968
Tel. (1 787) 781 98 00
Fax (1 787) 783 12 62

República Dominicana
Juan Sánchez Ramírez, 9
Gazcue
Santo Domingo R.D.
Tel. (1809) 682 13 82
Fax (1809) 689 10 22

Uruguay
Juan Manuel Blanes 1132
11200 Montevideo
Tel. (598 2) 410 73 42
Fax (598 2) 410 86 83

Venezuela
Avda. Rómulo Gallegos
Edificio Zulia, 1°
Boleita Norte
Caracas
Tel. (58 212) 235 30 33
Fax (58 212) 239 10 51